首阳教育书系

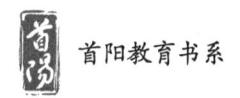

国家社会科学基金"十二五"规划教育学一般课题"免费师范教育的改革路径与监测体系研究"
（项目编号：BIA150103）阶段性成果

公费师范生职前职后专业发展研究

卢婉莹　刘全国 ◎著

RESEARCH ON THE PROFESSIONAL DEVELOPMENT OF PRE-SERVICE AND IN-SERVICE PUBLIC-FUNDED TEACHERS

陕西师范大学出版总社　西安

图书代号　ZZ24N1176

图书在版编目（CIP）数据

公费师范生职前职后专业发展研究 / 卢婉莹，刘全国著. -- 西安：陕西师范大学出版总社有限公司，2024.8. -- ISBN 978-7-5695-4575-3

Ⅰ. G655.1

中国国家版本馆CIP数据核字第2024071UR6号

公费师范生职前职后专业发展研究
GONGFEI SHIFANSHENG ZHIQIAN ZHIHOU ZHUANYE FAZHAN YANJIU

卢婉莹　刘全国　著

选题策划	曾学民
责任编辑	王红凯
责任校对	杨　凯
封面设计	鼎新设计
出版发行	陕西师范大学出版总社
	（西安市长安南路199号　邮编 710062）
网　　址	http://www.snupg.com
经　　销	新华书店
印　　刷	西安报业传媒集团
开　　本	787 mm×1092 mm　1/16
印　　张	25.5
字　　数	450千
版　　次	2024年8月第1版
印　　次	2024年8月第1次印刷
书　　号	ISBN 978-7-5695-4575-3
定　　价	128.00元

读者购书、书店添货或发现印刷装订问题，请与本社高等教育出版中心联系。
电　话：（029）85307864　85303622（传真）

序 言

不明察，不能烛私。

——［战国］韩非《韩非子·孤愤》

耳闻之不如目见之，目见之不如足践之，足践之不如手辨之。

——［汉］刘向《说苑·政理》

本著是国家社会科学基金"十二五"规划2015年度教育学一般课题"免费师范教育的改革路径与监测体系研究"（项目编号：BIA140103）的结项成果，是依托该课题产出的专著《中国教师教育》（刘全国著，中国社会科学出版社，2021年4月出版，121万字）的姊妹篇成果。

公费师范教育是我国教师教育的当代重要形态。

从2007年起，国务院决定依托北京师范大学、华东师范大学、东北师范大学、华中师范大学、陕西师范大学、西南大学等6所教育部直属师范大学实施师范生免费教育试点，截至2017年，累计招收师范生10.1万人。2018年教育部等部门颁布《教育部直属师范大学师范生公费教育实施办法》（以下简称《办法》），《办法》的主要内容是将"师范生免费教育政策"调整为"公费教育政策"。我国教师教育进入2.0版——公费师范教育时代。本报告中的公费师范教育涵盖2007年以来实行的免费师范教育和2018年以来实施的公费师范教育两种教师教育形态。

作为中国教师的教育金字塔的重要组成部分，公费师范教育承载了彰显教育公平理念、破解教育区域发展不均衡、促进教育现代化等国家意志。与其后出台的"优师计划""强师计划"等，共同构成了当代中国教师教育的靓丽景观。公费师范教育实施十余年来，学界针对其政策逻辑、现实进路、实施绩效等问题以开展了系统深入的研究，本研究就是在抽样调查的基础上对公费师范生学业和职业情况开展的系统研究。研究前期以西南大学和陕西师范大学为试测样本学校，对805名语文、数学、外语等专业背景的样本教师进行试测，对试测问卷进行修正。正式施测选取北京师范大学、华中师范大学和陕西师范大学三所教育部直属师范大学的语文、数学、英语三个学科，从初入本科、本科后、教育硕士研究生、教育硕士后等学段对4101名公费师范生样本的学业和职业现状等进行了调查研究。

为全面了解并诊断我国公费师范教育的现状及其问题，调研采用纵向贯通、横向联动的网络式设计，对我国公费师范教育进行多视角、多方位透视和分析。

首先，样本学校选样中充分考虑样本学校的地域分布和公费师范教育现状。本调查报告试测选取陕西师范大学和西南大学2所学校为试测样本学校，选取华东、华中和西部地区教育部直属师范大学北京师范大学、华中师范大学、陕西师范大学3所学校为正式施测样本学校。抽样中尽量按照各学校招收公费师范生的人数规模确定样本数量，采集数据，选样中充分考虑了我国公费师范教育的地域分布和培养现状。

其次，学科选样中聚焦基础教育学段的主干科目，选取语文、数学、英语三科为样本科目。为准确了解并描写我国公费师范教育的现状，调研选取了我国基础教育学段学程最长、学时最多的语文、数学、英语三科为学科样本，以期从跨学科的视角透视公费师范教育的科际差异和科际互动。

再次，学段选样中采用职前职后一体化、学业职业联动、本科硕士衔接的设计思路，全面了解公费师范生的学业现状和职业发展。综合考虑学程差距，选取本科初段大学一年级、本科中段大学三年级、本科后、教育硕士在读、硕士后5个学段，从职前学业调研、职后职业调研的横断视角全面了解我国各学段公费师范教育的发展，以及职前、职后公费师范生的学业和职业现状。

最后，秉持人本原则和发展视角，调查中聚焦职前师范生的学业发展和职后师范生的职业发展，从师范生的个体身份认同、教师职业身份认同、学习动机、学习态度、教学创新意识及行为、教研意识与能力、教师效能分析、教师领导力与职业愿景等方面描写调查结果，并就职前职后师范生的学业和职业发展提出建议。

本研究是基于抽样调查形成的，现将有关问题说明如下：

第一，公费师范生样本学生的抽取以能采集到的北京师范大学、华中师范大学、陕西师范大学等3所样本学校的各级各类公费师范生为依据，并不能完全准确反映各样本学校公费师范教育的情况。

第二，本研究所采集的数据是根据样本学生对问卷的作答得出的量化分析与质化描写，报告中的数据和研究发现不能作为评判考核各样本学校、各样本学科和各学段人才培养成效的标准和依据。

第三，如前所述，本成果是国家社会科学基金"十二五"规划2015年度教育学一般课题"免费师范教育的改革路径与监测体系研究"的结项成果，从课题立项到结题，从报告起意到撰写出版，时隔约十年之久。其间，公费师范教育的情形也日新月异，渐行渐佳，许多当时看来欠佳的问题，已在改进和优化中不再成为问题，书中针对公费师范教育的讨论也只是针对数据结果与研究发现的描写和阐释，并不能完全准确地反映我国公费师范教育的真实情况，恳请广大读者分析甄别。

从研究设计与工具开发、数据采集与分析处理、报告撰写与出版等过程中凝聚了众多同仁的辛苦付出和孜孜努力。

感谢西北师范大学慕宝龙副教授、陕西师范大学陈蕾副教授参与了调研报告研究工具的开发，商洛学院牛洋洋老师、河北省沧州市第五中学王娜老师、石家庄润德学校韩玉璇老师参与了本研究试测数据的采集和整理。

数据采集凝结了数据采集团队的辛苦劳动和默默付出。北京师范大学苗兴伟教授、武玉红、高苗苗、邹锐、赵锐老师，华中师范大学罗良功教授、荀烨、熊瑛、罗俊容老师，西南大学刘承宇教授、何炬老师，陕西师范大学贺卫东教授、杨晓斌教授、周红军教授、李丹、屈婉婷、程海峰、王鑫、龚子琪、王鑫老师在数据采集过程中精心组织、有效协调，完成了近5000名职前、职后公费师范生的数据采集工作。本书付梓出版之际，向他们深表谢意！

特别感谢来自北京师范大学、华中师范大学、西南大学和陕西师范大学等样本学校参与本研究的 4906 名职前职后公费师范生，他们为本书提供了珍贵的数据支持。行文至此，他们活泼、灵动、勤奋、自信的群像特征跃然纸上。从懵懂涉事的大一新生，到成熟稳健的大三学长，从初入职场的新手教师，到日益精进的专家教师，都言说着中国式教师的专业精神和职业风采。报告成稿之际，谨祝他们的专业之路日就月将、竿头直上；祝他们的人生之路遍地繁花、桃李满园。

是为序。

刘全国

2024 年 6 月 5 日于古都西安

目 录

第1章 绪论 / 1

  第一节 研究设计 / 1

    一、研究背景与调研目标 / 1

    二、调研项目实施 / 2

    三、调研工具 / 3

  第二节 研究样本概况 / 10

    一、样本学生性别分布 / 11

    二、样本学生民族分布 / 12

    三、样本学生年龄分布 / 17

    四、样本学生就读/毕业院校分布 / 17

    五、样本学生就读专业对应学科及任教学科分布 / 19

    六、样本学生生源地及任教地分布 / 22

    七、职后阶段样本学生任教学段分布 / 29

    八、职后阶段样本学生任教班级情况 / 31

第2章 公费师范生身份认同 / 34

  第一节 样本学生公费师范生身份认同描述性统计分析 / 35

    一、初入本科阶段样本学生公费师范生身份认同 / 35

    二、本科在读阶段样本学生公费师范生身份认同 / 37

    三、本科毕业且初入教育硕士研究生阶段样本学生公费师范生身份 / 40

    四、教育硕士研究生在读阶段公费师范生身份认同 / 42

    五、教育硕士毕业后阶段公费师范生身份认同 / 44

I

第二节　样本学生公费师范生身份认同差异分析 / 45

一、初入本科阶段样本学生公费师范生身份认同差异分析 / 45

二、本科在读阶段样本学生公费师范生身份认同差异分析 / 50

三、本科毕业且初入教育硕士研究生阶段样本学生公费师范生身份认同差异分析 / 58

四、教育硕士研究生在读阶段样本学生公费师范生身份认同差异分析 / 72

五、教育硕士毕业后阶段样本学生公费师范生身份认同差异分析 / 82

第3章　公费师范生教师职业身份认同 / 101

第一节　各阶段样本学生教师职业身份认同描述性统计分析 / 101

第二节　各阶段样本学生教师职业身份认同差异分析 / 106

一、初入本科阶段样本学生教师职业身份认同差异分析 / 106

二、本科在读阶段样本学生教师职业身份认同差异分析 / 116

三、本科毕业且初入教育硕士研究生阶段样本学生教师职业身份认同差异分析 / 126

四、教育硕士研究生在读阶段样本学生教师职业身份认同差异分析 / 146

五、教育硕士毕业后阶段样本学生教师职业身份认同差异分析 / 160

第4章　公费师范生职前职后的学习动机 / 182

第一节　项目动机分析 / 182

一、本科阶段样本学生项目动机描述性统计分析 / 182

二、本科阶段样本学生项目动机差异分析 / 184

第二节　表层学习动机分析 / 226

一、在学阶段样本学生表层学习动机描述性统计分析 / 226

二、在学阶段样本学生表层学习动机差异分析 / 232

第三节　深层学习动机分析 / 264

一、各阶段样本学生深层学习动机描述性统计分析 / 264

二、各阶段样本学生深层学习动机差异分析 / 269

第5章　公费师范生职前职后的学习态度 / 285

第一节　样本学生学习态度描述性统计分析 / 285

一、初入本科阶段公费师范生学习态度分析 / 285

二、本科在读阶段公费师范生学习态度分析 / 286

三、本科毕业且初入教育硕士研究生阶段公费师范生学习态度分析 / 287

四、教育硕士研究生在读阶段公费师范生学习态度分析 / 288

五、教育硕士毕业后阶段公费师范生学习态度分析 / 288

第二节 样本学生学习态度差异分析 / 290

一、职前阶段样本学生学习态度差异分析 / 291

二、职后阶段样本学生学习态度差异分析 / 303

第6章 公费师范生职前职后的教学创新意识与行为 / 310

第一节 样本学生教学创新意识及教学创新行为描述性统计分析 / 310

一、职前阶段公费师范生教学创新意识分析 / 310

二、职后阶段公费师范生教学创新意识分析 / 311

三、职后阶段公费师范生教学创新行为分析 / 312

第二节 职后阶段样本学生教学创新意识与教学创新行为关系分析 / 314

一、职后阶段样本学生教学创新意识与教学创新行为相关性分析 / 314

二、职后阶段公费师范生教学创新意识与教学创新行为回归分析 / 315

第三节 样本学生教学创新意识及教学创新行为差异分析 / 317

一、职前阶段样本学生教学创新意识差异分析 / 317

二、职后阶段样本学生教学创新意识差异分析 / 321

三、职后阶段样本学生教学创新行为差异分析 / 324

第7章 公费师范生职前职后的教研意识与能力 / 328

第一节 样本学生教研意识描述性统计分析 / 328

一、四个阶段公费师范生教研意识分析 / 328

二、职后阶段公费师范生教研能力分析 / 331

第二节 职后阶段样本学生教研意识与教研能力关系分析 / 334

一、职后阶段公费师范生教研意识与教研能力相关性分析 / 334

二、职后阶段公费师范生教研意识与教研能力回归分析 / 334

第三节 职后阶段样本学生教研能力差异分析 / 336

一、职后阶段不同性别样本学生教研能力差异分析 / 336

二、职后阶段不同民族样本学生教研能力差异分析 / 337

三、职后阶段不同任教学段样本学生教研能力差异分析 / 339

四、职后阶段不同任教学科样本学生教研能力差异分析 / 341

第8章 公费师范生职后的教师效能 / 344

第一节 职后阶段样本学生教师效能描述性统计分析 / 344

一、职后样本公费师范生课堂管理效能分析 / 344

二、职后样本公费师范生学生参与效能分析 / 346

三、职后样本公费师范生教学策略效能分析 / 347

四、公费师范生教师效能分析 / 349

第二节 职后阶段样本学生教师效能差异分析 / 350

一、职后阶段不同性别样本学生教师效能差异分析 / 350

二、职后阶段不同民族样本学生教师效能差异分析 / 353

三、职后阶段不同任教学段样本学生教师效能差异分析 / 356

四、职后阶段不同学科样本学生教师效能差异分析 / 359

第9章 公费师范生职后的教师领导力与职业愿景 / 364

第一节 公费师范生教师领导分析 / 364

一、职后阶段样本学生教师领导力描述性统计分析 / 365

二、职后阶段样本学生教师领导力差异分析 / 367

第二节 公费师范生职业愿景分析 / 372

第10章 结语 / 374

参考文献 / 377

附录 / 379

附录一 公费师范生学业与职业状况调查问卷（初入本科阶段）/ 379

附录二 公费师范生学业与职业状况调查问卷（本科在读阶段）/ 383

附录三 公费师范生学业与职业状况调查问卷（本科毕业且初入教育硕士研究生阶段）/ 386

附录四 公费师范生学业与职业状况调查问卷（教育硕士研究生在读阶段）/ 390

附录五 公费师范生学业与职业状况调查问卷（教育硕士毕业后阶段）/ 394

第1章 绪论

第一节 研究设计

一、研究背景与调研目标

《关于全面深化新时代教师队伍建设改革的意见》中明确指出:"时代越是向前,知识和人才的重要性就愈发突出,教育和教师的地位和作用就愈发凸显"。[①] 这不仅充分强调了教师在新时代教育事业发展中的关键性作用,也为教师队伍建设改革及教师教育改革提出了新的要求。

我国师范教育形态中,公费师范教育在我国基础教育师资队伍建设的增量提质方面已取得了有目共睹的阶段性成效。我国自2007年起施行免费师范生培养体制,经2012年完善推进,后于2018年7月30日颁布了《教育部直属师范大学师范生公费教育实施办法的通知》,自此,面向教育部直属的六所师范大学(北京师范大学、华东师范大学、东北师范大学、华中师范大学、陕西师范大学、西南大学),建立起了由中央财政承担师范专业本科生在校期间学费、住宿费,并给予生活补助的公费师范生培养制度,旨在吸引优秀人才从教,培养一批有理想信念、有道德情操、有扎实学识、有仁爱之心的"四有"好教师。

面向我国师范人才培养及本科师范生及教育硕士在学业及职业开展动态监测,编制、开发一套符合不同阶段学业和职业发展的监测工具,是全面了解师范教育成效的科学路径。同时,依据监测结果,可为我国师范教育政策的进一步完善提供数理分析

---

① 中华人民共和国中央人民政府网站.中共中央国务院关于全面深化新时代教师队伍建设改革的意见[EB/OL].(2018-01-31)[2019-10-29]. http://www.gov.cn/xinwen/2018-01/31/content_5262659.htm.

及趋势预测，推动教师教育的科学化发展。

本调查研究目标主要有四：

（1）根据学段及职业发展阶段编制开发五套公费师范教育调查成效问卷，从初入本科阶段、本科在读阶段、本科毕业且初入教育硕士研究生阶段、教育硕士研究生在读阶段、教育硕士毕业后阶段五个阶段，全过程监测我国公费师范教育体制下师范专业学生的学业状态及职业发展，为后续研究提供科学系统的工具支持。

（2）使用本科研团队所开发的调研工具，从职业认同、学习动机、学习态度、教学知识、教学方法、教学创新意识、教研意识、项目认可度等八个维度着眼，深入了解我国公费师范生在本科教育和专业硕士研究生教育两个学段的学业状态。

（3）调研分析我国公费师范生在获得本科学位、专业硕士学位后的职业状态，对其职业认同、教学知识、教学方法、教学创新、教研意识、教研能力、教师效能、职业愿景、领导意识与能力、项目认可度等维度进行调查分析，深入了解我国公费师范生在不同职业阶段的发展状态。

（4）通过对我国公费师范学生的学业状态和职业状态的共时描写和历时比较，总结我国公费师范教育体制所取得的阶段性人才培养成效，基于数理分析准确研判我国师范教育形势，为公费师范教育体制的进一步推进与完善提供数理支撑及政策参考。

二、调研项目实施

为全面反映我国不同地区的公费师范教育人才培养成效，本研究采用分类分层的抽样方法，收集我国北部、中部、西部不同地区的3所教育部直属师范院校作为样本学校，面向五个不同阶段的师范专业学生（初入本科阶段、本科在读阶段、本科毕业且初入教育硕士研究生阶段、教育硕士研究生在读阶段、教育硕士毕业后阶段），就其学业状态及职业发展现状进行调研。本研究项目的调研过程主要涉及四个阶段。

第一阶段主要为研究计划及调研方案制定。通过大量搜集和梳理国内外文献，以师范教育为主题进行学理研究；此外，爬梳国内外师范教育政策文本，并对各国政策进行历时梳理和共时比较。基于对研究成果和政策文本的系统研究，确定调研的监测维度框架。

第二阶段主要基于第一阶段确定的监测维度框架进行调研问卷的开发。面向不同阶段的研究对象，初步编制调研题项，形成调研工具开发的题项库，内含题项 783 个，各阶段问卷均包含题项 150 个左右。经多次团队研讨修改及专家评议审定，初步形成 5 套问卷，每套问卷包含题项 95 个。

选取西南大学、陕西师范大学两所部属师范院校作为样本先后进行了两次试测（与最终调研样本水平及阶段相当但互不重叠），首次试测采用线上线下相结合的方式进行，调研人员经培训后在本省样本学校发放纸质版调研问卷，跨省样本学校以问卷星为平台，采用线上作答的方式进行。第二次试测统一采用了线上调研的方式。两次参与试测的样本数量总计 805 人，有效样本量为 796，研究团队对首次试测数据进行分析和检验，剔除无效题项并进行修改调试，经第二次试测数据分析检验及调试，最终确定 5 套调研问卷的最终题项（调研工具的详细介绍见下文）。

在第二阶段问卷题项得以确定后，第三阶段主要为最终调研施测准备和正式实施。

项目团队在本阶段主要进行了调查问卷的版式设计，线上问卷的录入、测试及调试；与相关院校进行调研的前期沟通与协商，进一步细化面向各样本高校开展调研的具体实施方案，并对参与正式施测的调研人员进行了培训。

调研团队于本阶段完成了调研项目的数据收集。对于参与调研的 3 所师范类高校所涉及的 9 个学院，均采取线上作答的方式进行数据收集。其中 5 个学院的数据收集过程中，不同阶段的调研对象先后集中在教室等场所，有专门的调研人员进行现场技术辅助。其他 4 个学院调研过程均为线上技术辅助和后台数据监控，以确保数据收集的可靠性。

第四阶段进行了数据库建立及数据处理的技术培训工作，并完成了所收集数据的整体入库及数据对齐。此外，完成了无效样本的清理和初步数据分析，多次研讨拟定调研报告框架，并在此基础上完成数据分析及调研报告的撰写。

三、调研工具

调研所使用的研究工具共计 5 套，每套工具分别针对公费师范生的学业与职业发展的不同阶段，问卷题项数量及一级监测维度设置数量如表 1-1 所示。

表1-1　问卷基本信息一览

编号	问卷名称	监测维度数量（单位：个）	题项数量（单位：个）
A卷	公费师范生学业与职业状况调查问卷（初入本科阶段）	7	56
B卷	公费师范生学业与职业状况调查问卷（本科在读阶段）	8	60
C卷	公费师范生学业与职业状况调查问卷（本科毕业且初入教育硕士研究生阶段）	12	80
D卷	公费师范生学业与职业状况调查问卷（教育硕士研究生在读阶段）	12	77
E卷	公费师范生学业与职业状况调查问卷（教育硕士毕业后阶段）	12	75
合　计		51	348

如表1-1所示，本监测项目共编写开发问卷5套，根据公费师范生学业及职业发展的不同阶段从不同维度切入监测，共涉及一级监测维度51个、题项348个，现将各问卷的具体信息逐一呈现。

1. A卷：公费师范生学业与职业状况调查问卷（初入本科阶段）

A卷主要面向初入本科学习阶段的公费师范生，调研包括背景信息和五级量表两个部分。背景信息部分主要涉及调研对象的基本人类学信息、生源信息、学业信息；五级量表部分共有56个题项，每个题项设选项5个："完全不符合""基本不符合""不好说""基本符合""完全符合"，共涉及监测维度7个，各维度题项分布如表1-2所示。

表1-2　初入本科阶段公费师范生学业与职业状况调查问卷细目表

序号	监测维度		题项设置
1	职业认同		1，9，17，25，32，38，42，47
2	学习动机	深层动机	2，18，33，44，52
		表层动机	10，26，39，48，54
		项目动机	5，12，13，19，30，36，43，49，55，56
3	学习态度		3，11，20，27
4	教学知识		4，21，34，40，45，50

续表

序号	监测维度	题项设置
5	教学方法	6, 14, 22, 28
6	教学创新意识	7, 15, 23, 29, 35, 46, 51
7	项目认可度	8, 16, 24, 31, 37, 41, 53

从表 1-2 可知，A 卷共涉及职业认同、学习动机、学习态度、教学知识、教学方法、教学创新意识、项目认可度 7 个一级监测维度，其中学习动机中下设深层动机、表层动机及项目动机 3 个二级监测维度。A 卷信度分析（Reliability Analysis）结果如表 1-3 所示。

表 1-3　A 卷信度分析统计量

Cronbach's Alpha	基于标准化项的 Cronbach's Alpha	项数
0.92	0.94	56

克朗巴哈系数（Cronbach's α）是用于衡量样本作答内在信度重要指标。一般情况下，当 α 大于 0.8 时表明信度高；当 α 处于 0.7 至 0.8 之间时，表明信度较高；当 α 介于 0.6 至 0.7 之间时，表明信度可接受；而当 α 小于 0.6 时，则表明信度不佳。由表 1-4 可见，A 卷 α 为 0.94，明显高于 0.8，说明 A 卷研究数据信度质量高。

2. B 卷：公费师范生学业与职业状况调查问卷（本科在读阶段）

B 卷主要面向本科在读阶段的公费师范生，调研包括背景信息和五级量表两个部分。背景信息部分主要涉及调研对象的基本人类学信息、生源信息、学业信息；五级量表部分共有 60 个题项，每个题项设选项 5 个："完全不符合""基本不符合""不好说""基本符合""完全符合"，共涉及监测维度 8 个，各维度题项分布如表 1-4 所示。

表 1-4　本科在读阶段公费师范生学业与职业状况调查问卷细目表

序号	监测维度		题项设置
1	职业认同		1, 10, 19, 28, 36, 42, 46, 51
2	学习动机	深层动机	2, 20, 37, 48, 56
		表层动机	11, 29, 43, 52, 58
		项目动机	5, 13, 14, 21, 33, 40, 47, 53, 59, 60
3	学习态度		3, 12, 22, 30

续表

序号	监测维度	题项设置
4	教学知识	4、23、38、44、49、54
5	教学方法	6、15、24、31
6	教学创新意识	7、16、25、32、39、50、55
7	教研意识	8、17、26、34
8	项目认可度	9、18、27、35、41、45、57

如表1-4所示，B卷共涉及职业认同、学习动机、学习态度、教学知识、教学方法、教学创新意识、教研意识、项目认可度8个一级监测维度，其中学习动机中下设深层动机、表层动机及项目动机3个二级监测维度。

由表1-5可见，B卷α=0.93，明显大于0.8，表明B卷研究数据信度质量高。

表1-5 B卷信度分析统计量

Cronbach's Alpha	基于标准化项的Cronbach's Alpha	项数
0.93	0.95	60

3. C卷：公费师范生学业与职业状况调查问卷（本科毕业且初入教育硕士研究生阶段）

C卷主要面向本科毕业后初入教育硕士研究生学习阶段的公费师范生，调研包括背景信息和五级量表两个部分。背景信息部分主要涉及调研对象的基本人类学信息、生源信息、学业信息、职业信息；五级量表部分共有80个题项，每个题项设选项5个："完全不符合""基本不符合""不好说""基本符合""完全符合"，共涉及监测维度12个，各维度题项分布如表1-6所示。

表1-6 本科毕业且初入教育硕士研究生阶段公费师范生学业与职业状况调查问卷细目表

序号	监测维度		题项设置
1	职业认同		1、13、25、36、47、55、63、70
2	学习动机	深层动机	2、26、48、64、75
		表层动机	14、37、56、71、78
3	学习态度		3、15、27、38
4	教学知识		4、28、49、57、65、72

续表

序号	监测维度		题项设置
5	教学方法		5，17，29，39
6	教学创新		6，18，30，40，50，58，66，73
7	教研意识		7，19，31，41
8	教研能力		8，16，20，32，42
9	教师效能	课堂管理	9，59，67，74
		学生参与	21，33，43
		教学策略	51，76，79，80
10	职业愿景		10，22，44，52，60，68
11	领导意识与能力		11，23，34，45，53，61
12	项目认可度		12，24，35，46，54，62，69，77

如表1-6所示，C卷共涉及职业认同、学习动机、学习态度、教学知识、教学方法、教学创新、教研意识、教研能力、教师效能、职业愿景、领导意识与能力、项目认可度12个一级监测维度，其中学习动机中下设深层动机和表层动机2个二级监测维度，教师效能中下设课堂管理、学生参与、教学策略3个二级监测维度。

C卷中，α为0.97，远大于0.8，数据信度高（相关分析结果如表1-7所示）。

表1-7 C卷信度分析统计量

Cronbach's Alpha	基于标准化项的Cronbach's Alpha	项数
0.97	0.97	80

4. D卷：公费师范生学业与职业状况调查问卷（教育硕士研究生在读阶段）

D卷主要面向就读于教育硕士研究生学习阶段的公费师范生，调研包括背景信息和五级量表两个部分。背景信息部分主要涉及调研对象的基本人类学信息、生源信息、学业信息、职业信息；五级量表部分共有77个题项，每个题项设选项5个："完全不符合""基本不符合""不好说""基本符合""完全符合"，共涉及监测维度12个，各维度题项分布如表1-8所示。

表 1-8 教育硕士研究生在读阶段公费师范生学业与职业状况调查问卷细目表

序号	监测维度		题项设置
1	职业认同		1, 13, 24, 35, 46, 54, 61, 68
2	学习动机	深层动机	2, 25, 47, 62, 73
		表层动机	36, 69
3	学习态度		3, 14, 26, 37
4	教学知识		4, 27, 48, 55, 63, 70
5	教学方法		5, 16, 28, 38
6	教学创新		6, 17, 29, 39, 49, 56, 64, 71
7	教研意识		7, 18, 30, 40
8	教研能力		8, 15, 19, 31, 41
9	教师效能	课堂管理	9, 57, 65, 72
		学生参与	20, 32, 42
		教学策略	50, 74, 76, 77
10	职业愿景		10, 21, 43, 51, 58, 66
11	领导意识与能力		11, 22, 33, 44, 52, 59
12	项目认可度		12, 23, 34, 45, 53, 60, 67, 75

如表 1-8 所示，D 卷共涉及职业认同、学习动机、学习态度、教学知识、教学方法、教学创新、教研意识、教研能力、教师效能、职业愿景、领导意识与能力、项目认可度 12 个一级监测维度，其中学习动机中下设深层动机和表层动机 2 个二级监测维度，教师效能中下设课堂管理、学生参与、教学策略 3 个二级监测维度。

表 1-9 D 卷信度分析统计量

Cronbach's Alpha	基于标准化项的 Cronbach's Alpha	项数
0.97	0.97	77

D 卷研究数据信度分析结果如表 1-12、1-13 所示，α 为 0.97，大于 0.8，数据信度高。

5. E 卷：公费师范生学业与职业状况调查问卷（教育硕士毕业后阶段）

E 卷主要面向已完成教育硕士学习阶段的公费师范生，调研包括背景信息和五级量表两个部分。背景信息部分主要涉及调研对象的基本人类学信息、生源信息、学业信息、职业信息；五级量表部分共有 75 个题项，每个题项设选项 5 个："完全不符合""基本不符合""不好说""基本符合""完全符合"，共涉及监测维度 12 个，各维度题项分布如表 1-10 所示。

表 1-10 教育硕士毕业后阶段公费师范生学业与职业状况调查问卷细目表

序号	监测维度		题项设置
1	职业认同		1, 13, 24, 35, 45, 53, 60, 67
2	学习动机（深层动机）		2, 25, 46, 61, 71
3	学习态度		3, 14, 26, 36
4	教学知识		4, 27, 47, 54, 62, 68
5	教学方法		5, 16, 28, 37
6	教学创新		6, 17, 29, 38, 48, 55, 63, 69
7	教研意识		7, 18, 30, 39
8	教研能力		8, 15, 19, 31, 40
9	教师效能	课堂管理	9, 56, 64, 70
		学生参与	20, 32, 41
		教学策略	49, 72, 74, 75
10	职业愿景		10, 21, 42, 50, 57, 65
11	领导意识与能力		11, 22, 33, 43, 51, 58
12	项目认可度		12, 23, 34, 44, 52, 59, 66, 73

如表 1-10 所示，A 卷共涉及职业认同、学习动机、学习态度、教学知识、教学方法、教学创新、教研意识、教研能力、教师效能、职业愿景、领导意识与能力、项目认可度 12 个一级监测维度，其中教师效能维度中下设课堂管理、学生参与、教学策略 3 个二级监测维度。

D 卷研究数据信度分析结果如表 1-11 所示，α 为 0.98，大于 0.8，数据信度高。

表 1-11 E 卷信度分析统计量

Cronbach's Alpha	基于标准化项的 Cronbach's Alpha	项数
0.98	0.98	75

第二节　研究样本概况

本调查研究共涉及对象高校3所（北京师范大学、华中师范大学、陕西师范大学），均为教育部直属师范院校。为尽可能贴近中小学教育阶段的主要专业门类，各所高校的入样专业均为中文、数学、英语3个专业。为真实反映不同学业或职业阶段的公费师范生的发展状况，调研项目面向上述3所高校3个专业的公费师范生（包括本科及教育硕士研究生阶段）进行调研，共收集问卷4153份，其中有效问卷4101份。

调查问卷发放及收集情况如表1-12所示。

表1-12　调查问卷发放及收集情况一览

编号	问卷名称	发放年级或阶段	收集问卷（单位：份）	有效问卷（单位：份）
A卷	公费师范生学业与职业状况调查问卷（初入本科阶段）	2019级本科公费师范生	1021	1016
B卷	公费师范生学业与职业状况调查问卷（本科在读阶段）	2017级本科公费师范生	918	904
C卷	公费师范生学业与职业状况调查问卷（本科毕业且初入硕士研究生阶段）	2019级教育硕士研究生	833	821
D卷	公费师范生学业与职业状况调查问卷（教育硕士研究生在读阶段）	2018级教育硕士研究生	886	870
E卷	公费师范生学业与职业状况调查问卷（教育硕士毕业后阶段）	已毕业教育硕士	495	490
合计			4153	4101

本调研项目的数据收集在2019年7月至10月之间完成。其中，以2019级本科公费师范生为调研对象的A卷数据收集在新生入学的9月完成；以2017级本科公费师范生为调研对象的B卷数据收集完成于10月；分别以2019级教育硕士研究生和2018级教育硕士研究生为调研对象的C卷和D卷数据收集在7月至8月完成；此外，为尽可能收集入样高校相应专业的已毕业教育硕士相关数据，E卷的数据收集时间自7月初持续至10月底结束。

如表1-12所示，本调研项目共收集有效问卷4101份，其中A卷有效样本1016人，B卷有效样本904人，C卷821人，D卷870人，E卷490人。其中，已毕业教育硕士取得硕士学位的年份分布在 2011 年至 2019 年之间。现就有效调研样本学生的具体分布情况呈现如下。

一、样本学生性别分布

有效样本 4101 个学生中，有男生 595 人，女生 3506 人，分别占总样本人数的 85.49% 和 14.51%（如图 1-1 所示）。

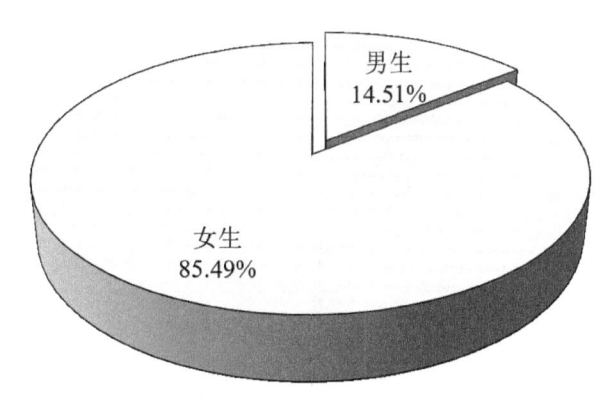

图 1-1 研究样本学生性别分布

五个不同学业、职业阶段的公费师范生样本性别分布如表 1-13 所示。

表 1-13 不同学业、职业阶段研究样本学生性别分布

学业/职业阶段	性别	人数	占比	有效作答人数
初入本科阶段	男	152	14.96%	1016
	女	864	85.04%	
本科在读阶段	男	138	15.27%	904
	女	766	84.73%	
本科毕业且初入硕士研究生阶段	男	92	11.21%	821
	女	729	88.79%	
教育硕士研究生在读阶段	男	124	14.25%	870
	女	746	85.75%	
教育硕士毕业后阶段	男	89	18.16%	490
	女	401	81.84%	

因为师范院校培养教育师资的特色定位以及公费师范生的职业属性特征，公费师范生以女生为学生主体，男生较少，研究样本的性别男女比例也因此较为悬殊。

二、样本学生民族分布

调研有效样本学生来自我国 29 个不同的民族,其中以汉族学生居多,回族学生人数次之,具体分布情况如表 1-14 所示。

表 1-14 样本学生民族分布

民族	人数	占比	民族	人数	占比
汉族	3416	83.30%	哈萨克族	10	0.24%
壮族	51	1.24%	黎族	3	0.07%
满族	21	0.51%	傣族	2	0.05%
回族	199	4.85%	仡佬族	8	0.20%
苗族	51	1.24%	东乡族	8	0.20%
维吾尔族	57	1.39%	水族	4	0.10%
土家族	80	1.95%	羌族	4	0.10%
彝族	15	0.37%	土族	11	0.27%
蒙古族	58	1.41%	仫佬族	1	0.02%
藏族	42	1.02%	柯尔克孜族	1	0.02%
布依族	7	0.17%	撒拉族	4	0.10%
侗族	22	0.54%	塔吉克族	1	0.02%
瑶族	6	0.15%	门巴族	1	0.02%
白族	15	0.37%	独龙族	1	0.02%
哈尼族	2	0.05%	—	—	—

如表 1-14 所示,调研中的有效样本中,83.30% 为汉族学生,少数民族学生占比 16.70%,其中回族、土家族、蒙古族、维吾尔族、苗族、壮族学生人数均大于 50 人,分别占样本总人数的 4.85%、1.95%、1.41%、1.39%、1.24% 和 1.24%。

1. 初入本科阶段样本学生民族分布

本阶段调研有效样本学生的民族分布情况如图 1-2 所示。

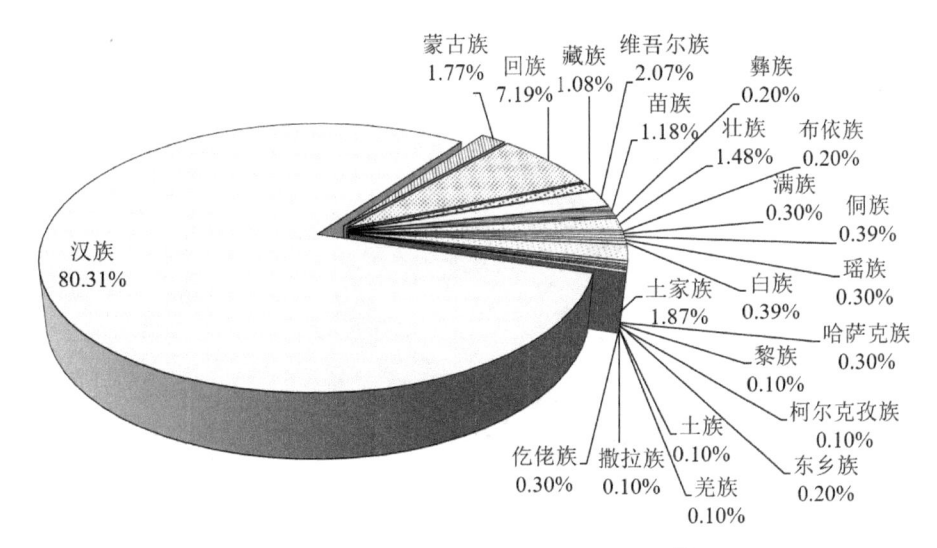

图 1-2　初入本科阶段样本学生民族分布①

这一阶段样本学生共 1016 人，主要来自汉族、壮族、满族、回族、苗族、维吾尔族、土家族、彝族蒙古族等 22 个民族。从人数分布上看，汉族学生最多，共 816 人，占本阶段样本学生人数的 80.31%；回族学生人数次之，共 73 人，占比 7.19%。调研样本人数相对较多的少数民族还有维吾尔族学生 21 人、土家族 19 人、蒙古族 18 人，分别占比 2.07%、1.87%、1.77%；另有其他少数民族学生 69 人，共占本阶段样本学生人数的 6.82%。②

2. 本科在读阶段样本学生民族分布

本科在读阶段有效样本学生共 904 人，来自 25 个不同的民族，具体分布情况如图 1-3 所示。

---

① 因各民族人数除以阶段总人数的值为无限小数，此处四舍五入保留 2 位小数后，产生 0.0003 的误差，各项相加后为 100.03%。

② 因各民族人数除以阶段总人数的值为无限小数，此处四舍五入保留 2 位小数后，产生 0.0003 的误差，各项相加后为 100.03%。

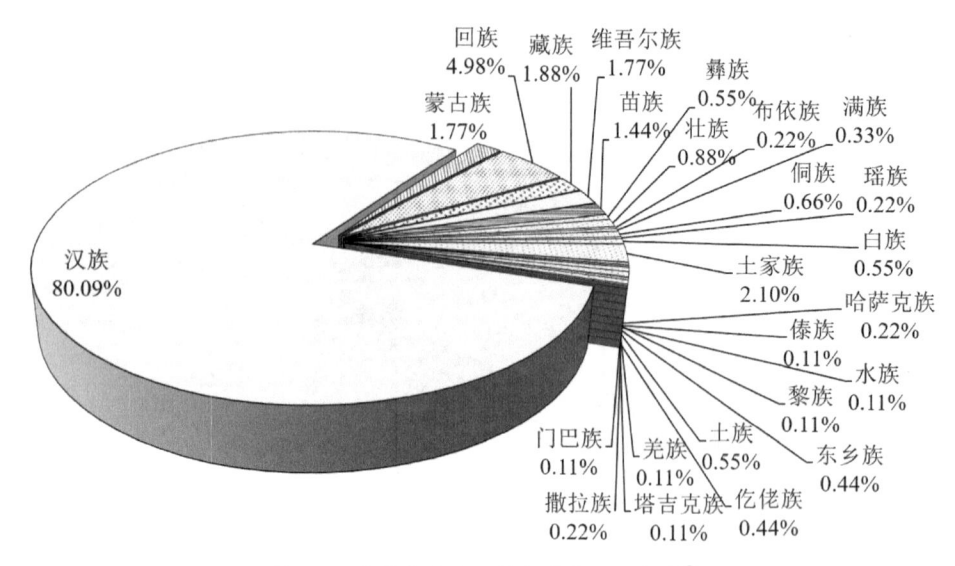

图 1-3　本科在读阶段样本学生民族分布[①]

如图 1-3，本科在读阶段样本中，汉族学生 724 人，占本阶段人数 80.09%，回族学生人数次之，共 45 人，占比 4.98%；另有土家族学生 19 人、藏族 17 人、蒙古族 16 人、维吾尔族 16 人、苗族 13 人，分别占比 2.10%、1.88%、1.77%、1.77%、1.44%；壮族、侗族、白族等其他少数民族学生共占比 5.94%。[②]

3. 本科毕业且初入教育硕士研究生阶段样本学生民族分布

本科毕业且初入教育硕士研究生阶段的样本学生共 821 人，来自我国 22 个不同的民族，如图 1-4 所示。本阶段样本学生以汉族学生为主，共 703 名，占本阶段学生人数的 85.63%；37 名回族学生、14 名土家族学生分别占比 4.51%、1.71%，维吾尔族学生和壮族学生均 11 人，共占比 2.68%，另有 5.48% 的样本学生来自蒙古族、藏族、苗族等其他少数民族，其中瑶族、哈尼族、傣族、黎族、东乡族、土族、仫佬族、仡佬族、独龙族样本学生均为 1 人。

---

① 因各民族人数除以阶段总人数的值为无限小数，此处四舍五入保留 2 位小数后，产生 0.0003 的误差，各项相加后为 99.97%。

② 因各民族人数除以阶段总人数的值为无限小数，此处四舍五入保留 2 位小数后，产生 0.0003 的误差，各项相加后为 99.97%。

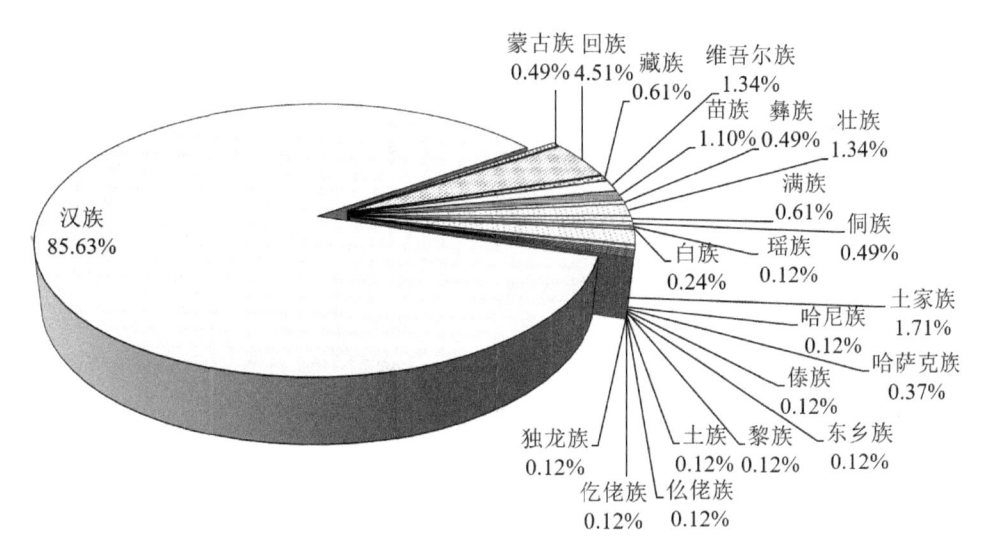

图 1-4　本科毕业且初入教育硕士研究生阶段样本学生民族分布[①]

4. 教育硕士研究生在读阶段样本学生民族分布

教育硕士研究生在读阶段样本学生共 870 人，来自 20 个不同的民族，各民族人数具体分布情况如图 1-5 所示。

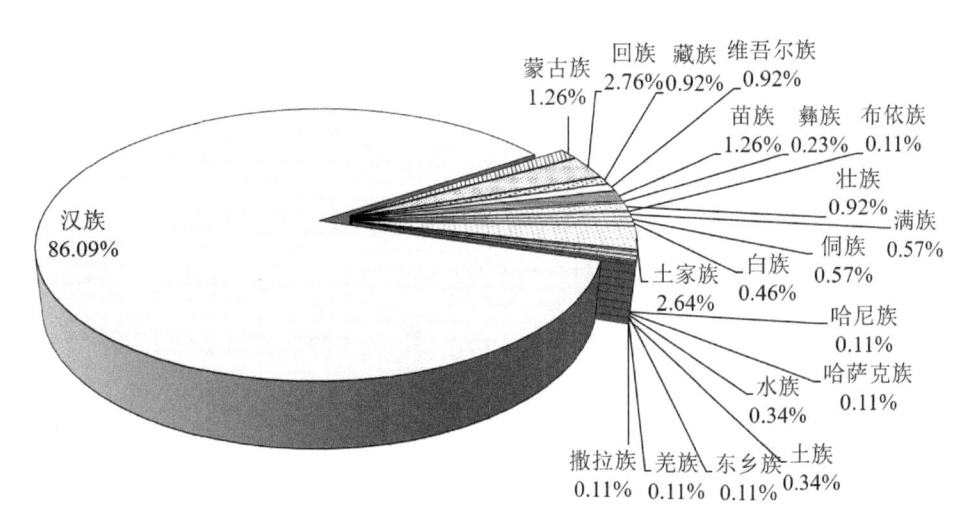

图 1-5　教育硕士研究生在读阶段样本学生民族分布[②]

[①] 因各民族人数除以阶段总人数的值为无限小数，此处四舍五入保留 2 位小数后，产生 0.0001 的误差，各项相加后为 100.01%。

[②] 因各民族人数除以阶段总人数的值为无限小数，此处四舍五入保留 2 位小数后，产生 0.0006 的误差，各项相加后为 99.94%。

本阶段样本学生中 749 人为汉族学生，占本阶段总人数的 86.09%，少数民族学生 121 人，占比 13.85%。[①] 其中，回族学生人数最多（24 人），土家族次之（23 人），分别占比 2.76% 和 2.64%，另有蒙古族、藏族、维吾尔族、苗族学生等其他 18 个少数民族学生 74 人。

5. 教育硕士毕业后阶段样本学生民族分布

相较于其他调研阶段样本学生人数而言，教育硕士毕业后阶段的人数较少，有效样本共 490 人，其具体民族分布如图 1-6 所示。

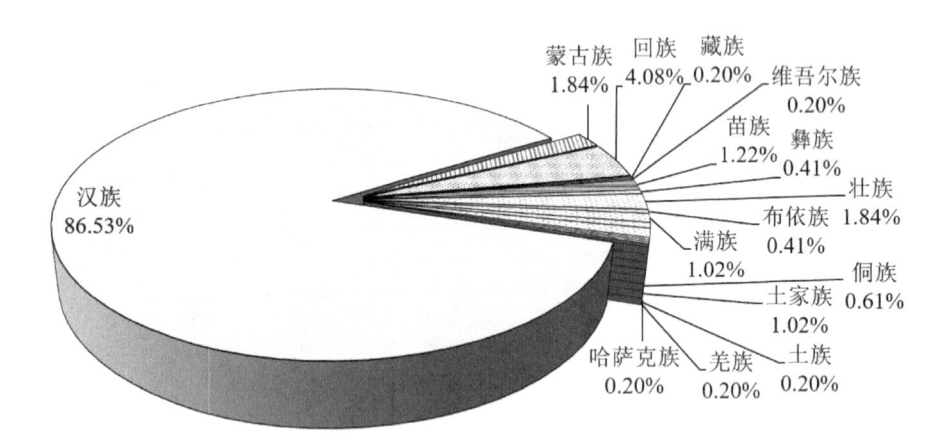

图 1-6　教育硕士毕业后阶段样本学生民族分布[②]

如图 1-6 所示，本阶段学生所涉及民族包括汉族、蒙古族、藏族、维吾尔族、苗族、彝族、壮族、布依族等 15 个民族，其中汉族学生 424 人，占比 86.53%，少数民族学生 66 人，占比 13.45%。[③] 其中，回族学生 20 人，占比 4.08%；壮族、蒙古族学生各 9 人，分别占比 1.84%；苗族学生 6 人，占比 1.22%；满族、土家族学生各 5 人，分别占比 1.02%；侗族 3 人，彝族、壮族、布依族分别 2 人，另有藏族、维吾尔族、哈萨克族、土族和羌族学生各 1 人。

---

① 因各民族人数除以阶段总人数的值为无限小数，此处四舍五入保留 2 位小数后，产生 0.0006 的误差，各项相加后为 99.94%。
② 因各民族人数除以阶段总人数的值为无限小数，此处四舍五入保留 2 位小数后，产生 0.0002 的误差，各项相加后为 99.98%。
③ 因各民族人数除以阶段总人数的值为无限小数，此处四舍五入保留 2 位小数后，产生 0.0002 的误差，各项相加后为 99.98%。

三、样本学生年龄分布

调研样本共 4101 人，年龄作答中误答 9 人，有效作答 4092 人，有效样本学生的年龄分布情况如表 1-15 所示。

表 1-15 样本学生年龄分布

年龄分段	人数	占比
20 岁以下	1069	26.12%
20 岁至 24 岁	1899	46.41%
25 岁至 29 岁	896	21.90%
30 岁至 34 岁	214	5.23%
35 岁及以上	14	0.34%
总计	4092	100%

如表 1-15 所示，调研样本学生年龄层次主要集中于 24 岁及以下，占有效作答样本人数的 72.53%；25 至 29 岁之间的样本学生 896 人，占比 21.90%；30 岁以上的样本学生人数较少，共 228 人，有效作答样本人数的 5.57%。调研样本学生的年龄分布因其所处学业阶段和职业阶段的不同，也呈现出不同的特征，本调查研究中初入本科阶段、本科在读阶段及本科毕业且初入硕士研究生阶段的样本数量较多，因此样本学生的年龄分布也相对集中于较为年轻的年龄阶段。

四、样本学生就读/毕业院校分布

如前所述，本次调查研究的正式施测阶段主要涉及我国的 3 所教育部直属高等师范院校，包括北京师范大学、华中师范大学和陕西师范大学，样本学院校分布如图 1-7 所示。

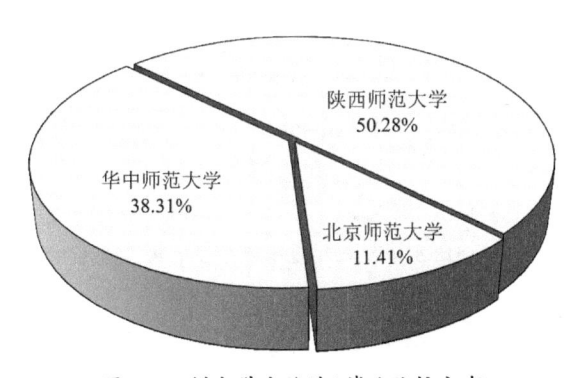

图 1-7 样本学生就读/毕业院校分布

如图 1-7 所示，正式调研中，样本学生半数以上就读于或毕业于陕西师范大学，占有效样本学生数量的 50.28%；华中师范大学人数次之，占比 38.31%；来自北京师范大学的样本学生人数最少，占整体调研样本数量的 11.41%。各不同学段样本学生的就读院校或毕业院校的具体分布情况如表 1-16 所示。

表 1-16　各阶段样本学生就读院校/毕业院校分布[①②]

学业/职业阶段	就读/毕业学校	人数	占比	有效作答人数
初入本科阶段	北京师范大学	63	6.20%	1016
	华中师范大学	412	40.55%	
	陕西师范大学	541	53.25%	
本科在读阶段	北京师范大学	98	10.84%	904
	华中师范大学	299	33.08%	
	陕西师范大学	507	56.08%	
本科毕业且初入教育硕士研究生阶段	北京师范大学	104	12.67%	821
	华中师范大学	270	32.89%	
	陕西师范大学	447	54.45%	
教育硕士研究生在读阶段	北京师范大学	96	11.03%	870
	华中师范大学	458	52.64%	
	陕西师范大学	316	36.32%	
教育硕士毕业后阶段	北京师范大学	107	21.84%	490
	华中师范大学	132	26.94%	
	陕西师范大学	251	51.22%	

如表 1-16 所示，初入本科、本科在读、本科毕业且初入教育硕士研究生及教育硕士毕业后四个阶段的有效作答人数中，陕西师范大学样本学生人数最多，分别占对应阶段调研样本的 53.25%、56.08%、54.45% 和 51.22%，均超过半数。教育硕士研究生在读阶段的有效作答的 870 人中，有 458 人就读于华中师范大学，占该阶段总人数的 52.64%；陕西师范大学人数次之，占比 36.32%；北京师范大学本阶段样本人数最少，占比 11.03%。

---

①表中题项作答结果所占百分比在四舍五入后保留 2 位小数，产生 0.0001 的误差，各项相加后为 100.01%。

②表中题项作答结果所占百分比在四舍五入后保留 2 位小数，产生 0.0001 的误差，各项相加后为 99.99%。

五、样本学生就读专业对应学科及任教学科分布

本次调研选取了基础教育阶段主要科目语文、数学、英语三科对应的公费师范专业作为样本专业展开调研。职前两个学段（初入本科阶段、本科在读阶段）聚焦其就读专业，职后三个阶段（本科毕业且初入教育硕士研究生阶段、教育硕士研究生在读阶段、教育硕士毕业后阶段）则主要关注其任教学科。

1. 职前阶段样本学生就读专业分布

如图 1-8、图 1-9 所示，职前两个阶段样本学生的就读专业分布相对均衡，语文、数学、英语专业人数基本持平。仅本科在读阶段数学专业学生人数相对占比较大，占该阶段人数的 39.60%，英语专业和语文专业人数持平，均占对应两阶段样本学生的 30.20%。

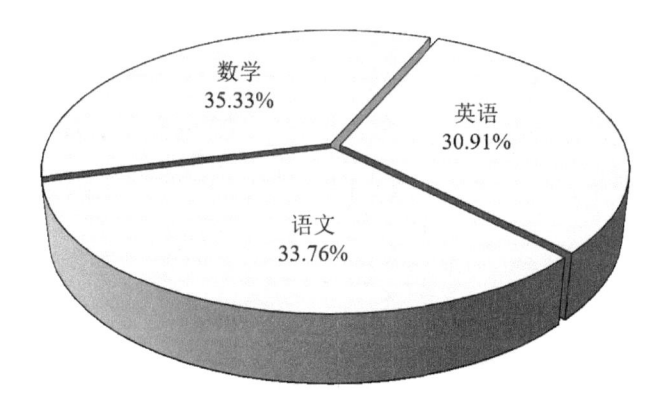

图 1-8 初入本科阶段样本学生就读专业分布

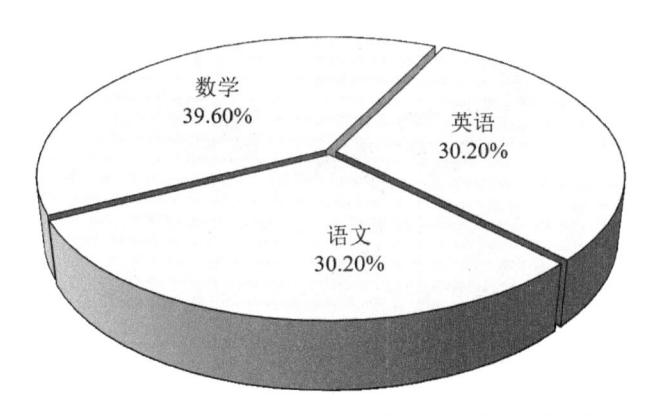

图 1-9 本科在读阶段样本学生就读专业分布

2. 职后阶段样本学生任教学科分布

为切实反映公费师范生职业发展的基本情况，本研究对职后阶段样本学生的任教

学科信息进行了调研,各学业/职业阶段公费师范生任教学科分布情况如图1-10、图1-11、图1-12所示。

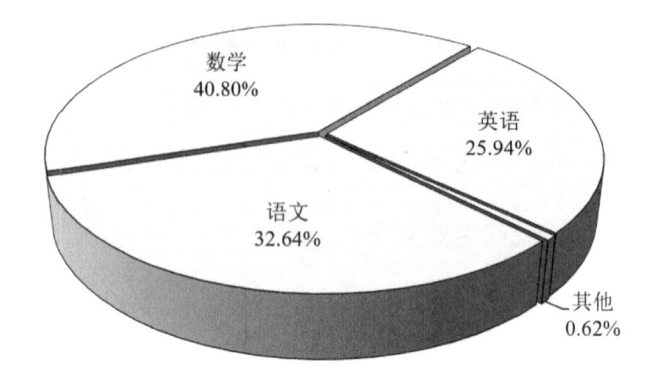

图1-10 本科毕业且初入教育硕士研究生阶段样本学生任教学科分布

如图1-10所示,本科毕业且初入教育硕士研究生阶段样本学生中有40.80%的学生担任数学学科教师,32.64%的学生为语文教师,英语教师占比25.94%,除此之外,虽然样本学生学习过程中均就读于语文、数学、英语三门学科的对应专业,但仍有0.62%的学生在本科毕业后,承担上述三门学科之外的教学任务,成为其他学科的任课教师。

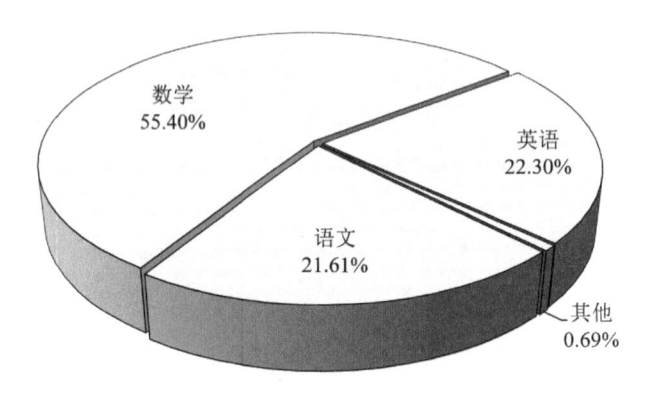

图1-11 教育硕士研究生在读阶段任教学科分布

图1-11为教育硕士研究生在读阶段的公费师范生的任教学科分布情况。这一阶段的样本学生共870人,其中482人为数学教师,188人为语文教师,194人为英语教师,分别占比55.40%、21.61%和22.30%,另有6人任教于其他学科,占本阶段样本学生的0.69%。就读于语文、数学、英语学科对应专业的公费师范生在就业后担任其他学科任课教师的情况在教育硕士毕业后阶段同样存在(教育硕士毕业后阶段样本学生的任教学科分布情况如图1-12所示)。

硕士毕业后阶段共 490 人，如图 1-12 所示，99.14% 的公费师范生从事与所学专业对应的学科教学工作。其中，42.86% 的公费师范生任教语文学科，33.06% 的样本学生为数学教师，21.22% 人为英语教师，另有 2.86% 的样本学生主要承担其他学科的教学任务。

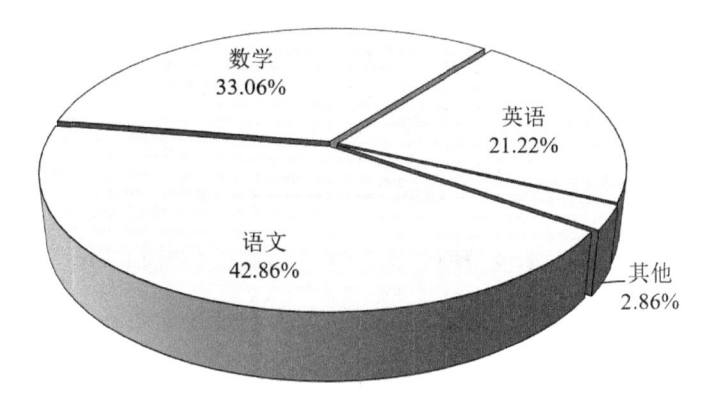

图 1-12　教育硕士毕业后阶段样本学生任教学科分布

经过标准化转换，纵向对比职后三个阶段的样本学生任教于其他学科的情况，可知公费师范生就业过程中，从事所学专业对应科目的教学工作的就业人数比例不断提高（如图 1-13 所示）。

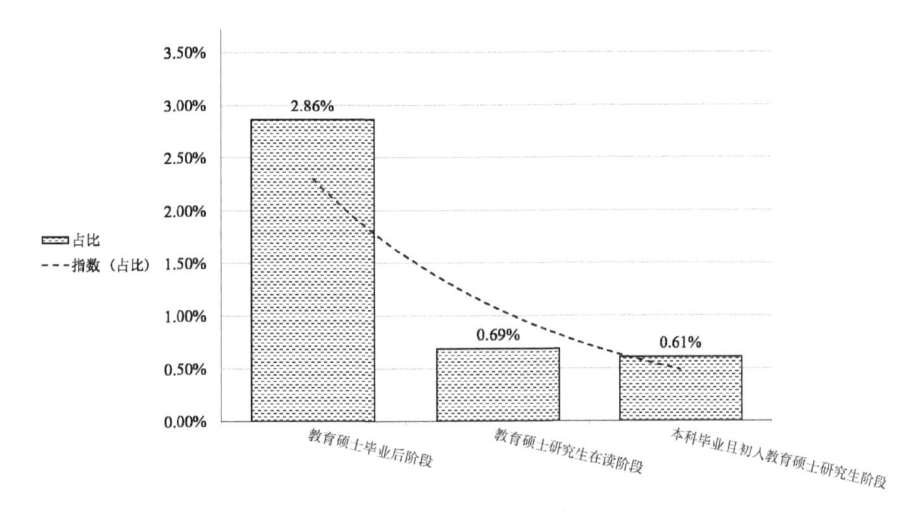

图 1-13　职后三阶段从事非本专业学科教学工作占比

就历时视角切入，从毕业后阶段到教育硕士研究生在读阶段，再到本科毕业且初入教育硕士研究生阶段，从图 1-13 中不难发现，从事本专业外其他学科教学工作人数占对应阶段的人数比例随着时间的推移不断减少，一定程度上可以表明，公费师范教育对于基础教育事业发展的贡献越来越具有针对性。随着相关政策的不断完善，越来越多的公费师范生可以在就业阶段从事与自身所学专业相对应的学科教学工作，使得公费师范教育在西部地区教育发展中的补偿功能与支持功能更加充分地发挥。

六、样本学生生源地及任教地分布

课题组对职前阶段样本学生主要调研其生源地分布，对职后三个阶段的样本学校调研其任教地的分布情况。

1. 职前阶段样本学生生源省（自治区、直辖市）分布

职前阶段主要包括初入本科阶段和本科在读阶段的公费师范生，初入本科阶段样本学生共1016人，其生源省（自治区、直辖市）分布情况如图1-14所示。

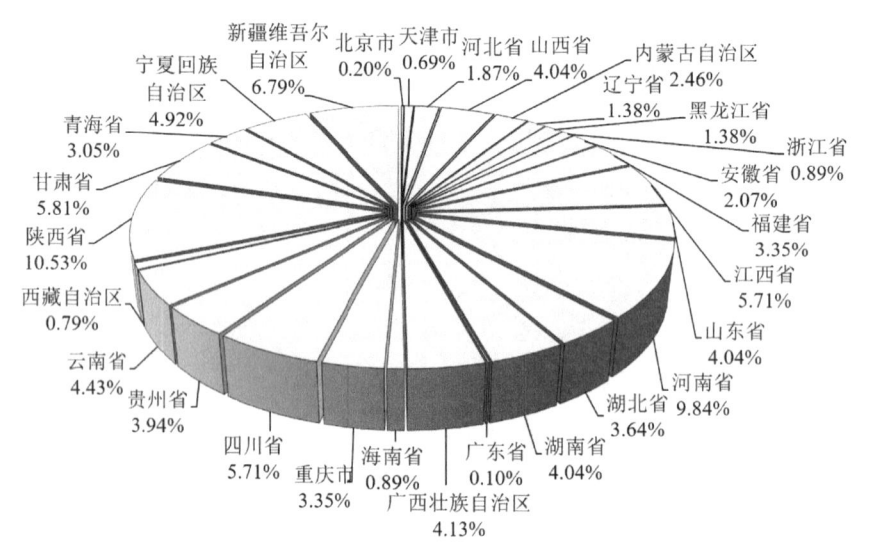

图1-14 初入本科阶段样本学生生源省（自治区、直辖市）分布

由图1-14可见，初入本科阶段的1016个样本学生来自我国28个不同的省（自治区、直辖市），其中来自陕西省的样本学生人数最多，占比10.53%；来自河南省的样本学生人数次之，占本阶段样本学生的9.84%。结合表1-16可知，这一阶段样本学生中就读于陕西师范大学的学生541人，占本阶段人数的53.25%；412人就读于华中师范大学，占比40.55%。华中师范大学位于我国湖北省武汉市，陕西师范大学坐落于陕西省西安市，而河南省作为湖北省、陕西省的相邻省份，其地理区位距离特征可能成为这一人数地域分布特征的原因。

结合这一阶段样本学生就读学校分布，可得出如表1-17所示的交叉制表。

表1-17 初入本科阶段样本学生就读学校与生源省（自治区、直辖市）交叉制表

生源地	北京师范大学	华中师范大学	陕西师范大学	合计	生源地	北京师范大学	华中师范大学	陕西师范大学	合计
北京市	1	0	1	2	广东省	0	1	0	1
天津市	0	2	5	7	广西壮族自治区	4	20	18	42
河北省	2	9	8	19	海南省	0	4	5	9
山西省	1	18	22	41	重庆市	3	17	14	34
内蒙古自治区	2	15	8	25	四川省	10	39	9	58
辽宁省	1	7	6	14	贵州省	7	10	23	40
黑龙江省	0	5	9	14	云南省	5	19	21	45
浙江省	0	5	4	9	西藏自治区	0	5	3	8
安徽省	0	10	11	21	陕西省	0	6	101	107
福建省	1	27	6	34	甘肃省	1	10	48	59
江西省	1	20	37	58	青海省	1	11	19	31
山东省	7	20	14	41	宁夏回族自治区	1	8	41	50
河南省	9	52	39	100	新疆维吾尔自治区	3	15	51	69
湖北省	0	30	7	37	合计	63	412	541	1016
湖南省	3	27	11	41					

从表1-17中可见，初入本科阶段在陕西省生源的107个样本学生中，101人就读于陕西师范大学，河南生源的100人当中，52人就读于华中师范大学、39人就读于陕西师范大学，进一步说明地理区位的具体特征一定程度上影响着报考学校的志愿选择。但是，这一特点在北京师范大学的生源分布中几乎没有体现。北京生源学生在所采集的样本学生中，仅有1人就读北京师范大学。北京师范大学在本阶段样本学生的生源分布中，以四川省、山东省、河南省、贵州省为生源省份的学生较多，其他省（自治区、直辖市）学生零星分布。

本科在读阶段样本学生的生源省（自治区、直辖市）分布情况如图 1-15 所示，结合本科在读阶段样本学生就读学校分布的交叉制表如表 1-18 所示。

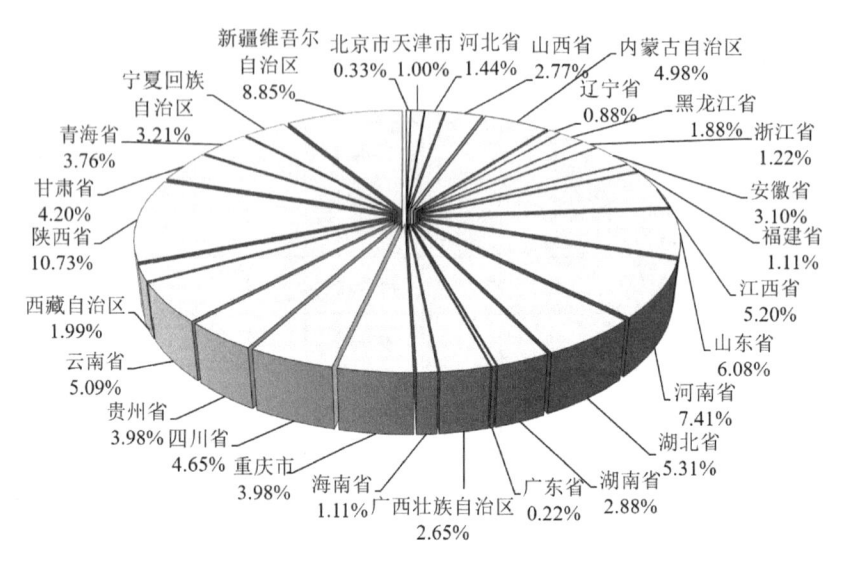

图 1-15 本科在读阶段样本学生生源省（自治区、直辖市）分布

表 1-18 初入本科阶段样本学生就读学校与生源省（自治区、直辖市）交叉制表

生源地	北京师范大学	华中师范大学	陕西师范大学	合计	生源地	北京师范大学	华中师范大学	陕西师范大学	合计
北京市	3	0	0	3	广东省	0	1	1	2
天津市	0	3	6	9	广西壮族自治区	0	11	13	24
河北省	1	6	6	13	海南省	0	7	3	10
山西省	1	8	16	25	重庆市	4	18	14	36
内蒙古自治区	17	14	14	45	四川省	5	20	17	42
辽宁省	0	2	6	8	贵州省	5	9	22	36
黑龙江省	1	7	9	17	云南省	2	22	22	46
安徽省	3	13	12	28	陕西省	5	7	85	97
福建省	0	4	6	10	甘肃省	2	8	28	38
江西省	5	19	23	47	青海省	2	9	23	34
山东省	4	19	32	55	宁夏回族自治区	7	9	13	29

续表

生源地	学校就读人数			合计	生源地	学校就读人数			合计
	北京师范大学	华中师范大学	陕西师范大学			北京师范大学	华中师范大学	陕西师范大学	
河南省	4	22	41	67	新疆维吾尔自治区	16	10	54	80
湖北省	1	27	20	48	合计	98	299	507	904
湖南省	5	13	8	26					

如表 1-18 所示，本科在读阶段的 904 个样本学生中，陕西师范大学学生居多（507 人），华中师范大学人数次之（299 人），其生源省份仍以陕西省（85 人，占比 9.40%）、河南省（41 人，占比 4.54%）为主。此外，新疆维吾尔自治区生源学生在这一阶段人数也较多，共 90 人，占本阶段样本学生人数的 9.96%。

结合图 1-14、表 1-17、图 1-15、表 1-18 来看，公费师范生政策对于我国西部地区[①]基础教育的师资补充起到了重要的支持作用。职前两阶段样本学生共 1920 人，其中以西部地区省（自治区、直辖市）为生源地的样本学生 1093 人，占到了两阶段样本学生总人数的 56.93%，12 个省级行政区具体人数分布如图 1-16 所示。

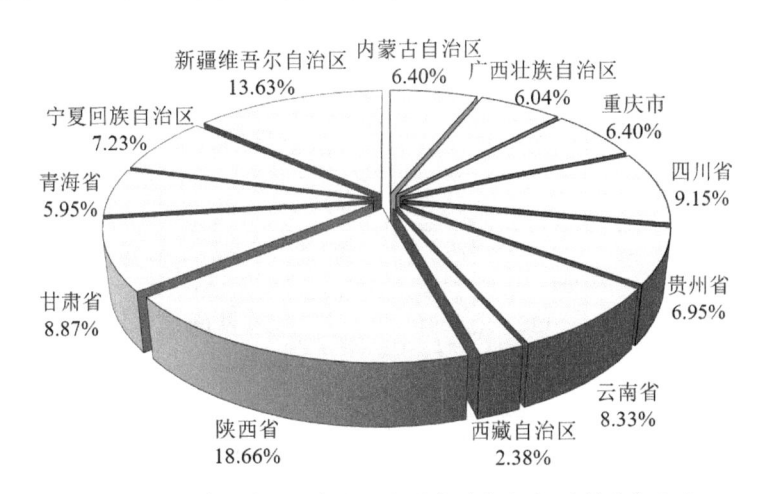

图 1-16 职前两阶段西部地区生源省（自治区/直辖市）分布

职前两阶段西部地区样本学生 1093 人中，陕西省生源人数最多，占比 18.66%，这与所采集样本数据相当部分来自陕西师范大学或有关联。生源地为新疆维吾尔自治

[①] 我国西部地区省级行政区共 12 个，包括内蒙古自治区、广西壮族自治区，另有西南 5 省/自治区/直辖市（重庆市、四川省、贵州省、云南省、西藏自治区），西北 5 省/自治区（陕西省、甘肃省、青海省、宁夏回族自治区、新疆维吾尔自治区）。

区的学生人数次之,占西部地区样本学生人数的13.63%。其他省(自治区/直辖市)生源样本学生分布较为均匀,西藏自治区生源学生较少,占西部地区生源学生人数的2.38%。

2. 职后阶段样本学生任教地分布

从生源地分布一定程度上可预测公费师范生毕业后的就业地区以及其对我国各地区基础教育师资的补充与支持情况,为进一步了解这一问题,课题组面向已经进入教师行业的公费师范生的任教地分布进行了调查研究,三个不同职后阶段样本学生的任教地分布频率如表1-19、表1-20、表1-21所示。

表1-19 本科毕业且初入教育硕士研究生阶段样本学生任教地分布频率

任教地	频率	百分比	有效百分比	累计百分比	任教地	频率	百分比	有效百分比	累计百分比
北京市	2.00	0.24	0.24	0.24	湖南省	16.00	1.95	1.95	38.61
天津市	4.00	0.49	0.49	0.73	广东省	16.00	1.95	1.95	40.56
河北省	10.00	1.22	1.22	1.95	广西壮族自治区	26.00	3.17	3.17	43.73
山西省	34.00	4.14	4.14	6.09	海南省	8.00	0.97	0.97	44.70
内蒙古自治区	32.00	3.90	3.90	9.99	重庆市	32.00	3.90	3.90	48.60
辽宁省	8.00	0.97	0.97	10.96	四川省	38.00	4.63	4.63	53.23
吉林省	2.00	0.24	0.24	11.21	贵州省	46.00	5.60	5.60	58.83
黑龙江省	13.00	1.58	1.58	12.79	云南省	26.00	3.17	3.17	62.00
江苏省	1.00	0.12	0.12	12.91	西藏自治区	3.00	0.37	0.37	62.36
浙江省	10.00	1.22	1.22	14.13	陕西省	165.00	20.10	20.10	82.46
安徽省	29.00	3.53	3.53	17.66	甘肃省	38.00	4.63	4.63	87.09
福建省	5.00	0.61	0.61	18.27	青海省	18.00	2.19	2.19	89.28
江西省	13.00	1.58	1.58	19.85	宁夏回族自治区	35.00	4.26	4.26	93.54
山东省	28.00	3.41	3.41	23.26	新疆维吾尔自治区	53.00	6.46	6.46	100.00
河南省	40.00	4.87	4.87	28.14	合计	821.00	100.00	100.00	—
湖北省	70.00	8.53	8.53	36.66					

本科毕业且初入教育硕士研究生阶段的 821 名有效样本学生中，165 名学生在毕业后于陕西省任教，占这一阶段样本学生总数的 20.10%；70 名样本学生从教于湖北省，占比 8.53%。陕西省和湖北省分别作为陕西师范大学、华中师范大学的所在地，对于本省学生的聚集效应较为明显，同时对本省基础教育发展中师资的支持作用突出。从表中数据可见，这一阶段的样本学生在我国 30 个不同的省（自治区、直辖市）从事基础教育工作，其中 512 名样本学生服务于我国西部地区的基础教育工作，占这一阶段样本学生人数的 62.36%，这一比例也一定程度上说明了公费师范教育政策实施以来，为我国各省（自治区、直辖市）补充基础教育师资的同时，也为西部地区的基础教育事业发展输送了大批专业教师。

教育硕士研究生在读阶段样本学生任教地分布情况如表 1-20 所示。

表 1-20　教育硕士研究生在读阶段样本学生任教省（自治区、直辖市）分布频率

任教地	频率	百分比	有效百分比	累计百分比	任教地	频率	百分比	有效百分比	累计百分比
北京市	4.00	0.46	0.46	0.46	湖南省	27.00	3.10	3.10	53.91
天津市	7.00	0.80	0.80	1.26	广东省	20.00	2.30	2.30	56.21
河北省	20.00	2.30	2.30	3.56	广西壮族自治区	17.00	1.95	1.95	58.16
山西省	29.00	3.33	3.33	6.90	海南省	13.00	1.49	1.49	59.66
内蒙古自治区	37.00	4.25	4.25	11.15	重庆市	17.00	1.95	1.95	61.61
辽宁省	8.00	0.92	0.92	12.07	四川省	33.00	3.79	3.79	65.40
吉林省	7.00	0.80	0.80	12.87	贵州省	34.00	3.91	3.91	69.31
黑龙江省	10.00	1.15	1.15	14.02	云南省	17.00	1.95	1.95	71.26
江苏省	8.00	0.92	0.92	14.94	西藏自治区	4.00	0.46	0.46	71.72
浙江省	14.00	1.61	1.61	16.55	陕西省	120.00	13.79	13.79	85.52
安徽省	18.00	2.07	2.07	18.62	甘肃省	33.00	3.79	3.79	89.31
福建省	15.00	1.72	1.72	20.34	青海省	25.00	2.87	2.87	92.18
江西省	21.00	2.41	2.41	22.76	宁夏回族自治区	22.00	2.53	2.53	94.71
山东省	22.00	2.53	2.53	25.29	新疆维吾尔自治区	46.00	5.29	5.29	100.00
河南省	53.00	6.09	6.09	31.38	总计	870.00	100.00	100.00	—
湖北省	169.00	19.43	19.43	50.80					

与本科毕业且初入教育硕士研究生阶段样本学生任教地分布情况相似，教育硕士研究生在读阶段的样本学生任教人数最多的两个省份仍为湖北省（169人）和陕西省（120人），分别占这一阶段样本学生人数的19.43%和13.75%，这表明承担公费师范教育工作的高等院校对与所在省份和地区的基础教育师资补充具有明显的集群效应。另外，公费师范教育政策为我国各地均输送了优质的基础教育师资，对于西部地区基础教育事业发展更是贡献突出。从这一阶段样本学生的任教地分布情况来看，870名公费师范生中有405人就业于我国西部地区，占到本阶段样本学生总人数的46.55%。

教育硕士毕业后阶段的490名样本学生的任教地分布情况如表1-21所示。

表1-21 教育硕士毕业后阶段样本学生任教省（自治区、直辖市）分布频率

任教地	频率	百分比	有效百分比	累计百分比	任教地	频率	百分比	有效百分比	累计百分比
北京市	5.00	1.02	1.02	1.02	湖北省	55.00	11.22	11.22	44.49
天津市	7.00	1.43	1.43	2.45	湖南省	16.00	3.27	3.27	47.76
河北省	4.00	0.82	0.82	3.27	广东省	12.00	2.45	2.45	50.20
山西省	13.00	2.65	2.65	5.92	广西壮族自治区	19.00	3.88	3.88	54.08
内蒙古自治区	28.00	5.71	5.71	11.63	海南省	8.00	1.63	1.63	55.71
辽宁省	9.00	1.84	1.84	13.47	重庆市	10.00	2.04	2.04	57.76
吉林省	9.00	1.84	1.84	15.31	四川省	22.00	4.49	4.49	62.24
黑龙江省	10.00	2.04	2.04	17.35	贵州省	14.00	2.86	2.86	65.10
上海市	1.00	0.20	0.20	17.55	云南省	8.00	1.63	1.63	66.73
江苏省	9.00	1.84	1.84	19.39	西藏自治区	2.00	0.41	0.41	67.14
浙江省	4.00	0.82	0.82	20.20	陕西省	83.00	16.94	16.94	84.08
安徽省	15.00	3.06	3.06	23.27	甘肃省	18.00	3.67	3.67	87.76
福建省	9.00	1.84	1.84	25.10	青海省	16.00	3.27	3.27	91.02
江西省	10.00	2.04	2.04	27.14	宁夏回族自治区	16.00	3.27	3.27	94.29
山东省	8.00	1.63	1.63	28.78	新疆维吾尔自治区	28.00	5.71	5.71	100.00
河南省	22.00	4.49	4.49	33.27	总计	490.00	100.00	100.00	—

教育硕士毕业后阶段的 490 名样本学生任教地覆盖了我国除特别行政区外的 31 个省（自治区、直辖市），同样，陕西省和湖北省任教人数较为集中。硕士毕业后阶段样本学生中，294 人任教于我国西部地区，占到这一阶段样本学生人数的 60.00%。

对比五个阶段样本学生的生源地、任教地可知，上海市报考公费师范生专业的学生人数相较于其他省（自治州、直辖市）明显较少，所收集的 4101 名样本学生的数据中仅有 1 人（教育硕士研究生毕业后阶段）任教于上海市。根据职前两个阶段样本学生的生源地和职后三个阶段样本学生的任教地分布情况可知，公费师范教育政策为我国各省（自治区、直辖市）基础教育事业提供了一定的师资资源，其中以湖北省和陕西省两个有公费师范院校培养高校的省份最为突出。公费师范教育政策下的教师教育对我国西部地区的师资补充作用尤为明显。

七、职后阶段样本学生任教学段分布

2018 年，国务院办公厅转发了教育部、财政部、人力资源社会保障部联合发布的《教育部直属师范大学师范生公费教育实施办法》（后简称《办法》），该《办法》明确规定：

公费师范生、部属师范大学和生源所在省份省级教育行政部门签订《师范生公费教育协议》，明确三方权利和义务。公费师范生毕业后一般回生源所在省份中小学任教，并承诺从事中小学教育工作 6 年以上。到城镇学校工作的公费师范生，应到农村义务教育学校任教服务至少 1 年。国家鼓励公费师范生长期从教、终身从教。[①]

这表明，一般情况下，完成本科阶段学业的公费师范生应回到生源省（自治区、直辖市）的中小学学段任教 6 年，同时《办法》鼓励公费师范生长期从事教育事业。

在了解调研样本公费师范生的生源地、任教地后，为进一步了解公费师范生从事教师职业后所从事教育事业的所在学段，研究对职后三个阶段样本学生的当前任教学段进行了调研。

---

① 中华人民共和国中央人民政府网站.国务院办公厅关于转发教育部等部门教育部直属师范大学师范生公费教育实施办法的通知[EB/OL].（2018-07-30）[2021-07-28]. http：//www.gov.cn/zhengce/content/2018-08/10/content_5313008.htm.

1. 本科毕业且初入教育硕士研究生阶段样本学生任教学段分布

本科毕业且初入教育硕士研究生阶段样本学生任教学段分布情况如图1-17所示。

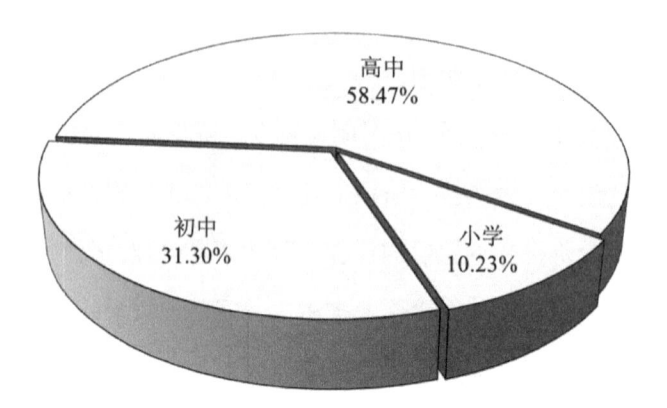

图1-17 本科毕业且初入教育硕士研究生阶段样本学生任教学段分布

这一阶段样本学生在完成本科学段的学习后，大多从事高中学段的教学工作，占本阶段样本学生总数的58.47%；初中学段教育从业人数次之，占比31.30%；从事小学教育的人数最少，占本阶段样本学生总数的10.23%。可见，对于这一职业阶段的样本学生来说，公费师范教育政策为我国基础教育师资的补充集中体现为对高中学段和初中学段师资的集中补充，小学学段教育师资仅占本阶段样本学生人数的十分之一左右。

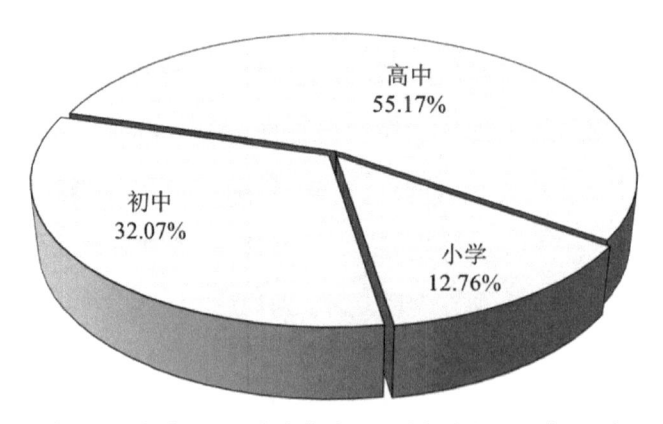

2. 教育硕士研究生在读阶段样本学生任教学段分布

图1-18 教育硕士研究生在读阶段样本学生任教学段分布

如图1-18所示，教育硕士研究生在读阶段的870人中，111人从事小学学段的教育工作，占本阶段样本学生总数的12.76%；进入初中学段从事教育工作的样本学生279人，占比32.07%；从事高中教师行业的样本公费师范生480人，占这一阶段样本学生人数的 55.17%。与本科毕业后且初入教育硕士研究生阶段样本学生分布情况类似，教育硕士研究生在读阶段的样本学生超过半数进入了高中学段从事教学工作，从事初中教学工作的人数次之，进入小学学段担任教师的人数最少，但相较于本科毕业且初入教育硕士研究生阶段的样本学生中小学教师所占比重而言，教育硕士研究生阶段样本学生从事小学教育工作的比例相对较高。

3. 教育硕士毕业后阶段样本学生任教学段分布

教育硕士毕业后阶段样本学生任教学段分布情况如图 1-19 所示。

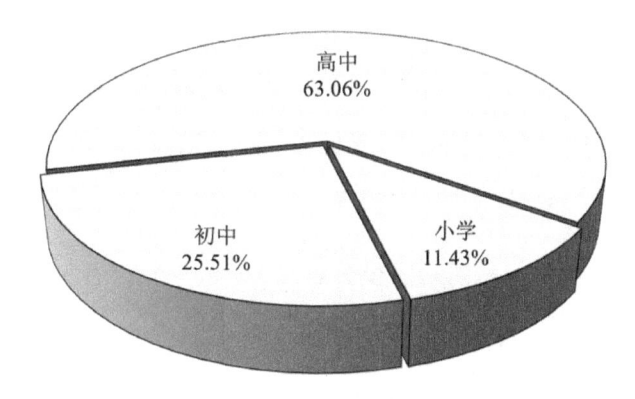

图 1-19 教育硕士毕业后阶段样本学生任教学段分布

就教育硕士毕业后阶段样本学生的任教学段而言，仍以高中学段为主，占这一阶段样本学生总人数的 63.06%，从事初中教学工作的学生人数占比 25.51%，进入小学学段担任教师的样本公费师范生人数最少，占比 11.43%。

综合三个职后阶段样本学生的任教学段分布情况来看，公费师范生在完成本科学段的学业并申请教育硕士研究生阶段学习的公费师范生，其个人倾向及各地教育部门的分配意向主要为让公费师范生从事高中阶段的教学工作，初中次之，从事小学教学工作的人数较少。从另一个角度来看，从事高中阶段教学工作的公费师范生则更多地选择申请继续修读教育教师研究生，进而提升自身的教师素养、专业水平及教学技能等。

八、职后阶段样本学生任教班级情况

面向职后阶段 2181 名样本学生，本次调研主要涉及了其任教班级数、任教班级规模、课时量等教育教学情况。

1. 职后阶段样本学生任教班级数量分布

表 1-22　职后阶段样本学生任教班级数量分布

任教班级数量（个）	本科毕业且初入教育硕士研究生阶段人数	教育硕士研究生在读阶段人数	教育硕士毕业后阶段人数	总计
1	207	180	82	469
2	569	656	380	1605
3	31	26	14	71
4及以上	14	8	14	36
总计	821	870	490	2181

职后三个阶段的样本学生大多承担 2 个班级的教学工作，占三阶段总人数的 73.59%；有 469 人仅承担 1 个班级的教学任务，占三阶段总人数的 21.50%；另有 107 人承担 3 个班级或 3 个班级以上的教学任务，占比 4.91%。

2. 职后阶段样本学生任教班级规模分布

职后三个阶段样本学生所承担教学工作班级的规模分布情况如表 1-23 所示。

表 1-23　职后阶段样本学生任教班级规模分布

班级人数（人/班）	本科毕业且初入教育硕士研究生阶段人数	教育硕士研究生在读阶段人数	教育硕士毕业后阶段人数	总计
40人以下	88	92	42	222
41—50人	296	339	170	805
51—60人	331	310	195	836
61人以上	106	129	83	318
总计	821	870	490	2181

公费师范生所任教班级人数大多在 40 至 60 人之间，其中，承担教学任务班级人数在 41 至 50 人之间的有 805 人，占职后三阶段样本学生人数的 36.91%，51 至 60 人之间的有 836 人，占比 38.33%。此外，承担教学工作班级一定程度上为小班教学的 40 人以下班级的有 222 人，占比 10.18%，承担 61 人以上班级教学任务的公费师范生有 83 人，占比 14.58%。

3. 职后阶段样本学生任教每周课时量分布

职后阶段样本学生任教每周课时量分布情况如表 1-24 所示。

表 1-24　职后阶段样本学生任教每周课时量分布

课时量（课时/周）	本科毕业且初入教育硕士研究生阶段人数	教育硕士研究生在读阶段人数	教育硕士毕业后阶段人数	总计
10 课时以下	127	91	49	267
10—15 课时	459	462	284	1205
15—20 课时	175	237	113	525
20 课时以上	60	80	44	184
总计	821	870	490	2181

整体上看，所调研对象主要承担的科目为语文、数学、英语课程教学工作，这三个科目在基础教育阶段为课时量相对较多的科目。职后三个阶段的 2181 名样本学生中，1205 人每周承担课时量在 10 到 15 课时之间，占到职后三阶段样本学生总数的 55.25%；每周承担 15 到 20 课时的人数次之，共 525 人，占比 24.07%；此外有 12.24% 的公费师范生每周课时量在 10 课时以下，8.44% 的样本学生每周课时量超过了 20 课时。

第 2 章　公费师范生身份认同

身份认同（identity）可分为四类：个体认同、集体认同、自我认同和社会认同，其基本概念如表 2-1[①] 所示。

表 2-1　身份认同范畴划分

身份认同	概念界定
个体认同	个体与特定文化的认同
集体认同	文化主体在两个不同文化群体或亚群体之间进行抉择，并选择一种文化视为集体文化自我，并将另一种文化视为他者
自我认同	自我的心理和身体体验方面的认同
社会认同	主体对自身社会属性的认同

表 2-1 中的四种身份认同并非相互斥离，对于社会个体或文化个体而言，上述四种认同可能集于一身，为不同侧面的认同凸显。就公费师范生群体而言，在学业与职业发展阶段，其最为凸显的身份为公费师范生的学业身份与职前教师或职后教师的职业身份。就教师职业身份认同研究而言，思辨研究居多，实证研究则稍显不足，尤其缺乏大样本、有深度的实证研究。[②] 本章聚焦公费师范生群体，通过对 4101 个有效样本的调查研究，探析其学业及职业身份认同。

调查研究中所发放的问卷在有关样本对象对自身公费师范生个体身份认同情况的题项上并无差异，各套问卷均设置 8 个题项，其中针对公费师范生身份认同的题项 3 个，针对其教师职业认同的题项 5 个，各题项均设置选项 5 个：完全不符、基本不符、不好说、基本符合、完全符合，等距赋值为 1 至 5，如表 2-2 所示。

[①] 陶家俊.身份认同导论[J].外国文学，2004，（2）：37-38.
[②] 魏淑华，宋广文.国外教师职业认同研究综述[J].比较教育研究，2005，180（5）：65.

表 2-2 公费师范生个体身份认同题项设置一览

身份认同	题项
公费师范生身份认同	作为一名公费师范生，我认为自己非常受人重视
	别人谈论公费师范生话题时，我感觉和自己密切相关
	我常常因为自己的公费师范生身份而感到骄傲
教师职业身份认同	我在报考公费师范生时对教师职业非常了解
	我报考公费师范生是源于对教师职业的喜爱
	我认为教师的社会地位很高
	从事中小学教师职业是我的兴趣所在
	我认为从事教师职业比从事其他职业更加能够实现自己的价值

第一节 样本学生公费师范生身份认同描述性统计分析

为清晰呈现公费师范生在不同学业和职业阶段对于自身公费师范生身份的认同情况，现分别从描述性分析和差异分析两个角度切入，就五个阶段调研样本情况逐一分析呈现。

一、初入本科阶段样本学生公费师范生身份认同

初入本科阶段样本学生公费师范生身份认同的描述统计分析结果如表2-3所示。

表 2-3 初入本科阶段样本学生公费师范生身份认同分析描述统计量

题项	N	极小值	极大值	均值	标准差
作为一名公费师范生，我认为自己非常受人重视	1016	1	5	3.24	0.85
别人谈论公费师范生话题时，我感觉和自己密切相关	1016	1	5	4.31	0.64
我常常因为自己的公费师范生身份而感到骄傲	1016	1	5	3.55	0.93
有效的 N（列表状态）	1016	—	—	—	—

在有关公费师范生身份认同的3个题项中，题项"别人谈论公费师范生话题时，我感觉和自己密切相关"的作答结果较为集中，且均值较高（$\bar{x}=4.31$），题项"作为一名公费师范生，我认为自己非常受人重视"作答结果离散分布程度较为突出，尤其是题项

"我常常因为自己的公费师范生身份而感到骄傲"的作答结果的标准差较大（$S=0.93$）。现就该维度3个题项作答结果的分布情况予以分析，见表2-4、表2-5、表2-6。

表2-4 初入本科阶段学生题项"作为一名公费师范生，我认为自己非常受人重视"作答分布

选项	频率	百分比	有效百分比	累积百分比
完全不符	31.00	3.05	3.05	3.05
基本不符	109.00	10.73	10.73	13.78
不好说	527.00	51.87	51.87	65.65
基本符合	282.00	27.76	27.76	93.41
完全符合	67.00	6.59	6.59	100.00
合计	1016.00	100.00	100.00	—

初入本科阶段的公费师范生刚刚结束高中学段的学习，经过高考及志愿填报等进入大学学段，录取为公费师范专业本科生。这一阶段的本科生有超过一半的学生对于题项"作为一名公费师范生，我认为自己非常受人重视"的作答没有明确的感知，51.87%的样本学生选择了"不好说"。此外，1016名学生中有349名同学选择了"完全符合"或"基本符合"，占总体样本数量的34.35%，另有13.78%的学生选择了"基本不符"或"完全不符"。究其缘由，此阶段的公费师范生可能尚未完全进入正式的公费师范专业学习状态，对于自身公费师范生身份的认同一定程度上受到高考录取院校、专业等与自身期望的偏度影响，因此作答分布较为离散。

表2-5 初入本科阶段学生题项"别人谈论公费师范生话题时，我感觉和自己密切相关"作答分布

选项	频率	百分比	有效百分比	累积百分比
完全不符	3.00	0.30	0.30	0.30
基本不符	13.00	1.28	1.28	1.57
不好说	40.00	3.94	3.94	5.51
基本符合	565.00	55.61	55.61	61.12
完全符合	395.00	38.88	38.88	100.00
合计	1016.00	100.00	100.00	—

对于题项"别人谈论公费师范生话题时，我感觉和自己密切相关"的作答，除了3.94%的样本学生选择尚不确定外，仅有1.58%的学生选择了"完全不符"或"基本

不符"。1016名样本学生中有960人选择了"基本符合"或"完全符合",占到总样本数量的94.49%。虽然本阶段学生对于公费师范生受重视程度的认知判断尚不明晰,但对于公费师范生身份与自身相关性的认识却明显清晰。

表2-6 初入本科阶段学生题项"我常常因为自己的公费师范生身份而感到骄傲"作答分布[①]

选项	频率	百分比	有效百分比	累积百分比
完全不符	23	2.26	2.26	2.26
基本不符	93	9.15	9.15	11.42
不好说	356	35.04	35.04	46.46
基本符合	392	38.58	38.58	85.04
完全符合	152	14.96	14.96	100.00
合计	1016	100.0	100.0	—

由表2-6可知,初入本科阶段的样本学生在题项"我常常因为自己的公费师范生身份而感到骄傲"的作答中,53.54%的学生选择了"完全符合"或"基本符合";同时有356个样本学生选择了"不好说",占到了该阶段总人数的35.04%;此外,仍有11.42%的学生选择了"基本不符"或"完全不符"。以上数据表明,虽然样本学生均处于初入本科阶段,进入公费师范教育的培养阶段时间并不长,但对自身的公费师范生身份持认同态度的学生还是占到了较大比重。

二、本科在读阶段样本学生公费师范生身份认同

样本对象中本科在读阶段的学生为刚进入大三年级的公费师范生,其本科教育阶段刚刚过半,此阶段样本学生的公费师范生身份认同描述统计分析结果如表2-7所示。

表2-7 本科在读阶段样本学生公费师范生身份认同分析描述统计量

题项	N	极小值	极大值	均值	标准差
作为一名公费师范生,我认为自己非常受人重视	904	1	5	3.31	0.93
别人谈论公费师范生话题时,我感觉和自己密切相关	904	1	5	4.26	0.59
我常常因为自己的公费师范生身份而感到骄傲	904	1	5	3.54	0.90
有效的N(列表状态)	904	—	—	—	—

[①] 表中题项作答结果所占百分比在四舍五入后保留2位小数,产生0.0001的误差,各项相加后为99.99%。

由表 2-7 可见，题项"别人谈论公费师范生话题时，我感觉和自己密切相关"作答结果分布相对较为集中（$\bar{x}$=4.26，S=0.59），相比之下，题项"作为一名公费师范生，我认为自己非常受人重视"作答结果分布离散特征较为明显（$\bar{x}$=3.31，S=0.93）。同时，相较于初入本科阶段的样本学生而言（$\bar{x}_{初入本科}$=3.24），本科学习时长过半的样本学生在这一题项的作答结果中均值呈现出了轻微的增长，表明对样本学生来说，公费师范生这一身份来自社会的肯定反馈有一定程度的加强。先就各题项逐题分析，探究本阶段样本学生的作答分布情况。

表 2-8 本科在读阶段学生公费师范生身份认同题项分析统计量

题项		作为一名公费师范生，我认为自己非常受人重视	别人谈论公费师范生话题时，我感觉和自己密切相关	我常常因为自己的公费师范生身份而感到骄傲
N	有效	904	904	904
	缺失	0	0	0

表 2-9 本科在读阶段学生题项"作为一名公费师范生，我认为自己非常受人重视"作答分布

选项	频率	百分比	有效百分比	累积百分比
完全不符	30	3.32	3.32	3.32
基本不符	138	15.27	15.27	18.58
不好说	331	36.62	36.62	55.20
基本符合	336	37.17	37.17	92.37
完全符合	69	7.63	7.63	100.00
合计	904	100.00	100.00	—

本科在读阶段的样本学生对题项"作为一名公费师范生，我认为自己非常受人重视"的作答情况略显消极，904 名学生中 69 名同学选择了"完全符合"，仅占该阶段总人数的 7.63%，另有 336 名同学选择了"基本符合"，可见，本科在读阶段公费师范生对该题项持肯定态度的不足半数。值得注意的是，仍有 331 名同学选择了"不好说"这一选项，说明仍有相当一部分学生对这一题项所陈述的观点持怀疑或不确定的态度。虽然相较于初入本科阶段的学生来看，均值有所增长，但从公费师范生身份的整体认同来看，仍需要加强公费师范生的主体责任感与荣誉感教育。

表 2-10　本科在读阶段学生题项"别人谈论公费师范生话题时，我感觉和自己密切相关"作答分布[①]

选项	频率	百分比	有效百分比	累积百分比
完全不符	2.00	0.22	0.22	0.22
基本不符	3.00	0.33	0.33	0.55
不好说	50.00	5.53	5.53	6.08
基本符合	552.00	61.06	61.06	67.15
完全符合	297.00	32.85	32.85	100.00
合计	904.00	100.00	100.00	—

对于题项"别人谈论公费师范生话题时，我感觉和自己密切相关"的作答，本科在读阶段的样本学生与初入本科阶段的学生作答结果分布差异不大，仅有 0.55% 的学生选择了"完全不符"或"基本不符"，5.53% 学生选择"不好说"，904 个样本学生中有 849 人选择了"基本符合"或"完全符合"，占到了该阶段样本总人数的 93.91%。整体上看，本科在读阶段的样本学生对自身公费师范生的身份认同感较为强烈。

表 2-11　本科在读阶段学生题项"我常常因为自己的公费师范生身份而感到骄傲"作答分布[②]

选项	频率	百分比	有效百分比	累积百分比
完全不符	18.00	1.99	1.99	1.99
基本不符	90.00	9.96	9.96	11.95
不好说	287.00	31.75	31.75	43.69
基本符合	404.00	44.69	44.69	88.38
完全符合	105.00	11.62	11.62	100.00
合计	904.00	100.00	100.00	

对比表 2-10 与表 2-11 可见，本科在读阶段学生虽然极大程度上认同自身的公费师范生身份，但是对于该身份带给自身的效能感程度感受各不相同。从题项"我常常因为自己的公费师范生身份而感到骄傲"的作答分布可见，本阶段样本学生中 11.62% 选择了"完全符合"，选择"基本符合"的学生最多，占到了该阶段样本总

---

① 表中题项作答结果所占百分比在四舍五入后保留 2 位小数，产生 0.0001 的误差，各项相加后为 100.01%。

② 表中题项作答结果所占百分比在四舍五入后保留 2 位小数，产生 0.0001 的误差，各项相加后为 99.99%。

数的 44.69%，共 56.31% 的学生选择了积极选项。另有 287 人选择"不好说"（占 31.75%），认为公费师范生身份带给自身的感受并不确切。

三、本科毕业且初入教育硕士研究生阶段样本学生公费师范生身份

参与调研的本科毕业且初入硕士研究生阶段的公费师范生为已经完成本科阶段公费师范专业的学习，并且经过申请考核刚刚进入教育硕士学段的公费师范生，调研时此阶段学生不久前刚完成硕士研究生学段的第一学期的报到。本阶段学生与前两阶段学生最大的不同是他们的职后教师身份，在具有一定的教育教学经验后，他们对自身公费师范生身份认同相关的 3 个题项作答情况的描述统计分析见表 2-12。

表 2-12　本科毕业且初入教育硕士研究生阶段样本学生公费师范生身份认同题项分析描述统计量

题项	N	极小值	极大值	均值	标准差
作为一名公费师范生，我认为自己非常受人重视	821	1	5	3.29	0.98
别人谈论公费师范生话题时，我感觉和自己密切相关	821	1	5	4.13	0.67
我常常因为自己的公费师范生身份而感到骄傲	821	1	5	3.64	0.95
有效的 N（列表状态）	821	—	—	—	—

与尚未就业的两个阶段的公费师范生相同，已完成本科阶段学业、刚刚进入教育硕士研究生学习阶段的公费师范生对于题项"别人谈论公费师范生话题时，我感觉和自己密切相关"的作答均值最高，且分布较为集中稳定（$\bar{x}=4.13$，$S=0.67$）。相较之下，题项"作为一名公费师范生，我认为自己非常受人重视"的作答均值最低，分布不稳定（$\bar{x}=3.29$，$S=0.98$）。

就题项"别人谈论公费师范生话题时，我感觉和自己密切相关"而言，初入硕士研究生学习阶段的样本学生的情况作答整体呈肯定态度，各选项的具体分布情况如表 2-13、表 2-14 所示。

表 2-13　本科毕业且初入教育硕士研究生阶段学生公费师范生身份认同题项分析统计量

题项		作为一名公费师范生，我认为自己非常受人重视	别人谈论公费师范生话题时，我感觉和自己密切相关	我常常因为自己的公费师范生身份而感到骄傲
N	有效	821	821	821
	缺失	0	0	0

表 2-14 本科毕业且初入教育硕士研究生阶段学生题项"别人谈论公费师范生话题时，我感觉和自己密切相关"作答分布

选项	频率	百分比	有效百分比	累积百分比
完全不符	5	0.61	0.61	0.61
基本不符	17	2.07	2.07	2.68
不好说	57	6.94	6.94	9.62
基本符合	526	64.07	64.07	73.69
完全符合	216	26.31	26.31	100.00
合计	821	100.00	100.00	—

如表 2-14 所示，821 名本科毕业且初入教育硕士研究生阶段的样本学生对题项"别人谈论公费师范生话题时，我感觉和自己密切相关"的作答中，绝大部分学生选择了选项"基本符合"或"完全符合"，共占该阶段总人数的 90.38%，这表明整体上该阶段的样本学生在公费师范生群体中有较为明显的归属感，公费师范生这一身份已然成为其个人众多不同社会角色中相对固定的一种身份角色。同时，根据其他两个题项的作答分布情况，可以进一步了解本阶段样本学生对自身公费师范生身份更高层次的认可程度（见表 2-15、表 2-16）。

表 2-15 本科毕业且初入教育硕士研究生阶段学生题项"作为一名公费师范生，我认为自己非常受人重视"作答分布[①]

选项	频率	百分比	有效百分比	累积百分比
完全不符	44.00	5.36	5.36	5.36
基本不符	110.00	13.40	13.40	18.76
不好说	297.00	36.18	36.18	54.93
基本符合	305.00	37.15	37.15	92.08
完全符合	65.00	7.92	7.92	100.00
合计	821.00	100.00	100.00	—

[①] 表中题项作答结果所占百分比在四舍五入后保留 2 位小数，产生 0.0001 的误差，各项相加后为 100.01%。

表 2-16　本科毕业且初入教育硕士研究生阶段学生题项"我常常因为自己的
公费师范生身份而感到骄傲"作答分布[①]

选项	频率	百分比	有效百分比	累积百分比
完全不符	34.00	4.14	4.14	4.14
基本不符	52.00	6.33	6.33	10.48
不好说	212.00	25.82	25.82	36.30
基本符合	399.00	48.60	48.60	84.90
完全符合	124.00	15.10	15.10	100.00
合计	821.00	100.00	100.00	—

就表 2-15 和表 2-16 而言，本科毕业后进入教师行业，然后进入到教育硕士研究生阶段学习的公费师范生题项"作为一名公费师范生，我认为自己非常受人重视"和"我常常因为自己的公费师范生身份而感到骄傲"的作答上，呈现出了微妙的差异。如表 2-15，在对题项"作为一名公费师范生，我认为自己非常受人重视"的作答中，相当一部分学生选择了"不好说"（占比 36.18%），37.15% 的学生选择了"基本符合"，仅有 7.92% 的样本学生选择"完全符合"，同时，有近 20.00% 的学生选择了"完全不符"或"基本不符"，可见公费师范生在从学生身份向教师职业身份转化阶段，在自身应当受到的重视程度上产生了一定的心理落差。对比题项"我常常因为自己的公费师范生身份而感到骄傲"的作答分布情况，可以一定程度上解释此种心理落差——对于这一题项，表 2-16 中，有 63.70% 的样本学生选择了"基本符合"或"完全符合"，同时有 25.82% 的样本学生尚不确定。对比两题作答情况可知，公费师范生在身份过渡阶段，对公费师范生身份在职业中的价值实现怀抱较高的期待，但在实际职业生活中，相当一部分学生未得到或未能感知到与自己价值期待等值的重视，导致了心理落差的出现。对于这一问题，可以考虑在公费师范生培养环节中强化对学生职业认知、发展规划及教育实践生态认识方面的教育。

四、教育硕士研究生在读阶段公费师范生身份认同

作为结束本科阶段的学习，走上工作岗位并已接受一段时间教育硕士研究生教育的群体，其对于自己公费师范生这一学生群体的身份认同整体情况如表 2-17 所示。

[①] 表中题项作答结果所占百分比在四舍五入后保留 2 位小数，产生 0.0001 的误差，各项相加后为 99.99%。

表 2-17 教育硕士研究生在读阶段样本学生公费师范生身份认同分析描述统计量

题项	N	极小值	极大值	均值	标准差
作为一名公费师范生，我认为自己非常受人重视	870	1	5	3.16	1.028
别人谈论公费师范生话题时，我感觉和自己密切相关	870	1	5	4.15	0.662
我常常因为自己的公费师范生身份而感到骄傲	870	1	5	3.57	0.961
有效的 N（列表状态）	870	—	—	—	—

以题项"我常常因为自己的公费师范生身份而感到骄傲"为例，探析该阶段样本学生对自身公费师范生的认同情况（统计分析结果如表 2-18 所示）。

表 2-18 教育硕士研究生在读阶段学生题项"我常常因为自己的公费师范生身份而感到骄傲"作答分布

选项	频率	百分比	有效百分比	累积百分比
完全不符	31	3.56	3.56	3.56
基本不符	82	9.43	9.43	12.99
不好说	238	27.36	27.36	40.34
基本符合	399	45.86	45.86	86.21
完全符合	120	13.79	13.79	100.00
合计	870	100.00	100.00	—

如表 2-18 所示，教育硕士研究生在读阶段的样本学生在对题项"我常常因为自己的公费师范生身份而感到骄傲"的作答结果中，45.86% 的学生选择了"基本符合"，另有 13.79% 的学生选择了"完全符合"这一选项，共计 59.65% 的样本学生对自己的公费师范生身份感到骄傲。

相较于初入本科阶段的样本学生，此阶段的样本学生对公费师范生这一身份的个人认知更为明晰，选择"不好说"这一选项的学生比例明显下降；选择"完全不符"或"基本不符"两个选项的样本学生，相较于初入本科阶段的样本学生比例增长了 1.57 个百分点；但从持肯定态度的样本学生占比来看，增长了 6.11 个百分点。从以上数据可知，在进入基础教育行业后，公费师范生随着个人阅历的积累和社会认知的发展，对个人的身份有了更加明确的感知。同时，从整体上看，公费师范生并未因为脱离了持续教育而对个人公费师范生这一身份的认同感降低，反而在工作经历中其个人自豪感逐步增强，这一结论是否成立可通过对教育硕士毕业生对该题项的作答分布情

五、教育硕士毕业后阶段公费师范生身份认同

公费师范生在完成了本科阶段及教育硕士研究生阶段的师范教育之后，大部分公费师范生的学业经历自此告一段落，了解教育硕士毕业后的样本学生对自身公费师范生身份的认同分布情况有助于加深相关研究对该问题的历时性分析。

这一阶段样本学生对题项"我常常因为自己的公费师范生身份而感到骄傲"的作答结果分布如表2-19所示。

表2-19 教育硕士毕业后阶段样本学生题项"我常常因为自己的公费师范生身份而感到骄傲"作答分布

选项	频率	百分比	有效百分比	累积百分比
完全不符	28	5.71	5.71	5.71
基本不符	57	11.63	11.63	17.35
不好说	135	27.55	27.55	44.90
基本符合	201	41.02	41.02	85.92
完全符合	69	14.08	14.08	100.00
合计	490	100.00	100.00	—

如表2-19所示，教育硕士毕业后阶段样本学生在对"我常常因为自己的公费师范生身份而感到骄傲"这一题项的作答中，与教育硕士研究生在读阶段的作答结果相比，本阶段样本学生的作答结果分布呈现出了一定程度上的回落，在这一阶段的样本学生中，有55.10%的学生对这一题项观点持肯定态度；27.55%的学生则表示犹疑，选择了"不好说"这一选项，态度模糊的样本学生占比与前一阶段基本持平；同时，有17.35%的样本学生选择了"基本不符"或者"完全不符"。从以上数据可知，相较于教育硕士研究生在读阶段的学生而言，持不确定态度的学生占比基本不变，但更多的学生在完全脱离了持续性的学习阶段投入工作后，其公费师范生身份带给他们的自我满足感有所淡化。这一变化产生的原因可能是在学习阶段结束后，教师身份逐步加强，公费师范生这一学生角色在样本对象的工作生活中逐渐淡化，因此对各阶段的样本对象对教师这一职业身份的认同变化的分析显得颇为必要。

第二节　样本学生公费师范生身份认同差异分析

在公费师范生身份认同方面，本研究分析不同阶段样本学生在性别、学科专业、生源地等方面的差异情况，并对职后阶段的不同任教学段、任教科目、承担课时量等方面的公费师范生认同情况进行了分析。

一、初入本科阶段样本学生公费师范生身份认同差异分析

1. 初入本科阶段不同性别样本学生公费师范生身份认同差异分析

为明晰初入本科阶段样本学生对自身公费师范生身份认同的性别差异，本研究以性别为分组变量进行统计与差异分析（详见表2-20、表2-21）。

表2-20　初入本科阶段样本学生公费师范生身份认同分析各题项性别分组统计

题项	性别	个案数	平均值	标准差	标准误差平均值
作为一名公费师范生，我认为自己非常受人重视	男	152	3.39	0.885	0.072
	女	864	3.21	0.835	0.028
别人谈论公费师范生话题时，我感觉和自己密切相关	男	152	4.34	0.640	0.052
	女	864	4.31	0.638	0.022
我常常因为自己的公费师范生身份而感到骄傲	男	152	3.66	1.036	0.084
	女	864	3.53	0.910	0.031

表2-21　初入本科阶段不同性别样本学生公费师范生身份认同各题项独立样本t检验

题项	方差条件	方差方程的Levene检验 F	方差方程的Levene检验 Sig.	均值方差的t检验 t	均值方差的t检验 df	均值方差的t检验 Sig.[①]（双侧）	均值方差的t检验 均值差值	均值方差的t检验 标准误差差值	差分的95%置信区间 下限	差分的95%置信区间 上限
作为一名公费师范生，我认为自己非常受人重视	假设方差相等	3.784	0.052	2.437	1014	0.015	0.181	0.074	0.035	0.326
	假设方差不相等	—	—	2.339	201.087	0.020	0.181	0.077	0.028	0.333

[①] "Sig."即显著性，在本书正文中以字母"P"指代。

续表

题项	方差条件	方差方程的Levene检验		均值方差的t检验						
		F	Sig.	t	df	Sig.①（双侧）	均值差值	标准误差差值	差分的95%置信区间 下限	差分的95%置信区间 上限
别人谈论公费师范生话题时，我感觉和自己密切相关	假设方差相等	1.067	0.302	0.431	1014	0.667	0.024	0.056	-0.086	0.134
	假设方差不相等	—	—	0.430	207.263	0.668	0.024	0.056	-0.087	0.135
我常常因为自己的公费师范生身份而感到骄傲	假设方差相等	3.717	0.054	1.576	1014	0.115	0.129	0.082	-0.032	0.290
	假设方差不相等	—	—	1.439	194.148	0.152	0.129	0.090	-0.048	0.306

在公费师范生身份认同维度的3个题项作答结果中，男生作答均值均略高于女生，一定程度上表明，男生对于自身的公费师范生身份具有相对较高的认可度。为进一步确认初入本科阶段样本学生对于自身公费师范生身份的认同程度在性别上是否存在显著性差异，可自表2-22的分析结果探知。

就题项"作为一名公费师范生，我认为自己非常受人重视"的作答结果来看，莱文方差齐性检验结果中，P值为0.052，大于0.05，表明方差齐性一致。在均值方差t检验结果中，P值为0.015，小于0.05，表明在这一题项的作答中，男女性别不同，作答结果具有显著性差异。

题项"别人谈论公费师范生话题时，我感觉和自己密切相关"作答中，莱文方差齐性检验中P等于0.302，明显大于0.05，符合方差相等假设，因此其均值方差t检验结果中，P值为0.667，大于0.05，表明在此题项作答中，男女生作答情况没有统计学意义上的显著性差异。

题项"我常常因为自己的公费师范生身份而感到骄傲"作答结果中，莱文方差齐性检验结果中，P值为0.054，表明方差齐性一致，均值方差t检验结果中，P值为0.115，大于0.05，表明不同性别样本学生在此题项作答中，并无显著性差异。

以上3个题项作为对样本学生对自身公费师范生认同程度调研观测点，可通过对其整体作答情况分析，探析出本科阶段不同性别样本学生在公费师范生身份认同方面是否存在显著性差异（分析结果如表2-22和表2-23所示）。

表 2-22 初入本科阶段样本学生公费师范生身份认同分析性别分组统计

性别	个案数	平均值	标准差	标准误差平均值
男	152	3.80	0.681	0.055
女	864	3.68	0.640	0.022

表 2-23 初入本科阶段不同性别样本学生公费师范生身份认同独立样本 t 检验

方差条件	方差方程的 Levene 检验		均值方差的 t 检验						
	F	Sig.	t	df	Sig.（双侧）	均值差值	标准误差差值	差分的95%置信区间 下限	差分的95%置信区间 上限
假设方差相等	4.255	0.039	1.958	1014	0.050	0.11125	0.05681	-0.00022	0.22272
假设方差不相等	—	—	1.874	200.654	0.062	0.11125	0.05936	-0.00580	0.22830

初入本科阶段样本学生不同性别作答结果的莱文检验中，P 值为 0.039，小于 0.05，因此均值方差 t 检验应取方差齐性不一致。均值方差 t 检验结果中，P 值为 0.062，大于 0.05，表明这一阶段样本学生中，不同性别样本学生在公费师范生身份认同方面无统计学意义上的显著性差异。

初入本科阶段的样本学生中，男生对自身公费师范生身份的认同程度相对较高。整体上初入本科阶段的样本学生中，男女生在对自身公费师范生认同方面没有统计学意义上的显著性差异，单就题项"作为一名公费师范生，我认为自己非常受人重视"的作答结果而言，男女学生作答具有显著性差异。

2. 初入本科阶段不同专业样本学生公费师范生身份认同差异分析

样本学生主要就读于语文、数学、英语科学对应的三个专业，研究以就读专业为分组变量，得出方差齐性检验结果。

表 2-24 初入本科阶段样本学生公费师范生身份认同分析各题项专业分组方差齐性检验

题项	莱文统计	自由度1	自由度2	显著性
作为一名公费师范生，我认为自己非常受人重视	1.375	2	1013	0.253
别人谈论公费师范生话题时，我感觉和自己密切相关	0.081	2	1013	0.922
我常常因为自己的公费师范生身份而感到骄傲	2.248	2	1013	0.106

在上述 3 个题项作答结果的方差齐性检验中，其显著性均大于 0.05，表明以就读

专业为分组变量，3个题项的作答结果均符合方差齐性要求，其单因素方差分析（one-way ANOVA）结果如表2-25所示。

表2-25　初入本科阶段不同专业样本学生公费师范生身份认同各题项ANOVA分析

题项	组别	平方和	自由度	均方	F	显著性
作为一名公费师范生，我认为自己非常受人重视	组间	4.021	2	2.011	2.829	0.060
	组内	719.899	1013	0.711		
	总计	723.920	1015	—		
别人谈论公费师范生话题时，我感觉和自己密切相关	组间	0.397	2	0.199	0.487	0.614
	组内	412.815	1013	0.408		
	总计	413.213	1015	—		
我常常因为自己的公费师范生身份而感到骄傲	组间	3.023	2	1.512	1.747	0.175
	组内	876.614	1013	0.865		
	总计	879.637	1015	—		

在对初入本科阶段样本学生对自身公费师范生身份认同程度的调研题项中，就读于不同专业的样本学生的作答结果并无显著性差异。一定程度上表明，在所调研的样本范畴中，公费师范生的专业方向对其对于自身公费师范生身份认同程度影响不显著。进一步对这一维度题项作答的平均值比较分析如表2-26、表2-27所示。

表2-26　初入本科阶段不同专业样本学生公费师范生身份认同平均值比较个案处理摘要

交叉维度	个案					
	包括		个案		总计	
	个案数	百分比	个案数	百分比	个案数	百分比
公费师范生身份认同*所学专业对应学科	1016	100.0%	0	0.0%	1016	100.0%

注：表中"*"表示不同维度间的交叉关系。

表2-27　初入本科阶段不同专业样本学生公费师范生身份认同平均值比较报告

所学专业对应学科	平均值	个案数	标准差
语文	3.6589	343	0.62330
数学	3.7539	359	0.66745
英语	3.6879	314	0.64577
总计	3.7014	1016	0.64674

在单因素方差分析结果中，各专业作答情况无统计学意义上的显著性差异，但

结合表 2-27 中的平均值比较分析结果可知，初入本科阶段的样本学生中，相较而言，就读于数学学科对应专业的学生对自身的公费师范生身份认同程度相对较高（$\bar{x}=0.37539$），就读于语文、英语学科对应专业的样本学生的作答结果均值相对持平，保持在 3.65—3.69 之间。

3. 初入本科阶段不同生源地样本学生公费师范生身份认同差异分析

初入本科阶段不同生源地样本学生的公费师范生身份认同分析方差齐性检验结果如表 2-28 所示。

表 2-28 初入本科阶段样本学生公费师范生身份认同分析各题项生源地分组方差齐性检验

题项	莱文统计	自由度1	自由度2	显著性
作为一名公费师范生，我认为自己非常受人重视	1.617	26	988	0.026
别人谈论公费师范生话题时，我感觉和自己密切相关	1.202	26	988	0.223
我常常因为自己的公费师范生身份而感到骄傲	1.320	26	988	0.132

如表 2-28 所示，在上述 3 个题项作答结果的方差齐性检验中，题项"作为一名公费师范生，我认为自己非常受人重视"的作答结果检验显著性为 0.026，小于 0.05，不符合方差齐性要求，其非参数检验结果，如表 2-29 和表 2-30 所示。"别人谈论公费师范生话题时，我感觉和自己密切相关""我常常因为自己的公费师范生身份而感到骄傲"两个题项的作答方差齐性检验结果表明方差等齐，其差异分析结果如表 2-31 所示。

表 2-29 初入本科阶段不同生源地样本学生公费师范生身份认同单一题项
克鲁斯卡尔–沃利斯检验秩

生源地	个案数	秩平均值	生源地	个案数	秩平均值
北京市	2	404.00	广东省	1	86.00
天津市	7	489.07	广西壮族自治区	42	475.36
河北省	19	439.82	海南省	9	757.39
山西省	41	444.00	重庆市	34	593.63
内蒙古自治区	25	603.52	四川省	58	474.57
辽宁省	14	498.04	贵州省	40	490.83
黑龙江省	14	564.21	云南省	45	515.10
浙江省	9	503.50	西藏自治区	8	335.31
安徽省	21	528.67	陕西省	107	507.86

续表

生源地	个案数	秩平均值	生源地	个案数	秩平均值
福建省	34	610.00	甘肃省	59	462.81
江西省	58	470.77	青海省	31	539.27
山东省	41	534.54	宁夏回族自治区	50	528.03
河南省	100	506.95	新疆维吾尔自治区	69	546.93
湖北省	37	468.73	总计	1016	—
湖南省	41	479.96			

表2-30 初入本科阶段样本学生公费师范生身份认同单一题项分析生源地分组克鲁斯卡尔-沃利斯检验统计

卡方	37.999
自由度	27
渐近显著性	0.078

注：分组变量：生源地

表2-31 初入本科阶段不同生源地样本学生公费师范生身份认同两题项ANOVA分析

题项	组别	平方和	自由度	均方	F	显著性
别人谈论公费师范生话题时，我感觉和自己密切相关	组间	11.768	27	0.436	1.073	0.366
	组内	401.445	988	0.406	—	—
	总计	413.213	1015	—	—	—
我常常因为自己的公费师范生身份而感到骄傲	组间	31.847	27	1.180	1.375	0.097
	组内	847.790	988	0.858	—	—
	总计	879.637	1015	—	—	—

3个题项的作答差异分析结果中，显著性均大于0.05，表明初入本科阶段的样本学生虽然来自不同的生源省（自治区、直辖市），但其在对于自身的公费师范生身份认同方面没有统计学意义上的显著性差异。

二、本科在读阶段样本学生公费师范生身份认同差异分析

1. 本科在读阶段不同性别样本学生公费师范生身份认同差异分析

本科在读阶段不同性别样本学生对自身的公费师范生身份认同程度相关题项作答

情况的差异分析结果如表 2-32 和表 2-33 所示。

表 2-32　本科在读阶段样本学生公费师范生身份认同分析各题项性别分组统计

题项	性别	个案数	平均值	标准差	标准误差平均值
作为一名公费师范生，我认为自己非常受人重视	男	138	3.34	1.007	0.086
	女	766	3.30	0.919	0.033
别人谈论公费师范生话题时，我感觉和自己密切相关	男	138	4.07	0.612	0.052
	女	766	4.29	0.582	0.021
我常常因为自己的公费师范生身份而感到骄傲	男	138	3.51	0.991	0.084
	女	766	3.54	0.877	0.032

如表 2-32 所示，在上述 3 个题项的作答中，本科在读阶段的样本学生中，对于题项"作为一名公费师范生，我认为自己非常受人重视"和"我常常因为自己的公费师范生身份而感到骄傲"的作答中，男生和女生作答结果均值相当，对于题项"别人谈论公费师范生话题时，我感觉和自己密切相关"的作答中，女生作答均值略高于男生。

表 2-33　本科在读阶段不同性别样本学生公费师范生身份认同各题项独立样本 t 检验

题项	方差条件	方差方程的 Levene 检验 F	Sig.	均值方差的t检验 t	df	Sig.（双侧）	均值差值	标准误差差值	差分的95%置信区间 下限	上限
作为一名公费师范生，我认为自己非常受人重视	假设方差相等	2.098	0.148	0.482	902	0.630	0.042	0.086	-0.128	0.211
	假设方差不相等	—	—	0.453	180.479	0.651	0.042	0.092	-0.140	0.223
别人谈论公费师范生话题时，我感觉和自己密切相关	假设方差相等	14.783	0.000	-4.080	902	0.000	-0.221	0.054	-0.328	-0.115
	假设方差不相等	—	—	-3.940	184.397	0.000	-0.221	0.056	-0.332	-0.110
我常常因为自己的公费师范生身份而感到骄傲	假设方差相等	2.506	0.114	-0.361	902	0.718	-0.030	0.083	-0.192	0.133
	假设方差不相等	—	—	-0.332	177.748	0.740	-0.030	0.090	-0.208	0.148

如表 2-33 所示，以性别为分组变量，本科在读阶段样本学生对于题项"作为一名

公费师范生,我认为自己非常受人重视"和"我常常因为自己的公费师范生身份而感到骄傲"的作答结果的莱文检验,显著性均大于0.05,表明符合方差齐性要求,其均值方差t检验结果显著性分别为0.630和0.718,均大于0.05,表明在这两个题项作答中,不同性别的本科在读阶段的样本学生作答情况没有显著性差异。

题项"别人谈论公费师范生话题时,我感觉和自己密切相关"的作答结果的莱文检验中,P值小于0.05,表明方差齐性不一致。均值方差t检验结果双侧显著性为0.000,小于0.05,表明本科在读阶段样本学生在此题项的作答中,不同性别的选择具有显著性差异。

整体考虑本科在读阶段样本学生对自身公费师范生身份认同情况,研究对此维度下题项作答情况的整体性别差异分析结果如表2-34、表2-35所示。

表2-34 本科在读阶段样本学生公费师范生身份认同分析性别分组统计

性别	个案数	平均值	标准差	标准误差平均值
男	138	3.64	0.714	0.061
女	766	3.71	0.613	0.022

表2-35 本科在读阶段不同性别样本学生公费师范生身份认同独立样本t检验

方差情况	方差方程的Levene检验		均值方差的t检验						
	F	Sig.	t	df	Sig.（双侧）	均值差值	标准误差差值	差分的95%置信区间	
								上限	下限
假设方差相等	2.408	0.121	-1.200	902	0.231	-0.06985	0.05822	-0.18411	0.04442
假设方差不相等	—	—	-1.079	175.226	0.282	-0.06985	0.06472	-0.19758	0.05789

如表2-34所示,本科在读阶段的样本学生在公费师范生身份认同程度方面,女生的认可度略高于男生,但是否存在显著性差异,仍需独立样本t检验进一步分析。如表2-35所示,其方差方程莱文检验显著性大于0.05,方差齐性一致,均值方差的t检验显著性为0.231,大于0.05,表明虽然表2-34中的均值比较重,女生认可度略高于男生,但在统计学意义上,公费师范生身份认同程度在本科在读阶段的样本学生中,没有性别方面的显著性差异。

2. 本科在读阶段不同专业样本学生公费师范生身份认同差异分析

样本学生主要就读于三个不同专业，研究以专业对应学科为分组变量，得出样本学生对公费师范生认同程度相关题项整体作答结果的方差齐性检验结果如表2-36所示。

表2-36 本科在读阶段样本学生公费师范生身份认同分析专业分组方差齐性检验

莱文统计	自由度1	自由度2	显著性
0.438	2	901	0.646

由表2-36可见，本科在读阶段样本学生对该维度下3个题项的作答情况方差齐性一致，可得出其单因素方差分析结果如表2-37所示。

表2-37 本科在读阶段不同专业样本学生公费师范生身份认同ANOVA分析

分组	平方和	自由度	均方	F	显著性
组间	3.256	2	1.628	4.134	0.016
组内	354.857	901	0.394	—	—
总计	358.113	903	—	—	—

单因素方差分析结果显示，显著性为0.016，小于0.05，表明这一阶段不同专业样本学生对自身的公费师范生身份认同情况具有显著性差异。可通过平均值比较分析进一步了解具体差异情况，如表2-38、表2-39所示。

表2-38 本科在读阶段不同专业样本学生公费师范生身份认同平均值比较个案处理摘要

交叉维度	个案					
	包括		个案		总计	
	个案数	百分比	个案数	百分比	个案数	百分比
公费师范生身份认同*所学专业对应学科	904	100.0%	0	0.0%	904	100.0%

表2-39 本科在读阶段不同专业样本学生公费师范生身份认同平均值比较报告

所学专业对应学科	平均值	个案数	标准差
语文	3.6923	273	0.65846
数学	3.7682	358	0.59926
英语	3.6239	273	0.63223
总计	3.7017	904	0.62975

从表 2-39 的数据中可见，就读于数学学科对应专业的公费师范生对于自身公费师范生身份的认同程度明显高于语文学科和英语学科对应专业就读的样本学生，其均值为 3.7682，高于这一阶段样本学生整体作答均值（x̄=3.7017）。其他两个学科对应专业相比之下，本科在读阶段的样本学生中，就读于语文学科对应专业的公费师范生的身份认同程度高于英语专业学生。现结合各专业学生对 3 个题项的作答情况进一步分析，对各题项作答结果的方差齐性检验结果如表 2-40 所示。

表 2-40 本科在读阶段样本学生公费师范生身份认同分析各题项专业分组方差齐性检验

题项	莱文统计	自由度1	自由度2	显著性
作为一名公费师范生，我认为自己非常受人重视	2.724	2	901	0.066
别人谈论公费师范生话题时，我感觉和自己密切相关	0.219	2	901	0.804
我常常因为自己的公费师范生身份而感到骄傲	3.267	2	901	0.039

由表 2-40 可见，3 个题项的作答结果中，题项"作为一名公费师范生，我认为自己非常受人重视"和"别人谈论公费师范生话题时，我感觉和自己密切相关"的作答结果符合方差齐性要求，其单因素方差分析结果如表 2-41 所示。

表 2-41 本科在读阶段不同专业样本学生公费师范生身份认同两题项 ANOVA 分析

题项	分组	平方和	自由度	均方	F	显著性
作为一名公费师范生，我认为自己非常受人重视	组间	9.652	2	4.826	5.603	0.004
	组内	776.083	901	0.861	—	—
	总计	785.735	903	—	—	—
别人谈论公费师范生话题时，我感觉和自己密切相关	组间	0.086	2	0.043	0.122	0.885
	组内	315.825	901	0.351	—	—
	总计	315.910	903	—	—	—

由表 2-41 可见，本科在读阶段样本学生中，不同专业学生对于题项"别人谈论公费师范生话题时，我感觉和自己密切相关"的作答中，并无显著性差异。对于题项"作为一名公费师范生，我认为自己非常受人重视"的作答中，显著性为 0.004，小于 0.05，存在统计学意义上的显著性差异。可通过其平均值比较探析具体差异情况，平均值比较分析结果如表 2-42 所示。

表 2-42　本科在读阶段不同专业样本学生公费师范生身份认同单一题项平均值比较报告

所学专业对应学科	平均值	个案数	标准差
语文	3.31	273	0.997
数学	3.41	358	0.887
英语	3.16	273	0.909
总计	3.31	904	0.933

表 2-42 所示，本科在读阶段的 904 名样本学生中，就读于数学学科对应专业的学生对于题项"作为一名公费师范生，我认为自己非常受人重视"的作答结果均值较高（$\bar{x}=3.41$），语文学科对应专业学生次之（$\bar{x}=3.31$），相较之下，英语专业的公费师范生在此题项的作答中均值相对较低（$\bar{x}=3.16$），可推知专业差异在此题项的作答中主要体现在英语专业学生与其他专业学生之间。

此外，题项"我常常因为自己的公费师范生身份而感到骄傲"的作答结果方差齐性检验结果显著性小于 0.05，不符合方差齐性要求，本科在读阶段样本学生对该题项作答结果的差异分析如表 2-43、表 2-44 所示。

表 2-43　本科在读阶段不同专业样本学生公费师范生身份认同单一题项
克鲁斯卡尔-沃利斯检验秩

所学专业对应学科	个案数	秩平均值
语文	273	451.76
数学	358	473.53
英语	273	425.66
合计	904	—

表 2-44　本科在读阶段样本学生公费师范生身份认同单一题项分析专业分组
克鲁斯卡尔-沃利斯检验统计

卡方	5.945
自由度	2
渐近显著性	0.051

注：分组变量：所学专业对应学科

从表 2-43 的秩平均值中可见，对于题项"我常常因为自己的公费师范生身份而感到骄傲"的作答中，本科在读阶段的样本学生中，数学学科对应专业的样本学生作答秩平均值相对较高，语文学科对应专业学生居中，就读于英语专业的公费师范生在这一题项的作答上，秩平均值相对较低。结合表 2-44 的分析结果，以本科在读阶段样本学生的所学专业对应学科作为分组变量，其克鲁斯卡尔-沃利斯检验结果渐近显著性为 0.051，大于 0.05，表明虽然在秩平均值上不同专业作答情况有所差异，但未在统计学意义上形成显著性差异。

3. 本科在读阶段不同生源地样本学生公费师范生身份认同差异分析

本科在读阶段不同生源地样本学生对公费师范生身份认同维度下 3 个题项作答情况的方差齐性检验结果如表 2-45 所示。

表 2-45　本科在读阶段样本学生公费师范生身份认同分析各题项生源地分组方差齐性检验

题项	莱文统计	自由度1	自由度2	显著性
作为一名公费师范生，我认为自己非常受人重视	1.111	27	876	0.318
别人谈论公费师范生话题时，我感觉和自己密切相关	2.132	27	876	0.001
我常常因为自己的公费师范生身份而感到骄傲	1.489	27	876	0.053

由表 2-45 可见，本科在读阶段样本学生 3 个题项作答结果的方差齐性检验中，题项"作为一名公费师范生，我认为自己非常受人重视"和"我常常因为自己的公费师范生身份而感到骄傲"的作答结果符合方差齐性要求，两个题项的单因素方差分析结果如表 2-46 所示。

表 2-46　本科在读阶段不同生源地样本学生公费师范生身份认同两题项 ANOVA 分析

题项	组别	平方和	自由度	均方	F	显著性
作为一名公费师范生，我认为自己非常受人重视	组间	22.862	27	0.847	0.972	0.506
	组内	762.873	876	0.871	—	—
	总计	785.735	903	—	—	—
我常常因为自己的公费师范生身份而感到骄傲	组间	21.363	27	0.791	0.988	0.482
	组内	701.203	876	0.800	—	—
	总计	722.566	903	—	—	—

题项"别人谈论公费师范生话题时，我感觉和自己密切相关"方差齐性不一致，其克鲁斯卡尔-沃利斯检验结果如表 2-47、表 2-48 所示。

表 2-47 本科在读阶段不同生源地样本学生公费师范生身份认同单一题项
克鲁斯卡尔-沃利斯检验秩

生源地	个案数	秩平均值	生源地	个案数	秩平均值
北京市	3	473.00	广东省	2	543.75
天津市	9	661.67	广西壮族自治区	24	425.08
河北省	13	462.12	海南省	10	458.85
山西省	25	409.30	重庆市	36	404.18
内蒙古自治区	45	511.69	四川省	42	435.51
辽宁省	8	346.94	贵州省	36	417.47
黑龙江省	17	506.29	云南省	46	429.15
浙江省	11	370.09	西藏自治区	18	414.36
安徽省	28	495.30	陕西省	97	463.51
福建省	10	373.95	甘肃省	38	437.12
江西省	47	445.14	青海省	34	496.66
山东省	55	453.03	宁夏回族自治区	29	442.48
河南省	67	458.45	新疆维吾尔自治区	80	439.71
湖北省	48	451.61	总计	904	—
湖南省	26	527.42			

表 2-48 本科在读阶段样本学生公费师范生身份认同单一题项分析生源地分组
克鲁斯卡尔-沃利斯检验统计

卡方	28.018
自由度	27
渐近显著性	0.410

注：分组变量：生源地

本科在读阶段样本学生对于题项"作为一名公费师范生，我认为自己非常受人重视"和"我常常因为自己的公费师范生身份而感到骄傲"的作答结果在单因素方差检验中显著性均大于0.05，表明来自不同省（自治区、直辖市）的样本学生在这两个题项的作答上并无显著性差异。

由表 2-47 可见，在这一阶段样本学生中，对于题项"别人谈论公费师范生话题时，我感觉和自己密切相关"的作答中，来自天津市的样本学生秩平均值明显高于其他地区的公费师范生，达到 661.67。相较之下，来自辽宁省的样本学生作答结果的秩平均值最小，为 346.94。结合表 2-48 中的克鲁斯卡尔-沃利斯检验分析结果可知，渐近显著性为 0.410，表明虽然来自不同省（自治区、直辖市）的样本学生在这一题项的作答上秩平均值的最值差异明显，但在统计学意义上，不同生源地的本科在读阶段公费师范生对于该题项的作答并无显著性差异。

对于公费师范生身份认同这一维度题项的整体作答情况，来自不同生源省（自治区、直辖市）的本科在读阶段样本学生的方差齐性分析结果如表 2-49 所示。

表 2-49 本科在读阶段样本学生公费师范生身份认同分析生源地分组方差齐性检验

莱文统计	自由度 1	自由度 2	显著性
1.062	27	876	0.380

对于公费师范生身份认同这一维度的整体作答情况，以生源省（自治区、直辖市）作为分组变量下的方差齐性检验表明方差齐性一致，因此可进行单因素方差分析，结果如表 2-50 所示。

表 2-50 本科在读阶段不同生源地样本学生公费师范生身份认同 ANOVA 分析

分组	平方和	自由度	均方	F	显著性
组间	9.864	27	0.365	0.919	0.585
组内	348.249	876	0.398	—	—
总计	358.113	903	—	—	—

如表 2-50 所示，显著性为 0.585，远大于 0.05，表明在公费师范生认同这一维度中，本科在读阶段的样本学生虽然来自不同省（自治区、直辖市），但其作答结果并无显著性差异。

三、本科毕业且初入教育硕士研究生阶段样本学生公费师范生身份认同差异分析

本科毕业且初入教育硕士研究生阶段样本学生与已分析的两个阶段不同之处在于本阶段样本学生在完成本科学业后，已经走上教师岗位，因此相较于职前两个阶段的样本学生而言，本阶段的差异分析除性别、院校等分析外，还结合了任教学科、任教

学段、任教班级数量、每周课时量等教学实践相关的变量作为分组变量检验差异。

1. 本科毕业且初入教育硕士研究生阶段不同性别样本学生公费师范生身份认同差异分析

不同性别的本科毕业且初入教育硕士研究生阶段样本学生对公费师范生身份认同维度3个题项作答情况的独立样本t检验结果如表2-51、表2-52所示。

表2-51 本科毕业且初入教育硕士研究生阶段样本学生公费师范生身份认同及各题项分析性别分组统计

题项	性别	个案数	平均值	标准差	标准误差平均值
作为一名公费师范生，我认为自己非常受人重视	男	92	3.22	1.098	0.114
	女	729	3.30	0.961	0.036
别人谈论公费师范生话题时，我感觉和自己密切相关	男	92	4.12	0.768	0.080
	女	729	4.14	0.660	0.024
我常常因为自己的公费师范生身份而感到骄傲	男	92	3.64	1.191	0.124
	女	729	3.64	0.920	0.034

表2-52 本科毕业且初入教育硕士研究生阶段不同性别样本学生公费师范生身份认同及各题项独立样本t检验

题项	方差条件	方差方程的Levene检验 F	Sig.	均值方差的t检验 t	df	Sig.（双侧）	均值差值	标准误差差值	差分的95%置信区间 下限	上限
作为一名公费师范生，我认为自己非常受人重视	假设方差相等	4.057	0.044	-.0743	819	0.458	-0.080	0.108	-0.292	0.132
	假设方差不相等	—	—	-0.670	109.329	0.504	-0.080	0.120	-0.318	0.157
别人谈论公费师范生话题时，我感觉和自己密切相关	假设方差相等	1.575	0.210	-0.218	819	0.828	-0.016	0.074	-0.162	0.130
	假设方差不相等	—	—	-0.194	108.657	0.847	-0.016	0.084	-0.182	0.150
我常常因为自己的公费师范生身份而感到骄傲	假设方差相等	14.743	0.000	-0.006	819	0.995	-0.001	0.106	-0.208	0.206
	假设方差不相等	—	—	-0.005	105.123	0.996	-0.001	0.129	-0.256	0.255

如表 2-51 所示，从均值来看，此阶段样本学生中，在对题项"作为一名公费师范生，我认为自己非常受人重视"和题项"别人谈论公费师范生话题时，我感觉和自己密切相关"的作答中，女生作答结果平均值略高于男生，而在题项"我常常因为自己的公费师范生身份而感到骄傲"的作答中，男生、女生作答均值相等。

虽然在对此维度的作答情况的平均值比较中，女生略高于男生，但结合表 2-52 中对各题项的独立样本t检验结果来看，以性别为分组变量时，各题项作答结果中的独立样本t检验的显著性均大于 0.05，由此可知，不同性别的本科毕业且初入教育硕士研究生阶段样本学生在对自身公费师范生认同的各题项作答中，并无统计学意义上的显著性差异。调查研究分析中，可通过对这一维度的整体作答结果分析了解本科毕业且初入教育硕士研究生阶段样本学生对自身公费师范生身份认同程度的性别是否存在差异。

表 2-53　本科毕业且初入教育硕士研究生阶段样本学生公费师范生身份认同及各题项分析性别分组统计

性别	个案数	平均值	标准差	标准误差平均值
男	92	3.66	0.825	0.086
女	729	3.69	0.669	0.025

表 2-54　本科毕业且初入教育硕士研究生阶段不同性别样本学生公费师范生身份认同及各题项独立样本 t 检验

方差条件	方差方程的Levene检验 F	方差方程的Levene检验 Sig.	均值方差的t检验 t	均值方差的t检验 df	均值方差的t检验 Sig.（双侧）	均值方差的t检验 均值差值	均值方差的t检验 标准误差差值	差分的95%置信区间 上限	差分的95%置信区间 下限
假设方差相等	8.487	0.004	-0.425	819	0.671	-0.032	0.076	-.0182	0.117
假设方差不相等	—	—	-0.362	106.626	0.718	-0.032	0.090	-0.210	0.145

如表 2-53 所示，从整体作答情况上看，女生的整体作答均值略高于男生，但结合表 2-54 中的独立样本t检验结果来看，P=0.718 >0.05，表明在统计学意义上，不同性别的本科毕业且初入教育硕士研究生阶段的样本学生在公费师范生身份认同方面没有显著性差异。换言之，对于这一阶段的样本学生来说，性别可能不会引起他们对自身公费师范生身份认同程度的影响。

2. 本科毕业且初入教育硕士研究生阶段不同任教学科样本学生公费师范生身份认同差异分析

不同于职前阶段的就读专业分组，对本科毕业且初入教育硕士研究生阶段的样本学生主要以任教学科为分组变量进行公费师范生身份认同方面的差异分析，整体维度及各题项作答结果的方差齐性检验结果如表 2-55 所示。

表 2-55　本科毕业且初入教育硕士研究生阶段样本学生公费师范生身份认同分析及各题项任教学科分组方差齐性检验

维度/题项	莱文统计	自由度1	自由度2	显著性
公费师范生身份认同	0.920	3	817	0.431
作为一名公费师范生，我认为自己非常受人重视	1.032	3	817	0.378
别人谈论公费师范生话题时，我感觉和自己密切相关	3.771	3	817	0.010
我常常因为自己的公费师范生身份而感到骄傲	1.120	3	817	0.340

如表 2-55 所示，除对题项"别人谈论公费师范生话题时，我感觉和自己密切相关"的作答之外，其他题项及整体维度的作答情况均符合方差齐性要求，可进行参数检验，单因素方差分析结果如表 2-55 所示。

表 2-56　本科毕业且初入教育硕士研究生阶段不同任教学科样本学生公费师范生身份认同及两题项 ANOVA 分析

维度/题项	组别	平方和	自由度	均方	F	显著性
公费师范生认同	组间	3.044	3	1.015	2.154	0.092
	组内	384.909	817	0.471	—	—
	总计	387.953	820	—	—	—
作为一名公费师范生，我认为自己非常受人重视	组间	8.520	3	2.840	2.997	0.030
	组内	774.065	817	0.947	—	—
	总计	782.585	820	—	—	—
我常常因为自己的公费师范生身份而感到骄傲	组间	3.209	3	1.070	2.374	0.069
	组内	368.053	817	0.450	—	—
	总计	371.262	820	—	—	—

如表 2-56 所示，对于题项"我常常因为自己的公费师范生身份感到骄傲"的作答情况中，本阶段从事不同学科教学工作的样本学生作答并无差异。对于公费师范生身份认同这一维度下的整体作答，不同任教学科的职后公费师范生亦无显著性差异。但是对于题项"作为一名公费师范生，我认为自己非常受人重视"的作答在单因素方差分析中显示出统计学意义的显著性差异，公费师范生身份认同维度及题项"作为一名公费师范生，我认为自己非常受人重视"的具体作答差异情况如表 2-57 所示。

表 2-57 本科毕业且初入教育硕士研究生阶段不同任教学科样本学生公费师范生身份认同平均值比较报告

任教学科	样本统计量	公费师范生身份认同	作为一名公费师范生，我认为自己非常受人重视
语文	平均值	3.6194	3.1791
	个案数	268	268
	标准差	0.64465	0.96649
数学	平均值	3.7144	3.32836
	个案数	335	335
	标准差	0.69096	0.95070
英语	平均值	3.7214	3.34272
	个案数	213	213
	标准差	0.72585	1.01865
其他	平均值	4.2000	4.2000
	个案数	5	5
	标准差	0.83666	0.83666
总计	平均值	3.6882	3.2887
	个案数	821	821
	标准差	0.68783	0.97692

由表 2-57 可见，整体上讲，这一阶段的公费师范生任教于不同学科，其中承担语文、数学、英语科目教学工作的公费师范生对自身公费师范生认同程度基本相当，值得注意的是，少数从教于自身所学专业之外学科的样本学生对自身的公费师范生身份认同程度明显较高。对于题项"作为一名公费师范生，我认为自己非常受人重视"的作答结果中，从教于其他学科的样本学生作答均值同样较高，但由于承担其他学科教学任务的公费师范生毕竟为少数，这一结果可能存在一定的个体化因素。

此外，本阶段样本学生对于题项"别人谈论公费师范生话题时，我感觉和自己密切相关"的作答结果不符合方差齐性要求，差异分析需选用非参数检验方法，其克鲁斯卡尔—沃利斯检验结果见表2-58、表2-59。

表2-58 本科毕业且初入教育硕士研究生阶段不同任教学科样本学生公费师范生身份认同单一题项克鲁斯卡尔–沃利斯检验秩

任教学科	个案数	秩平均值
语文	268	386.44
数学	335	409.31
英语	213	444.04
其他	5	432.60
总计	821	—

表2-59 本科毕业且初入教育硕士研究生阶段样本学生公费师范生身份认同分析单一题项任教学科分组克鲁斯卡尔–沃利斯检验统计

卡方	9.836
自由度	3
渐近显著性	0.020

注：分组变量：任教学科

如表2-59所示，以任教学科为分组变量，本科毕业且初入教育硕士研究生阶段的样本学生对题项"别人谈论公费师范生话题时，我感觉和自己密切相关"作答结果的克鲁斯卡尔—沃利斯检验显示渐近显著性为0.020，小于0.05，表明存在显著性差异。结合表2-58中的秩分析结果可知，英语教师在各学科教师中对此题项作答秩平均值最高，语文学科教师则相对较低。

3. 本科毕业且初入教育硕士研究生阶段不同任教地样本学生公费师范生身份认同差异分析

本科毕业且初入教育硕士研究生阶段样本学生以任教省（自治区、直辖市）为分组变量的方差齐性检验结果如表2-60所示。

表 2-60 本科毕业且初入教育硕士研究生阶段样本学生公费师范生身份认同分析及各题项任教地分组方差齐性检验

维度/题项	莱文统计	自由度1	自由度2	显著性
公费师范生身份认同	1.063	28	791	0.378
作为一名公费师范生，我认为自己非常受人重视	1.503	28	791	0.047
别人谈论公费师范生话题时，我感觉和自己密切相关	1.378	28	791	0.093
我常常因为自己的公费师范生身份而感到骄傲	1.010	28	791	0.452

题项"别人谈论公费师范生话题时，我感觉和自己密切相关"的作答结果显著性小于 0.05，不符合方差的齐性要求。其他题项及整体维度的作答情况均符合方差齐性要求，可进行参数检验，单因素方差分析结果如表 2-61 所示。

表 2-61 本科毕业且初入教育硕士研究生阶段不同任教地样本学生公费师范生身份认同单一题项克鲁斯卡尔－沃利斯检验秩

任教地	个案数	秩平均值	任教地	个案数	秩平均值
北京市	2	528.00	湖南省	16	365.69
天津市	4	362.38	广东省	16	414.72
河北省	10	453.80	广西壮族自治区	26	419.96
山西省	34	373.68	海南省	8	445.19
内蒙古自治区	32	389.53	重庆市	32	407.92
辽宁省	8	450.50	四川省	38	403.32
吉林省	2	196.75	贵州省	46	398.61
黑龙江省	13	357.15	云南省	26	419.75
江苏省	1	51.00	西藏自治区	3	589.83
浙江省	10	453.80	陕西省	165	421.20
安徽省	29	364.98	甘肃省	38	404.29
福建省	5	416.70	青海省	18	427.31
江西省	13	399.58	宁夏回族自治区	35	420.19
山东省	28	445.29	新疆维吾尔自治区	53	458.30
河南省	40	500.17	总计	821	—
湖北省	70	339.09			

表 2-62 本科毕业后且初入教育硕士研究生阶段样本学生公费师范生身份认同单一题项分析任教地分组克鲁斯卡尔-沃利斯检验统计

卡方	36.644
自由度	29
渐近显著性	0.156

注：分组变量：任教地。

表 2-63 本科毕业且初入教育硕士研究生阶段不同任教学科样本学生公费师范生身份认同及两题项 ANOVA 分析

维度/题项	分组	平方和	自由度	均方	F	显著性
作为一名公费师范生，我认为自己非常受人重视	组间	36.996	29	1.276	1.353	0.103
	组内	745.589	791	0.943	—	—
	总计	782.585	820	—	—	—
我常常因为自己的公费师范生身份而感到骄傲	组间	14.160	29	0.488	1.082	0.352
	组内	357.102	791	0.451	—	—
	总计	371.262	820	—	—	—
公费师范生身份认同	组间	16.696	29	0.576	1.227	0.192
	组内	371.257	791	0.469	—	—
	总计	387.953	820	—	—	—

虽然任教于不同省（自治区、直辖市）的样本学生对于题项"别人谈论公费师范生话题时，我感觉和自己密切相关"作答结果的秩平均值各不相同，但是从克鲁斯卡尔—沃利斯检验统计结果来看，来自不同任教地的样本学生在这一题项的作答上并无显著性差异。

对于题项"作为一名公费师范生，我认为自己非常受人重视"和"我常常因为自己的公费师范生身份而感到骄傲"作答结果单因素方差分析表明，来自不同任教地的本科毕业且初入教育硕士研究生阶段的样本学生作答并无显著性差异。

此外，通过对公费师范生身份认同维度的整体作答情况的单因素方差分析结果可见，其显著性为 0.192，大于 0.05，表明任教地作为分组变量，这一阶段的样本学生对自身的公费师范生身份认同程度并无显著性差异。

4. 本科毕业且初入教育硕士研究生阶段不同任教学段样本学生公费师范生身份认同差异分析

本书中所涉及的不同任教学段主要包括小学、初中、高中三个学段，由于初、高中阶段教师一般承担同一年级的教学工作，小学教师则时常跨年级教学，因此学段分组变量分别设置为小学、初一、初二、初三、高一、高二、高三7个因子，公费师范生身份认同方差齐性检验结果如表2-64所示。

表2-64 本科毕业且初入教育硕士研究生阶段样本学生公费师范生身份认同分析及各题项任教学段分组方差齐性检验

维度/题项	莱文统计	自由度1	自由度2	显著性
作为一名公费师范生，我认为自己非常受人重视	0.345	6	814	0.913
别人谈论公费师范生话题时，我感觉和自己密切相关	0.283	6	814	0.945
我常常因为自己的公费师范生身份而感到骄傲	0.611	6	814	0.722
公费师范生身份认同	0.502	6	814	0.807

以任教学段作为分组变量时，本科毕业且初入教育硕士研究生阶段的样本学生在公费师范生认同方面的方差齐性检验显著性均大于0.05，符合方差齐性一致要求，可进行单因素方差分析，分析结果如表2-65所示。

表2-65 本科毕业且初入教育硕士研究生阶段不同任教学段样本学生公费师范生身份认同及三题项ANOVA分析

维度/题项		平方和	自由度	均方	F	显著性
作为一名公费师范生，我认为自己非常受人重视	组间	8.859	6	1.477	1.553	0.158
	组内	773.725	814	0.951	—	—
	总计	782.585	820	—	—	—
别人谈论公费师范生话题时，我感觉和自己密切相关	组间	4.959	6	0.826	1.836	0.089
	组内	366.303	814	0.450	—	—
	总计	371.262	820	—	—	—
我常常因为自己的公费师范生身份而感到骄傲	组间	4.518	6	0.753	0.828	0.548
	组内	740.201	814	0.909	—	—
	总计	744.719	820	—	—	—
公费师范生身份认同	组间	4.855	6	0.809	1.719	0.114
	组内	383.098	814	0.471	—	—
	总计	387.953	820	—	—	—

如表 2-65 所示，本阶段样本学生对于此维度各题项的作答结果的差异分析均显示显著性小于 0.05，表明对于各题项作答均无显著性差异。通过公费师范生身份认同整体作答情况的单因素方差分析来看，本科毕业且初入教育硕士研究生阶段的样本学生虽然任教学段不同，但其公费师范生身份认同情况并无差异。

5. 本科毕业且初入教育硕士研究生阶段不同任教班级数量样本学生公费师范生身份认同差异分析

任教班级数量的赋值主要分为：1 个班级、2 个班级、3 个班级、4 个班级及以上，以此为分组变量考查本阶段样本学生公费师范生身份认同维度作答结果的方差齐性，其结果如表 2-66 所示。

表 2-66　本科毕业且初入教育硕士研究生阶段样本学生公费师范生身份认同分析及各题项任教班级数分组方差齐性检验

维度/题项	莱文统计	自由度1	自由度2	显著性
作为一名公费师范生，我认为自己非常受人重视	0.752	3	817	0.521
别人谈论公费师范生话题时，我感觉和自己密切相关	8.643	3	817	0.000
我常常因为自己的公费师范生身份而感到骄傲	4.936	3	817	0.002
公费师范生身份认同	6.175	3	817	0.000

由表 2-66 可见，仅题项"作为一名公费师范生，我认为自己非常受人重视"的作答结果符合方差齐性要求，其单因素方差分析结果如表 2-67 所示。

表 2-67　本科毕业且初入教育硕士研究生阶段不同任教班级数量样本学生公费师范生身份认同单一题项 ANOVA 分析

分组	平方和	自由度	均方	F	显著性
组间	1.284	3	0.428	0.447	0.719
组内	781.301	817	0.956	—	—
总计	782.585	820	—	—	—

如表 2-67 所示，$F(2, 817)=0.447$，$P=0.719>0.05$，表明在不同任教班级数量组间，对题项"作为一名公费师范生，我认为自己非常受人重视"的作答结果差异无统计学意义。对于其他两题项作答结果的差异分析如表 2-68、表 2-69 所示。

表 2-68　本科毕业且初入教育硕士研究生阶段不同任教班级数样本学生公费师范生身份认同两题项克鲁斯卡尔–沃利斯检验秩

题项	任教班级数量	个案数	秩平均值
别人谈论公费师范生话题时，我感觉和自己密切相关	一个班	207	417.52
	两个班	569	410.91
	三个班	31	380.97
	四个班或以上	14	384.86
	总计	821	—
我常常因为自己的公费师范生身份而感到骄傲	一个班	207	399.60
	两个班	569	413.34
	三个班	31	431.77
	四个班或以上	14	438.61
	总计	821	—

表 2-69　本科毕业后且初入教育硕士研究生阶段样本学生公费师范生身份认同两题项分析任教班级数分组克鲁斯卡尔–沃利斯检验统计

题项	别人谈论公费师范生话题时，我感觉和自己密切相关	我常常因为自己的公费师范生身份而感到骄傲
卡方	1.147	1.113
自由度	3	3
渐近显著性	0.766	0.774

注：分组变量：任教班级数量。

从克鲁斯卡尔–沃利斯检验结果来看，这一阶段样本学生的任教班级数量不同，但其对于题项"别人谈论公费师范生话题时，我感觉和自己密切相关""我常常因为自己的公费师范生身份而感到骄傲"的作答结果差异并无统计学意义。结合任教班级数量和秩平均值来看，承担班级数量较多的公费师范生在"别人谈论公费师范生话题时，我感觉和自己密切相关"的作答中秩平均值较高，而对于题项"我常常因为自己的公费师范生身份而感到骄傲"的作答结果与之相反，可通过对任教班级数量与本维度整体作答情况的相关分析，探析其是否存在数理关联。此外，如前所述，以任教班级数为分组变量时，本阶段样本学生对于公费师范生身份认同维度整体作答情况不满足方差相等假设，其差异分析结果如表 2-70、表 2-71 所示。

表 2-70　本科毕业后且初入教育硕士研究生阶段样本学生公费师范生身份认同与任教班级数相关性分析描述统计

维度	平均值	标准差	个案数
任教班级数	1.8197	0.5710	821
公费师范生身份认同	3.6882	0.6878	821

表 2-71　本科毕业后且初入教育硕士研究生阶段样本学生公费师范生身份认同与任教班级数相关性分析

维度	统计量	任教班级数	公费师范生身份认同
任教班级数	皮尔逊相关性	1	−0.007
	显著性（双尾）	—	0.849
	个案数	821	821
公费师范生身份认同	皮尔逊相关性	−0.007	1
	显著性（双尾）	0.849	—
	个案数	821	821

本科毕业且初入教育硕士研究生阶段样本学生的任教班级数量与其自身对于公费师范生身份的认同情况之间的皮尔逊检验（Pearson test）结果中，P=0.849，大于0.05，表明二者并无统计学意义上的相关关系。

表 2-72　本科毕业且初入教育硕士研究生阶段不同任教班级数样本学生公费师范生身份认同克鲁斯卡尔–沃利斯检验秩

任教班级数量	个案数	秩平均值
一个班	207	416.30
两个班	569	407.12
三个班	31	432.15
四个班或以上	14	443.61
总计	821	—

表 2-73　本科毕业后且初入教育硕士研究生阶段样本学生公费师范生身份认同分析任教班级数分组克鲁斯卡尔–沃利斯检验统计

卡方	0.795
自由度	3
渐近显著性	0.851

注：分组变量：任教班级数量。

克鲁斯卡尔-沃利斯检验结果渐近显著性为 0.851，明显大于 0.05，表明对于这一阶段的样本学生来说，当以任教班级数量作为分组变量时，其对自身的公费师范生身份认同程度并无统计学意义上的显著性差异。

6. 本科毕业且初入教育硕士研究生阶段不同课时量样本学生公费师范生身份认同差异分析

课时量的统计在本调研中主要以周为单位，其赋值分为 10 课时以下、10—15 课时、15—20 课时、20 课时以上。以每周课时量为分组变量时，其方差齐性检验结果如表 2-74 所示。

表 2-74 本科毕业且初入教育硕士研究生阶段样本学生公费师范生身份认同分析及各题项每周课时量分组方差齐性检验

维度/题项	莱文统计	自由度1	自由度2	显著性
作为一名公费师范生，我认为自己非常受人重视	1.220	3	817	0.301
别人谈论公费师范生话题时，我感觉和自己密切相关	3.447	3	817	0.016
我常常因为自己的公费师范生身份而感到骄傲	5.266	3	817	0.001
公费师范生身份认同	7.467	3	817	0.000

如表 2-74 所示，以每周课时量为分组变量时，仅题项"作为一名公费师范生，我认为自己非常受人重视"的作答结果方差一致，其单因素方差分析结果如表 2-75 所示。对于其他两题项的作答结果和整体作答情况均不符合方差齐性要求，克鲁斯卡尔-沃利斯检验结果如表 2-76、表 2-77 所示。

表 2-75 本科毕业且初入教育硕士研究生阶段每周不同课时量样本学生公费师范生身份认同单一题项 ANOVA 分析

分组	平方和	自由度	均方	F	显著性
组间	1.450	3	0.483	0.506	0.678
组内	781.134	817	0.956	—	—
总计	782.585	820	—	—	—

由表 3-75 可见，$F(3, 817)=0.506$，$P=0.678 > 0.05$，表明每周承担不同课时量的样本学生在此题项的作答中并无显著性差异。

表 2-76 本科毕业且初入教育硕士研究生阶段每周不同课时量样本学生公费师范生身份认同及两题项克鲁斯卡尔 – 沃利斯检验秩

维度/题项	每周课时数	个案数	秩平均值
别人谈论公费师范生话题时，我感觉和自己密切相关	10 课时以下	127	433.02
	10—15 课时	459	404.94
	15—20 课时	175	405.46
	20 课时以上	60	426.95
	总计	821	—
我常常因为自己的公费师范生身份而感到骄傲	10 课时以下	127	400.61
	10—15 课时	459	409.73
	15—20 课时	175	413.31
	20 课时以上	60	435.97
	总计	821	—
公费师范生身份认同	10 课时以下	127	422.81
	10—15 课时	459	405.40
	15—20 课时	175	410.03
	20 课时以上	60	431.63
	总计	821	—

表 2-77 本科毕业后且初入教育硕士研究生阶段样本学生公费师范生身份认同及两题项分析每周课时量分组克鲁斯卡尔 – 沃利斯检验统计

维度/题项	别人谈论公费师范生话题时，我感觉和自己密切相关	我常常因为自己的公费师范生身份而感到骄傲	公费师范生身份认同
卡方	2.452	1.086	1.065
自由度	3	3	3
渐近显著性	0.484	0.780	0.785

注：分组变量：每周课时量。

对于本维度下各题项的作答结果，承担不同课时量的样本学生的秩平均值各异，但其克鲁斯卡尔 – 沃利斯检验结果中的渐近显著性均大于 0.05，表明这一阶段每周承担不同课时量的样本学生在对自身的公费师范生身份认同程度方面并无显著性差异。

四、教育硕士研究生在读阶段样本学生公费师范生身份认同差异分析

1. 教育硕士研究生在读阶段不同性别样本学生公费师范生身份认同差异分析

与初入教育硕士研究生阶段的样本学生不同,教育硕士研究生在读阶段的样本学生从事教师工作和接受硕士研究生教育时间都相对较长,本阶段样本学生以性别为分组变量时,公费师范生身份认同维度下各题项作答结果的独立样本t检验结果如表2-78、2-79所示。

表 2-78 教育硕士研究生在读阶段样本学生公费师范生身份认同分析各题项性别分组统计

题项	性别	个案数	平均值	标准差	标准误差平均值
作为一名公费师范生,我认为自己非常受人重视	男	124	3.38	1.001	0.090
	女	746	3.13	1.028	0.038
别人谈论公费师范生话题时,我感觉和自己密切相关	男	124	4.11	0.819	0.074
	女	746	4.16	0.633	0.023
我常常因为自己的公费师范生身份而感到骄傲	男	124	3.58	1.037	0.093
	女	746	3.57	0.949	0.035

就均值来看,本阶段样本学生对于题项"我常常因为自己的公费师范生身份而感到骄傲"作答结果中,男生女生作答分值相当;而对于题项"作为一名公费师范生,我认为自己非常受人重视"的作答结果而言,男生样本的均值则高于女生;在题项"别人谈论公费师范生话题时,我感觉和自己密切相关"的作答均值中,女生则略高于男生。为进一步确认本阶段男生、女生对于上述题项的作答是否存在差异可通过表2-79中检验结果予以分析。

表 2-79 教育硕士研究生在读阶段不同性别样本学生公费师范生身份认同各题项独立样本 t 检验

题项	方差条件	方差方程的Levene检验 F	方差方程的Levene检验 Sig.	均值方差的t检验 t	均值方差的t检验 df	均值方差的t检验 Sig.(双侧)	均值差值	标准误差差值	差分的95%置信区间 下限	差分的95%置信区间 上限
作为一名公费师范生,我认为自己非常受人重视	假设方差相等	0.015	0.902	2.520	868	0.012	0.250	0.099	0.055	0.445
	假设方差不相等	—	—	2.569	169.093	0.011	0.250	0.097	0.058	0.443

续表

题项	方差条件	方差方程的Levene检验 F	Sig.	均值方差的t检验 t	df	Sig.（双侧）	均值差值	标准误差差值	差分的95%置信区间 下限	上限
别人谈论公费师范生话题时，我感觉和自己密切相关	假设方差相等	6.013	0.014	−0.746	868	0.456	−0.048	0.064	−0.174	0.078
	假设方差不相等	—	—	−0.622	148.441	0.535	−0.048	0.077	−0.200	0.104
我常常因为自己的公费师范生身份而感到骄傲	假设方差相等	1.510	0.220	0.146	868	0.884	0.014	0.093	−0.169	0.197
	假设方差不相等	—	—	0.137	159.152	0.891	0.014	0.099	−0.183	0.210

本阶段不同性别的样本学生在各题项的作答中均值各异，结合独立样本t检验分析结果来看，对于题项"别人谈论公费师范生话题时，我感觉和自己密切相关"和"我常常因为自己的公费师范生身份而感到骄傲"的作答中，男生、女生并无显著性差异，而对于题项"作为一名公费师范生，我认为自己非常受人重视"的作答中，莱文检验结果显著性大于0.05，表明结果接受了方差相等的假设。其均值方差t检验中，P=0.012，小于0.05，表明本阶段样本学生中，不同性别的公费师范生对此题项的作答具有统计学意义上的显著性差异。结合3个题项均值来看，相较女生，男生对自身的公费师范生身份认同中由较高比例来自自我认知中外界对公费师范生的重视和认可程度。

此外，通过对整体维度作答结果的分析，可初步探知教育硕士研究生在读阶段样本学生对于自身的公费师范生身份认同是否存在性别差异。

表2-80 教育硕士研究生在读阶段样本学生公费师范生身份认同分析性别分组统计

性别	个案数	平均值	标准差	标准误差平均值
男	124	3.691	0.792	0.071
女	746	3.619	0.686	0.025

表 2-81　教育硕士研究生在读阶段不同性别样本学生公费师范生身份认同独立样本 t 检验

方差条件	方差方程的 Levene 检验		均值方差的 t 检验						
	F	Sig.	t	df	Sig.（双侧）	均值差值	标准误差值	差分的 95% 置信区间	
								下限	上限
假设方差相等	2.288	0.131	1.057	868	0.291	0.072	0.068	−0.062	0.206
假设方差不相等	—	—	0.955	155.218	0.341	0.072	0.075	−0.077	0.221

对比此阶段样本学生男生、女生的作答情况可知，男生对于自身的公费师范生身份认同程度略高于女生，且分布相对集中（$\bar{x}_{男生}$=3.691，$\bar{x}_{女生}$=3.619；$S_{男生}$=0.792，$S_{女生}$=0.686）。结合表 2-81 中的检验结果来看，方差方程的莱文检验中，这一维度的整体作答结果符合方差相等假设，且独立样本 t 检验结果显示，P=0.291 >0.05，表明教育硕士研究生在读阶段的公费师范生在对于自身公费师范生的认同程度方面没有性别差异。

2. 教育硕士研究生在读阶段不同任教学科样本学生公费师范生身份认同差异分析

以任教学科为因子时，教育硕士研究生在读阶段样本学生对于公费师范生维度及其具体题项的作答结果的方差齐性检验结果及单因素方差分析结果如表 2-82、表 2-83 所示。

表 2-82　教育硕士研究生在读阶段样本学生公费师范生身份认同分析及各题项任教学科分组方差齐性检验

维度/题项	莱文统计	自由度 1	自由度 2	显著性
作为一名公费师范生，我认为自己非常受人重视	1.045	3	866	0.372
别人谈论公费师范生话题时，我感觉和自己密切相关	1.851	3	866	0.136
我常常因为自己的公费师范生身份而感到骄傲	0.142	3	866	0.935
公费师范生身份认同	0.417	3	866	0.741

表 2-83 教育硕士研究生在读阶段不同任教学科样本学生公费师范生身份认同及各题项 ANOVA 分析

维度/题项	组别	平方和	自由度	均方	F	显著性
作为一名公费师范生，我认为自己非常受人重视	组间	14.006	3	4.669	4.475	0.004
	组内	903.489	866	1.043	—	—
	总计	917.495	869	—	—	—
别人谈论公费师范生话题时，我感觉和自己密切相关	组间	4.240	3	1.413	3.245	0.021
	组内	377.121	866	0.435	—	—
	总计	381.361	869	—	—	—
我常常因为自己的公费师范生身份而感到骄傲	组间	11.252	3	3.751	4.101	0.007
	组内	792.110	866	0.915	—	—
	总计	803.362	869	—	—	—
公费师范生身份认同	组间	5.993	3	1.998	4.094	0.007
	组内	422.558	866	0.488	—	—
	总计	428.551	869	—	—	—

本阶段样本学生的差异分析中，以任教学科为因子时，样本学生对与该维度各题项及整体维度的作答结果均符合方差齐性一致的要求。从表 2-83 可见，本阶段公费师范生对于 3 个题项的作答及整体维度的作答结果单因素方差分析结果显著性均小于 0.05，表明任教于不同学科的教育硕士研究生在各题项作答和对自身的公费师范生身份认同方面具有显著性差异，可进一步结合平均值比较了解具体差异所在（如表 2-84 所示）。

表 2-84 教育硕士研究生在读阶段不同任教学科样本学生公费师范生身份认同及各题项平均值比较报告

任教学科	样本统计量	作为一名公费师范生，我认为自己非常受人重视	别人谈论公费师范生话题时，我感觉和自己密切相关	我常常因为自己的公费师范生身份而感到骄傲	公费师范生身份认同
语文	平均值	2.99	4.19	3.48	3.55
	个案数	188	188	188	188
	标准差	0.986	0.623	0.939	0.650

续表

任教学科	样本统计量	作为一名公费师范生，我认为自己非常受人重视	别人谈论公费师范生话题时，我感觉和自己密切相关	我常常因为自己的公费师范生身份而感到骄傲	公费师范生身份认同
数学	平均值	3.28	4.15	3.65	3.69
	个案数	482	482	482	482
	标准差	1.016	0.665	0.958	0.714
英语	平均值	3.06	4.15	3.48	3.56
	个案数	194	194	194	194
	标准差	1.064	0.662	0.967	0.696
其他	平均值	3.17	3.33	2.67	3.06
	个案数	6	6	6	6
	标准差	1.169	1.211	1.033	1.020
总计	平均值	3.16	4.15	3.57	3.63
	个案数	870	870	870	870
	标准差	1.028	0.662	0.961	0.702

由表2-84可见，对于题项"作为一名公费师范生，我认为自己非常受人重视"的作答中，从事数学教学的在职教育硕士研究生作答均值最大，从事其他学科教学的样本教育硕士研究生次之，相较之下，从事英语学科教学的样本学生作答均值较小。

从整体均值来看，题项"别人谈论公费师范生话题时，我感觉和自己密切相关"的均值最大，且明显大于其他题项的作答结果均值。此题项作答结果中，从事语文、数学、英语学科教学的样本学生作答结果均值、标准差均相当，表明分布情况相当，且均值较大，均大于等于4.15。从事其他学科教学的样本学生作答结果虽达到3.33，但相对于从事语、数、英三个学科教学的样本学生而言相对较小。对比可见，对于题项"我常常因为自己的公费师范生身份而感到骄傲"的作答结果而言，同样是从事语、数、英学科教学之外的其他学科的样本学生均值最低。

就整体公费师范生身份认同这一维度的作答情况而言，从事语、数、英学科教学的样本学生作答均值均大于3.50，而其他学科样本学生则为3.06。需要说明的是，本次调查研究过程中所设计的调研样本学生在学业阶段中均就读于语文、数学、英语三个学科的对应专业，部分学生在本科毕业后从事了其他学科的教学工作。此中从事非本专业学科的转换经历，可能会成为影响其对自身公费师范生身份认同的因素之一。

3. 教育硕士研究生在读阶段不同任教地样本学生公费师范生身份认同差异分析

当以任教省（自治区、直辖市）作为因子时，教育硕士研究生在读阶段样本学生对公费师范生维度及各题项作答结果的方差齐性检验结果如表 2-85 所示。

表 2-85　教育硕士研究生在读阶段样本学生公费师范生身份认同分析及各题项任教地分组方差齐性检验

维度/题项	莱文统计	自由度1	自由度2	显著性
作为一名公费师范生，我认为自己非常受人重视	1.025	29	840	0.431
别人谈论公费师范生话题时，我感觉和自己密切相关	1.057	29	840	0.385
我常常因为自己的公费师范生身份而感到骄傲	1.261	29	840	0.163
公费师范生身份认同	0.853	29	840	0.691

当以任教省（自治区、直辖市）为分组变量时，表中 3 个题项和整体维度作答的方差齐性检验结果中，显著性均大于 0.05，表明均可进行单因素方差分析（如表 2-86 所示）。

表 2-86　教育硕士研究生在读阶段不同任教地样本学生公费师范生身份认同及各题项 ANOVA 分析

维度/题项	组别	平方和	自由度	均方	F	显著性
作为一名公费师范生，我认为自己非常受人重视	组间	41.395	29	1.427	1.369	0.094
	组内	876.100	840	1.043	—	—
	总计	917.495	869	—	—	—
别人谈论公费师范生话题时，我感觉和自己密切相关	组间	13.498	29	0.465	1.063	0.377
	组内	367.863	840	0.438	—	—
	总计	381.361	869	—	—	—
我常常因为自己的公费师范生身份而感到骄傲	组间	23.457	29	0.809	0.871	0.663
	组内	779.905	840	0.928	—	—
	总计	803.362	869	—	—	—
公费师范生身份认同	组间	16.001	29	0.552	1.123	0.299
	组内	412.550	840	0.491	—	—
	总计	428.551	869	—	—	—

在单因素方差分析结果中，教育硕士研究生在读阶段的样本学生无论是在公费师范生认同整体维度的作答中，还是在各个题项的具体作答中，检验结果P值均大于0.05，表明此阶段样本学生中，任教于不同省（自治区、直辖市）的样本学生在公费师范生身份认同方面没有统计学意义上的显著性差异。

4. 教育硕士研究生在读阶段不同任教学段样本学生公费师范生身份认同差异分析

表 2-87　教育硕士研究生在读阶段样本学生公费师范生身份认同分析及各题项任教地分组方差齐性检验

维度/题项	莱文统计	自由度1	自由度2	显著性
作为一名公费师范生，我认为自己非常受人重视	0.570	6	863	0.754
别人谈论公费师范生话题时，我感觉和自己密切相关	1.279	6	863	0.264
我常常因为自己的公费师范生身份而感到骄傲	4.635	6	863	0.000
公费师范生身份认同	1.499	6	863	0.175

如表2-87所示，以任教学段为分组变量时，教育硕士研究生在读阶段样本学生对题项"我常常因为自己的公费师范生身份而感到骄傲"作答情况的检验结果不符合方差一致性的要求，因此进行非参数检验，其克鲁斯卡尔-沃利斯检验结果如表2-88、表2-89所示。

表 2-88　教育硕士研究生在读阶段不同任教学段样本学生公费师范生身份认同单一题项克鲁斯卡尔-沃利斯检验秩

任教学段	个案数	秩平均值
小学	111	462.37
初一	57	435.81
初二	128	419.46
初三	94	405.22
高一	133	434.14
高二	140	468.49
高三	207	423.24
总计	870	—

表 2-89 教育硕士研究生在读阶段样本学生公费师范生身份认同分析单一题项任教学段分组克鲁斯卡尔-沃利斯检验统计

卡方	6.896
自由度	6
渐近显著性	0.331

注：分组变量：任教学段。

在以任教学段为分组变量的克鲁斯卡尔-沃利斯检验中，教育硕士研究生在读阶段的样本学生对于题项"我常常因为自己的公费师范生身份而感到骄傲"的作答没有显著性差异。

由方差齐性检验结果可知，此阶段样本学生中，任教于不同学段的公费师范生对于题项"作为一名公费师范生，我认为自己非常受人重视""别人谈论公费师范生话题时，我感觉和自己密切相关"以及整体维度作答的方差齐性检验结果中，显著性均大于 0.05，表明均可进行单因素方差分析，如表 2-90 所示。

表 2-90 教育硕士研究生在读阶段不同任教学段样本学生公费师范生身份认同及两题项 ANOVA 分析

维度/题项	组别	平方和	自由度	均方	F	显著性
作为一名公费师范生，我认为自己非常受人重视	组间	4.687	6	0.781	0.739	0.619
	组内	912.809	863	1.058	—	—
	总计	917.495	869	—	—	—
别人谈论公费师范生话题时，我感觉和自己密切相关	组间	2.337	6	0.389	0.887	0.504
	组内	379.024	863	0.439	—	—
	总计	381.361	869	—	—	—
公费师范生身份认同	组间	2.948	6	0.491	0.996	0.427
	组内	425.604	863	0.493	—	—
	总计	428.551	869	—	—	—

单因素方差检验结果显示，显著性均大于 0.05，表明承担不同学段教学任务的在读教育硕士研究生对于题项"作为一名公费师范生，我认为自己非常受人重视""别人谈论公费师范生话题时，我感觉和自己密切相关"以及此维度整体作答结果均无显著性差异。

5. 教育硕士研究生在读阶段不同任教班级数量样本学生公费师范生身份认同差异分析

调研中，对于任教班级数量的赋值主要分为：1个班级、2个班级、3个班级、4个班级及以上，以此为分组变量考查本阶段样本学生公费师范生身份认同维度作答结果的方差齐性，其结果如表2-91所示。

表2-91 教育硕士研究生在读阶段样本学生公费师范生身份认同分析及各题项任教班级数量分组方差齐性检验

维度/题项	莱文统计	自由度1	自由度2	显著性
作为一名公费师范生，我认为自己非常受人重视	0.597	3	866	0.617
别人谈论公费师范生话题时，我感觉和自己密切相关	0.434	3	866	0.729
我常常因为自己的公费师范生身份而感到骄傲	2.376	3	866	0.069
公费师范生身份认同	1.122	3	866	0.339

教育硕士研究生在读阶段样本学生对于公费师范生认同维度及下属三题项的作答结果在以任教班级数量为因子的方差齐性检验中均接受了方差相等的假设，其单因素方差分析结果如表2-92所示。

表2-92 教育硕士研究生在读阶段不同任教班级数量样本学生公费师范生身份认同及各题项ANOVA分析

维度/题项	组别	平方和	自由度	均方	F	显著性
作为一名公费师范生，我认为自己非常受人重视	组间	2.014	3	0.671	0.635	0.593
	组内	915.482	866	1.057	—	—
	总计	917.495	869	—	—	—
别人谈论公费师范生话题时，我感觉和自己密切相关	组间	1.008	3	0.336	0.765	0.514
	组内	380.353	866	0.439	—	—
	总计	381.361	869	—	—	—
我常常因为自己的公费师范生身份而感到骄傲	组间	2.316	3	0.772	0.834	0.475
	组内	801.046	866	0.925	—	—
	总计	803.362	869	—	—	—
公费师范生身份认同	组间	1.154	3	0.385	0.779	0.506
	组内	427.397	866	0.494	—	—
	总计	428.551	869	—	—	—

以任教班级数量为因子的单因素方差分析中，P 值分别为 0.593、0.514、0.475 和 0.506，均明显大于 0.05，表明教育硕士研究生在读阶段的样本学生虽然承担了不同数量班级的教学任务，但其在对自身的公费师范生身份认同方面并无显著性差异。

6. 教育硕士研究生在读阶段不同课时量样本学生公费师范生身份认同差异分析

对于课时量的赋值主要分为：每周 10 课时以下、每周 10 至 15 课时、每周 15 至 20 课时、每周 20 课时以上，以此为分组变量考查本阶段样本学生公费师范生身份认同维度作答结果的方差齐性，其结果如表 2-93 所示。

表 2-93　教育硕士研究生在读阶段样本学生公费师范生身份认同分析及各题项每周课时量分组方差齐性检验

维度/题项	莱文统计	自由度 1	自由度 2	显著性
作为一名公费师范生，我认为自己非常受人重视	0.597	3	866	0.617
别人谈论公费师范生话题时，我感觉和自己密切相关	0.434	3	866	0.729
我常常因为自己的公费师范生身份而感到骄傲	2.376	3	866	0.069
公费师范生身份认同	1.122	3	866	0.339

由表 2-93 可见，以每周承担课时数量为因子时，教育硕士研究生在读阶段样本学生对于公费师范生认同维度及下属三题项作答结果的方差齐性检验结果显示，显著性均大于 0.05，表明符合方差一致性要求，相应单因素方差分析结果如表 2-94 所示。

表 2-94　教育硕士研究生在读阶段每周不同课时量样本学生公费师范生身份认同及各题项 ANOVA 分析

维度/题项	组别	平方和	自由度	均方	F	显著性
作为一名公费师范生，我认为自己非常受人重视	组间	2.014	3	0.671	0.635	0.593
	组内	915.482	866	1.057	—	—
	总计	917.495	869	—	—	—
别人谈论公费师范生话题时，我感觉和自己密切相关	组间	1.008	3	0.336	0.765	0.514
	组内	380.353	866	0.439	—	—
	总计	381.361	869	—	—	—
我常常因为自己的公费师范生身份而感到骄傲	组间	2.316	3	0.772	0.834	0.475
	组内	801.046	866	0.925	—	—
	总计	803.362	869	—	—	—

续表

维度/题项	组别	平方和	自由度	均方	F	显著性
公费师范生身份认同	组间	1.154	3	0.385	0.779	0.506
	组内	427.397	866	0.494	—	—
	总计	428.551	869	—	—	—

从单因素方差分析结果可知，在教育硕士研究生在读阶段的样本公费师范生中，其以每周课时量为因子的条件下，对于公费师范生身份认同及其维度下3个题项作答结果均无统计学意义上的显著性差异。这表明此阶段的样本学生虽然承担不同课时量，但其对于自身的公费师范生身份认同程度相当。

五、教育硕士毕业后阶段样本学生公费师范生身份认同差异分析

教育硕士毕业后阶段的样本学生为已完成教育硕士研究生学习阶段的公费师范生，调研有效样本共490人。现分别以性别、毕业院校、任教学科、任教省（自治区、直辖市）、任教学段、每周课时量等7个变量作为分组变量，对这一阶段样本学生的公费师范生认同程度进行差异分析。

1. 教育硕士毕业后阶段不同性别样本学生公费师范生身份认同差异分析

以性别为分组变量时，教育硕士毕业后阶段样本学生对于公费师范生身份认同维度各题项及整体维度作答结果的分组统计分析结果如表2-95所示。

表2-95 教育硕士毕业后阶段样本学生公费师范生身份认同分析及各题项性别分组统计

维度/题项	性别	个案数	平均值	标准差	标准误差平均值
作为一名公费师范生，我认为自己非常受人重视	男	89	2.96	1.076	0.114
	女	401	3.02	1.087	0.054
别人谈论公费师范生话题时，我感觉和自己密切相关	男	89	3.97	0.935	0.099
	女	401	4.18	0.722	0.036
我常常因为自己的公费师范生身份而感到骄傲	男	89	3.31	1.018	0.108
	女	401	3.49	1.059	0.053
公费师范生身份认同	男	89	3.41	0.818	0.087
	女	401	3.56	0.763	0.038

就均值来看，本阶段样本学生对于公费师范生身份认同维度整体作答及具体题项

的作答结果中，均为女生略高于男生。为进一步确认本阶段男生、女生对于上述题项的作答是否存在差异，可通过表 2-96 中独立样本 t 检验分析结果予以探知。

表 2-96 教育硕士毕业后阶段不同性别样本学生公费师范生身份认同及各题项独立样本 t 检验

维度/题项	方差条件	方差方程的 Levene 检验		均值方差的 t 检验					差分的 95% 置信区间	
		F	Sig.	t	df	Sig.（双侧）	均值差值	标准误差差值	下限	上限
作为一名公费师范生，我认为自己非常受人重视	假设方差相等	0.095	0.758	-0.491	488	0.624	-0.062	0.127	-0.312	0.187
	假设方差不相等	—	—	-0.494	130.955	0.622	-0.062	0.126	-0.312	0.187
别人谈论公费师范生话题时，我感觉和自己密切相关	假设方差相等	0.040	0.842	-2.352	488	0.019	-0.211	0.090	-0.387	-0.035
	假设方差不相等	—	—	-1.999	112.401	0.048	-0.211	0.105	-0.420	-0.002
我常常因为自己的公费师范生身份而感到骄傲	假设方差相等	0.428	0.513	-1.454	488	0.147	-0.179	0.123	-0.421	0.063
	假设方差不相等	—	—	-1.491	133.617	0.138	-0.179	0.120	-0.417	0.058
公费师范生身份认同	假设方差相等	0.004	0.952	-1.665	488	0.097	-0.151	0.091	-0.329	0.027
	假设方差不相等	—	—	-1.592	124.209	0.114	-0.151	0.095	-0.338	0.037

由独立样本 t 检验结果可知，这一维度下各题项的作答情况及整体作答结果在以性别赋值为分组变量时，其方差方程的莱文检验均接受了方差相等的假设，在此条件下可知，3 个题项的作答中，教育硕士毕业后阶段样本学生在题项"作为一名公费师范生，我认为自己非常受人重视"和"我常常因为自己的公费师范生身份而感到骄傲"的作答中，独立样本 t 检验结果的显著性均大于 0.05，表明此阶段样本学生在这两个题项的作答上并无显著性差异。

从题项"别人谈论公费师范生话题时，我感觉和自己密切相关"作答结果的独立样本 t 检验结果来看，P = 0.147 < 0.05，表明教育硕士毕业后阶段的样本学生中，男生和女生在此题项的作答中呈现出了统计学意义上的显著性差异。结合表 3-99 中的分组统计结果可知，当其他人谈论起公费师范生话题时，女生感觉与自己相关的程度略高于男生（$\bar{x}_{男}$=3.97，$\bar{x}_{女}$=4.18）。虽然在此题项上本阶段不同性别的样本学生作答结果

有显著性差异，但比较两个均值可知，均值均在 4.00 左右，男生女生在此题项上均反映出了较高的身份认同。

从此阶段样本学生对此维度的整体作答结果来看，双侧检验结果中 P=0.097，大于 0.05，表明教育硕士毕业后阶段的样本学生在对自身公费师范生身份的认同并无性别差异。

2. 教育硕士毕业后阶段不同任教学科样本学生公费师范生身份认同差异分析

以任教学科为因子时，教育硕士毕业后阶段样本学生对于公费师范生身份认同维度及其具体题项作答结果的方差齐性检验结果如表 2-97 所示。

表 2-97　教育硕士毕业后阶段样本学生公费师范生身份认同分析及各题项任教学科分组方差齐性检验

维度/题项	莱文统计	自由度1	自由度2	显著性
作为一名公费师范生，我认为自己非常受人重视	3.626	3	486	0.013
别人谈论公费师范生话题时，我感觉和自己密切相关	1.023	3	486	0.382
我常常因为自己的公费师范生身份而感到骄傲	0.952	3	486	0.415
公费师范生身份认同	1.420	3	486	0.236

在方差齐性检验中，本阶段任教于不同学科的样本学生对于题项"作为一名公费师范生，我认为自己非常受人重视"的作答结果拒绝了方差一致的假设，此外，公费师范生维度及其他两个题项作答结果均符合方差齐性一致的要求。对于题项"作为一名公费师范生，我认为自己非常受人重视"的作答的具体差异分析结果如表 2-98、2-99 所示。

表 2-98　教育硕士毕业后阶段不同任教学科样本学生公费师范生身份认同单一题项克鲁斯卡尔-沃利斯检验秩

任教学科	个案数	秩平均值
语文	210	227.46
数学	162	251.14
英语	104	274.04
其他	14	238.79
总计	490	—

表 2-99 教育硕士毕业后阶段样本学生公费师范生身份认同分析单一题项任教学科分组克鲁斯卡尔-沃利斯检验统计

卡方	8.579
自由度	3
渐近显著性	0.035

注：分组变量：任教学科。

在本科、教育硕士研究生学习阶段就读于语文、数学、英语学科的公费师范生在教育硕士毕业后大多从事了所学专业对应学科的教学工作，极少部分学生承担其他学科的教学任务。在本阶段 490 名样本学生中，从事非本专业对应学科教学工作的学生共 14 人，占本阶段样本人数的 2.86%。

以任教学科为分组变量时，克鲁斯卡尔-沃利斯检验结果显示，渐近显著性为 0.035，小于 0.05，表明此阶段从事不同学科教学工作的公费师范生在题项"作为一名公费师范生，我认为自己非常受人重视"的作答中，存在统计学意义上的显著性差异。结合表 2-100 可知其具体差异所在。

表 2-100 教育硕士毕业后阶段不同任教学科样本学生公费师范生身份认同单一题项描述性分析

学科	个案数	平均值	标准差	标准误差	平均值的 95% 置信区间 下限	平均值的 95% 置信区间 上限	最小值	最大值
语文	210	2.87	1.054	0.073	2.72	3.01	1	5
数学	162	3.06	1.017	0.080	2.90	3.21	1	5
英语	104	3.22	1.190	0.117	2.99	3.45	1	5
其他	14	2.93	1.269	0.339	2.20	3.66	1	5
总计	490	3.01	1.084	0.049	2.91	3.10	1	5

教育硕士研究生毕业后阶段的样本学生对于题项"作为一名公费师范生，我认为自己非常受人重视"的作答中，各学科教师的最值分布情况相同，最小值均为 1，最大值均为 5。结合平均值来看，此阶段从事英语学科教学的公费师范生认为自己自身作为一名公费师范生，受到他人重视的程度相对较深（$\bar{x}_{英语}$=3.22），从事数学学科教学的

样本学生次之（$\bar{x}_{数学}$=3.06）。相较之下，承担语文学科教学工作的公费师范生在此题项的作答均值相对较低（$\bar{x}_{语文}$=2.87），从事非本专业教学工作的样本学生作答均值为2.93。从分布上讲，作答结果分布集中程度最高的为数学学科样本学生，语文学科次之，相较之下，从事其他学科教学工作的样本学生作答结果分布最为离散。

本阶段样本公费师范生对于其他两个题项及公费师范生身份认同维度整体作答结果的分组描述性分析和单因素方差分析结果如表2-101、表2-102所示。

表2-101 教育硕士毕业后阶段不同任教学科样本学生公费师范生身份认同及两题项描述性分析

维度/题项	任教学科	个案数	平均值	标准差	标准误差	平均值的95%置信区间 下限	平均值的95%置信区间 上限	最小值	最大值
别人谈论公费师范生话题时，我感觉和自己密切相关	语文	210	4.14	0.763	0.053	4.04	4.25	1	5
	数学	162	4.11	0.722	0.057	4.00	4.22	1	5
	英语	104	4.19	0.825	0.081	4.03	4.35	1	5
	其他	14	4.00	0.961	0.257	3.45	4.55	1	5
	总计	490	4.14	0.768	0.035	4.07	4.21	1	5
我常常因为自己的公费师范生身份而感到骄傲	语文	210	3.35	1.094	0.075	3.20	3.50	1	5
	数学	162	3.53	0.992	0.078	3.38	3.68	1	5
	英语	104	3.59	1.058	0.104	3.38	3.79	1	5
	其他	14	3.36	1.008	0.269	2.78	3.94	1	5
	总计	490	3.46	1.053	0.048	3.37	3.55	1	5
公费师范生身份认同	语文	210	3.45	0.768	0.053	3.35	3.56	1	5
	数学	162	3.57	0.721	0.057	3.45	3.68	1	5
	英语	104	3.67	0.831	0.081	3.52	3.83	1	5
	其他	14	3.43	0.938	0.251	2.89	3.97	1	5
	总计	490	3.54	0.774	0.035	3.47	3.60	1	5

表 2-102　教育硕士毕业后阶段不同任教学科样本学生公费师范生身份认同及两题项 ANOVA 分析

维度/题项	组别	平方和	自由度	均方	F	显著性
别人谈论公费师范生话题时，我感觉和自己密切相关	组间	0.695	3	0.232	0.391	0.759
	组内	287.868	486	0.592	—	—
	总计	288.563	489	—	—	—
我常常因为自己的公费师范生身份而感到骄傲	组间	5.058	3	1.686	1.527	0.207
	组内	536.705	486	1.104	—	—
	总计	541.763	489	—	—	—
公费师范生身份认同	组间	3.494	3	1.165	1.954	0.120
	组内	289.726	486	0.596	—	—
	总计	293.220	489	—	—	—

教育硕士毕业后阶段不同任教学科的样本学生对题项"别人谈论公费师范生话题时，我感觉和自己密切相关"的作答中，从事各学科教学工作的公费师范生对此题项的作答结果均值均在 4.00 以上，且分布相对集中。结合表 2-102 中对此题项的单因素方差分析结果可知，任教于不同学科的教育硕士对此题项的作答结果并无统计学意义上的显著性差异。

此阶段样本学生对题项"我常常因为自己的公费师范生身份而感到骄傲"的作答整体相对低于题项"别人谈论公费师范生话题时，我感觉和自己密切相关"。其中，从事英语和数学学科教学的样本学生作答结果相对较高，从事语文学科和其他学科教学的公费师范生的作答均值则低于整体均值。但从单因素方差分析结果来看，不同学科样本学生在此题项的作答中并无显著性差异。

从公费师范生身份认同这一维度的整体作答分布来看，从事不同学科教学的工作的公费师范生教育硕士对自身的公费师范生身份认同程度整体较高，作答结果均值均大于 3.40，其中从事英语学科教学和数学学科教学的样本学生略高于其他学科。结合表 2-102 中分析结果可知，P= 0.120 >0.05，数据表明，教育硕士毕业后阶段的样本学生虽然从事不同学科教学工作且作答结果均值略有差异，但其对自身公费师范生身份认同的程度并无显著性差异。

3. 教育硕士毕业后阶段不同任教地样本学生公费师范生身份认同差异分析

教育硕士毕业后阶段，任教于不同省（自治区、直辖市）的公费师范生教育硕士对公费师范生身份认同维度及其具体题项作答结果的方差齐性检验结果如表2–103所示。

表2–103 教育硕士毕业后阶段样本学生公费师范生身份认同分析及各题项任教地分组方差齐性检验

维度/题项	莱文统计	自由度1	自由度2	显著性
作为一名公费师范生，我认为自己非常受人重视	1.166①	29	459	0.255
别人谈论公费师范生话题时，我感觉和自己密切相关	1.397②	29	459	0.085
我常常因为自己的公费师范生身份而感到骄傲	1.880③	29	459	0.004
公费师范生身份认同	1.290④	29	459	0.146

①在针对"作为一名公费师范生，我认为自己非常受人重视"计算方差齐性检验时，将忽略只有一个个案的组。

②在针对"别人谈论公费师范生话题时，我感觉和自己密切相关"计算方差齐性检验时，将忽略只有一个个案的组。

③在针对"我常常因为自己的公费师范生身份而感到骄傲"计算方差齐性检验时，将忽略只有一个个案的组。

④在针对公费师范生身份认同计算方差齐性检验时，将忽略只有一个个案的组。

在以任教省（自治区、直辖市）为因子时，此阶段样本学生的对题项"我常常因为自己的公费师范生身份而感到骄傲"的作答结果拒绝了方差相等的假设，除此之外，对该维度整体作答结果和其他两个题项的作答结果均符合方差一致性要求。此阶段样本学生对题项"我常常因为自己的公费师范生身份而感到骄傲"作答结果的克鲁斯卡尔-沃利斯检验结果如表2–104、表2–105所示。

表2–104 教育硕士毕业后阶段不同任教地样本学生公费师范生身份认同单一题项克鲁斯卡尔–沃利斯检验秩

任教地	个案数	秩平均值	任教地	个案数	秩平均值
北京市	5	261.60	湖北省	55	207.32
天津市	7	335.57	湖南省	16	216.50
河北省	4	171.00	广东省	12	301.50

续表

任教地	个案数	秩平均值	任教地	个案数	秩平均值
山西省	13	287.54	广西壮族自治区	19	223.66
内蒙古自治区	28	257.46	海南省	8	255.00
辽宁省	9	376.94	重庆市	10	187.15
吉林省	9	212.28	四川省	22	259.86
黑龙江省	10	244.20	贵州省	14	261.18
上海市	1	321.00	云南省	8	245.13
江苏省	9	265.28	西藏自治区	2	388.50
浙江省	4	202.38	陕西省	83	229.05
安徽省	15	283.17	甘肃省	18	236.00
福建省	9	247.00	青海省	16	231.94
江西省	10	254.40	宁夏回族自治区	16	281.81
山东省	8	295.00	新疆维吾尔自治区	28	181.02
河南省	22	321.14	总计	490	—

表 2-105 教育硕士毕业后阶段样本学生公费师范生身份认同分析单一题项任教地分组克鲁斯卡尔-沃利斯检验统计

卡方	46.570
自由度	30
渐近显著性	0.027

注：分组变量：任教地。

由检验结果可知，渐近显著性P=0.027，小于0.05，表明任教于不同省（自治区、直辖市）的公费师范生教育硕士对此题项的作答结果存在显著差异，具体差异如表2-106所示。

表 2-106　教育硕士毕业后阶段不同任教地样本学生公费师范生身份认同单一题项描述性分析

任教地	个案数	平均值	标准差	标准误差	平均值的95%置信区间 下限	平均值的95%置信区间 上限	最小值	最大值
北京市	5	3.60	1.140	0.510	2.18	5.02	2	5
天津市	7	4.14	0.690	0.261	3.50	4.78	3	5
河北省	4	3.00	0.816	0.408	1.70	4.30	2	4
山西省	13	3.85	0.801	0.222	3.36	4.33	3	5
内蒙古自治区	28	3.54	0.999	0.189	3.15	3.92	2	5
辽宁省	9	4.33	1.323	0.441	3.32	5.35	1	5
吉林省	9	3.22	0.972	0.324	2.48	3.97	1	4
黑龙江省	10	3.50	0.707	0.224	2.99	4.01	2	4
上海市	1	4.00	—	—	—	—	4	4
江苏省	9	3.56	1.424	0.475	2.46	4.65	1	5
浙江省	4	3.00	1.414	0.707	.75	5.25	1	4
安徽省	15	3.73	1.223	0.316	3.06	4.41	1	5
福建省	9	3.56	1.014	0.338	2.78	4.33	2	5
江西省	10	3.60	0.966	0.306	2.91	4.29	2	5
山东省	8	3.63	1.685	0.596	2.22	5.03	1	5
河南省	22	4.05	0.653	0.139	3.76	4.33	3	5
湖北省	55	3.25	0.799	0.108	3.04	3.47	1	5
湖南省	16	3.19	1.328	0.332	2.48	3.89	1	5
广东省	12	3.92	0.669	0.193	3.49	4.34	3	5
广西壮族自治区	19	3.21	1.273	0.292	2.60	3.82	1	5
海南省	8	3.50	0.926	0.327	2.73	4.27	2	4
重庆市	10	3.00	1.054	0.333	2.25	3.75	1	4
四川省	22	3.55	1.143	0.244	3.04	4.05	1	5
贵州省	14	3.57	1.158	0.309	2.90	4.24	1	5
云南省	8	3.25	1.669	0.590	1.85	4.65	1	5
西藏自治区	2	4.50	0.707	0.500	-1.85	10.85	4	5
陕西省	83	3.34	1.062	0.117	3.11	3.57	1	5

续表

任教地	个案数	平均值	标准差	标准误差	平均值的95%置信区间 下限	平均值的95%置信区间 上限	最小值	最大值
甘肃省	18	3.44	0.922	0.217	2.99	3.90	2	5
青海省	16	3.38	0.957	0.239	2.86	3.89	2	5
宁夏回族自治区	16	3.75	0.931	0.233	3.25	4.25	2	5
新疆维吾尔自治区	28	2.96	0.999	0.189	2.58	3.35	1	4
总计	490	3.46	1.053	0.048	3.37	3.55	1	5

从均值来看，教育硕士毕业后阶段的样本学生中，任教于西藏自治区的公费师范生教育硕士对于公费师范生身份带给自身的自豪感认同最为强烈，同时，需要注意的是，调研样本中仅有2人任教于西藏自治区，其作答均值对该地区公费师范教师的代表性还有待考证。此外，就职于辽宁省、天津市、河南省的公费师范教育硕士对于题项"我常常因为自己的公费师范生身份而感到骄傲"的作答结果也均高于4.00，表明这一阶段任教于省（自治区、直辖市）的公费师范教育硕士对自身的公费师范生身份的认可度较高。

该维度及其他题项的作答的差异分析结果如表2-107所示。

表2-107 教育硕士毕业后阶段不同任教地样本学生公费师范生身份认同及两题项ANOVA分析

维度/题项	分组	平方和	自由度	均方	F	显著性
作为一名公费师范生，我认为自己非常受人重视	组间	50.381	30	1.679	1.469	0.054
	组内	524.600	459	1.143	—	—
	总计	574.982	489	—	—	—
别人谈论公费师范生话题时，我感觉和自己密切相关	组间	16.540	30	0.551	0.930	0.575
	组内	272.023	459	0.593	—	—
	总计	288.563	489	—	—	—
公费师范生身份认同	组间	26.203	30	0.873	1.501	0.045
	组内	267.018	459	0.582	—	—
	总计	293.220	489	—	—	—

在以任教地为因子的单因素方差分析当中，这一阶段样本学生在对题项"作为一

名公费师范生，我认为自己非常受人重视"和"别人谈论公费师范生话题时，我感觉和自己密切相关"的作答中显著性均大于0.05，表明本阶段就职于不同省（自治区、直辖市）的样本学生在上述两个题项的作答中并无显著性差异。但是，从公费师范生身份认同这一维度的整体作答情况来看，单因素方差分析结果P = 0.045 < 0.05，表明这一阶段来自不同任教地的样本学生在对于自身的公费师范生身份认同方面存在统计学意义上的显著性差异。研究通过以任教地为分组变量的描述性分析可对其具体差异所在窥见一斑。如表2-108所示。

表2-108 教育硕士毕业后阶段不同任教地样本学生公费师范生身份认同描述性分析

维度	任教地	个案数	平均值	标准差	标准误差	平均值的95%置信区间下限	平均值的95%置信区间上限	最小值	最大值
公费师范生身份认同	北京市	5	3.6667	0.88192	0.39441	2.5716	4.7617	2.33	4.67
	天津市	7	3.9048	0.46004	0.17388	3.4793	4.3302	3.33	4.67
	河北省	4	3.2500	0.56928	0.28464	2.3442	4.1558	2.67	4.00
	山西省	13	3.8974	0.62929	0.17453	3.5172	4.2777	3.00	4.67
	内蒙古自治区	28	3.5952	0.73343	0.13861	3.3108	3.8796	2.00	4.33
	辽宁省	9	4.1852	0.89925	0.29975	3.4940	4.8764	2.00	5.00
	吉林省	9	3.0741	0.89408	0.29803	2.3868	3.7613	1.00	4.00
	黑龙江省	10	3.4333	0.49814	0.15753	3.0770	3.7897	2.67	4.00
	上海市	1	2.6667	—	—	—	—	2.67	2.67
	江苏省	9	3.5556	0.89753	0.29918	2.8657	4.2455	2.00	4.67
	浙江省	4	3.0833	0.78764	0.39382	1.8300	4.3366	2.00	3.67
	安徽省	15	3.8667	0.78478	0.20263	3.4321	4.3013	2.33	5.00
	福建省	9	3.5185	0.66898	0.22299	3.0043	4.0327	2.33	4.33
	江西省	10	3.7000	0.67495	0.21344	3.2172	4.1828	2.67	5.00
	山东省	8	3.5417	1.37941	0.48770	2.3884	4.6949	1.00	5.00
	河南省	22	4.0000	0.53452	0.11396	3.7630	4.2370	3.33	5.00
	湖北省	55	3.4545	0.57508	0.07754	3.2991	3.6100	2.00	5.00
	湖南省	16	3.4792	0.81621	0.20405	3.0442	3.9141	2.00	5.00
	广东省	12	3.9167	0.58818	0.16979	3.5430	4.2904	3.00	5.00

续表

维度	任教地	个案数	平均值	标准差	标准误差	平均值的95%置信区间 下限	平均值的95%置信区间 上限	最小值	最大值
公费师范生身份认同	广西壮族自治区	19	3.3684	1.02977	0.23625	2.8721	3.8648	1.00	5.00
	海南省	8	3.6250	0.51755	0.18298	3.1923	4.0577	3.00	4.33
	重庆市	10	3.3667	0.72776	0.23014	2.8461	3.8873	2.00	4.33
	四川省	22	3.5606	0.94497	0.20147	3.1416	3.9796	1.00	5.00
	贵州省	14	3.5952	0.85912	0.22961	3.0992	4.0913	2.33	5.00
	云南省	8	3.3750	1.27786	0.45179	2.3067	4.4433	1.00	4.67
	西藏自治区	2	4.0000	0.47140	0.33333	−0.2354	8.2354	3.67	4.33
	陕西省	83	3.4458	0.76025	0.08345	3.2798	3.6118	1.33	5.00
	甘肃省	18	3.5000	0.86508	0.20390	3.0698	3.9302	1.33	5.00
	青海省	16	3.4375	0.51235	0.12809	3.1645	3.7105	2.33	4.00
	宁夏回族自治区	16	3.6042	0.75247	0.18812	3.2032	4.0051	1.67	5.00
	新疆维吾尔自治区	28	3.1429	0.70523	0.13328	2.8694	3.4163	1.00	4.33
	总计	490	3.5354	0.77436	0.03498	3.4666	3.6041	1.00	5.00

作答结果均值高于全样本均值的任教地有：辽宁省、河南省、西藏自治区、广东省、天津市、陕西省、安徽省、江西省、北京市、海南省、宁夏回族自治区、内蒙古自治区、贵州省、四川省、江苏省和山东省总计16个省（自治区、直辖市），其中任教于辽宁省、河南省及西藏自治区的公费师范生教育硕士在此维度的作答结果中均值均大于等于4.00。

另有在福建省、甘肃省、湖南省、湖北省、陕西省、青海省、黑龙江省、云南省、广西壮族自治区、重庆市、河北省、新疆维吾尔自治区、浙江省和吉林省14个省（自治区、直辖市）就职的公费师范生教育硕士作答均值虽低于整体均值，但均值均大于3.00，调研赋值的五级选项中，3为居中选项，表明上述30个省（自治区、直辖市）的公费师范生教育硕士在毕业后仍旧对自身的公费师范生身份有较高的认同程度。

此外，本次调研中采集到的数据中本阶段仅有1名任教于上海市的公费师范生，其 1 人对此维度作答结果为 2.6667，从数理上虽可作为均值计算，但在分布上却很难充分代表任教于上海市的公费师范生教育硕士，具有较为明显的个体化导向。

4. 教育硕士毕业后阶段不同任教学段样本学生公费师范生身份认同差异分析

在完成了以任教地为分组变量的差异分析后，研究对任教于不同学段的教育硕士毕业后样本学生的公费师范生身份认同情况进行了分析，以任教学段为因子的方差齐性检验结果如表 2-109 所示。

表 2-109　教育硕士毕业后阶段样本学生公费师范生身份认同分析及各题项任教学段分组方差齐性检验

维度/题项	莱文统计	自由度1	自由度2	显著性
作为一名公费师范生，我认为自己非常受人重视	1.170	6	483	0.321
别人谈论公费师范生话题时，我感觉和自己密切相关	0.230	6	483	0.967
我常常因为自己的公费师范生身份而感到骄傲	2.178	6	483	0.044
公费师范生身份认同	1.544	6	483	0.162

方差齐性检验结果显示，本阶段样本学生除了对题项"我常常因为自己的公费师范生身份而感到骄傲"的作答结果不符合方差齐性一致的要求外，其他两题项及此维度的整体作答结果均接受了方差相等的假设。因此，差异分析以非参数检验和参数检验两种方式分别进行。以任教学段为分组变量时，题项"我常常因为自己的公费师范生身份而感到骄傲"作答结果的克鲁斯卡尔-沃利斯检验结果如表 2-110、表 2-111 所示。

表 2-110　教育硕士毕业后阶段不同任教学段样本学生公费师范生身份认同单一题项克鲁斯卡尔-沃利斯检验秩

任教学段	个案数	秩平均值
小学	56	267.89
初一	39	240.33
初二	46	233.65
初三	40	268.65
高一	87	235.01
高二	70	250.36
高三	152	239.84
总计	490	—

表 2-111　教育硕士毕业后阶段样本学生公费师范生身份认同分析单一题项任教学段分组克鲁斯卡尔-沃利斯检验统计

卡方	4.027
自由度	6
渐近显著性	0.673

注：分组变量：任教学段。

克鲁斯卡尔-沃利斯检验结果显示，渐近显著性为 0.673，大于 0.05，表明教育硕士毕业后阶段的样本学生虽承担着从小学到高中等不同学段的教学工作，但其对于题项"我常常因为自己的公费师范生身份而感到骄傲"的作答并无显著性差异。

本阶段样本学生对于其他两个题项及公费师范生身份认同维度整体作答结果的单因素方差分析结果如表 2-112 所示。

表 2-112　教育硕士毕业后阶段不同任教学段样本学生公费师范生身份认同及两题项 ANOVA 分析

维度/题项	组别	平方和	自由度	均方	F	显著性
作为一名公费师范生，我认为自己非常受人重视	组间	7.181	6	1.197	1.018	0.413
	组内	567.800	483	1.176	—	—
	总计	574.982	489	—	—	—
别人谈论公费师范生话题时，我感觉和自己密切相关	组间	0.640	6	0.107	0.179	0.983
	组内	287.923	483	0.596	—	—
	总计	288.563	489	—	—	—
公费师范生身份认同	组间	2.817	6	0.470	0.781	0.585
	组内	290.403	483	0.601	—	—
	总计	293.220	489	—	—	—

承担不同学段、不同年级教学任务的教育硕士毕业后阶段样本学生在对于题项"作为一名公费师范生，我认为自己非常受人重视""别人谈论公费师范生话题时，我感觉和自己密切相关"以及公费师范生身份认同整体维度的作答中，其单因素方差分析显著性均大于 0.05，表明当以任教学段为因子时，此阶段样本学生对自身的公费师范生认同程度并无显著性差异。

5. 教育硕士毕业后阶段不同任教班级数量样本学生公费师范生身份认同差异分析

任教班级数量的赋值方式主要分为1个班级、2个班级、3个班级、4个班级及以上，研究以此为因子和分组变量对教育硕士毕业后阶段样本学生的公费师范生身份认同程度进行差异分析，主要由描述性分析、方差齐性检验、差异分析呈现三个部分组成。

以任教班级数量为因子时，本阶段样本学生对公费师范生身份认同维度及下属各题项作答结果描述性分析结果如表2-113所示。

表2-113 教育硕士毕业后阶段不同任教班级数量样本学生公费师范生身份认同及各题项描述性分析

维度/题项	任教班级数量	个案数	平均值	标准差	标准误差	平均值的95%置信区间 下限	平均值的95%置信区间 上限	最小值	最大值
作为一名公费师范生，我认为自己非常受人重视	一个班	82	3.13	0.913	0.101	2.93	3.33	1	5
	两个班	380	2.98	1.113	0.057	2.87	3.10	1	5
	三个班	14	2.93	1.207	0.323	2.23	3.63	1	5
	四个班或以上	14	2.93	1.141	0.305	2.27	3.59	1	4
	总计	490	3.01	1.084	0.049	2.91	3.10	1	5
别人谈论公费师范生话题时，我感觉和自己密切相关	一个班	82	4.17	0.625	0.069	4.03	4.31	2	5
	两个班	380	4.13	0.795	0.041	4.05	4.21	1	5
	三个班	14	4.29	0.611	0.163	3.93	4.64	3	5
	四个班或以上	14	4.00	0.961	0.257	3.45	4.55	1	5
	总计	490	4.14	0.768	0.035	4.07	4.21	1	5
我常常因为自己的公费师范生身份而感到骄傲	一个班	82	3.50	0.864	0.095	3.31	3.69	1	5
	两个班	380	3.48	1.094	0.056	3.34	3.56	1	5
	三个班	14	3.57	1.089	0.291	2.94	4.20	2	5
	四个班或以上	14	3.50	0.941	0.251	2.96	4.04	1	5
	总计	490	3.46	1.053	0.048	3.36	3.55	1	5

续表

维度/题项	任教班级数量	个案数	平均值	标准差	标准误差	平均值的95%置信区间 下限	平均值的95%置信区间 上限	最小值	最大值
公费师范生身份认同	一个班	82	3.60	0.612	0.068	3.47	3.74	2	5
	两个班	380	3.52	0.803	0.041	3.44	3.60	1	5
	三个班	14	3.60	0.797	0.213	3.14	4.06	3	5
	四个班或以上	14	3.48	0.854	0.228	2.98	3.97	1	4
	总计	490	3.54	0.774	0.035	3.47	3.60	1	5

从此阶段样本学生的作答情况中可见，对于题项"作为一名公费师范生，我认为自己非常受人重视"的作答中，似乎出现了承担教学班级数量越多，作答结果均值越小的分布趋势。各题项中，作答均值整体最高的为题项"别人谈论公费师范生话题时，我感觉和自己密切相关"，承担不同教学班级数量的教师的作答结果均值均大于等于4.00。对于题项"我常常因为自己的公费师范生身份而感到骄傲"的作答均值则集中在3.50左右，其中，承担三个班级教学工作的教师作答结果均值最大，为3.57。

从对于公费师范生身份认同这一维度的整体作答情况来看，整体作答均值大于3.50，表明此阶段样本学生对自身的公费师范生身份具有较强的认同感。比较承担不同教学班级数量的教师作答情况来看，仅承担一个班级教学工作的公费师范教师的认同相对高于承担多个班级教学工作的教师。结合标准差来看，承担单个班级教学工作的公费师范生作答结果的标准差最大，为0.612，说明其数据分布相对其他分组而言较为离散。因此，要探知其身份认同是否与承担教学班级数量的多少有关，还需进一步的差异分析。教育硕士毕业后阶段样本学生以任教班级数量为因子，对于公费师范生身份认同维度作答结果的方差齐性检验结果如表2-114所示。

表2-114 教育硕士毕业后阶段样本学生公费师范生身份认同分析任教班级数量分组方差齐性检验

莱文统计	自由度1	自由度2	显著性
2.280	3	486	0.079

如表2-114所示，方差齐性检验结果显示，P=0.079>0.05，表明作答结果符合方差齐性一致的要求，可采用单因素方差分析方法探究其差异，单因素方差分析结果如

表 2-115 所示。

表 2-115　教育硕士毕业后阶段不同任教班级数量样本学生公费师范生身份认同 ANOVA 分析

分组	平方和	自由度	均方	F	显著性
组间	0.537	3	0.179	0.297	0.827
组内	292.683	486	0.602	—	—
总计	292.683	489	—	—	—

对于教育硕士毕业后阶段的样本学生而言，当以任教班级数量作为因子时，其单因素方差分析结果显著性为 0.827，远大于 0.05，表明此阶段样本学生中，承担不同班级数量教学工作的样本学生虽然在作答均值上略有差异，但并未呈现出具有统计学意义的显著性差异。

6. 教育硕士毕业后阶段不同课时量样本学生公费师范生身份认同差异分析

承担教学班级数量一定程度上反映出教育硕士毕业后的教师的工作量，结合其每周课时量的分析，可进一步明晰工作量对于其身份认同程度之间的可能存在的差异影响。以每周课时量为因子，方差齐性检验结果如表 2-116 所示。

表 2-116　教育硕士毕业后阶段样本学生公费师范生身份认同分析及各题项每周课时量分组方差齐性检验

维度/题项	莱文统计	自由度1	自由度2	显著性
作为一名公费师范生，我认为自己非常受人重视	0.901	3	486	0.441
别人谈论公费师范生话题时，我感觉和自己密切相关	0.751	3	486	0.522
我常常因为自己的公费师范生身份而感到骄傲	1.906	3	486	0.128
公费师范生身份认同	1.915	3	486	0.126

方差齐性检验中，显著性均大于 0.05，表明均符合方差一致性要求，可进行参数检验，研究依旧选用单因素方差分析方法，分析结果如表 2-117 所示。

表 2-117 教育硕士毕业后阶段每周不同课时量样本学生公费师范生身份认同及各题项 ANOVA 分析

维度/题项	组别	平方和	自由度	均方	F	显著性
作为一名公费师范生，我认为自己非常受人重视	组间	9.719	3	3.240	2.785	0.040
	组内	565.263	486	1.163	—	—
	总计	574.982	489	—	—	—
别人谈论公费师范生话题时，我感觉和自己密切相关	组间	0.334	3	0.111	0.188	0.905
	组内	288.229	486	0.593	—	—
	总计	288.563	489	—	—	—
我常常因为自己的公费师范生身份而感到骄傲	组间	8.904	3	2.968	2.707	0.045
	组内	532.860	486	1.096	—	—
	总计	541.763	489	—	—	—
公费师范生身份认同	组间	3.128	3	1.043	1.747	0.156
	组内	290.092	486	0.597	—	—
	总计	293.220	489	—	—	—

教育硕士毕业后阶段样本学生对于题项"作为一名公费师范生，我认为自己非常受人重视"和"我常常因为自己的公费师范生身份而感到骄傲"的作答结果在以每周课时量为因子时，单因素方差分析结果显示，显著性分别为 0.404 和 0.045，均小于 0.05，表明每周承担不同数量课时的样本学生在上述两个题项的作答上存在显著性差异，具体差异情况如表 2-118 所示。

表 2-118 教育硕士毕业后阶段每周不同课时量样本学生公费师范生身份认同两题项描述性分析

题项	周课时量	个案数	平均值	标准差	标准误差	平均值的 95% 置信区间 下限	平均值的 95% 置信区间 上限	最小值	最大值
作为一名公费师范生，我认为自己非常受人重视	10 课时以下	49	3.39	0.909	0.130	3.13	3.65	1	5
	10-15 课时	284	2.98	1.068	0.063	2.86	3.11	1	5
	15-20 课时	113	2.99	1.138	0.107	2.78	3.20	1	5
	20 课时以上	44	2.77	1.159	0.175	2.42	3.13	1	5
	总计	490	3.01	1.084	0.049	2.91	3.10	1	5

续表

题项	周课时量	个案数	平均值	标准差	标准误差	平均值的95%置信区间 下限	平均值的95%置信区间 上限	最小值	最大值
我常常因为自己的公费师范生身份而感到骄傲	10课时以下	49	3.57	0.791	0.113	3.35	3.80	2	5
	10-15课时	284	3.51	1.065	0.063	3.39	3.64	1	5
	15-20课时	113	3.45	1.052	0.099	3.26	3.65	1	5
	20课时以上	44	3.05	1.160	0.175	2.69	3.40	1	5
	总计	490	3.46	1.053	0.048	3.37	3.55	1	5

如表2-118所示，对于表中两个题项而言，本阶段样本学生中，每周课时量在10个课时以下的公费师范教师作答均值最大，每周课时量大于20课时的教师作答均值最小。结合标准差结果分析可知，每周承担10个课时以下的样本学生在作答均值最高的同时，标准差最小，均小于1，表明相对其他分组的样本学生而言，每周承担10个课时以下的样本教师作答结果均值最大且分布最为集中。

第3章 公费师范生教师职业身份认同

不同于其他类型的教育培养对象，公费师范生在进入高校培养阶段起便带有一定的教师职业色彩，除特殊情况外，绝大多数的公费师范生会在完成本科阶段的学习后从事基础教育行业。本调研项目面向五个不同阶段的公费师范生进行调研，了解其对教师这一职业的身份认同状况，主要分为各阶段描述性统计分析和不同分组变量下的差异分析两个部分。

第一节 各阶段样本学生教师职业身份认同描述性统计分析

调研所设计的五个阶段样本学生对教师职业身份维度下题项作答结果的统计分析如表3-1所示。

表3-1 各阶段样本对象教师职业身份认同分析描述统计量

题项	阶段	N	极小值	极大值	均值	标准差
我认为教师的社会地位很高	初入本科阶段	1016	1	5	3.58	0.80
	本科在读阶段	904	1	5	3.35	0.90
	本科毕业且初入教育硕士研究生阶段	821	1	5	2.90	1.03
	教育硕士研究生在读阶段	870	1	5	2.73	1.06
	教育硕士毕业后阶段	490	1	5	2.46	1.08
	小计	4101	1	5	3.08	—

续表

题项	阶段	N	极小值	极大值	均值	标准差
从事中小学教师职业是我的兴趣所在	初入本科阶段	1016	1	5	3.66	0.94
	本科在读阶段	904	1	5	3.76	0.85
	本科毕业且初入教育硕士研究生阶段	821	1	5	3.59	0.97
	教育硕士研究生在读阶段	870	1	5	3.47	1.03
	教育硕士毕业后阶段	490	1	5	3.54	0.98
	小计	4101	1	5	3.61	—
我认为从事教师职业比从事其他职业更加能够实现自己的价值	初入本科阶段	1016	1	5	3.67	0.90
	本科在读阶段	904	1	5	3.68	0.88
	本科毕业且初入教育硕士研究生阶段	821	1	5	3.62	0.95
	教育硕士研究生在读阶段	870	1	5	3.54	0.96
	教育硕士毕业后阶段	490	1	5	3.44	1.01
	小计	4101	1	5	3.61	—

自表3-1中均值中的数据可见，样本对象对这一监测维度下3个题项的回答基本持肯定态度，整体均值均超过了3分，其中，对"从事中小学教师职业是我的兴趣所在""我认为从事教师职业比从事其他职业更加能够实现自己的价值"两个题项的作答结果均值均大于3.6分，表明各阶段的公费师范生在整体上认可教师这一职业的内涵价值，并且选择接受公费师范教育的学生们大多具备对教师这一职业的兴趣和向往。

就题项"我认为教师的社会地位很高"的均值而言（如图3-1所示），纵观不同阶段的作答情况则不难发现，大部分学生在初入本科阶段与本科在读阶段认为教师的社会地位很高，自完成本科学业走向职业岗位之后，由于角色转换、社会竞争等诸多方面因素的影响，学生对"教师社会地位很高"这一论述的认可度逐步下降。结合现状来看，从事基础教育工作的教师与其他职业相比，各项福利优势并不明显，一定程度上造成了教师职业幸福感提升的阻碍。

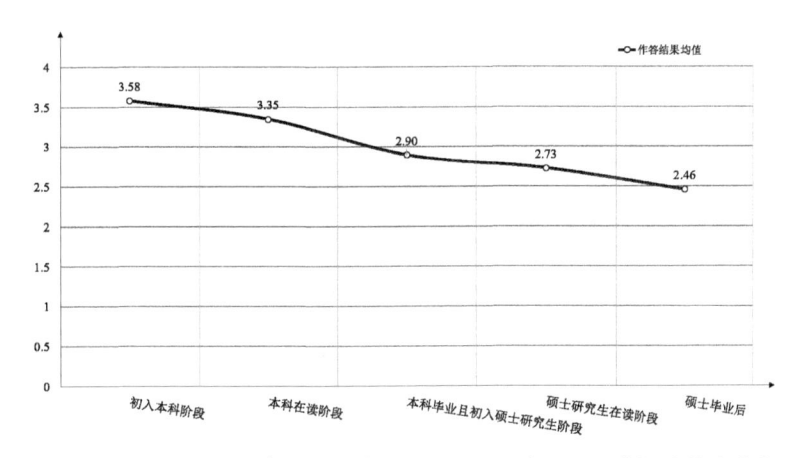

图 3-1 各阶段样本对象题项"我认为教师的社会地位很高"的作答均值

事实上，近年来，师范教育的旨趣已经在悄然改变，师范教育由"免费"变为"公费"，虽仅有一字之差，但其内涵的转变远不止于此。"免费"二字更多地体现了对具有经济困难学生和家庭的扶持性关怀，而"公费"则是国家政策杠杆参与的荣誉性激励，旨在鼓励更多优秀的青年学子投身于基础教育事业，让师范教育从政策支持成为国家鼓励。

此外，为了明晰样本对象在最初选择公费师范教育时对教师这一职业身份的认识，研究在五个阶段均设置了题项"我在报考公费师范生时对教师职业非常了解"与"我报考公费师范生是源于对教师职业的喜爱"，现就以上两个题项作答结果的分布情况进行分析阐释（统计结果[①]如图 3-2 和图 3-3 所示）。

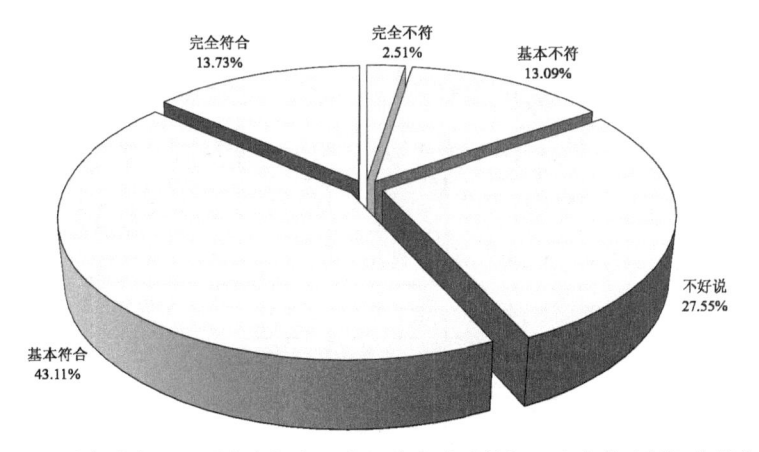

图 3-2 样本对象题项"我在报考公费师范生时对教师职业非常了解"作答分布

---

① 图 3-2、图 3-3 中的计算结果总和因各项四舍五入保留 2 位小数后会有 0.0001 的误差，故各项相加后为 99.99%。

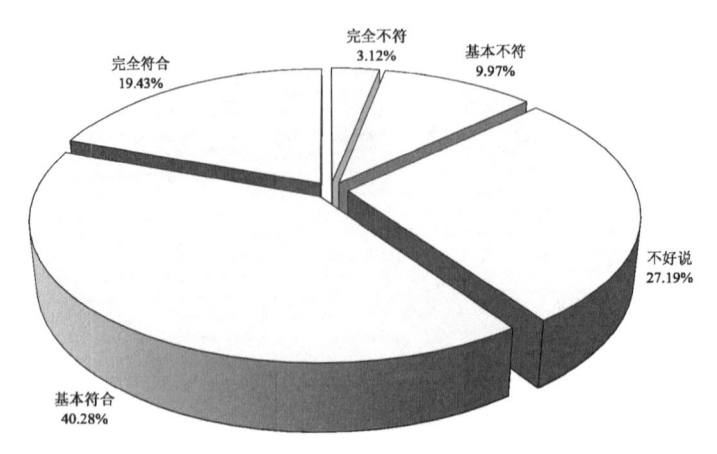

图 3-3 样本对象题项"我报考公费师范生是源于对教师职业的喜爱"作答分布

如图 3-2 所示，样本对象在对题项"我在报考公费师范生时对教师职业非常了解"的作答结果中，13.73% 的学生选择了"完全符合"，43.11% 的学生选择了"基本符合"，表明大部分样本学生在选择进入公费师范教育之前对教师这一职业有了一定程度的了解；同时，15.60% 的同学选择了"完全不符"或"基本不符"，表明其在报考公费师范生时对教师行业尚未有较为明晰的概念。

就题项"我报考公费师范生是源于对教师职业的喜爱"而言，59.71% 的样本学生持肯定态度，表明大部分选择接受公费师范教育的学生对教师职业有一定感性支持，对教师这一身份的态度整体较为积极；此外，还有 13.09% 的学生选择了"基本不符"或"完全不符"，这部分学生可能出于其他方面因素的考虑，选择了报考公费师范教育的相关专业（报考公费师范项目的具体动机下文另行分析讨论）。各个阶段样本学生在报考公费师范生时对于自身教师身份认同维度题项作答结果的描述性统计分析如表 3-2 所示。

表 3-2　各阶段样本报考时期教师身份认识分析描述统计量

题项	阶段	N	极小值	极大值	均值	标准差
我在报考公费师范生时对教师职业非常了解	初入本科阶段	1016	1	5	3.75	0.79
	本科在读阶段	904	1	5	3.59	0.90
	本科毕业且初入教育硕士研究生阶段	821	1	5	3.45	1.01
	教育硕士研究生在读阶段	870	1	5	3.35	1.03
	教育硕士毕业后阶段	490	1	5	3.36	1.13
	小计	4101	1	5	3.52	—

续表

题项	阶段	N	极小值	极大值	均值	标准差
我报考公费师范生是源于对教师职业的喜爱	初入本科阶段	1016	1	5	3.76	0.94
	本科在读阶段	904	1	5	3.71	0.92
	本科毕业且初入教育硕士研究生阶段	821	1	5	3.63	1.02
	教育硕士研究生在读阶段	870	1	5	3.48	1.07
	教育硕士毕业后阶段	490	1	5	3.48	1.10
	小计	4101	1	5	3.63	—

结合表3-2中均值及标准差可对各个不同阶段样本学生在报考时对教师职业的了解程度及对教师职业的感性认识数据结果的分布情况给出一个相对客观的分析和评价。就题项"我在报考公费师范生时对教师职业非常了解"而言，初入本科阶段的样本学生作答结果分布的集中趋势较为明显，且均值在五个阶段中最大（$\bar{x}_{初入本科}$=3.75，$S_{初入本科}$=0.79），表明在报考公费师范生时对教师职业的了解更为充分；相较之下，硕士毕业后阶段的样本学生对此题项作答结果的分布离散特征最为突出，本阶段内个体差异较大（$S_{硕士毕业}$=1.13）；此外，从均值来看，教育硕士研究生在读与教育硕士毕业后两个阶段的样本学生在此题项作答结果上，均值相对低于其他3个阶段（$\bar{x}_{硕士在读}$=3.35，$\bar{x}_{硕士毕业}$=3.36）。数据表明：相较于后来阶段的学生，较早报考公费师范教育的样本学生在报考时对教师职业的了解较少。

就题项"我报考公费师范生是源于对教师职业的喜爱"来看，样本对象的解答均值普遍较高，均超过或接近3.50分。其中，初入本科与本科在读两个阶段的样本学生的作答结果分布集中趋势更为明显，且均值较高（$\bar{x}_{初入本科}$=3.76，$S_{初入本科}$=0.94；$\bar{x}_{本科在读}$=3.71，$S_{本科在读}$=0.92）；相较之下，教育硕士毕业后阶段的样本学生的作答结果分布更为离散，且均值较低（$\bar{x}_{硕士毕业}$=3.48，$S_{硕士毕业}$=1.10）。

结合不同阶段的样本学生报考公费师范生的时间来看，由于本调研项目样本涉及于2019年9月初入本科的学生以及于2019年下半年前完成了硕士阶段学业的公费师范生，其时间跨度至少在7年以上，其间信息媒介的传播方式、传播速度及个体对外界的认知方式都会随社会发展而变化。值得肯定的是，随着时代的进步，有意报考公费师范教育专业的青年学生们对教师行业的理解正在逐步加深，因此对个人的就业意愿与选择的观念也会随之愈发明晰。

第二节　各阶段样本学生教师职业身份认同差异分析

研究对不同学业、职业阶段公费师范生对教师知识身份的认知及认同情况的差异分析分为职前职后两个大类，面向职前教师，主要以性别、专业、生源地三个要素作为分组变量予以分析；面向职后教师，则从性别、任教学科、任教地、任教学段、承担教学班级数量、每周课时数六个因子切入，探究其对教师职业身份的认同程度是否存在差异。

一、初入本科阶段样本学生教师职业身份认同差异分析

初入本科阶段的样本学生完成了高中阶段的学习，刚刚进入本科学习阶段，调查此阶段样本学生对师范生未来所要从事的教师职业身份的认同情况，一定程度上可以反映在系统接受公费师范教育之前报考公费师范专业的学生对教师职业的认知。

1. 初入本科阶段不同性别样本学生教师职业身份认同差异分析

当以性别作为分组变量时，初入本科阶段的样本学生对教师职业身份认同维度的具体题项及整体维度作答结果的独立样本t检验结果如表3-3、表3-4所示。

表3-3　初入本科阶段样本学生教师职业身份认同及各题项性别分组统计

维度/题项	性别	个案数	平均值	标准差	标准误差平均值
我在报考公费师范生时对教师职业非常了解	男	152	3.85	0.804	0.065
	女	864	3.74	0.784	0.027
我报考公费师范生是源于对教师职业的喜爱	男	152	3.91	0.916	0.074
	女	864	3.73	0.938	0.032
我认为教师的社会地位很高	男	152	3.64	0.794	0.064
	女	864	3.57	0.801	0.027
从事中小学教师职业是我的兴趣所在	男	152	3.71	0.967	0.078
	女	864	3.65	0.937	0.032
我认为从事教师职业比从事其他职业更加能够实现自己的价值	男	152	3.81	0.919	0.075
	女	864	3.64	0.900	0.031

续表

维度/题项	性别	个案数	平均值	标准差	标准误差平均值
教师职业身份认同	男	152	3.78	0.686	0.056
	女	864	3.66	0.632	0.022

表3-4 初入本科阶段不同性别样本学生教师职业身份认同各题项独立样本t检验

维度/题项		方差方程的Levene检验		均值方差的t检验						
		F	Sig.	t	df	Sig.（双侧）	均值差值	标准误差值	差分的95%置信区间 下限	上限
我在报考公费师范生时对教师职业非常了解	假设方差相等	0.040	0.841	1.627	1014	0.104	0.113	0.069	-0.023	0.248
	假设方差不相等	—	—	1.599	204.728	0.111	0.113	0.070	-0.026	0.251
我报考公费师范生是源于对教师职业的喜爱	假设方差相等	0.773	0.380	2.175	1014	0.030	0.179	0.082	0.017	0.340
	假设方差不相等	—	—	2.210	210.534	0.028	0.179	0.081	0.019	0.338
我认为教师的社会地位很高	假设方差相等	0.446	0.504	0.960	1014	0.337	0.068	0.070	-0.071	0.206
	假设方差不相等	—	—	0.966	208.802	0.335	0.068	0.070	-0.070	0.205
从事中小学教师职业是我的兴趣所在	假设方差相等	0.373	0.541	0.767	1014	0.443	0.064	0.082	-0.099	0.226
	假设方差不相等	—	—	0.750	203.978	0.454	0.064	0.085	-0.103	0.230
我认为从事教师职业比从事其他职业更加能够实现自己的价值	假设方差相等	0.100	0.751	2.130	1014	0.033	0.169	0.079	0.013	0.325
	假设方差不相等	—	—	2.100	205.262	0.037	0.169	0.081	0.010	0.328
教师职业身份认同	假设方差相等	1.997	0.158	2.100	1014	0.036	0.118	0.056	0.008	0.229
	假设方差不相等	—	—	1.983	198.701	0.049	0.118	0.060	0.001	0.236

在教师职业身份认同维度下，初入本科阶段样本学生对于各个题项的作答分布中，男生作答均值均高于女生，除题项"我认为教师的社会地位很高"之外，其他题项及整体维度作答结果的标准差均大于女生，表明从均值上看，本阶段男生对教师职业身份的认同程度高于女生，但在分布上相对离散。

除了题项"我在报考公费师范生时对教师职业非常了解"和"从事中小学教师职业是我的兴趣所在"的作答结果独立样本t检验结果显著性取值大于0.05外，本阶段样本学生在对"我报考公费师范生是源于对教师职业的喜爱""我认为教师的社会地位很高"和"我认为从事教师职业比从事其他职业更加能够实现自己的价值"3个题项的作答上均存在性别差异。从整体维度的作答结果来看，初入本科阶段的样本学生中，不同性别学生对公费师范生未来将要从事的教师职业身份的认同程度存在显著性差异，具体表现为男生的认同感相对高于女生。

2. 初入本科阶段不同专业样本学生教师职业身份认同差异分析

本阶段样本学生以就读专业所对应学科作为因子时，其方差齐性检验结果如表3-5所示。

表3-5 初入本科阶段样本学生教师职业身份认同分析及各题项专业分组方差齐性检验

维度/题项	莱文统计	自由度1	自由度2	显著性
我在报考公费师范生时对教师职业非常了解	3.139	2	1013	0.044
我报考公费师范生是源于对教师职业的喜爱	5.656	2	1013	0.004
我认为教师的社会地位很高	0.701	2	1013	0.496
从事中小学教师职业是我的兴趣所在	1.445	2	1013	0.236
我认为从事教师职业比从事其他职业更加能够实现自己的价值	0.103	2	1013	0.902
教师职业身份认同	0.360	2	1013	0.698

由表3-5可知，方差齐性检验中，题项"我在报考公费师范生时对教师职业非常了解"和"我报考公费师范生是源于对教师职业的喜爱"的作答结果的显著性均小于0.05，表明拒绝了方差相等的假设，其非参数检验结果如表3-6、表3-7所示。

表3-6 初入本科阶段不同专业样本学生教师职业身份认同两题项克鲁斯卡尔－沃利斯检验秩

题项	所学专业对应学科	个案数	秩平均值
我在报考公费师范生时对教师职业非常了解	语文	343	529.52
	数学	359	519.92
	英语	314	472.48
	总计	1016	—

续表

题项	所学专业对应学科	个案数	秩平均值
我报考公费师范生是源于对教师职业的喜爱	语文	343	506.19
	数学	359	548.37
	英语	314	465.44
	总计	1016	—

表3-7 初入本科阶段样本学生教师职业身份认同分析两题项专业分组克鲁斯卡尔-沃利斯检验统计

题项	我在报考公费师范生时对教师职业非常了解	我报考公费师范生是源于对教师职业的喜爱
卡方	8.308	14.982
自由度	2	2
渐近显著性	0.016	0.001

注：分组变量：所学专业对应学科。

由克鲁斯卡尔-沃利斯检验统计结果可知，当以学生所学专业对应学科作为分组变量时，两题项的作答结果渐近显著性分别为0.016和0.001，均小于0.05，表明不同专业的样本学生在表中两个题项的作答上，存在统计学意义上的显著差异，具体差异表现如表3-8所示。

表3-8 初入本科阶段不同专业样本学生教师身份认同两题项描述性分析

题项	专业对应学科	个案数	平均值	标准差	标准误差	平均值的95%置信区间下限	平均值的95%置信区间上限	最小值	最大值
我在报考公费师范生时对教师职业非常了解	语文	343	3.81	0.758	0.041	3.73	3.89	1	5
	数学	359	3.78	0.803	0.042	3.70	3.87	1	5
	英语	314	3.66	0.793	0.045	3.57	3.74	1	5
	总计	1016	3.75	0.787	0.025	3.70	3.80	1	5
我报考公费师范生是源于对教师职业的喜爱	语文	343	3.75	0.947	0.051	3.65	3.85	1	5
	数学	359	3.90	0.869	0.046	3.81	3.99	1	5
	英语	314	3.60	0.974	0.055	3.49	3.71	1	5
	总计	1016	3.76	0.936	0.029	3.70	3.81	1	5

整体上讲，各专业学生对于"我在报考公费师范生时，对教师职业非常了解"和"我报考公费师范生是源于对教师职业的喜爱"两个题项的作答结果均值均在3.60以上，表明整体样本学生对上述两个题项的表述认可程度相对较高。在题项"我在报考公费师范生时，对教师职业非常了解"的作答中，语文学科对应专业学生作答均值最大，且标准差最小，表明相较于其他学科对应专业学生，该专业学生在报考公费师范生时，对教师这一职业有相对较为全面的了解。相较之下，英语专业学生均值最低，表明学生认为自身在报考时对于教师行业仅有部分了解。在对题项"我报考公费师范生是源于对教师职业的喜爱"的作答中，数学学科对应专业的学生作答均值明显高于其他专业学生，达到3.90，且标准差最低，表明该专业学生中有相当一部分学生在选择公费师范生项目时是出于自身对于教师职业的高度认可。英语专业学生对于此题项的作答均值为3.60，标准差为0.974，相对较低的均值和较高的标准差表明，该专业学生整体来看对于此题项表述的认可度一般，但专业分组内学生作答分布较为离散，均值可能受到部分学生个体化选择的影响。

初入本科阶段样本学生对"我认为教师的社会地位很高""从事中小学教师职业是我的兴趣所在""我认为从事教师职业比从事其他职业更加能够实现自己的价值"3个题项及教师职业身份认同的作答结果以所学专业对应学科为因子时，符合方差齐性一致的要求，其单因素方差分析结果如表3-9所示。

表3-9 初入本科阶段不同专业样本学生教师职业身份认同及三题项ANOVA分析

维度/题项	组别	平方和	自由度	均方	F	显著性
我认为教师的社会地位很高	组间	2.897	2	1.449	2.270	0.104
	组内	646.485	1013	0.638	—	—
	总计	649.382	1015	—	—	—
从事中小学教师职业是我的兴趣所在	组间	9.896	2	4.948	5.637	0.004
	组内	889.221	1013	0.878	—	—
	总计	899.117	1015	—	—	—
我认为从事教师职业比从事其他职业更加能够实现自己的价值	组间	4.465	2	2.233	2.739	0.065
	组内	825.755	1013	0.815	—	—
	总计	830.220	1015	—	—	—
教师职业身份认同	组间	5.748	2	2.874	7.063	0.001
	组内	412.253	1013	0.407	—	—
	总计	418.001	1015	—	—	—

初入本科阶段不同专业的样本学生在"我认为教师的社会地位很高"和"我认为从事教师职业比从事其他职业更加能够实现自己的价值"两个题项的作答上并无显著性差异，但对于题项"从事中小学教师职业是我的兴趣所在"这一题项的作答显著性取值为0.004，小于0.05，表明不同专业学生对此题项表述认同程度不一。就教师职业身份认同整体维度而言，P = 0.001，表明专业间统计学意义上的显著差异在该维度的作答中有所体现，具体差异表现见表3-10。

表3-10　初入本科阶段不同专业样本学生教师身份认同描述性分析

专业对应学科	个案数	平均值	标准差	标准误差	平均值的95%置信区间 下限	平均值的95%置信区间 上限	最小值	最大值
语文	343	3.6764	0.62286	0.03363	3.6102	3.7425	1.80	5.00
数学	359	3.7716	0.65209	0.03442	3.7039	3.8393	1.00	5.00
英语	314	3.5866	0.63785	0.03600	3.5158	3.6574	1.40	5.00
总计	1016	3.6823	0.64173	0.02013	3.6428	3.7218	1.00	5.00

教师职业身份认同方面，初入本科阶段的样本学生中，专业对应数学学科的学生对公费师范生将要从事的教师行业认同程度最高，语文学科对应专业学生居中，相比之下，英语专业样本学生的教师职业身份认同最低，且低于该阶段样本总人数的作答均值。

3. 初入本科阶段不同生源地样本学生教师职业身份认同差异分析

调研覆盖的初入本科阶段的样本学生生源地为我国28个不同的省（自治区、直辖市），研究将通过以生源地为因子，对其教师职业省份认同的地域差异予以分析，方差齐性检验结果如表3-11所示。

表3-11　初入本科阶段样本学生教师职业身份认同分析及各题项生源地分组方差齐性检验

维度/题项	莱文统计	自由度1	自由度2	显著性
我在报考公费师范生时对教师职业非常了解	1.244①	26	988	0.187
我报考公费师范生是源于对教师职业的喜爱	0.979②	26	988	0.494
我认为教师的社会地位很高	1.243③	26	988	0.187
从事中小学教师职业是我的兴趣所在	1.295④	26	988	0.148

续表

维度/题项	莱文统计	自由度1	自由度2	显著性
我认为从事教师职业比从事其他职业更加能够实现自己的价值	1.370⑤	26	988	0.103
教师职业身份认同	1.224⑥	26	988	0.203

①在针对"我在报考公费师范生时对教师职业非常了解"计算方差齐性检验时,将忽略只有一个个案的组。

②在针对"我报考公费师范生是源于对教师职业的喜爱"计算方差齐性检验时,将忽略只有一个个案的组。

③在针对"我认为教师的社会地位很高"计算方差齐性检验时,将忽略只有一个个案的组。

④在针对"从事中小学教师职业是我的兴趣所在"计算方差齐性检验时,将忽略只有一个个案的组。

⑤在针对"我认为从事教师职业比从事其他职业更加能够实现自己的价值"计算方差齐性检验时,将忽略只有一个个案的组。

⑥在针对"教师职业身份认同"计算方差齐性检验时,将忽略只有一个个案的组。

方差齐性检验结果显示,各个题项及整体维度的作答结果均符合方差齐性一致中的要求,相应单因素方差分析结果如表3-12所示。

表3-12 初入本科阶段不同生源地样本学生教师职业身份认同及各题项ANOVA分析

维度/题项	组别	平方和	自由度	均方	F	显著性
我在报考公费师范生时对教师职业非常了解	组间	26.809	27	0.993	1.629	0.023
	组内	602.182	988	0.609	—	—
	总计	628.991	1015	—	—	—
我报考公费师范生是源于对教师职业的喜爱	组间	41.707	27	1.545	1.800	0.008
	组内	847.758	988	0.858	—	—
	总计	889.465	1015	—	—	—
我认为教师的社会地位很高	组间	28.015	27	1.038	1.650	0.020
	组内	621.367	988	0.629	—	—
	总计	649.382	1015	—	—	—
从事中小学教师职业是我的兴趣所在	组间	35.706	27	1.322	1.513	0.046
	组内	863.411	988	0.874	—	—
	总计	899.117	1015	—	—	—

续表

维度/题项	组别	平方和	自由度	均方	F	显著性
我认为从事教师职业比从事其他职业更加能够实现自己的价值	组间	32.760	27	1.213	1.503	0.048
	组内	797.461	988	0.807	—	—
	总计	830.220	1015	—	—	—
教师职业身份认同	组间	17.511	27	0.649	1.600	0.027
	组内	400.490	988	0.405	—	—
	总计	418.001	1015	—	—	—

由表3-12所示，本阶段样本学生在对教师职业身份认同及其下属具体题项的作答中，单因素方差分析结果显示P值均小于0.05，表明对于各题项及整体维度作答中，当以生源省（自治区、直辖市）为因子时，均存在显著性差异，现结合具体题项对其差异情况进行分析。以题项"我在报考公费师范生时对教师职业非常了解"为例，作答结果分组描述性统计结果如表3-13所示。

表3-13 初入本科阶段不同生源地样本学生教师身份认同单一题项描述性分析

生源地	个案数	平均值	标准差	标准误差	平均值的95%置信区间 下限	平均值的95%置信区间 上限	最小值	最大值
北京市	2	4.00	1.414	1.000	-8.71	16.71	3	5
天津市	7	3.57	1.397	0.528	2.28	4.86	1	5
河北省	19	3.95	0.848	0.195	3.54	4.36	2	5
山西省	41	3.66	0.728	0.114	3.43	3.89	2	5
内蒙古自治区	25	4.00	0.646	0.129	3.73	4.27	3	5
辽宁省	14	3.86	0.949	0.254	3.31	4.41	2	5
黑龙江省	14	4.00	0.961	0.257	3.45	4.55	2	5
浙江省	9	4.00	0.500	0.167	3.62	4.38	3	5
安徽省	21	4.29	0.784	0.171	3.93	4.64	2	5
福建省	34	4.03	0.937	0.161	3.70	4.36	1	5
江西省	58	3.62	0.813	0.107	3.41	3.83	1	5
山东省	41	3.93	0.721	0.113	3.70	4.15	2	5
河南省	100	3.64	0.772	0.077	3.49	3.79	2	5
湖北省	37	3.65	0.857	0.141	3.36	3.93	2	5

续表

生源地	个案数	平均值	标准差	标准误差	平均值的95%置信区间 下限	平均值的95%置信区间 上限	最小值	最大值
湖南省	41	3.66	0.794	0.124	3.41	3.91	2	5
广东省	1	4.00	—	—	—	—	4	4
广西壮族自治区	42	3.60	0.665	0.103	3.39	3.80	2	5
海南省	9	3.89	0.782	0.261	3.29	4.49	3	5
重庆市	34	3.74	0.751	0.129	3.47	4.00	3	5
四川省	58	3.83	0.841	0.110	3.61	4.05	2	5
贵州省	40	3.75	0.670	0.106	3.54	3.97	2	5
云南省	45	3.76	0.743	0.111	3.53	3.98	2	5
西藏自治区	8	3.13	0.835	0.295	2.43	3.82	2	4
陕西省	107	3.75	0.754	0.073	3.60	3.89	2	5
甘肃省	59	3.51	0.796	0.104	3.30	3.72	1	5
青海省	31	3.94	0.772	0.137	3.65	4.22	2	5
宁夏回族自治区	50	3.80	0.700	0.099	3.60	4.00	2	5
新疆维吾尔自治区	69	3.75	0.775	0.093	3.57	3.94	2	5
总计	1016	3.75	0.787	0.025	3.70	3.80	1	5

本阶段样本学生对此题项的作答结果均值为3.75，高于整体作答均值的地区有安徽省、福建省、北京市、内蒙古自治区、黑龙江省、浙江省、广东省、河北省、青海省、山东省、海南省、四川省、宁夏回族自治区、云南省、新疆维吾尔自治区16个省（自治区、直辖市），调研中所涉及的其他12个省（自治区、直辖市）的样本学生作答均值均小于等于3.75。值得注意的是，此题项作答中，来自西藏自治区的样本学生作答均值最小，为3.13，且标准差在各生源地间处于中等位置，表明数据分布未有明显的离散趋势，表明该地区样本学生在报考公费师范专业时，对于教师职业的了解还有待加强。对于公费师范教育而言，可通过教育环节干预，帮助公费师范生了解教师职业属性，强化职业信念，以激发其自我专业发展的内生动力。①

---

① 刘全国，卢婉莹. 基于结构方程模型的藏族公费师范专业发展实证研究[J]. 西藏大学学报（社会科学版），2020，35（3）：214-221.

本阶段不同省（自治区、直辖市）的样本学生对于教师职业身份认同整体维度作答情况的分组描述性统计分析结果如表 3-14 所示。

表 3-14　初入本科阶段不同生源地样本学生教师身份认同描述性分析

生源地	个案数	平均值	标准差	标准误差	平均值的95%置信区间 下限	平均值的95%置信区间 上限	最小值	最大值
北京市	2	4.10	0.990	0.700	-4.79	12.99	3.40	4.80
天津市	7	3.46	0.862	0.326	2.66	4.25	2.20	4.80
河北省	19	3.41	0.505	0.116	3.17	3.65	2.80	4.80
山西省	41	3.57	0.485	0.076	3.42	3.72	2.20	4.60
内蒙古自治区	25	3.85	0.669	0.134	3.57	4.12	2.40	5.00
辽宁省	14	3.91	0.927	0.248	3.38	4.45	1.80	4.80
黑龙江省	14	3.73	0.755	0.202	3.29	4.17	2.20	5.00
浙江省	9	4.13	0.265	0.088	3.93	4.34	3.60	4.40
安徽省	21	4.03	0.534	0.117	3.79	4.27	2.80	4.80
福建省	34	3.89	0.808	0.139	3.61	4.18	1.00	5.00
江西省	58	3.51	0.650	0.085	3.34	3.68	1.80	4.80
山东省	41	3.79	0.528	0.082	3.62	3.95	2.60	4.80
河南省	100	3.63	0.680	0.068	3.50	3.77	1.80	5.00
湖北省	37	3.73	0.696	0.114	3.50	3.96	2.20	5.00
湖南省	41	3.63	0.678	0.106	3.42	3.84	2.20	5.00
广东省	1	3.60	—	—	—	—	3.60	3.60
广西壮族自治区	42	3.60	0.642	0.099	3.40	3.80	2.00	5.00
海南省	9	3.71	0.511	0.170	3.32	4.10	3.20	4.60
重庆市	34	3.82	0.651	0.1112	3.60	4.05	2.60	5.00
四川省	58	3.59	0.713	0.094	3.40	3.78	1.80	5.00
贵州省	40	3.72	0.634	0.100	3.51	3.92	2.40	5.00
云南省	45	3.62	0.539	0.080	3.46	3.78	2.40	4.60

续表

生源地	个案数	平均值	标准差	标准误差	平均值的95%置信区间 下限	平均值的95%置信区间 上限	最小值	最大值
西藏自治区	8	3.50	0.595	0.210	3.00	4.00	2.40	4.40
陕西省	107	3.70	0.606	0.059	3.58	3.81	2.20	5.00
甘肃省	59	3.52	0.596	0.078	3.36	3.67	1.40	4.80
青海省	31	3.79	0.624	0.112	3.56	4.02	2.60	5.00
宁夏回族自治区	50	3.64	0.586	0.083	3.48	3.81	2.00	4.80
新疆维吾尔自治区	69	3.81	0.620	0.075	3.66	3.95	2.20	4.80
总计	1016	3.68	0.642	0.020	3.64	3.72	1.00	5.00

不同生源地样本学生对教师职业身份认同程度略有差异，其中来自浙江省、北京市、安徽省、辽宁省、福建省、内蒙古自治区、重庆市、新疆维吾尔自治区、青海省、山东省、湖北省、黑龙江省、贵州省、海南省、陕西省的样本学生对该维度的作答高于本阶段样本学生的平均水平，其中来自浙江省、北京市、安徽省的学生作答均值均高于4.00。从标准差来看，$S_{浙江省}=0.26458$，明显低于其他27个省（自治区、直辖市），表明该地区样本学生作答结果分布最为集中。结合均值与标准差可知，本阶段来自浙江省样本学生对自身将要从事的教师职业认同程度最高。

二、本科在读阶段样本学生教师职业身份认同差异分析

调研所涉及的本科在读阶段样本学生已经接受了一段时间的公费师范教育，相较于初入本科阶段的学生而言，对于公费师范教育所包含的教师职业属性应当有更加深入的理解，本研究先后主要以性别、专业和生源地三个变量作为分组标准，对本阶段样本学生的教师职业身份认同情况进行差异分析。

1. 本科在读阶段不同性别样本学生教师职业身份认同差异分析

以性别为分组变量时，本科在读阶段样本学生对教师职业身份认同维度及其具体题项的作答结果的独立样本t检验结果如表3-15、表3-16所示。

表 3-15　本科在读阶段样本学生教师职业身份认同及各题项性别分组统计

维度/题项	性别	个案数	平均值	标准差	标准误差平均值
我在报考公费师范生时对教师职业非常了解	男	138	3.65	0.933	0.079
	女	766	3.58	0.899	0.032
我报考公费师范生是源于对教师职业的喜爱	男	138	3.78	0.918	0.078
	女	766	3.70	0.916	0.033
我认为教师的社会地位很高	男	138	3.31	0.988	0.084
	女	766	3.35	0.886	0.032
从事中小学教师职业是我的兴趣所在	男	138	3.87	0.818	0.070
	女	766	3.74	0.852	0.031
我认为从事教师职业比从事其他职业更加能够实现自己的价值	男	138	3.76	0.892	0.076
	女	766	3.67	0.877	0.032
教师职业身份认同	男	138	3.68	0.684	0.058
	女	766	3.61	0.629	0.023

除题项"我认为教师的社会地位很高"之外，其他题项的作答结果中，男性样本学生的作答结果均值均高于女生。从教师职业身份认同整体维度作答情况来看，男生女生作答结果相当，均在 3.60 左右，男生略高于女生，结合标准差分析，$S_{男} = 0.684$，$S_{女} = 0.629$，相较之下，女生作答结果分布相对集中。

表 3-16　本科在读阶段不同性别样本学生教师职业身份认同各题项独立样本 t 检验

维度/题项	方差条件	方差方程的 Levene 检验 F	Sig.	均值方差的 t 检验 t	df	Sig.（双侧）	均值差值	标准误差差值	差分的 95% 置信区间 下限	上限
我在报考公费师范生时对教师职业非常了解	假设方差相等	0.126	0.722	0.867	902	0.386	0.073	0.084	-0.092	0.237
	假设方差不相等	—	—	0.845	185.743	0.399	0.073	0.086	-0.097	0.242
我报考公费师范生是源于对教师职业的喜爱	假设方差相等	0.024	0.878	0.962	902	0.336	0.082	0.085	-0.085	0.248
	假设方差不相等	—	—	0.961	189.509	0.338	0.082	0.085	-0.086	0.249

续表

维度/题项	方差条件	方差方程的Levene检验		均值方差的t检验					差分的95%置信区间	
		F	Sig.	t	df	Sig.（双侧）	均值差值	标准误差差值	下限	上限
我认为教师的社会地位很高	假设方差相等	1.124	0.289	−0.474	902	0.635	−0.040	0.083	−0.203	0.124
	假设方差不相等	—	—	−0.440	178.944	0.660	−0.040	0.090	−0.217	0.138
从事中小学教师职业是我的兴趣所在	假设方差相等	0.494	0.482	1.652	902	0.099	0.129	0.078	−0.024	0.283
	假设方差不相等	—	—	1.699	194.465	0.091	0.129	0.076	−0.021	0.280
我认为从事教师职业比从事其他职业更加能够实现自己的价值	假设方差相等	0.412	0.521	1.138	902	0.256	0.092	0.081	−0.067	0.252
	假设方差不相等	—	—	1.123	187.745	0.263	0.092	0.082	−0.070	0.255
教师职业身份认同	假设方差相等	1.023	0.312	1.140	902	0.254	0.067	0.059	−0.049	0.183
	假设方差不相等	—	—	1.076	181.202	0.283	0.067	0.063	−0.056	0.191

表中各题项的作答结果均接受了方差相等的假设，在此条件下，独立样本t检验结果显示P值均大于0.05，表明本科在读阶段样本学生在教师职业身份认同方面并无性别差异。

2. 本科在读阶段不同专业样本学生教师职业身份认同差异分析

以就读专业作为因子时，本科在读阶段样本学生对教师职业身份认同维度及具体题项作答结果的方差齐性检验结果如表3-17所示。

表3-17 本科在读阶段样本学生教师职业身份认同分析及各题项专业分组方差齐性检验

维度/题项	莱文统计	自由度1	自由度2	显著性
我在报考公费师范生时对教师职业非常了解	0.684	2	901	0.505
我报考公费师范生是源于对教师职业的喜爱	3.949	2	901	0.020
我认为教师的社会地位很高	1.459	2	901	0.233
从事中小学教师职业是我的兴趣所在	5.277	2	901	0.005

续表

维度/题项	莱文统计	自由度1	自由度2	显著性
我认为从事教师职业比从事其他职业更加能够实现自己的价值	2.983	2	901	0.051
教师职业身份认同	0.743	2	901	0.476

表中"我报考公费师范生是源于对教师职业的喜爱"和"从事中小学教师职业是我的兴趣所在"两题项的作答结果均拒绝了方差齐性一致的要求，上述两题项的非参数检验结果如表3-18、表3-19所示。

表3-18 本科在读阶段不同专业样本学生教师职业身份认同两题项克鲁斯卡尔-沃利斯检验秩

题项	所学专业对应学科	个案数	秩平均值
我报考公费师范生是源于对教师职业的喜爱	语文	273	461.23
	数学	358	477.22
	英语	273	411.34
	总计	904	—
从事中小学教师职业是我的兴趣所在	语文	273	468.23
	数学	358	474.17
	英语	273	408.35
	总计	904	—

表3-19 本科在读阶段样本学生教师职业身份认同分析两题项专业分组克鲁斯卡尔-沃利斯检验统计

题项	我报考公费师范生是源于对教师职业的喜爱	从事中小学教师职业是我的兴趣所在
卡方	11.604	13.347
自由度	2	2
渐近显著性	0.003	0.001

注：分组变量：所学专业对应学科。

本阶段样本学生在上述两个题项的作答方面，鲁斯卡尔-沃利斯检验结果渐近显著性分别为0.003和0.001，均小于0.05，表明在两个题项的作答中存在显著性差异，具体差异表现如表3-20所示。

表 3-20 本科在读阶段不同专业样本学生教师身份认同两题项描述性分析

题项	专业对应学科	个案数	平均值	标准差	标准误差	平均值的95%置信区间 下限	平均值的95%置信区间 上限	最小值	最大值
我报考公费师范生是源于对教师职业的喜爱	语文	273	3.74	0.948	0.057	3.63	3.85	1	5
	数学	358	3.82	0.851	0.045	3.73	3.91	1	5
	英语	273	3.55	0.947	0.057	3.43	3.66	1	5
	总计	904	3.71	0.917	0.030	3.65	3.77	1	5
从事中小学教师职业是我的兴趣所在	语文	273	3.81	0.901	0.055	3.70	3.91	1	5
	数学	358	3.85	0.778	0.041	3.77	3.93	1	5
	英语	273	3.60	0.861	0.052	3.49	3.70	1	5
	总计	904	3.76	0.848	0.028	3.70	3.82	1	5

题项"我报考公费师范生是源于对教师职业的喜爱"的作答中，数学专业学生作答均值最大，且标准差越大，表明数据分布较为集中，说明该专业学生选择公费师范生专业时很大程度上是出于自身对于教师职业的热爱。语文学科对应专业样本学生作答均值居中且略高于该学段的平均水平，英语专业样本学生的作答均值最小，就读于语文、英语学科对应专业学生作答结果的标准差均相对较大，数据分布呈离散趋势。在题项"从事中小学教师职业是我的兴趣所在"的作答中，数学、语文学科对应专业学生作答均值相当，且均高于本阶段样本学生整体作答平均水平，其中数学专业学生作答结果标准差小于语文学科对应专业，表明数学专业学生对于此题项作答结果分布更为集中。相较之下，英语专业学生作答均值低于其他两个专业学生，表明英语专业学生有相当部分学生的职业兴趣在此阶段并非中小学英语教师。

除上述两题项外，题项"我在报考公费师范生时对教师职业非常了解""我认为教师的社会地位很高""我认为从事教师职业比从事其他职业更加能够实现自己的价值"及教师职业身份认同维度整体作答结果均接受了方差相等的假设，其单因素方差分析结果如表 3-21 所示。

表 3-21　本科在读阶段不同专业样本学生教师职业身份认同及三题项 ANOVA 分析

维度/题项	组别	平方和	自由度	均方	F	显著性
我在报考公费师范生时对教师职业非常了解	组间	3.521	2	1.760	2.158	0.116
	组内	735.041	901	0.816	—	—
	总计	738.562	903	—	—	—
我认为教师的社会地位很高	组间	2.690	2	1.345	1.656	0.191
	组内	731.629	901	0.812	—	—
	总计	734.319	903	—	—	—
我认为从事教师职业比从事其他职业更加能够实现自己的价值	组间	3.504	2	1.752	2.274	0.104
	组内	694.380	901	0.771	—	—
	总计	697.884	903	—	—	—
教师职业身份认同	组间	5.288	2	2.644	6.577	0.001
	组内	362.207	901	0.402	—	—
	总计	367.495	903	—	—	—

本科在读阶段的样本学生虽就读三个不同专业，但其对于题项"我在报考公费师范生时对教师职业非常了解""我认为教师的社会地位很高""我认为从事教师职业比从事其他职业更加能够实现自己的价值"的作答并无统计学意义上的显著性差异。

从表中可知，在教师职业身份认同维度的整体作答情况上，单因素方差分析结果中 $P = 0.001 < 0.05$，表明本阶段样本学生中，就读于不同学科专业学生对于教师职业身份的认同存在显著性差异，具体表现见表 3-22。

表 3-22　本科在读阶段不同专业样本学生教师职业身份认同两题项描述性分析

专业	个案数	平均值	标准差	标准误差	平均值的95%置信区间 下限	平均值的95%置信区间 上限	最小值	最大值
语文	273	3.62	0.668	0.040	3.54	3.70	1.00	273
数学	358	3.70	0.596	0.032	3.64	3.76	1.80	358
英语	273	3.51	0.646	0.039	3.44	3.59	1.40	273
总计	904	3.62	0.638	0.021	3.58	3.66	1.00	904

语文学科对应专业的本科在读学生的教师职业身份认同感在三个专业学生中处于

中位且与本阶段样本学生整体作答平均水平相当，其标准差相对较大，表明作答结果分布相对较为离散。数学专业学生作答结果分布最为集中，且认同程度最高，相较之下，英语专业学生作答均值明显低于其他两个专业，表明英语专业本科在读阶段的公费师范生对于自身将要从事的教师职业身份认同程度低于语文、数学两学科对应专业。

3. 本科在读阶段不同生源地样本学生教师职业身份认同差异分析

本科在读阶段样本学生分别来自 28 个不同的省（自治区、直辖市），一般情况下，在其完成本科学业后，也将回到生源省（自治区、直辖市）服务于当地的基础教育事业，通过对不同生源地学生教师职业身份认同的前期分析，可得到如表 3-23 所示的方差齐性检验结果。

表 3-23 本科在读阶段样本学生教师职业身份认同分析及各题项专业分组方差齐性检验

维度/题项	莱文统计	自由度1	自由度2	显著性
我在报考公费师范生时对教师职业非常了解	1.016	27	876	0.442
我报考公费师范生是源于对教师职业的喜爱	1.562	27	876	0.035
我认为教师的社会地位很高	1.287	27	876	0.150
从事中小学教师职业是我的兴趣所在	1.219	27	876	0.204
我认为从事教师职业比从事其他职业更加能够实现自己的价值	1.186	27	876	0.236
教师职业身份认同	1.240	27	876	0.187

当以生源省（自治区、直辖市）为因子时，题项"我报考公费师范生是源于我对教师职业的喜爱"的作答结果在方差齐性检验中拒绝了方差相等的假设，其克鲁斯卡尔-沃利斯检验结果如表 3-24、表 3-25 所示。

表 3-24 本科在读阶段不同生源地样本学生教师职业身份认同单一题项
克鲁斯卡尔-沃利斯检验秩

生源地	个案数	秩平均值	生源地	个案数	秩平均值
北京市	3	520.00	广东省	2	371.25
天津市	9	722.17	广西壮族自治区	24	479.02
河北省	13	464.58	海南省	10	480.00
山西省	25	384.10	重庆市	36	358.26

续表

生源地	个案数	秩平均值	生源地	个案数	秩平均值
内蒙古自治区	45	409.69	四川省	42	512.14
辽宁省	8	427.06	贵州省	36	515.90
黑龙江省	17	392.91	云南省	46	445.66
浙江省	11	353.59	西藏自治区	18	466.08
安徽省	28	563.39	陕西省	97	448.92
福建省	10	409.00	甘肃省	38	489.36
江西省	47	406.57	青海省	34	519.71
山东省	55	423.91	宁夏回族自治区	29	443.86
河南省	67	459.07	新疆维吾尔自治区	80	429.22
湖北省	48	430.15	总计	904	—
湖南省	26	512.08			

表3-25 本科在读阶段样本学生教师职业身份认同分析单一题项生源地分组克鲁斯卡尔-沃利斯检验统计

卡方	42.608
自由度	27
渐近显著性	0.029

注：分组变量：生源省（自治区、直辖市）。

克鲁斯卡尔-沃利斯检验结果中，渐近显著性为0.029，小于0.05，表明本阶段样本学生在此题项的作答中存在地域差异，具体表现见表3-26。

表3-26 本科在读阶段不同生源地样本学生教师身份认同单一题项描述性分析

生源地	个案数	平均值	标准差	标准误差	平均值的95%置信区间 下限	平均值的95%置信区间 上限	最小值	最大值
北京市	3	4.00	1.000	0.577	1.52	6.48	3	5
天津市	9	4.67	0.500	0.167	4.28	5.05	4	5
河北省	13	3.77	0.832	0.231	3.27	4.27	2	5
山西省	25	3.48	0.714	0.143	3.19	3.77	2	4

续表

生源地	个案数	平均值	标准差	标准误差	平均值的95%置信区间 下限	平均值的95%置信区间 上限	最小值	最大值
内蒙古自治区	45	3.56	1.013	0.151	3.25	3.86	1	5
辽宁省	8	3.63	0.916	0.324	2.86	4.39	2	5
黑龙江省	17	3.41	1.121	0.272	2.84	3.99	1	5
浙江省	11	3.36	0.924	0.279	2.74	3.98	2	5
安徽省	28	4.07	0.979	0.185	3.69	4.45	1	5
福建省	10	3.60	1.075	0.340	2.83	4.37	2	5
江西省	47	3.57	0.744	0.109	3.36	3.79	2	5
山东省	55	3.62	0.913	0.123	3.37	3.86	2	5
河南省	67	3.73	0.947	0.116	3.50	3.96	1	5
湖北省	48	3.65	0.978	0.141	3.36	3.93	2	5
湖南省	26	3.96	0.958	0.188	3.57	4.35	2	5
广东省	2	3.50	0.707	0.500	−2.85	9.85	3	4
广西壮族自治区	24	3.83	0.761	0.155	3.51	4.15	2	5
海南省	10	3.80	0.789	0.249	3.24	4.36	2	5
重庆市	36	3.39	0.871	0.145	3.09	3.68	1	5
四川省	42	3.93	0.947	0.146	3.63	4.22	1	5
贵州省	36	3.94	0.754	0.126	3.69	4.20	2	5
云南省	46	3.70	0.986	0.145	3.40	3.99	1	5
西藏自治区	18	3.67	1.237	0.291	3.05	4.28	1	5
陕西省	97	3.70	0.892	0.091	3.52	3.88	1	5
甘肃省	38	3.82	0.956	0.155	3.50	4.13	1	5
青海省	34	3.94	0.814	0.140	3.66	4.23	2	5
宁夏回族自治区	29	3.72	0.751	0.140	3.44	4.01	2	5
新疆维吾尔自治区	80	3.63	0.933	0.104	3.42	3.83	1	5
总计	904	3.71	0.917	0.030	3.65	3.77	1	5

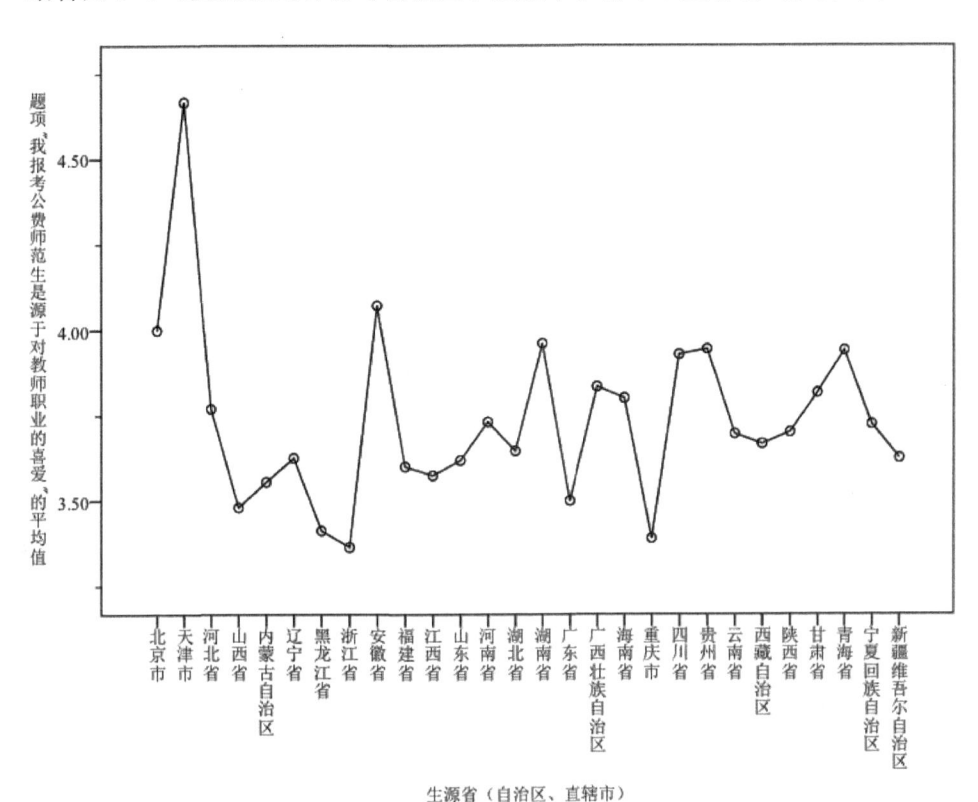

结合图 3-4 可直观看到各省（自治区、直辖市）样本学生作答均值分布。

图 3-4　本科在读阶段不同生源地样本学生教师身份认同单一题项均值分布

在本科在读阶段样本学生对题项"我报考公费师范生是源于对教师职业的喜爱"的作答中，来自天津市的样本学生均值最高，达到 4.6667，安徽省次之（4.0714），两地样本学生对此题项的作答结果均值均在 4.00 以上，表明该生源地样本学生对于教师职业具有较高的热情，并因此选择公费师范教育。相较之下，来自浙江省和重庆市的样本学生作答均值较低，均在 3.40 之下，表明其选择公费师范专业的驱动力中对于教师职业的喜爱并非主要因素。

如前所述，本科在读阶段样本学生对于此维度下其他题项的作答和整体作答结果均符合方差齐性的一致性要求，单因素方差分析结果如表 3-27 所示。

表 3-27 本科在读阶段不同生源地样本学生教师职业身份认同及四题项 ANOVA 分析

维度/题项	分组	平方和	自由度	均方	F	显著性
我在报考公费师范生时对教师职业非常了解	组间	24.186	27	0.896	1.098	0.333
	组内	714.375	876	0.815	—	—
	总计	738.562	903	—	—	—
我认为教师的社会地位很高	组间	19.982	27	0.740	0.908	0.602
	组内	714.337	876	0.815	—	—
	总计	734.319	903	—	—	—
从事中小学教师职业是我的兴趣所在	组间	25.066	27	0.928	1.304	0.139
	组内	623.845	876	0.712	—	—
	总计	648.910	903	—	—	—
我认为从事教师职业比从事其他职业更加能够实现自己的价值	组间	14.420	27	0.534	0.685	0.886
	组内	683.464	876	0.780	—	—
	总计	697.884	903	—	—	—
教师职业身份认同	组间	13.728	27	0.508	1.259	0.171
	组内	353.767	876	0.404	—	—
	总计	367.495	903	—	—	—

单因素方差分析结果显著，本科在读阶段来自不同生源省（自治区、直辖市）的样本学生对于该维度其他4个题项的作答并无差异，在整体对自身将要从事的教师职业认同方面，亦无统计学意义上的显著性差异。

三、本科毕业且初入教育硕士研究生阶段样本学生教师职业身份认同差异分析

本科毕业且初入教育硕士研究生阶段的样本学生在完成本科阶段的学习后已经走上了教师行业工作岗位，进入新手教师群体，并在此后重新回到校园，刚刚进入教育硕士研究生阶段的学习，探究其对教师职业身份的认同，可在一定程度上反映其职业理念。面向新手教师的调查研究，研究在原有基础上，引入了任教学段、任教班级数量、每周课时量等有关教师工作的变量。

1. 本科毕业且初入教育硕士研究生阶段不同性别样本学生教师职业身份认同差异分析

当以性别作为分组变量时，本科毕业且初入教育硕士研究生阶段样本学生对教师职业身份认同维度作答结果的独立样本t检验结果如表3-28、表3-29所示。

表3-28　本科毕业且初入教育硕士研究生阶段样本学生教师职业身份认同及各题项性别分组统计

维度/题项	性别	个案数	平均值	标准差	标准误差平均值
我在报考公费师范生时对教师职业非常了解	男	92	3.65	1.032	0.108
	女	729	3.42	1.000	0.037
我报考公费师范生是源于对教师职业的喜爱	男	92	3.86	0.990	0.103
	女	729	3.60	1.015	0.038
我认为教师的社会地位很高	男	92	2.68	1.148	0.120
	女	729	2.92	1.017	0.038
从事中小学教师职业是我的兴趣所在	男	92	3.66	0.964	0.100
	女	729	3.58	0.972	0.036
我认为从事教师职业比从事其他职业更加能够实现自己的价值	男	92	3.68	0.983	0.102
	女	729	3.61	0.946	0.035
教师职业身份认同	男	92	3.51	0.744	0.078
	女	729	3.43	0.725	0.027

除题项"我认为教师的社会地位很高"之外，其他题项的作答结果中，男性样本学生的作答结果均值均高于女生。尤其是对题项"我报考公费师范生是源于对教师职业的喜爱"一题，男生女生的作答均值差异较大。值得注意的是，本阶段样本学生对题项"我认为教师的社会地位很高"的作答结果均低于3.00，明显低于初入本科阶段和本科在读阶段的样本学生，表明公费师范生进入教师行业初期阶段，产生了一定的心理落差。对于公费师范教育环节而言，应在本科教育实习和教师硕士研究生培养初期对学生进行一定的职业规划引导，帮助其加速角色转化与心理调适。从教师职业身份认同整体维度作答情况来看，男生作答结果仍略高于女生，对于以上均值作答差异是否在数理逻辑上形成了显著性差异，可通过表3-29中的结果予以分析。

表 3-29 本科毕业且初入教育硕士研究生阶段不同性别样本学生教师职业身份认同各题项独立样本 t 检验

维度/题项	方差条件	方差方程的Levene检验 F	Sig.	均值方差的t检验 t	df	Sig.（双侧）	均值差值	标准误差差值	差分的95%置信区间 下限	上限
我在报考公费师范生时对教师职业非常了解	假设方差相等	0.021	0.886	2.069	819	0.039	0.230	0.111	0.012	0.448
	假设方差不相等	—	—	2.019	113.652	0.046	0.230	0.114	0.004	0.455
我报考公费师范生是源于对教师职业的喜爱	假设方差相等	2.661	0.103	2.266	819	0.024	0.254	0.112	0.034	0.474
	假设方差不相等	—	—	2.310	116.504	0.023	0.254	0.110	0.036	0.471
我认为教师的社会地位很高	假设方差相等	7.399	0.007	-2.099	819	0.036	-0.240	0.114	-0.464	-0.016
	假设方差不相等	—	—	-1.911	109.792	0.059	-0.2340	0.125	-0.488	0.009
从事中小学教师职业是我的兴趣所在	假设方差相等	0.109	0.742	0.809	819	0.419	0.087	0.107	-0.124	0.298
	假设方差不相等	—	—	0.814	115.623	0.417	0.087	0.107	-0.125	0.298
我认为从事教师职业比从事其他职业更加能够实现自己的价值	假设方差相等	0.006	0.936	0.733	819	0.464	0.077	0.105	-0.129	0.283
	假设方差不相等	—	—	0.712	113.352	0.478	0.077	0.108	-0.137	0.292
教师职业身份认同	假设方差相等	0.150	0.698	1.014	819	0.311	0.082	0.080	-0.076	0.239
	假设方差不相等	—	—	0.993	113.920	0.323	0.082	0.082	-0.081	0.244

本科毕业且初入教育硕士研究生阶段样本学生对于"我认为教师的社会地位很高""从事中小学教师职业是我的兴趣所在""我认为从事教师职业比从事其他职业更加能够实现自己的价值"3 个题项的作答并没有显著的性别差异，但在题项"我在报考公费师范生时对教师职业非常了解"和"我报考公费师范生是源于对教师职业的喜爱"两个题项的作答中均存在统计学意义上的显著差异。结合表 3-15 中的分组描述性分析结果来看，本阶段公费师范生中，在报考期间，男生认为自己对于教师职业的了解相对充分，并且选择公费师范专业时，大多出于自身对于教师职业的喜爱和向往。

从教师职业身份认同维度整体作答结果来看，已经进入教师职业状态的教育硕士研究生对于教师职业的认同程度没有显著的性别差异。

2. 本科毕业且初入教育硕士研究生阶段不同任教学科样本学生教师职业身份认同差异分析

调研涉及的本科毕业且初入教育硕士研究生阶段 821 名样本学生主要就读于语文、数学、英语三个学科所对应的专业，但其任教学科并不局限于此，有部分公费师范生在毕业后承担的是本专业以外其他学科的教学工作。研究以任教学科为因子，对其本阶段样本学生的教师职业身份认同进行差异分析，方差齐性检验结果如表 3-30 所示。

表 3-30　本科毕业且初入教育硕士研究生阶段样本学生教师职业身份认同分析及各题项任教学科分组方差齐性检验

维度/题项	莱文统计	自由度 1	自由度 2	显著性
我在报考公费师范生时对教师职业非常了解	1.945	3	817	0.121
我报考公费师范生是源于对教师职业的喜爱	0.611	3	817	0.608
我认为教师的社会地位很高	0.055	3	817	0.983
从事中小学教师职业是我的兴趣所在	1.572	3	817	0.195
我认为从事教师职业比从事其他职业更加能够实现自己的价值	6.279	3	817	0.000
教师职业身份认同	0.397	3	817	0.755

本阶段样本学生对于题项"我认为从事教师职业比从事其他职业更加能够实现自己的价值"的作答结果拒绝了方差齐性一致假设，其克鲁斯卡尔-沃利斯检验结果如表 3-31、表 3-32 所示。

表 3-31　本科毕业且初入教育硕士研究生阶段不同任教学科样本学生教师职业身份认同单一题项克鲁斯卡尔-沃利斯检验秩

现任教学科	个案数	秩平均值
语文	268	392.85
数学	335	433.19
英语	213	395.74
其他	5	547.70
总计	821	—

表 3-32　本科毕业且初入教育硕士研究生阶段样本学生教师职业身份认同分析单一题项任教学科分组克鲁斯卡尔 – 沃利斯检验统计

卡方	8.095
自由度	3
渐近显著性	0.044

注：分组变量：现任教学科。

克鲁斯卡尔 – 沃利斯检验结果显示P= 0.044＜0.05。数据表明：本阶段样本学生中，承担不同学科教学工作的教育硕士研究生对题项"我认为从事教师职业比从事其他职业更加能够实现自己的价值"的作答存在统计学意义上的显著性差异，具体详见表 3-33。

表 3-33　本科毕业且初入教育硕士研究生阶段不同任教学科样本学生教师身份认同单一题项描述性分析

任教学科	个案数	平均值	标准差	标准误差	平均值的95%置信区间 下限	平均值的95%置信区间 上限	最小值	最大值
语文	268	3.54	0.929	0.057	3.43	3.65	1	5
数学	335	3.73	0.870	0.048	3.63	3.82	1	5
英语	213	3.53	1.075	0.074	3.38	3.67	1	5
其他	5	4.20	0.837	0.374	3.16	5.24	3	5
总计	821	3.62	0.950	0.033	3.55	3.68	1	5

从事本专业以外学科教学工作的 5 名样本学生对此题项作答均值最高，且最小值为 3，表明学业与职业的学科"错位"并未使其对自身教师职业价值信念产生消极影响。相较之下，从事语文学科和英语学科教学的教育硕士研究生对此题项的作答结果均值较小且分布较为离散，两学科从业的样本学生作答均值均低于本阶段样本学生作答的整体情况，表明在初入职场阶段，从事语文、英语教学的公费师范生对自身职业价值的实现感悟仍有待强化。

此外，教师身份认同维度的其他题项及整体维度作答结果均符合方差相等的要求，其单因素方差分析结果如表 3-34 所示。

表 3-34　本科毕业且初入教育硕士研究生阶段不同任教学科样本学生教师职业身份认同及四题项 ANOVA 分析

维度/题项	组别	平方和	自由度	均方	F	显著性
我在报考公费师范生时对教师职业非常了解	组间	24.186	27	0.896	1.098	0.333
	组内	714.375	876	0.815	—	—
	总计	738.562	903	—	—	—
我报考公费师范生是源于对教师职业的喜爱	组间	19.982	27	0.740	0.908	0.602
	组内	714.337	876	0.815	—	—
	总计	734.319	903	—	—	—
我认为教师的社会地位很高	组间	25.066	27	0.928	1.304	0.139
	组内	623.845	876	0.712	—	—
	总计	648.910	903	—	—	—
从事中小学教师职业是我的兴趣所在	组间	14.420	27	0.534	0.685	0.886
	组内	683.464	876	0.780	—	—
	总计	697.884	903	—	—	—
教师职业身份认同	组间	13.728	27	0.508	1.259	0.171
	组内	353.767	876	0.404	—	—
	总计	367.495	903	—	—	—

单因素方差分析结果显示，本科毕业且初入教育硕士研究生阶段不同任教学科的样本学生对于表中4个题项的表述认同方面均无显著性差异。在教师职业身份认同方面，也未呈现出显著差异。

3. 本科毕业且初入教育硕士研究生阶段不同任教地样本学生教师职业身份认同差异分析

当以任教地为因子时，本科毕业且初入教育硕士研究生阶段样本学生在教师职业身份认同方面的方差齐性检验结果如表 3-35 所示。

表 3-35　本科毕业且初入教育硕士研究生阶段样本学生教师职业身份认同分析及各题项任教地分组方差齐性检验

维度/题项	莱文统计	自由度1	自由度2	显著性
我在报考公费师范生时对教师职业非常了解	1.723①	28	791	0.012
我报考公费师范生是源于对教师职业的喜爱	0.915②	28	791	0.593
我认为教师的社会地位很高	1.155③	28	791	0.266
从事中小学教师职业是我的兴趣所在	1.868④	28	791	0.004
我认为从事教师职业比从事其他职业更加能够实现自己的价值	1.635⑤	28	791	0.021
教师职业身份认同	1.306⑥	28	791	0.134

①在针对"我在报考公费师范生时对教师职业非常了解"计算方差齐性检验时，将忽略只有一个个案的组。

②在针对"我报考公费师范生是源于对教师职业的喜爱"计算方差齐性检验时，将忽略只有一个个案的组。

③在针对"我认为教师的社会地位很高"计算方差齐性检验时，将忽略只有一个个案的组。

④在针对"从事中小学教师职业是我的兴趣所在"计算方差齐性检验时，将忽略只有一个个案的组。

⑤在针对"我认为从事教师职业比从事其他职业更加能够实现自己的价值"计算方差齐性检验时，将忽略只有一个个案的组。

⑥在针对"教师职业身份认同"计算方差齐性检验时，将忽略只有一个个案的组。

本科毕业且初入教育硕士研究生阶段样本学生对"我在报考公费师范生时对教师职业非常了解""从事中小学教师职业是我的兴趣所在""我认为从事教师职业比从事其他职业更加能够实现自己的价值"3 个题项的作答不符合方差齐性一致的要求，上述 3 个题项的非参数检验分析结果如表 3-36、表 3-37 所示。

表 3-36　本科毕业且初入教育硕士研究生阶段不同任教地样本学生教师职业身份认同三题项克鲁斯卡尔－沃利斯检验秩

题项	任教地	个案数	秩平均值	题项	任教地	个案数	秩平均值
我报考公费师范生是源于对教师职业的喜爱	北京市	2	141.75	从事中小学教师职业是我的兴趣所在	北京市	2	636.25
	天津市	4	364.50		天津市	4	302.63
	河北省	10	487.10		河北省	10	542.30
	山西省	34	402.68		山西省	34	377.66

续表

题项	任教地	个案数	秩平均值	题项	任教地	个案数	秩平均值
我报考公费师范生是源于对教师职业的喜爱	内蒙古自治区	32	339.14	从事中小学教师职业是我的兴趣所在	内蒙古自治区	32	392.41
	辽宁省	8	515.13		辽宁省	8	475.13
	吉林省	2	319.00		吉林省	2	636.25
	黑龙江省	13	383.42		黑龙江省	13	277.85
	江苏省	1	271.50		江苏省	1	14.00
	浙江省	10	496.60		浙江省	10	453.20
	安徽省	29	408.26		安徽省	29	381.47
	福建省	5	488.10		福建省	5	502.90
	江西省	13	463.27		江西省	13	451.85
	山东省	28	492.07		山东省	28	409.16
	河南省	40	502.33		河南省	40	434.03
	湖北省	70	431.96		湖北省	70	393.84
	湖南省	16	450.56		湖南省	16	383.38
	广东省	16	519.94		广东省	16	521.84
	广西壮族自治区	26	458.75		广西壮族自治区	26	438.75
	海南省	8	418.75		海南省	8	414.25
	重庆市	32	505.84		重庆市	32	498.80
	四川省	38	420.12		四川省	38	409.11
	贵州省	46	373.89		贵州省	46	410.79
	云南省	26	341.42		云南省	26	450.06
	西藏自治区	3	436.17		西藏自治区	3	398.83
	陕西省	165	366.78		陕西省	165	379.83
	甘肃省	38	392.49		甘肃省	38	402.80
	青海省	18	366.75		青海省	18	381.67
	宁夏回族自治区	35	394.44		宁夏回族自治区	35	418.10
	新疆维吾尔自治区	53	390.59		新疆维吾尔自治区	53	435.27
	总计	821	—		总计	821	—

续表

题项	任教地	个案数	秩平均值	题项	任教地	个案数	秩平均值
我认为从事教师职业比从事其他职业更加能够实现自己的价值	北京市	2	633.50	我认为从事教师职业比从事其他职业更加能够实现自己的价值	湖南省	16	299.75
	天津市	4	383.75		广东省	16	488.25
	河北省	10	508.00		广西壮族自治区	26	391.31
	山西省	34	372.21		海南省	8	412.63
	内蒙古自治区	32	458.94		重庆市	32	399.64
	辽宁省	8	546.25		四川省	38	408.93
	吉林省	2	505.50		贵州省	46	376.70
	黑龙江省	13	317.92		云南省	26	427.94
	江苏省	1	63.50		西藏自治区	3	676.17
	浙江省	10	396.15		陕西省	165	390.63
	安徽省	29	402.22		甘肃省	38	425.62
	福建省	5	496.50		青海省	18	356.39
	江西省	13	460.77		宁夏回族自治区	35	383.61
	山东省	28	495.86		新疆维吾尔自治区	53	486.89
	河南省	40	424.96		总计	821	—
	湖北省	70	378.30				

表 3-37　本科毕业且初入教育硕士研究生阶段样本学生教师职业身份认同分析三题项任教地分组克鲁斯卡尔-沃利斯检验统计

题项	我在报考公费师范生时对教师职业非常了解	从事中小学教师职业是我的兴趣所在	我认为从事教师职业比从事其他职业更加能够实现自己的价值
卡方	46.069	35.614	43.259
自由度	29	29	29
渐近显著性	0.023	0.185	0.043

注：分组变量：任教地。

由两表中检验统计结果可知，本阶段样本学生中，任教于不同省（自治区、直辖市）的公费师范生对于题项"我在报考公费师范生时对教师职业非常了解"和题项

"我认为从事教师职业比从事其他职业更加能够实现自己的价值"的作答结果具有显著的地域差异。题项"我在报告公费师范生时对教师职业非常了解"作答情况如表 3-38 所示，题项"我认为从事教师职业比从事其他职业更加能够实现自己的价值"的作答结果情况如表 3-39 所示。

表 3-38　本科毕业且初入教育硕士研究生阶段不同任教地样本学生教师身份认同单一题项描述性分析

任教地	个案数	平均值	标准差	标准误差	平均值的95%置信区间 下限	平均值的95%置信区间 上限	最小值	最大值
北京市	2	2.00	1.414	1.000	−10.71	14.71	1	3
天津市	4	3.25	0.957	0.479	1.73	4.77	2	4
河北省	10	3.80	0.632	0.200	3.35	4.25	3	5
山西省	34	3.44	1.021	0.175	3.09	3.80	2	5
内蒙古自治区	32	3.16	0.987	0.175	2.80	3.51	1	5
辽宁省	8	3.88	1.246	0.441	2.83	4.92	2	5
吉林省	2	3.00	1.414	1.000	−9.71	15.71	2	4
黑龙江省	13	3.38	0.961	0.266	2.80	3.97	2	5
江苏省	1	3.00	—	—	—	—	3	3
浙江省	10	3.80	0.789	0.249	3.24	4.36	2	5
安徽省	29	3.45	1.055	0.196	3.05	3.85	2	5
福建省	5	3.80	1.304	0.583	2.18	5.42	2	5
江西省	13	3.69	0.480	0.133	3.40	3.98	3	4
山东省	28	3.82	0.983	0.186	3.44	4.20	2	5
河南省	40	3.85	0.975	0.154	3.54	4.16	2	5
湖北省	70	3.56	0.973	0.116	3.33	3.79	1	5
湖南省	16	3.63	0.619	0.155	3.30	3.95	2	4
广东省	16	3.94	0.680	0.170	3.58	4.30	3	5
广西壮族自治区	26	3.65	1.129	0.221	3.20	4.11	1	5
海南省	8	3.50	1.195	0.423	2.50	4.50	2	5

续表

任教地	个案数	平均值	标准差	标准误差	平均值的95%置信区间 下限	平均值的95%置信区间 上限	最小值	最大值
重庆市	32	3.84	0.884	0.156	3.53	4.16	2	5
四川省	38	3.50	1.084	0.175	3.14	3.86	1	5
贵州省	46	3.28	1.004	0.148	2.98	3.58	1	5
云南省	26	3.08	1.230	0.241	2.58	3.57	1	5
西藏自治区	3	3.67	1.155	0.667	0.80	6.54	3	5
陕西省	165	3.25	0.973	0.076	3.11	3.40	1	5
甘肃省	38	3.37	0.998	0.162	3.04	3.70	1	5
青海省	18	3.28	0.895	0.211	2.83	3.72	1	5
宁夏回族自治区	35	3.29	1.152	0.195	2.89	3.68	1	5
新疆维吾尔自治区	53	3.36	0.982	0.135	3.09	3.63	1	5
总计	821	3.45	1.006	0.035	3.38	3.52	1	5

任教于广东省、辽宁省、河南省、重庆市、山东省、河北省、浙江省、福建省、江西省、西藏自治区、广西壮族自治区、湖南省、湖北省、海南省、四川省、安徽省16个省（自治区、直辖市）的公费师范教育硕士研究生在报考公费师范生专业时对教师职业的理解程度高于本阶段样本学生整体作答水平，其中任教于广东省的公费师范教育硕士研究生了解程度更为深入。

整体上讲，本阶段样本学生对于题项"我在报考公费师范生时对教师职业非常了解"的作答整体均值不高，本次调研所覆盖的本科毕业且初入教育硕士研究生阶段样本学生为2019级教师硕士研究生，此阶段学生报考公费师范生时间一般在2013年或更早，网络新媒体等信息传播媒介发展程度可能对当时的信息传播与接受效果产生一定影响。

表 3-39 本科毕业且初入教育硕士研究生阶段不同任教地样本学生教师身份认同单一题项描述性分析

任教地	个案数	平均值	标准差	标准误差	平均值的95%置信区间 下限	平均值的95%置信区间 上限	最小值	最大值
北京市	2	4.50	0.707	0.500	-1.85	10.85	4	5
天津市	4	3.50	1.291	0.646	1.45	5.55	2	5
河北省	10	4.00	0.943	0.298	3.33	4.67	2	5
山西省	34	3.41	1.048	0.180	3.05	3.78	1	5
内蒙古自治区	32	3.75	1.016	0.180	3.38	4.12	1	5
辽宁省	8	4.13	0.991	0.350	3.30	4.95	2	5
吉林省	2	4.00	0.000	0.000	4.00	4.00	4	4
黑龙江省	13	3.23	0.927	0.257	2.67	3.79	1	4
江苏省	1	2.00	—	—			2	2
浙江省	10	3.50	0.972	0.307	2.80	4.20	1	4
安徽省	29	3.55	1.088	0.202	3.14	3.97	1	5
福建省	5	4.00	0.707	0.316	3.12	4.88	3	5
江西省	13	3.77	1.0123	0.281	3.156	4.38	1	5
山东省	28	4.00	0.667	0.126	3.74	4.26	3	5
河南省	40	3.68	0.997	0.158	3.36	3.99	1	5
湖北省	70	3.51	0.847	0.101	3.31	3.72	2	5
湖南省	16	3.25	0.683	0.171	2.89	3.61	2	4
广东省	16	3.94	0.772	0.193	3.53	4.35	2	5
广西壮族自治区	26	3.54	1.029	0.202	3.12	3.95	1	5
海南省	8	3.63	0.744	0.263	3.00	4.25	2	4
重庆市	32	3.56	1.014	0.179	3.20	3.93	1	5
四川省	38	3.58	1.004	0.163	3.25	3.91	1	5
贵州省	46	3.43	1.068	0.157	3.12	3.75	1	5
云南省	26	3.69	0.928	0.182	3.32	4.07	1	5
西藏自治区	3	4.67	0.577	0.333	3.23	6.10	4	5
陕西省	165	3.53	0.997	0.078	3.38	3.69	1	5

续表

任教地	个案数	平均值	标准差	标准误差	平均值的95%置信区间 下限	平均值的95%置信区间 上限	最小值	最大值
甘肃省	38	3.68	0.962	0.156	3.37	4.00	1	5
青海省	18	3.50	0.857	0.202	3.07	3.93	2	5
宁夏回族自治区	35	3.54	0.780	0.132	3.27	3.81	2	5
新疆维吾尔自治区	53	3.94	0.770	0.106	3.73	4.16	1	5
总计	821	3.62	0.950	0.033	3.55	3.68	1	5

本科毕业且初入教育硕士研究生阶段样本学生对于题项"我认为从事教师职业比从事其他职业更加能够实现自己的价值"的作答中，均值在4.00以上的有西藏自治区、北京市、辽宁省、河北省、吉林省、福建省和山东省7个省（自治区、直辖市），此外，高于本阶段样本学生平均作答水平的还有新疆维吾尔自治区、广东省、江西省、内蒙古自治区、云南省、甘肃省、河南省、海南省8个省（自治区）。从数据分布角度来看，除样本人数较少的省（自治区、直辖市）之外，山东省、湖南省的样本学生作答结果分布相对集中，安徽省、贵州省、山西省等地的样本学生作答则主要呈离散趋势。

此外，由方差齐性检验结果可知，本阶段样本学生对于教师职业身份认同维度的整体作答结果和"我报考公费师范生是源于对教师职业的喜爱""我认为教师的社会地位很高"两个题项的作答结果按照任教省（自治区、直辖市）作为因子分析时，符合方差齐性一致的要求，单因素方差分析结果如表3-40所示。

表3-40 本科毕业且初入教育硕士研究生阶段不同任教地样本学生教师职业身份认同及两题项ANOVA分析

维度/题项	组别	平方和	自由度	均方	F	显著性
我报考公费师范生是源于对教师职业的喜爱	组间	31.766	29	1.095	1.066	0.373
	组内	812.880	791	1.028	—	—
	总计	844.646	820	—	—	—
我认为教师的社会地位很高	组间	32.350	29	1.116	1.044	0.403
	组内	845.055	791	1.068	—	—
	总计	877.406	820	—	—	—

续表

维度/题项	组别	平方和	自由度	均方	F	显著性
教师职业身份认同	组间	18.547	29	0.640	1.219	0.199
	组内	414.971	791	0.525	—	—
	总计	433.518	820	—	—	—

本科毕业且初入教育硕士研究生阶段任教于不同省（自治区、直辖市）的样本学生对于表中两题项的作答结果单因素方差分析结果均显示显著性大于0.05，表明样本学生对上述两个题项的作答并无显著性的省份差异。

此外，由样本学生对教师职业身份认同维度的整体作答结果可知，虽然对本维度下"我在报考公费师范生时对教师职业非常了解"和"我认为从事教师职业比从事其他职业更加能够实现自己的价值"两题项的作答均存在着不同程度的省份差异，但是在对于自身所从事的教师职业身份认同程度上并无统计学意义上的显著性差异。

4. 本科毕业且初入教育硕士研究生阶段不同任教学段样本学生教师职业身份认同差异分析

在探究了公费师范教育硕士研究生对自身教师职业的认同程度差异表现后，研究对于承担不同学段教学任务的教育硕士研究生进行了进一步的差异分析，以任教学段为因子，方差齐性检验结果如表3-41所示。

表3-41 本科毕业且初入教育硕士研究生阶段样本学生教师职业身份认同分析及各题项任教学段分组方差齐性检验

维度/题项	莱文统计	自由度1	自由度2	显著性
我在报考公费师范生时对教师职业非常了解	0.648	6	814	0.691
我报考公费师范生是源于对教师职业的喜爱	0.746	6	814	0.613
我认为教师的社会地位很高	2.387	6	814	0.027
从事中小学教师职业是我的兴趣所在	2.002	6	814	0.063
我认为从事教师职业比从事其他职业更加能够实现自己的价值	0.583	6	814	0.744
教师职业身份认同	0.267	6	814	0.952

当以任教学段作为因子时，本阶段样本学生对于该维度下各题项的作答中，仅"我认为教师的社会地位很高"一题项拒绝了方差相等的假设，其他均符合方差齐性的

一致性要求。题项"我认为教师的社会地位很高"作答结果的克鲁斯卡尔–沃利斯检验结果如表3–42、表3–43所示。

表3–42 本科毕业且初入教育硕士研究生阶段不同任教学段样本学生教师职业身份认同单一题项克鲁斯卡尔–沃利斯检验秩

现任教学段	个案数	秩平均值
小学	84	398.60
初一	211	432.92
初二	32	408.00
初三	14	428.36
高一	388	409.37
高二	60	367.12
高三	32	396.50
总计	821	—

表3–43 本科毕业且初入教育硕士研究生阶段样本学生教师职业身份认同分析单一题项任教学段分组克鲁斯卡尔–沃利斯检验统计

卡方	4.701
自由度	6
渐近显著性	0.583

注：分组变量：现任教学段。

克鲁斯卡尔–沃利斯检验统计结果显示：渐近显著性为0.583，表示本科毕业且初入教育硕士研究生阶段的样本学生在题项"我认为教师的社会地位很高"的作答中无显著性差异。

此外，符合方差齐性一致假设的题项及整体维度作答结果以任教学段为因子的单因素方差分析结果如表3–44所示。

表3–44 本科毕业且初入教育硕士研究生阶段不同任教学段样本学生教师职业身份认同及四题项ANOVA分析

维度/题项	组别	平方和	自由度	均方	F	显著性
我在报考公费师范生时对教师职业非常了解	组间	6.218	6	1.036	1.025	0.407
	组内	822.832	814	1.011	—	—
	总计	829.050	820	—	—	—

续表

维度/题项	组别	平方和	自由度	均方	F	显著性
我报考公费师范生是源于对教师职业的喜爱	组间	8.120	6	1.353	1.317	0.247
	组内	836.525	814	1.028	—	—
	总计	844.646	820	—	—	—
从事中小学教师职业是我的兴趣所在	组间	17.164	6	2.861	3.080	0.005
	组内	756.032	814	0.929	—	—
	总计	773.196	820	—	—	—
我认为从事教师职业比从事其他职业更加能够实现自己的价值	组间	6.580	6	1.097	1.217	0.295
	组内	733.561	814	0.901	—	—
	总计	740.141	820	—	—	—
教师职业身份认同	组间	5.135	6	0.856	1.626	0.137
	组内	428.383	814	0.526	—	—
	总计	433.518	820	—	—	—

本科毕业且初入教育硕士研究生阶段样本学生对于表中各题项的作答中，题项"从事中小学教师职业是我的兴趣所在"的单因素方差分析结果显著性为 0.005，小于 0.05，数据表明：承担不同学段教学工作的本阶段样本学生对此题项的作答结果具有显著性差异，具体表现见表 3-45。

表 3-45　本科毕业且初入教育硕士研究生阶段不同任教学段样本学生教师身份认同单一题项描述性分析

学段	个案数	平均值	标准差	标准误差	平均值的95%置信区间 下限	平均值的95%置信区间 上限	最小值	最大值
小学	84	3.44	0.986	0.108	3.23	3.65	1	5
初一	211	3.54	0.992	0.068	3.40	3.67	1	5
初二	32	3.75	1.078	0.191	3.36	4.14	1	5
初三	14	4.07	0.730	0.195	3.65	4.50	3	5
高一	388	3.56	0.958	0.049	3.47	3.66	1	5
高二	60	3.62	0.958	0.124	3.37	3.86	1	5
高三	32	4.16	0.723	0.128	3.90	4.42	2	5
总计	821	3.59	0.971	0.034	3.52	3.65	1	5

本阶段样本学生在题项"从事中小学教师职业是我的兴趣所在"的作答中，承担高三学段和初三学段教学工作的样本学生作答均值最大，且标准差较小，表明上述两个学段公费师范教师作答分布相对呈集中趋势，且选择中小学教师作为职业主要是由自身对于教育行业的兴趣驱动。相较之下，从事小学学段教学的教师对此题项的作答均值低于本阶段样本学生对此题项的整体作答水平，综合分析可以推知：完成了公费师范教育本科阶段教育且进入教育硕士研究生阶段学习的公费师范生更倾向于从事中学学段高年级的教学工作。此外，结合表3-44可知，本科毕业且初入教育硕士研究生阶段的样本学生虽然在理想任职学段上有所差异，但其对于自身教师职业身份的认同感而言，在任教学段上并无差异。

5. 本科毕业且初入教育硕士研究生阶段不同任教班级数量样本学生教师职业身份认同差异分析

当以任教班级数量作为因子时，本科毕业且初入教育硕士研究生阶段样本学生对教师职业身份认同维度及下属题项作答结果的方差齐性检验结果如表3-46所示。

表3-46　本科毕业且初入教育硕士研究生阶段样本学生教师职业身份认同分析及各题项任教班级数分组方差齐性检验

维度/题项	莱文统计	自由度1	自由度2	显著性
我在报考公费师范生时对教师职业非常了解	1.335	3	817	0.262
我报考公费师范生是源于对教师职业的喜爱	1.162	3	817	0.323
我认为教师的社会地位很高	1.879	3	817	0.132
从事中小学教师职业是我的兴趣所在	2.447	3	817	0.063
我认为从事教师职业比从事其他职业更加能够实现自己的价值	0.954	3	817	0.414
教师职业身份认同	1.041	3	817	0.373

本阶段样本学生在以任教班级数量为因子条件下对于该维度及具体题项作答的方差齐性检验均接受了方差相等的假设，因此本研究选用单因素方差分析探究其具体差异所在，但因素方差分析结果如表3-47所示。

表 3-47 本科毕业且初入教育硕士研究生阶段不同任教班级数样本学生教师职业身份认同及各题项 ANOVA 分析

维度/题项	组别	平方和	自由度	均方	F	显著性
我在报考公费师范生时对教师职业非常了解	组间	1.770	3	0.590	0.583	0.626
	组内	827.279	817	1.013	—	—
	总计	829.050	820	—	—	—
我报考公费师范生是源于对教师职业的喜爱	组间	2.843	3	0.948	0.920	0.431
	组内	841.802	817	1.030	—	—
	总计	844.646	820	—	—	—
我认为教师的社会地位很高	组间	1.125	3	0.375	0.350	0.789
	组内	876.281	817	1.073	—	—
	总计	877.406	820	—	—	—
从事中小学教师职业是我的兴趣所在	组间	1.134	3	0.378	0.400	0.753
	组内	772.062	817	0.945	—	—
	总计	773.196	820	—	—	—
我认为从事教师职业比从事其他职业更加能够实现自己的价值	组间	0.301	3	0.100	0.111	0.954
	组内	739.840	817	0.906	—	—
	总计	740.141	820	—	—	—
教师职业身份认同	组间	0.691	3	0.230	0.435	0.728
	组内	432.827	817	0.530	—	—
	总计	433.518	820	—	—	—

在本科毕业且初入教育硕士研究生阶段的样本学生中，他们虽然承担的任教班级数量有所不同，但对于教师教育身份认同维度下 5 个题项的作答结果均无显著差异，就整体维度的作答结果而言，亦未显示出统计学意义上的显著性差异，表明本阶段承担不同教学班级工作的公费师范生教师对自身教师职业身份认同程度并无差异。

6. 本科毕业且初入教育硕士研究生阶段不同课时量样本学生教师职业身份认同差异分析

为进一步确认承担不同教学工作量的样本学生在教师职业身份认同方面是否存在差异，调查研究收集了教师们每周承担课时量的相关信息，并以此为因子进行差异分析，方差齐性检验结果见表3-48。

表3-48 本科毕业且初入教育硕士研究生阶段样本学生教师职业身份认同分析及各题项每周课时量分组方差齐性检验

维度/题项	莱文统计	自由度1	自由度2	显著性
我在报考公费师范生时对教师职业非常了解	0.604	3	817	0.613
我报考公费师范生是源于对教师职业的喜爱	1.572	3	817	0.195
我认为教师的社会地位很高	1.990	3	817	0.114
从事中小学教师职业是我的兴趣所在	2.018	3	817	0.110
我认为从事教师职业比从事其他职业更加能够实现自己的价值	0.100	3	817	0.960
教师职业身份认同	1.791	3	817	0.147

本阶段样本学生对于教师职业身份认同维度及具体题项的作答结果均符合方差齐性一致的要求，相应单因素方差分析结果见表3-49。

表3-49 本科毕业且初入教育硕士研究生阶段每周不同课时量样本学生教师职业身份认同及各题项ANOVA分析

维度/题项	组别	平方和	自由度	均方	F	显著性
我在报考公费师范生时对教师职业非常了解	组间	3.403	3	1.134	1.123	0.339
	组内	825.647	817	1.011	—	—
	总计	829.050	820	—	—	—
我报考公费师范生是源于对教师职业的喜爱	组间	7.770	3	2.590	2.528	0.056
	组内	836.876	817	1.024	—	—
	总计	844.646	820	—	—	—
我认为教师的社会地位很高	组间	1.863	3	0.621	0.579	0.629
	组内	875.543	817	1.072	—	—
	总计	877.406	820	—	—	—
从事中小学教师职业是我的兴趣所在	组间	5.986	3	1.995	2.125	0.096
	组内	767.210	817	0.939	—	—
	总计	773.196	820	—	—	—
我认为从事教师职业比从事其他职业更加能够实现自己的价值	组间	8.285	3	2.762	3.083	0.027
	组内	731.856	817	0.896	—	—
	总计	740.141	820	—	—	—

续表

维度/题项	组别	平方和	自由度	均方	F	显著性
教师职业身份认同	组间	4.820	3	1.607	3.062	0.027
	组内	428.698	817	0.525	—	—
	总计	433.518	820	—	—	—

由单因素方差分析结果可知，本科毕业且初入教育硕士研究生阶段样本学生对教师身份认同维度的作答中，对于"我在报考公费师范生时对教师职业非常了解""我报考公费师范生是源于对教师职业的喜爱""我认为教师的社会地位很高""从事中小学教师职业是我的兴趣所在"4个题项表述的认同程度并未因所承担课时量的不同而产生差异。然而，在题项"我认为从事教师职业比从事其他职业更加能够实现自己的价值"以及教师职业身份认同整体维度作答结果的单因素方差分析结果中，每周承担不同课时量的公费师范教育硕士研究生表现出了具有统计学意义的显著性差异，具体差异如表 3-50 所示。

表 3-50 本科毕业且初入教育硕士研究生阶段每周不同课时量样本学生教师身份认同及单一题项描述性分析

维度/题项	课时量	个案数	平均值	标准差	标准误差	平均值的95%置信区间 下限	平均值的95%置信区间 上限	最小值	最大值
我认为从事教师职业比从事其他职业更加能够实现自己的价值	10课时以下	127	3.72	0.940	0.083	3.56	3.89	1.00	5.00
	10—15课时	459	3.53	0.926	0.043	3.44	3.61	1.00	5.00
	15—20课时	175	3.70	0.996	0.075	3.55	3.85	1.00	5.00
	20课时以上	60	3.80	0.971	0.125	3.55	4.05	1.00	5.00
	总计	821	3.62	0.950	0.033	3.55	3.68	1.00	5.00
教师职业身份认同	10课时以下	127	3.48	0.764	0.068	3.35	3.62	1.40	5.00
	10—15课时	459	3.38	0.690	0.032	3.31	3.44	1.20	5.00
	15—20课时	175	3.50	0.771	0.058	3.38	3.61	1.00	5.00
	20课时以上	60	3.63	0.751	0.097	3.43	3.82	2.20	5.00
	总计	821	3.44	0.727	0.025	3.39	3.47	1.00	5.00

本阶段样本学生对于题项"我认为从事教师职业比从事其他职业更加能够实现自己的价值"的作答，每周承担不同课时量的公费师范教师中，每周承担 10—15 课时

的样本学生作答均值相对小于其他课时量,且标准差最小,表明该数据分布相对集中;每周承担课时量在20课时以上的教师对自身价值通过教师职业实现的认同感最为强烈。就教师职业身份认同整体维度的作答情况来看,同样是每周承担20课时以上的样本学生对自身教师职业身份认同感最强,其作答均值明显高于每周课时量相对少的其他样本学生;而每周承担课时量在10课时到15课时之间的公费师范教师作答均值最小且标准差最小,表明这一分组内样本学生作答结果分布较为集中,受个体差异选择影响较小,该组内样本学生对自身的教师职业身份认同程度,尤其是其通过教师职业对自身价值的实现认同程度低于其他组的样本学生。

四、教育硕士研究生在读阶段样本学生教师职业身份认同差异分析

本次调研除了刚进入教育硕士研究生学习阶段的公费师范生外,还面向已经接触一段时间研究生学习的教育硕士在读研究生,探究其在教育教学经验积累和学业进行程度深化的同时对自身教师职业身份认同情况如何。相应差异分析主要从性别、任教学科、任教省(自治区、直辖市)、任教学段、承担教学班级数量、每周课时量六个方面切入。

1. 教育硕士研究生在读阶段不同性别样本学生教师职业身份认同差异分析

当以性别作为分组变量时,教育硕士研究生在读阶段的样本学生对职业身份认同维度及具体题项作答结果的独立样本t检验结果如表3-51、表3-52所示。

表3-51 教育硕士研究生在读阶段样本学生教师职业身份认同及各题项性别分组统计

维度/题项	性别	个案数	平均值	标准差	标准误差平均值
我在报考公费师范生时对教师职业非常了解	男	124	3.630	1.016	0.091
	女	746	3.31	1.021	0.037
我报考公费师范生是源于对教师职业的喜爱	男	124	3.75	1.064	0.096
	女	746	3.43	1.070	0.039
我认为教师的社会地位很高	男	124	2.60	1.126	0.101
	女	746	2.75	1.052	0.039
从事中小学教师职业是我的兴趣所在	男	124	3.67	1.002	0.090
	女	746	3.44	1.027	0.038

续表

维度/题项	性别	个案数	平均值	标准差	标准误差平均值
我认为从事教师职业比从事其他职业更加能够实现自己的价值	男	124	3.70	0.996	0.089
	女	746	3.52	0.946	0.035
教师职业身份认同	男	124	3.47	0.766	0.069
	女	746	3.29	0.775	0.028

就均值来看，本阶段样本学生对于题项"我认为教师的社会地位很高"的作答结果中，女生作答均值略大于男生，且标准差略小于男生，表明女生对教师社会地位的认知相对高于男生。但在本维度其他题项中，均为男生的作答均值更大，从对教师职业身份认同维度整体作答结果的分析中，也是男生的作答均值相对较大。为进一步确认本阶段男生、女生对于上述题项的作答是否存在差异，研究基于表3-52中独立样本t检验结果予以分析。

表3-52　教育硕士研究生在读阶段不同性别样本学生教师职业身份认同及各题项独立样本t检验

维度/题项		方差方程的Levene检验		均值方差的t检验					差分的95%置信区间	
		F	Sig.	t	df	Sig.（双侧）	均值差值	标准误差差值	下限	上限
我在报考公费师范生时对教师职业非常了解	假设方差相等	0.740	0.390	3.269	868	0.001	0.323	0.099	0.129	0.518
	假设方差不相等	—	—	3.280	166.976	0.001	0.323	0.099	0.129	0.518
我报考公费师范生是源于对教师职业的喜爱	假设方差相等	0.515	0.473	3.084	868	0.002	0.320	0.104	0.116	0.523
	假设方差不相等	—	—	3.096	167.044	0.002	0.320	0.103	0.116	0.524
我认为教师的社会地位很高	假设方差相等	2.632	0.105	-1.533	868	0.126	-0.158	0.103	-0.360	0.044
	假设方差不相等	—	—	-1.460	160.732	0.146	-0.158	0.108	-0.372	0.056
从事中小学教师职业是我的兴趣所在	假设方差相等	1.298	0.255	2.328	868	0.020	0.231	0.099	0.036	0.426
	假设方差不相等	—	—	2.369	168.869	0.019	0.231	0.098	0.039	0.424

续表

维度/题项		方差方程的 Levene 检验		均值方差的t检验						
		F	Sig.	t	df	Sig.（双侧）	均值差值	标准误差差值	差分的95%置信区间	
									下限	上限
我认为从事教师职业比从事其他职业更加能够实现自己的价值	假设方差相等	0.328	0.567	1.993	868	0.047	0.184	0.092	0.003	0.366
	假设方差不相等	—	—	1.921	162.044	0.057	0.184	0.096	−0.005	0.374
教师职业身份认同	假设方差相等	0.082	0.775	2.401	868	0.017	0.180	0.075	0.033	0.327
	假设方差不相等	—	—	2.421	167.639	0.017	0.180	0.074	0.033	0.327

本阶段样本学生对于此维度及下属各个题项的作答结果均接受了方差相等的假设，相应其均值方差t检验显示，仅题项"我认为教师的社会地位很高"检验结果P>0.05，表明本阶段学生在此题项的作答上并无显著的性别差异。此外，在其他4个题项的作答中，显著性取值均小于0.05，表明本阶段男生、女生在4个题项的作答上存在统计学意义上的显著性差异，结合分组统计结果可知，男生对4个题项的表述的认可程度均高于女生。从整体维度作答结果的检验结果来看，在教师职业身份认同方面，在读的公费师范教育硕士研究生存在显著的性别差异，具体表现为男生对自身教师职业身份的认同程度高于女生，且作答分布相对呈集中趋势。

2. 教育硕士研究生在读阶段不同任教学科样本学生教师职业身份认同差异分析

当以任教学科为分组变量时，教育硕士研究生在读阶段的样本学生对于自身教师职业身份认同维度及对应题项作答结果的方差齐性检验结果如表3-53所示。

表 3-53 教育硕士研究生在读阶段样本学生教师职业身份认同分析及各题项任教学科分组方差齐性检验

维度/题项	莱文统计	自由度1	自由度2	显著性
我在报考公费师范生时对教师职业非常了解	0.476	3	866	0.699
我报考公费师范生是源于对教师职业的喜爱	0.479	3	866	0.697
我认为教师的社会地位很高	0.246	3	866	0.864
从事中小学教师职业是我的兴趣所在	1.790	3	866	0.147

续表

维度/题项	莱文统计	自由度1	自由度2	显著性
我认为从事教师职业比从事其他职业更加能够实现自己的价值	0.341	3	866	0.796
教师职业身份认同	2.023	3	866	0.109

以任教学科为因子时的方差齐性检验结果显示，教师职业身份认同维度及下属题项的作答结果均符合方差齐性一致的要求，可进行单因素方差分析，结果见表3-54。

表3-54　教育硕士研究生在读阶段不同任教学科样本学生教师职业身份认同及各题项ANOVA分析

维度/题项	组别	平方和	自由度	均方	F	显著性
我在报考公费师范生时对教师职业非常了解	组间	18.412	3	6.137	5.932	0.001
	组内	895.961	866	1.035	—	—
	总计	914.372	869	—	—	—
我报考公费师范生是源于对教师职业的喜爱	组间	11.331	3	3.777	3.298	0.020
	组内	991.662	866	1.145	—	—
	总计	1002.993	869	—	—	—
我认为教师的社会地位很高	组间	13.143	3	4.381	3.913	0.009
	组内	969.456	866	1.119	—	—
	总计	982.599	869	—	—	—
从事中小学教师职业是我的兴趣所在	组间	11.997	3	3.999	3.836	0.010
	组内	902.785	866	1.042	—	—
	总计	914.782	869	—	—	—
我认为从事教师职业比从事其他职业更加能够实现自己的价值	组间	3.745	3	1.248	1.372	0.250
	组内	788.095	866	0.910	—	—
	总计	791.840	869	—	—	—
教师职业身份认同	组间	10.268	3	3.423	5.785	0.001
	组内	512.397	866	0.592	—	—
	总计	522.666	869	—	—	—

本阶段承担不同学科教学工作的样本学生除了在对题项"我认为从事教师职业比从事其他职业更加能够实现自己的价值"的作答未显示出差异外，对其他4个题项及教师职业身份认同维度的作答结果均呈现出了具有统计学意义的显著性差异，具体表现可根据分组描述性统计探知一二。

表 3-55　教育硕士研究生在读阶段不同任教学科样本学生教师身份认同及四题项描述性分析

维度/题项	学科	个案数	平均值	标准差	标准误差	平均值的95%置信区间 下限	平均值的95%置信区间 上限	最小值	最大值
我在报考公费师范生时对教师职业非常了解	语文	188	3.16	1.018	0.074	3.02	3.31	1.00	5.00
	数学	482	3.48	1.006	0.046	3.39	3.57	1.00	5.00
	英语	194	3.22	1.035	0.074	3.07	3.36	1.00	5.00
	其他	6	3.17	1.329	0.543	1.77	4.56	1.00	4.00
	总计	870	3.35	1.026	0.035	3.28	3.42	1.00	5.00
我报考公费师范生是源于对教师职业的喜爱	语文	188	3.38	1.070	0.078	3.22	3.53	1.00	5.00
	数学	482	3.57	1.064	0.048	3.48	3.67	1.00	5.00
	英语	194	3.32	1.088	0.078	3.17	3.48	1.00	5.00
	其他	6	3.83	0.983	0.401	2.80	4.87	2.00	5.00
	总计	870	3.48	1.074	0.036	3.40	3.55	1.00	5.00
我认为教师的社会地位很高	语文	188	2.55	1.036	0.076	2.40	2.70	1.00	5.00
	数学	482	2.83	1.072	0.049	2.74	2.93	1.00	5.00
	英语	194	2.65	1.044	0.075	2.50	2.80	1.00	5.00
	其他	6	3.00	1.095	0.447	1.85	4.15	1.00	4.00
	总计	870	2.73	1.063	0.036	2.66	2.80	1.00	5.00
从事中小学教师职业是我的兴趣所在	语文	188	3.28	1.029	0.075	3.13	3.43	1.00	5.00
	数学	482	3.55	1.021	0.046	3.46	3.65	1.00	5.00
	英语	194	3.43	1.022	0.073	3.29	3.58	1.00	5.00
	其他	6	4.00	0.632	0.258	3.34	4.66	3.00	5.00
	总计	870	3.47	1.026	0.035	3.40	3.54	1.00	5.00
教师职业身份认同	语文	188	3.16	0.763	0.056	3.05	3.27	1.00	5.00
	数学	482	3.41	0.795	0.036	3.34	3.48	1.00	5.00
	英语	194	3.23	0.717	0.051	3.12	3.33	1.00	5.00
	其他	6	3.57	0.320	0.131	3.23	3.90	3.20	4.00
	总计	870	3.31	0.776	0.026	3.26	3.37	1.00	5.00

在题项"我在报考公费师范生时对教师职业非常了解"的作答中,从事数学教学的公费师范生均值明显大于从事其他学科教学的样本学生;从标准差来看,虽然从事

语文教学及从事与自身专业方向不一致学科教学的样本学生作答均值较小,但其标准差较大,表明分布较为离散,均值可能受到个别个体化选择的影响。

对于题项"我报考公费师范生是源于对教师职业的喜爱"而言,从事与本专业方向不一致学科教学工作的样本学生作答均值最大,可见虽然在完成本科阶段的学习后,他们未能从事自己所学专业的教学工作,但这一工作经历并未影响其自身申报公费师范专业的初衷。结合题项"从事中小学教师职业是我的兴趣所在"的作答结果,亦可以证明这一结论。

从题项"我认为教师的社会地位很高"的作答结果中不难发现,本阶段样本学生对于此题项表述的认可程度相对较低,整体作答均值仅为 0.7322,呈相对消极的认知态度,表明在进入教师行业后,公费师范生对于教师社会地位的认知期待一定程度上被降低,其中在语文教师与英语教师身上体现得更为明显。

就教师职业身份认同整体维度的作答情况而言,从事数学学科教学和与本专业方向不一致的其他学科教学的样本公费师范教育硕士研究生对自身的教师职业身份认同感整体高于从事语文和英语学科教学的样本学生,可见在职后阶段,尤其是新手教师的适应和发展阶段,对于语言类学科教师的职业认同教育和引导需要在职后教育环节进一步强化。

3. 教育硕士研究生在读阶段不同任教地样本学生教师职业身份认同差异分析

当以任教地作为因子时,教育硕士研究生在读阶段样本学生对于教师职业身份认同维度及具体题项的作答结果如表 3-56 所示。

表 3-56 教育硕士研究生在读阶段样本学生教师职业身份认同分析及各题项任教地分组方差齐性检验

维度/题项	莱文统计	自由度1	自由度2	显著性
我在报考公费师范生时对教师职业非常了解	1.177	29	840	0.239
我报考公费师范生是源于对教师职业的喜爱	1.244	29	840	0.177
我认为教师的社会地位很高	1.126	29	840	0.297
从事中小学教师职业是我的兴趣所在	1.518	29	840	0.040
我认为从事教师职业比从事其他职业更加能够实现自己的价值	1.726	29	840	0.010
教师职业身份认同	1.501	29	840	0.044

本阶段样本学生对于"我在报考公费师范生时对教师职业非常了解""我报考公费师范生是源于我对教师职业的喜爱"以及"我认为教师的社会地位很高"3个题项的作答结果符合方差齐性一致的要求,而题项"从事中小学教师职业是我的兴趣所在""我认为从事教师职业比从事其他职业更能够实现自己的价值"的作答结果以及教师职业身份维度的整体作答结果都拒绝了方差相等的假设。现根据其方差齐性特征分别进行单因素方差分析和克鲁斯卡尔–沃利斯检验。

表 3-57 教育硕士研究生在读阶段不同任教地样本学生教师职业身份认同三题项 ANOVA 分析

题项	组别	平方和	自由度	均方	F	显著性
我在报考公费师范生时对教师职业非常了解	组间	40.911	29	1.411	1.357	0.100
	组内	873.461	840	1.040	—	—
	总计	914.372	869	—	—	—
我报考公费师范生是源于对教师职业的喜爱	组间	31.316	29	1.080	0.934	0.568
	组内	971.677	840	1.157	—	—
	总计	1002.993	869	—	—	—
我认为教师的社会地位很高	组间	37.104	29	1.279	1.137	0.284
	组内	945.495	840	1.126	—	—
	总计	982.599	869	—	—	—

表 3-58 教育硕士研究生在读阶段不同任教地样本学生教师职业身份认同及两题项克鲁斯卡尔–沃利斯检验秩

维度/题项	任教地	个案数	秩平均值	维度/题项	任教地	个案数	秩平均值
从事中小学教师职业是我的兴趣所在	北京市	4	356.13	我认为从事教师职业比从事其他职业更能够实现自己的价值	北京市	4	236.75
	天津市	7	517.29		天津市	7	555.86
	河北省	20	447.78		河北省	20	483.35
	山西省	29	463.72		山西省	29	451.10
	内蒙古自治区	37	407.34		内蒙古自治区	37	443.27
	辽宁省	8	316.25		辽宁省	8	460.19
	吉林省	7	587.29		吉林省	7	541.79
	黑龙江省	10	328.95		黑龙江省	10	332.25
	江苏省	8	348.88		江苏省	8	339.44
	浙江省	14	505.11		浙江省	14	424.75

续表

维度/题项	任教地	个案数	秩平均值	维度/题项	任教地	个案数	秩平均值
从事中小学教师职业是我的兴趣所在	安徽省	18	430.14	我认为从事教师职业比从事其他职业更能够实现自己的价值	安徽省	18	451.67
	福建省	15	379.77		福建省	15	413.63
	江西省	21	464.26		江西省	21	409.00
	山东省	22	442.45		山东省	22	420.20
	河南省	53	466.64		河南省	53	411.30
	湖北省	169	463.68		湖北省	169	431.25
	湖南省	27	526.44		湖南省	27	451.20
	广东省	20	456.20		广东省	20	478.42
	广西壮族自治区	17	387.53		广西壮族自治区	17	434.00
	海南省	13	471.04		海南省	13	432.35
	重庆市	17	417.47		重庆市	17	480.38
	四川省	33	468.88		四川省	33	462.92
	贵州省	34	495.15		贵州省	34	454.65
	云南省	17	396.47		云南省	17	482.76
	西藏自治区	4	341.63		西藏自治区	4	422.13
	陕西省	120	395.79		陕西省	120	434.04
	甘肃省	33	359.18		甘肃省	33	391.73
	青海省	25	342.94		青海省	25	400.54
	宁夏回族自治区	22	371.30		宁夏回族自治区	22	372.07
	新疆维吾尔自治区	46	454.45		新疆维吾尔自治区	46	474.64
	总计	870	—		总计	870	—
教师职业身份认同	北京市	4	342.88	教师职业身份认同	湖南省	27	420.83
	天津市	7	566.21		广东省	20	470.95
	河北省	20	441.60		广西壮族自治区	17	380.76
	山西省	29	431.55		海南省	13	508.08
	内蒙古自治区	37	457.09		重庆市	17	435.88

续表

维度/题项	任教地	个案数	秩平均值	维度/题项	任教地	个案数	秩平均值
教师职业身份认同	辽宁省	8	399.31	教师职业身份认同	四川省	33	476.53
	吉林省	7	555.86		贵州省	34	501.97
	黑龙江省	10	403.50		云南省	17	480.85
	江苏省	8	342.94		西藏自治区	4	300.13
	浙江省	14	483.25		陕西省	120	382.96
	安徽省	18	442.00		甘肃省	33	355.77
	福建省	15	388.73		青海省	25	328.66
	江西省	21	444.43		宁夏回族自治区	22	361.55
	山东省	22	445.64		新疆维吾尔自治区	46	453.99
	河南省	53	447.42		总计	870	—
	湖北省	169	472.41				

表3-59 教育硕士研究生在读阶段样本学生教师职业身份认同分析及两题项任教学地分组克鲁斯卡尔－沃利斯检验统计

维度/题项	从事中小学教师职业是我的兴趣所在	我认为从事教师职业比从事其他职业更加能够实现自己的价值	教师职业身份认同
卡方	37.292	18.947	33.452
自由度	29	29	29
渐近显著性	0.139	0.923	0.260

注：分组变量：任教省（自治区、直辖市）。

由分析结果可知，教育硕士研究生在读阶段的样本学生对于教师身份认同维度下具体题项的作答结果并未因其任教地的不同而产生具有统计学意义的显著性差异。

4. 教育硕士研究生在读阶段不同任教学段样本学生教师职业身份认同差异分析

在了解承担不同任教学科、就职于不同任教省（自治区、直辖市）的公费师范教育硕士研究生的教师职业身份认同程度差异后，研究以任教学段为因子，对其认同程度差异进行了分析，对应方差齐性检验结果如表3-60所示。

表 3-60 教育硕士研究生在读阶段样本学生教师职业身份认同分析及各题项任教学段分组方差齐性检验

维度/题项	莱文统计	自由度1	自由度2	显著性
我在报考公费师范生时对教师职业非常了解	1.725	6	863	0.112
我报考公费师范生是源于对教师职业的喜爱	1.287	6	863	0.260
我认为教师的社会地位很高	1.357	6	863	0.229
从事中小学教师职业是我的兴趣所在	2.124	6	863	0.048
我认为从事教师职业比从事其他职业更加能够实现自己的价值	0.904	6	863	0.491
教师职业身份认同	1.084	6	863	0.370

由方差齐性检验结果可知，承担不同学段的教学工作的公费师范教育硕士研究生对于该维度及具体题项作答结果中，题项"从事中小学教师职业是我的兴趣所在"的作答结果拒绝了方差相等的假设，其非参数检验结果如表 3-61、表 3-62 所示。

表 3-61 教育硕士研究生在读阶段不同任教学段样本学生教师职业身份认同单一题项克鲁斯卡尔–沃利斯检验秩

现任教学段	个案数	秩平均值
小学	111	442.49
初一	57	365.23
初二	128	409.22
初三	94	426.82
高一	133	463.91
高二	140	454.01
高三	207	440.51
总计	870	—

表 3-62 教育硕士研究生在读阶段样本学生教师职业身份认同分析单一题项任教学学段分组克鲁斯卡尔–沃利斯检验统计

卡方	9.597
自由度	6
渐近显著性	0.143

注：分组变量：现任教学段。

虽然教育硕士研究生在读阶段样本学生对题项"从事中小学教师职业是我的兴趣所在"的作答结果秩平均值差异较大，但克鲁斯卡尔-沃利斯检验结果显示：渐进显著性为 0.143，大于 0.05，表明本阶段样本学生中，承担不同学段教学工作的公费师范教师对于此题项的作答结果并无显著性差异。此外，方差齐性检验结果接受了方差相等假设的题项及整体维度作答结果的单因素方差分析，结果见表 3-63。

表 3-63　教育硕士研究生在读阶段不同任教学段样本学生教师职业身份认同及四题项 ANOVA 分析

维度/题项	组别	平方和	自由度	均方	F	显著性
我在报考公费师范生时对教师职业非常了解	组间	8.483	6	1.414	1.347	0.234
	组内	905.889	863	1.050	—	—
	总计	914.372	869	—	—	—
我报考公费师范生是源于对教师职业的喜爱	组间	10.785	6	1.798	1.563	0.155
	组内	992.208	863	1.150	—	—
	总计	1002.993	869	—	—	—
我认为教师的社会地位很高	组间	11.139	6	1.857	1.649	0.131
	组内	971.459	863	1.126	—	—
	总计	982.599	869	—	—	—
我认为从事教师职业比从事其他职业更加能够实现自己的价值	组间	7.226	6	1.204	1.325	0.243
	组内	784.615	863	0.909	—	—
	总计	791.840	869	—	—	—
教师职业身份认同	组间	6.043	6	1.007	1.683	0.122
	组内	516.622	863	0.599	—	—
	总计	522.666	869	—	—	—

承担不同学段教学工作的教育硕士研究生在读阶段样本学生对于"我在报考公费师范生时对教师职业非常了解""我报考公费师范生是源于对教师职业的喜爱""我认为教师的社会地位很高""我认为从事教师职业比从事其他职业更加能够实现自己的价值"4 个题项的作答结果并无显著性差异。此外，本阶段样本学生虽任教学段不同，但在教师职业身份认同程度方面也未呈现出具有统计学意义的显著性差异。

5. 教育硕士研究生在读阶段不同任教班级数量样本学生教师职业身份认同差异分析

为了解承担不同程度教学工作量的在读教育硕士研究生在对自身的教师职业身份认同方面是否存在差异研究，以任教班级数量和每周课时量作为分组变量分别进行差异分析。当以任教班级数量作为因子时，方差齐性检验结果如表3-64所示。

表3-64 教育硕士研究生在读阶段样本学生教师职业身份认同分析及各题项任教班级数分组方差齐性检验

维度/题项	莱文统计	自由度1	自由度2	显著性
我在报考公费师范生时对教师职业非常了解	1.689	3	866	0.168
我报考公费师范生是源于对教师职业的喜爱	2.149	3	866	0.093
我认为教师的社会地位很高	3.293	3	866	0.020
从事中小学教师职业是我的兴趣所在	0.639	3	866	0.590
我认为从事教师职业比从事其他职业更加能够实现自己的价值	3.482	3	866	0.016
教师职业身份认同	0.942	3	866	0.420

本阶段样本学生对于题项"我认为教师的社会地位很高"和"我认为从事教师职业比从事其他职业更加能够实现自己的价值"的作答结果在方差齐性检验中，显著性小于0.05，拒绝了方差相等的假设，其非参数检验分析结果如表3-65、表3-66所示。

表3-65 教育硕士研究生在读阶段不同任教班级数样本学生教师职业身份认同两题项克鲁斯卡尔-沃利斯检验秩

题项	任教班级数量	个案数	秩平均值
我认为教师的社会地位很高	一个班	180	411.83
	两个班	656	440.51
	三个班	26	459.65
	四个班或以上	8	478.56
	总计	870	—
我认为从事教师职业比从事其他职业更加能够实现自己的价值	一个班	180	408.73
	两个班	656	442.40
	三个班	26	416.92
	四个班或以上	8	532.06
	总计	870	—

表3-66　教育硕士研究生在读阶段样本学生教师职业身份认同分析两题项任教班级数分组克鲁斯卡尔-沃利斯检验统计

题项	我认为教师的社会地位很高	我认为从事教师职业比从事其他职业更加能够实现自己的价值
卡方	2.519	4.386
自由度	3	3
渐近显著性	0.472	0.223

注：分组变量：任教班级数量。

由检验结果可知，教育硕士研究生在读阶段样本学生对于表中所涉及的两个题项的作答结果渐近显著性分别为0.472和0.223，远大于0.05，表明本阶段样本学生对于两题项的作答并无显著性差异。

其他3个题项及教师职业身份认同维度整体作答情况的单因素方差分析结果如表3-67所示。

表3-67　教育硕士研究生在读阶段不同任教班级数样本学生教师职业身份认同及三题项ANOVA分析

维度/题项	分组	平方和	自由度	均方	F	显著性
我在报考公费师范生时对教师职业非常了解	组间	3.230	3	1.077	1.023	0.381
	组内	911.142	866	1.052	—	—
	总计	914.372	869	—	—	—
我报考公费师范生是源于对教师职业的喜爱	组间	5.235	3	1.745	1.515	0.209
	组内	997.758	866	1.152	—	—
	总计	1002.993	869	—	—	—
从事中小学教师职业是我的兴趣所在	组间	1.721	3	0.574	0.544	0.652
	组内	913.061	866	1.054	—	—
	总计	914.782	869	—	—	—
教师职业身份认同	组间	3.076	3	1.025	1.709	0.164
	组内	519.590	866	0.600	—	—
	总计	522.666	869	—	—	—

本阶段样本学生虽然承担的教学班级数量各不相同，但其对于表中3个题项的作答并无差异，在教师职业身份认同方面亦未显示出具有统计学意义的显著性差异。

6. 教育硕士研究生在读阶段不同课时量样本学生教师职业身份认同差异分析

当以每周课时量作为因子时，教育硕士研究生在读阶段样本学生对本维度题项及整体作答结果的方差齐性检验结果如表 3-68 所示。

表 3-68　教育硕士研究生在读阶段样本学生教师职业身份认同分析及各题项每周课时量分组方差齐性检验

维度/题项	莱文统计	自由度1	自由度2	显著性
我在报考公费师范生时对教师职业非常了解	0.282	3	866	0.839
我报考公费师范生是源于对教师职业的喜爱	0.988	3	866	0.398
我认为教师的社会地位很高	2.257	3	866	0.080
从事中小学教师职业是我的兴趣所在	1.487	3	866	0.217
我认为从事教师职业比从事其他职业更加能够实现自己的价值	1.929	3	866	0.123
教师职业身份认同	1.071	3	866	0.360

由表 3-68 直观可见，各题项及整体维度的作答结果的方差齐性检验显著性均大于 0.05，表明均符合方差齐性一致的要求，对应的单因素方差分析结果见 3-69。

表 3-69　教育硕士研究生在读阶段每周不同课时量样本学生教师职业身份认同及各题项 ANOVA 分析

维度/题项	组别	平方和	自由度	均方	F	显著性
我在报考公费师范生时对教师职业非常了解	组间	3.517	3	1.172	1.114	0.342
	组内	910.856	866	1.052	—	—
	总计	914.372	869	—	—	—
我报考公费师范生是源于对教师职业的喜爱	组间	8.926	3	2.975	2.592	0.052
	组内	994.068	866	1.148	—	—
	总计	1002.993	869	—	—	—
我认为教师的社会地位很高	组间	5.146	3	1.715	1.520	0.208
	组内	977.452	866	1.129	—	—
	总计	982.599	869	—	—	—
从事中小学教师职业是我的兴趣所在	组间	3.777	3	1.259	1.197	0.310
	组内	911.005	866	1.052	—	—
	总计	914.782	869	—	—	—

续表

维度/题项	组别	平方和	自由度	均方	F	显著性
我认为从事教师职业比从事其他职业更加能够实现自己的价值	组间	3.303	3	1.101	1.209	0.305
	组内	788.537	866	0.911	—	—
	总计	791.840	869	—	—	—
教师职业身份认同	组间	2.789	3	0.930	1.548	0.201
	组内	519.877	866	0.600	—	—
	总计	522.666	869	—	—	—

教育硕士研究生在读阶段样本学生对于教师职业身份认同维度及其具体题项的作答结果在单因素方差分析中显著性均大于0.05，表明每周承担不同课时量的样本学生在上述题项的作答中并无显著性差异。通过分别以任教班级数量和每周承担课时量作为因子，对公费师范教育硕士研究生在读阶段样本学生的教师职业身份认同差异进行分析检验可以推知，虽然本阶段样本公费师范教育硕士研究生所承担教学工作量存在不同，但其对自身教师职业身份认同程度并无差异。

五、教育硕士毕业后阶段样本学生教师职业身份认同差异分析

教育硕士毕业后阶段样本学生在调研样本中为教育教学经验最为丰富的样本群体，从历时角度看，也是更加能够反映公费师范省在完成了本科教育、硕士研究生教育之后的职业状态。研究以性别、任教学科、任教省（自治区、直辖市）、任教学段、承担教学班级数量、每周课时量分别作为分组变量，探究其职后的教师职业身份认同是否存在差异。

1. 教育硕士毕业后阶段不同性别样本学生教师职业身份认同差异分析

以性别作为分组变量，教师职业身份认同维度及具体题项作为因变量时，教育硕士毕业后阶段样本学生作答结果的独立样本t检验结果如表3-70、表3-71所示。

表 3-70 教育硕士毕业后阶段样本学生教师职业身份认同及各题项性别分组统计

维度/题项	性别	个案数	平均值	标准差	标准误差平均值
我在报考公费师范生时对教师职业非常了解	男	89	3.12	1.195	0.127
	女	401	3.42	1.115	0.056
我报考公费师范生是源于对教师职业的喜爱	男	89	3.37	1.152	0.122
	女	401	3.50	1.082	0.054
我认为教师的社会地位很高	男	89	2.22	1.116	0.118
	女	401	2.51	1.063	0.053
从事中小学教师职业是我的兴趣所在	男	89	3.35	0.966	0.102
	女	401	3.59	0.984	0.049
我认为从事教师职业比从事其他职业更加能够实现自己的价值	男	89	3.33	1.074	0.114
	女	401	3.46	0.990	0.049
教师职业身份认同	男	89	3.08	0.765	0.081
	女	401	3.30	0.783	0.039

表 3-71 教育硕士毕业后阶段不同性别样本学生教师职业身份认同及各题项独立样本 t 检验

维度/题项		方差方程的 Levene 检验		均值方差的 t 检验						
		F	Sig.	t	df	Sig.（双侧）	均值差值	标准误差差值	差分的95%置信区间	
									下限	上限
我在报考公费师范生时对教师职业非常了解	假设方差相等	0.268	0.605	−2.212	488	0.027	−0.293	0.132	−0.553	−0.033
	假设方差不相等	—	—	−2.117	124.292	0.036	−0.293	0.138	−0.567	−0.019
我报考公费师范生是源于对教师职业的喜爱	假设方差相等	0.171	0.679	−1.017	488	0.310	−0.130	0.128	−0.383	0.122
	假设方差不相等	—	—	−0.977	124.784	0.330	−0.130	0.134	−0.395	0.134
我认为教师的社会地位很高	假设方差相等	0.539	0.463	−2.259	488	0.024	−0.284	0.126	−0.531	−0.037
	假设方差不相等	—	—	−2.191	125.940	0.030	−0.284	0.130	−0.541	−0.027

续表

维度/题项		方差方程的 Levene 检验		均值方差的t检验						
		F	Sig.	t	df	Sig.（双侧）	均值差值	标准误差差值	差分的95%置信区间	
									下限	上限
从事中小学教师职业是我的兴趣所在	假设方差相等	0.010	0.922	-2.068	488	0.039	-0.238	0.115	-0.464	-0.012
	假设方差不相等	—	—	-2.092	131.613	0.038	-0.238	0.114	-0.462	-0.013
我认为从事教师职业比从事其他职业更加能够实现自己的价值	假设方差相等	0.642	0.423	-1.171	488	0.242	-0.138	0.118	-0.369	0.093
	假设方差不相等	—	—	-1.112	123.309	0.268	-0.138	0.124	-0.384	0.108
教师职业身份认同	假设方差相等	0.070	0.792	-2.370	488	0.018	-0.217	0.091	-0.396	-0.037
	假设方差不相等	—	—	-2.406	132.172	0.018	-0.217	0.090	-0.395	-0.039

教育硕士毕业后阶段样本学生在对"我在报考公费师范生时对教师职业非常了解""我认为教师的社会地位很高""从事中小学教师职业是我的兴趣所在"3个题项的作答中均显示出了具有统计学意义的显著性差异。本阶段样本学生对于题项"我在报考公费师范生时对教师职业非常了解"的作答中，女生作答均值大于男生，且标准差小于男生，表明：整体上讲，本阶段女生在报考公费师范生时对教师职业的了解较男生更为全面。与其他阶段作答结果类似，题项"我认为教师的社会地位很高"在本维度各题项中均值最低，主要呈消极态度，在题项内部，本阶段样本学生中，女生对教师社会地位的认可程度略高于男生。在题项"从事中小学教师职业是我的兴趣所在"的作答中，女生作答结果均值大于男生，从标准差来看则是男生略小于女生，表明此阶段样本学生中，虽然女生对于教师职业的兴趣驱动更为凸显，但数据分布相对离散，相较于男生样本而言，个体选择差异较大。

在教师职业身份认同上，女生的作答均值明显高于男生，结合平均值等同性t检验结果可知，教育硕士毕业后阶段样本学生在教师职业身份认同方面存在具有统计学意义的显著性差异，且女生对自身教师职业身份的认同感强于同阶段男生。

2. 教育硕士毕业后阶段不同任教学科样本学生教师职业身份认同差异分析

当以任教学科为因子时，教育硕士毕业后阶段样本学生对教师职业身份认同维度及具体题项作答结果的方差齐性检验结果如表 3-72 所示。

表 3-72 教育硕士毕业后阶段样本学生教师职业身份认同分析及各题项任教学科分组方差齐性检验

维度/题项	莱文统计	自由度1	自由度2	显著性
我在报考公费师范生时对教师职业非常了解	0.832	3	486	0.477
我报考公费师范生是源于对教师职业的喜爱	2.702	3	486	0.045
我认为教师的社会地位很高	0.433	3	486	0.729
从事中小学教师职业是我的兴趣所在	0.189	3	486	0.904
我认为从事教师职业比从事其他职业更加能够实现自己的价值	0.698	3	486	0.553
教师职业身份认同	0.896	3	486	0.443

方差齐性检验结果显示，表中 4 个题项、1 个维度的作答结果接受了方差相等的假设，而题项"我报考公费师范生是源于对教师职业的喜爱"的作答结果则拒绝了这一假设，其非参数检验结果如表 3-73、表 3-74 所示。

表 3-73 教育硕士毕业后阶段不同任教学科样本学生教师职业身份认同单一题项克鲁斯卡尔-沃利斯检验秩

任教学科	个案数	秩平均值
语文	210	228.93
数学	162	267.74
英语	104	246.05
其他	14	232.64
总计	490	—

表 3-74 教育硕士毕业后阶段样本学生教师职业身份认同分析单一题项任教学科分组克鲁斯卡尔-沃利斯检验统计

卡方	7.567
自由度	3
渐近显著性	0.056

注：分组变量：任教学科。

由克鲁斯卡尔-沃利斯检验结果可知，教育硕士毕业后阶段样本学生虽然从事不同学科的教学工作，但其对于"我报考公费师范生是源于对教师职业的喜爱"这一题项表述的认同程度并无差异。

此外，方差齐性检验结果显示，其他4个题项及整体维度作答结果符合方差齐性一致的要求，允准进行相应的单因素方差分析，分析结果如表3-75所示。

表3-75 教育硕士毕业后阶段不同任教学科样本学生教师职业身份认同及四题项ANOVA分析

维度/题项	组别	平方和	自由度	均方	F	显著性
我在报考公费师范生时对教师职业非常了解	组间	9.993	3	3.331	2.614	0.051
	组内	619.346	486	1.274	—	—
	总计	629.339	489	—	—	—
我认为教师的社会地位很高	组间	15.182	3	5.061	4.452	0.004
	组内	552.418	486	1.137	—	—
	总计	567.600	489	—	—	—
从事中小学教师职业是我的兴趣所在	组间	6.177	3	2.059	2.141	0.094
	组内	467.423	486	0.962	—	—
	总计	473.600	489	—	—	—
我认为从事教师职业比从事其他职业更加能够实现自己的价值	组间	6.567	3	2.189	2.180	0.090
	组内	488.096	486	1.004	—	—
	总计	494.663	489	—	—	—
教师职业身份认同	组间	7.070	3	2.357	3.904	0.009
	组内	293.358	486	0.604	—	—
	总计	300.428	489	—	—	—

本阶段样本学生对于题项"我认为教师的社会地位很高"及教师职业身份认同整体维度的作答结果存在任教学科间的显著性差异，具体差异见表3-76。

表 3-76　教育硕士毕业后阶段不同任教学科样本学生教师身份认同及单一题项描述性分析

维度/题项	科目	个案数	平均值	标准差	标准误差	平均值的95%置信区间 下限	平均值的95%置信区间 上限	最小值	最大值
我认为教师的社会地位很高	语文	210	2.28	1.021	0.070	2.14	2.42	1.00	5.00
	数学	162	2.51	1.082	0.085	2.34	2.68	1.00	5.00
	英语	104	2.73	1.134	0.111	2.51	2.95	1.00	5.00
	其他	14	2.50	1.019	0.272	1.91	3.09	1.00	4.00
	总计	490	2.46	1.077	0.049	2.36	2.55	1.00	5.00
教师职业身份认同	语文	210	3.12	0.776	0.054	3.02	3.23	1.00	5.00
	数学	162	3.38	0.741	0.058	3.26	3.49	1.60	5.00
	英语	104	3.35	0.831	0.082	3.19	3.51	1.00	5.00
	其他	14	3.19	0.786	0.210	2.73	3.64	1.00	4.20
	总计	490	3.26	0.784	0.035	3.19	3.33	1.00	5.00

整体上讲，本阶段样本学生对于题项"我认为教师的社会地位很高"的整体作答结果呈相对消极的态度，其中从事语文学科教育教学的样本学生体现得更为突出，其作答均值低于本阶段样本学生的平均水平。

从教师职业身份认同维度的整体作答情况来看，教育硕士毕业后阶段样本学生对自身的教师职业身份认同情况处于中等偏上水平。其中，从事数学学科教学与英语学科教学的样本学生认同感相对较强，从事语文学科教学及与自身所学专业方向不符的其他学科教学工作的样本学生则略低于本阶段样本学生的平均水平（结合图3-5直观可见）。

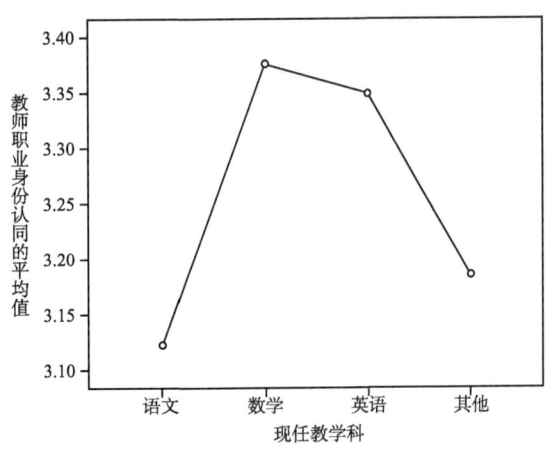

图 3-5　教育硕士毕业后阶段不同任教学科样本学生教师身份认同平均值分布

3. 教育硕士毕业后阶段不同任教地样本学生教师职业身份认同差异分析

当以任教地为因子时，本阶段样本学生对教师职业身份认同维度及具体题项作答结果的方差齐性检验结果如表 3-77 所示。

表 3-77　教育硕士毕业后阶段样本学生教师职业身份认同分析及各题项任教地分组方差齐性检验

维度/题项	莱文统计	自由度1	自由度2	显著性
我在报考公费师范生时对教师职业非常了解	1.183①	29	459	0.238
我报考公费师范生是源于对教师职业的喜爱	1.547②	29	459	0.036
我认为教师的社会地位很高	1.147③	29	459	0.276
从事中小学教师职业是我的兴趣所在	2.568④	29	459	0.000
我认为从事教师职业比从事其他职业更加能够实现自己的价值	1.699⑤	29	459	0.014
教师职业身份认同	1.466⑥	29	459	0.058

①在针对"我在报考公费师范生时对教师职业非常了解"计算方差齐性检验时，将忽略只有一个个案的组。

②在针对"我报考公费师范生是源于对教师职业的喜爱"计算方差齐性检验时，将忽略只有一个个案的组。

③在针对"我认为教师的社会地位很高"计算方差齐性检验时，将忽略只有一个个案的组。

④在针对"从事中小学教师职业是我的兴趣所在"计算方差齐性检验时，将忽略只有一个个案的组。

⑤在针对"我认为从事教师职业比从事其他职业更加能够实现自己的价值"计算方差齐性检验时，将忽略只有一个个案的组。

⑥在针对"教师职业身份认同"计算方差齐性检验时，将忽略只有一个个案的组。

由检验结果可知，表中题项及维度作答结果中，"我报考公费师范生是源于对教师职业的喜爱""从事中小学教师职业是我的兴趣所在""我认为从事教师职业比从事其他职业更加能够实现自己的价值"3 个题项的作答结果拒绝了方差相等的假设，相应的非参数检验结果如表 3-78、表 3-79 所示。其他题项及整体维度的作答结果均符合方差齐性的一致性要求，相应单因素方差分析结果见表 3-80。

表 3-78　教育硕士毕业后阶段不同任教地样本学生教师职业身份认同三题项克鲁斯卡尔-沃利斯检验秩

题项	任教省（自治区、直辖市）	个案数	秩平均值	题项	任教省（自治区、直辖市）	个案数	秩平均值
我报考公费师范生是源于对教师职业的喜爱	北京市	5	252.10	从事中小学教师职业是我的兴趣所在	北京市	5	306.30
	天津市	7	326.71		天津市	7	333.07
	河北省	4	244.88		河北省	4	225.00
	山西省	13	279.27		山西省	13	296.65
	内蒙古自治区	28	263.45		内蒙古自治区	28	254.14
	辽宁省	9	402.83		辽宁省	9	392.50
	吉林省	9	252.61		吉林省	9	206.83
	黑龙江省	10	245.55		黑龙江省	10	206.60
	上海市	1	59.50		上海市	1	45.50
	江苏省	9	270.67		江苏省	9	305.61
	浙江省	4	380.75		浙江省	4	268.75
	安徽省	15	269.63		安徽省	15	326.90
	福建省	9	219.22		福建省	9	201.61
	江西省	10	278.55		江西省	10	279.60
	山东省	8	272.50		山东省	8	263.00
	河南省	22	261.73		河南省	22	302.23
	湖北省	55	248.67		湖北省	55	250.59
	湖南省	16	244.00		湖南省	16	220.00
	广东省	12	267.08		广东省	12	286.42
	广西壮族自治区	19	261.16		广西壮族自治区	19	260.82
	海南省	8	222.63		海南省	8	252.75
	重庆市	10	207.45		重庆市	10	190.00
	四川省	22	232.43		四川省	22	237.00
	贵州省	14	222.32		贵州省	14	205.36
	云南省	8	214.44		云南省	8	232.88
	西藏自治区	2	236.50		西藏自治区	2	312.50
	陕西省	83	230.70		陕西省	83	227.03

续表

题项	任教省（自治区、直辖市）	个案数	秩平均值	题项	任教省（自治区、直辖市）	个案数	秩平均值
我报考公费师范生是源于对教师职业的喜爱	甘肃省	18	232.75	从事中小学教师职业是我的兴趣所在	甘肃省	18	208.83
	青海省	16	210.81		青海省	16	191.63
	宁夏回族自治区	16	242.78		宁夏回族自治区	16	268.13
	新疆维吾尔自治区	28	179.79		新疆维吾尔自治区	28	171.75
	总计	490	—		总计	490	—
我认为从事教师职业比从事其他职业更加能够实现自己的价值	北京市	5	322.80	我认为从事教师职业比从事其他职业更加能够实现自己的价值	湖北省	55	243.12
	天津市	7	350.64		湖南省	16	222.41
	河北省	4	232.63		广东省	12	282.29
	山西省	13	322.92		广西壮族自治区	19	226.03
	内蒙古自治区	28	240.54		海南省	8	248.63
	辽宁省	9	383.56		重庆市	10	188.45
	吉林省	9	217.00		四川省	22	203.02
	黑龙江省	10	251.70		贵州省	14	268.82
	上海市	1	332.50		云南省	8	172.19
	江苏省	9	290.44		西藏自治区	2	244.75
	浙江省	4	288.63		陕西省	83	233.51
	安徽省	15	304.63		甘肃省	18	221.47
	福建省	9	160.67		青海省	16	211.50
	江西省	10	208.10		宁夏回族自治区	16	258.34
	山东省	8	316.00		新疆维吾尔自治区	28	186.57
	河南省	22	319.27		总计	490	—

表 3-79 教育硕士毕业后阶段样本学生教师职业身份认同分析三题项任教地分组克鲁斯卡尔-沃利斯检验统计

题项	我报考公费师范生是源于对教师职业的喜爱	从事中小学教师职业是我的兴趣所在	我认为从事教师职业比从事其他职业更加能够实现自己的价值
卡方	35.344	54.601	54.483
自由度	30	30	30
渐近显著性	0.230	0.004	0.004

注：分组变量：任教地。

表 3-80 教育硕士毕业后阶段不同任教地样本学生教师职业身份认同及两题项 ANOVA 分析

题项	分组	平方和	自由度	均方	F	显著性
我在报考公费师范生时对教师职业非常了解	组间	45.924	30	1.531	1.204	0.214
	组内	583.415	459	1.271	—	—
	总计	629.339	489	—	—	—
我认为教师的社会地位很高	组间	51.113	30	1.704	1.514	0.042
	组内	516.487	459	1.125	—	—
	总计	567.600	489	—	—	—
教师职业身份认同	组间	33.312	30	1.110	1.908	0.003
	组内	267.116	459	0.582	—	—
	总计	300.428	489	—	—	—

克鲁斯卡尔-沃利斯检验结果显示：本阶段就职于不同省（自治区、直辖市）的样本学生对题项"我报考公费师范生是源于对教师职业的喜爱"的作答结果没有显著性差异，而"从事中小学教师职业是我的兴趣所在""我认为从事教师职业比从事其他职业更加能够实现自己的价值"两题项的检验结果显示渐进显著性小于 0.05，表明在两个题项的作答结果中存在显著性差异。单因素方差分析结果显示：教育硕士毕业后阶段样本学生对题项"我认为教师的社会地位很高"的作答结果及教师职业身份认同整体维度的作答结果存在具有统计学意义的显著差异，上述 4 个作答结果存在显著性差异的题项或维度对应具体差异表现如表 3-81 所示。

表 3-81 教育硕士毕业后阶段不同任教地样本学生教师职业身份认同及三题项描述性分析

维度/题项	任教地	个案数	平均值	标准差	标准误差	平均值的95%置信区间 下限	平均值的95%置信区间 上限	最小值	最大值
我认为教师的社会地位很高	北京市	5	3.00	0.707	0.316	2.12	3.88	2.00	4.00
	天津市	7	2.71	0.488	0.184	2.26	3.17	2.00	3.00
	河北省	4	2.00	0.816	0.408	0.70	3.30	1.00	3.00
	山西省	13	2.69	0.947	0.263	2.12	3.26	1.00	4.00
	内蒙古自治区	28	2.68	1.188	0.225	2.22	3.14	1.00	5.00
	辽宁省	9	3.33	1.118	0.373	2.47	4.19	2.00	5.00
	吉林省	9	2.00	1.118	0.373	1.14	2.86	1.00	4.00

续表

维度/题项	任教地	个案数	平均值	标准差	标准误差	平均值的95%置信区间 下限	平均值的95%置信区间 上限	最小值	最大值
我认为教师的社会地位很高	黑龙江省	10	2.10	1.197	0.379	1.24	2.96	1.00	4.00
	上海市	1	4.00	—	—	—	—	4.00	4.00
	江苏省	9	2.44	1.236	0.412	1.49	3.39	1.00	5.00
	浙江省	4	3.00	1.633	0.816	0.40	5.60	1.00	5.00
	安徽省	15	3.13	1.187	0.307	2.48	3.79	1.00	5.00
	福建省	9	2.33	1.000	0.333	1.56	3.10	1.00	4.00
	江西省	10	2.10	1.101	0.348	1.31	2.89	1.00	4.00
	山东省	8	2.38	1.506	0.532	1.12	3.63	1.00	5.00
	河南省	22	2.82	1.097	0.234	2.33	3.30	1.00	5.00
	湖北省	55	2.58	0.937	0.126	2.33	2.84	1.00	4.00
	湖南省	16	2.56	0.814	0.203	2.13	3.00	1.00	4.00
	广东省	12	3.08	1.165	0.336	2.34	3.82	1.00	5.00
	广西壮族自治区	19	2.21	1.032	0.237	1.71	2.71	1.00	4.00
	海南省	8	2.50	0.926	0.327	1.73	3.27	1.00	4.00
	重庆市	10	2.60	0.966	0.306	1.91	3.29	1.00	4.00
	四川省	22	2.45	1.262	0.269	1.89	3.01	1.00	5.00
	贵州省	14	2.36	1.277	0.341	1.62	3.09	1.00	5.00
	云南省	8	2.25	1.389	0.491	1.09	3.41	1.00	4.00
	西藏自治区	2	2.50	0.707	0.500	−3.85	8.85	2.00	3.00
	陕西省	83	2.30	1.045	0.115	2.07	2.53	1.00	5.00
	甘肃省	18	2.44	1.097	0.258	1.90	2.99	1.00	4.00
	青海省	16	1.94	0.772	0.193	1.53	2.35	1.00	3.00
	宁夏回族自治区	16	2.25	0.856	0.214	1.79	2.71	1.00	3.00
	新疆维吾尔自治区	28	1.96	0.962	0.182	1.59	2.34	1.00	4.00
	总计	490	2.46	1.077	0.049	2.36	2.55	1.00	5.00

续表

维度/题项	任教地	个案数	平均值	标准差	标准误差	平均值的95%置信区间 下限	平均值的95%置信区间 上限	最小值	最大值
从事中小学教师职业是我的兴趣所在	北京市	5	4.00	0.707	0.316	3.12	4.88	3.00	5.00
	天津市	7	4.14	0.378	0.143	3.79	4.49	4.00	5.00
	河北省	4	3.50	0.577	0.289	2.58	4.42	3.00	4.00
	山西省	13	3.92	0.494	0.137	3.62	4.22	3.00	5.00
	内蒙古自治区	28	3.61	0.956	0.181	3.24	3.98	2.00	5.00
	辽宁省	9	4.56	0.527	0.176	4.15	4.96	4.00	5.00
	吉林省	9	3.22	1.202	0.401	2.30	4.15	1.00	5.00
	黑龙江省	10	3.30	0.823	0.260	2.71	3.89	2.00	4.00
	上海市	1	2.00	—	—	—	—	2.00	2.00
	江苏省	9	4.00	0.707	0.236	3.46	4.54	3.00	5.00
	浙江省	4	3.75	0.500	0.250	2.95	4.55	3.00	4.00
	安徽省	15	4.13	0.990	0.256	3.58	4.68	2.00	5.00
	福建省	9	3.33	0.866	0.289	2.67	4.00	2.00	5.00
	江西省	10	3.80	0.919	0.291	3.14	4.46	2.00	5.00
	山东省	8	3.63	1.408	0.498	2.45	4.80	1.00	5.00
	河南省	22	3.95	0.950	0.203	3.53	4.38	2.00	5.00
	湖北省	55	3.62	0.680	0.092	3.43	3.80	2.00	5.00
	湖南省	16	3.38	1.025	0.256	2.83	3.92	2.00	5.00
	广东省	12	3.75	1.215	0.351	2.98	4.52	1.00	5.00
	广西壮族自治区	19	3.63	0.955	0.219	3.17	4.09	1.00	5.00
	海南省	8	3.50	1.069	0.378	2.61	4.39	1.00	4.00
	重庆市	10	3.30	0.483	0.153	2.95	3.65	3.00	4.00
	四川省	22	3.50	1.058	0.226	3.03	3.97	1.00	5.00
	贵州省	14	3.14	1.406	0.376	2.33	3.95	1.00	5.00
	云南省	8	3.25	1.488	0.526	2.01	4.49	1.00	5.00
	西藏自治区	2	4.00	0.000	0.000	4.00	4.00	4.00	4.00

续表

维度/题项	任教地	个案数	平均值	标准差	标准误差	平均值的95%置信区间 下限	平均值的95%置信区间 上限	最小值	最大值
从事中小学教师职业是我的兴趣所在	陕西省	83	3.42	0.939	0.103	3.22	3.63	1.00	5.00
	甘肃省	18	3.28	1.074	0.253	2.74	3.81	1.00	5.00
	青海省	16	3.25	0.683	0.171	2.89	3.61	2.00	4.00
	宁夏回族自治区	16	3.75	0.856	0.214	3.29	4.21	2.00	5.00
	新疆维吾尔自治区	28	2.89	1.315	0.248	2.38	3.40	1.00	5.00
	总计	490	3.54	0.984	0.044	3.46	3.63	1.00	5.00
我认为从事教师职业比从事其他职业更加能够实现自己的价值	北京市	5	4.00	0.707	0.316	3.12	4.88	3.00	5.00
	天津市	7	4.14	0.378	0.143	3.79	4.49	4.00	5.00
	河北省	4	3.50	1.000	0.500	1.91	5.09	3.00	5.00
	山西省	13	4.00	0.913	0.253	3.45	4.55	2.00	5.00
	内蒙古自治区	28	3.39	1.031	0.195	2.99	3.79	1.00	5.00
	辽宁省	9	4.44	0.726	0.242	3.89	5.00	3.00	5.00
	吉林省	9	3.11	1.364	0.455	2.06	4.16	1.00	5.00
	黑龙江省	10	3.50	0.707	0.224	2.99	4.01	2.00	4.00
	上海市	1	4.00	—	—	—	—	4.00	4.00
	江苏省	9	3.78	0.972	0.324	3.03	4.52	2.00	5.00
	浙江省	4	3.75	0.500	0.250	2.95	4.55	3.00	4.00
	安徽省	15	3.93	0.884	0.228	3.44	4.42	3.00	5.00
	福建省	9	2.89	0.782	0.261	2.29	3.49	2.00	4.00
	江西省	10	3.20	1.033	0.327	2.46	3.94	2.00	5.00
	山东省	8	3.75	1.753	0.620	2.28	5.22	1.00	5.00
	河南省	22	4.00	0.756	0.161	3.66	4.34	3.00	5.00
	湖北省	55	3.44	0.811	0.109	3.22	3.66	1.00	5.00
	湖南省	16	3.38	0.957	0.239	2.86	3.89	2.00	5.00
	广东省	12	3.75	0.965	0.279	3.14	4.36	2.00	5.00
	广西壮族自治区	19	3.26	1.046	0.240	2.76	3.77	1.00	5.00

续表

维度/题项	任教地	个案数	平均值	标准差	标准误差	平均值的95%置信区间 下限	平均值的95%置信区间 上限	最小值	最大值
我认为从事教师职业比从事其他职业更加能够实现自己的价值	海南省	8	3.38	1.061	0.375	2.49	4.26	1.00	4.00
	重庆市	10	3.10	0.738	0.233	2.57	3.63	2.00	4.00
	四川省	22	3.09	1.151	0.245	2.58	3.60	1.00	5.00
	贵州省	14	3.50	1.345	0.359	2.72	4.28	1.00	5.00
	云南省	8	2.88	1.246	0.441	1.83	3.92	1.00	5.00
	西藏自治区	2	3.50	0.707	0.500	−2.85	9.85	3.00	4.00
	陕西省	83	3.37	0.920	0.101	3.17	3.57	1.00	5.00
	甘肃省	18	3.17	1.425	0.336	2.46	3.88	1.00	5.00
	青海省	16	3.19	0.911	0.228	2.70	3.67	1.00	4.00
	宁夏回族自治区	16	3.56	0.892	0.223	3.09	4.04	2.00	5.00
	新疆维吾尔自治区	28	3.00	0.943	0.178	2.63	3.37	1.00	4.00
	总计	490	3.44	1.006	0.045	3.35	3.53	1.00	5.00
教师职业身份认同	北京市	5	3.68	0.415	0.185	3.17	4.19	3.00	4.00
	天津市	7	3.69	0.380	0.144	3.33	4.04	3.00	4.20
	河北省	4	3.25	0.854	0.427	1.89	4.61	2.20	4.20
	山西省	13	3.54	0.532	0.147	3.22	3.86	2.20	4.00
	内蒙古自治区	28	3.39	0.713	0.135	3.12	3.67	1.40	4.40
	辽宁省	9	4.24	0.639	0.213	3.75	4.74	3.00	5.00
	吉林省	9	3.11	0.715	0.238	2.56	3.66	2.00	4.20
	黑龙江省	10	3.10	0.583	0.184	2.68	3.52	2.40	4.40
	上海市	1	2.80	—	—	—	—	2.80	2.80
	江苏省	9	3.36	0.871	0.290	2.69	4.02	2.20	5.00
	浙江省	4	3.85	0.412	0.206	3.19	4.51	3.40	4.40
	安徽省	15	3.71	0.740	0.191	3.30	4.12	2.40	5.00
	福建省	9	2.93	0.781	0.260	2.33	3.53	2.00	4.00
	江西省	10	3.16	0.815	0.258	2.58	3.74	1.80	4.60

续表

维度/题项	任教地	个案数	平均值	标准差	标准误差	平均值的95%置信区间 下限	平均值的95%置信区间 上限	最小值	最大值
教师职业身份认同	山东省	8	3.23	1.298	0.459	2.14	4.31	1.00	5.00
	河南省	22	3.57	0.831	0.177	3.20	3.94	2.00	5.00
	湖北省	55	3.33	0.657	0.089	3.15	3.51	1.80	4.80
	湖南省	16	3.20	0.759	0.190	2.80	3.60	2.00	4.40
	广东省	12	3.55	0.919	0.265	2.97	4.13	1.60	5.00
	广西壮族自治区	19	3.29	0.809	0.186	2.90	3.68	1.00	4.60
	海南省	8	3.30	0.849	0.300	2.59	4.01	1.60	4.20
	重庆市	10	3.12	0.700	0.222	2.62	3.62	1.80	4.00
	四川省	22	3.07	0.856	0.183	2.69	3.45	1.00	4.60
	贵州省	14	3.07	1.069	0.286	2.45	3.69	1.20	4.80
	云南省	8	3.03	1.159	0.410	2.06	3.99	1.00	4.40
	西藏自治区	2	3.60	0.283	0.200	1.06	6.14	3.40	3.80
	陕西省	83	3.13	0.691	0.076	2.98	3.28	1.40	5.00
	甘肃省	18	3.09	0.985	0.232	2.60	3.58	1.40	4.60
	青海省	16	2.95	0.416	0.104	2.73	3.17	2.40	3.60
	宁夏回族自治区	16	3.31	0.689	0.172	2.95	3.68	2.00	4.40
	新疆维吾尔自治区	28	2.81	0.791	0.149	2.51	3.12	1.40	4.20
	总计	490	3.26	0.784	0.035	3.19	3.33	1.00	5.00

本阶段样本学生对于题项"我认为教师的社会地位很高"的作答结果中，作答均值最大的为来自上海的公费师范教育硕士，但由于本阶段仅一名来自上海的样本学生，其作答可能存在一定程度的个体化特征。依据作答均值大于等于3.00可看作对此题项表述呈相对中性或积极态度的分布特征可知，任教于辽宁省、安徽省、广东省、北京市、浙江省5个省（直辖市）的公费师范教育硕士对于教师的社会地位认可程度较高。此外，高于本阶段样本学生作答平均水平的还有来自河南省、天津市、山西省、内蒙古自治区、重庆市、湖北省、湖南省、海南省和西藏自治区9个省（自治区、直辖

市）。需要注意的是，任教于我国新疆维吾尔自治区和青海省的44名样本学生对此题项的作答均值在2.00以下，新疆维吾尔自治区和青海省作为我国西北地区重要的少数民族聚居省（自治区），其教师的社会认可程度一定程度上影响着从业教师的职业幸福感和教学效能感，在区域性的教育职后教育及相关教育政策制定方面应当予以关注。

在对题项"从事中小学教师职业是我的兴趣所在"的作答中，整体均值为3.54，表明此阶段样本学生对从事教师职业具有较强的内在兴趣驱动，在来自不同省（自治区、直辖市）的教育硕士中，高于平均作答水平的地区有江苏省、西藏自治区、河南省、山西省、江西省、浙江省、广东省、宁夏回族自治区、广西壮族自治区、湖北省和内蒙古自治区11个省（自治区）。作答均值明显低于其他地区的主要有任教于新疆维吾尔自治区和上海市的公费师范教育硕士样本学生，但需要明确的是，来自新疆维吾尔自治区的28名样本学生作答标准差较大，表明作答结果分布较为离散，说明该地区作答均值一定程度上受到个别个体化选择影响的可能性较大。此外，本阶段样本学生中，仅一名来自上海市的样本学生，其作答结果从统计上直接作为该直辖市的作答均值，但从数理上其代表性仍有待通过扩大区域调研范围予以验证。

就题项"我认为从事教师职业比从事其他职业更加能够实现自己的价值"而言，整体作答均值相对较高，其中各地区作答结果中，任教于辽宁省、天津市、北京市、上海市、山西省、河南省的样本学生对于此题项的作答均值大于等于4.00，表明其自身价值通过所从事的教师职业得到了较为强烈的价值感。此外，作答均值高于水平的还有安徽省、江苏省、浙江省、山东省、广东省、宁夏回族自治区、河北省、黑龙江省、贵州省、西藏自治区、湖北省11个省（自治区）。

从对教师职业省份认同维度的整体作答情况而言，总体样本均值3.26，表明任教于调研所涉及的21个省（自治区、直辖市）的公费师范教育硕士对于自身的教师职业身份具有较强的认同感。其中，任教于辽宁省的公费师范教育硕士作答均值最大（4.24），且明显高于其他省（自治区、直辖市）的样本学生。此外，高于整体平均作答水平的还有任教于浙江省、安徽省、天津市、北京市、西藏自治区、河南省、广东省、山西省、内蒙古自治区、江苏省、湖北省、宁夏回族自治区、海南省、广西壮族自治区14个省（自治区、直辖市）的样本学生。

从题项之间比较来看，本阶段样本学生对于题项"我认为教师的社会地位很高"

这一表述认同程度较低，整体作答均值仅 2.46，在五级赋值下呈相对消极的作答。《荀子·大略》有言："国将兴，必贵师而重傅，贵师而重傅则法度存。国将衰，必贱师而轻傅，贱师而轻傅则人有快，人有快则法度坏。"[①] 可知自古以来，我国便有着尊师重道的优良传统，其对于教育事业发展及国家文化塑造等均有着重要的意义，师范教育本身聚焦教师对自身的师德强化、人格塑造、专业提升等，同时，注重塑造并强化尊师重道的社会风气亦是教育事业发展中必不可少的生态要素。

4. 教育硕士毕业后阶段不同任教学段样本学生教师职业身份认同差异分析

除任教学科、任教地等任教相关变量外，研究进一步以任教学段为因子，对其教师职业身份认同差异予以探究，相应作答结果的方差齐性检验结果如表 3-82 所示。

表 3-82　教育硕士毕业后阶段样本学生教师职业身份认同分析及各题项任教学段分组方差齐性检验

维度/题项	莱文统计	自由度1	自由度2	显著性
我在报考公费师范生时对教师职业非常了解	1.348	6	483	0.234
我报考公费师范生是源于对教师职业的喜爱	0.727	6	483	0.628
我认为教师的社会地位很高	1.393	6	483	0.215
从事中小学教师职业是我的兴趣所在	0.803	6	483	0.568
我认为从事教师职业比从事其他职业更加能够实现自己的价值	1.067	6	483	0.381
教师职业身份认同	0.600	6	483	0.730

教育硕士毕业后阶段样本学生对教师职业身份认同维度及其具体题项作答结果的方差齐性检验显著性均大于 0.05，表明其结果均接受了方差相等的假设，相应的单因素方差分析见表 3-83。

---

① 王先谦. 荀子集解[M]. 沈啸寰，王星贤，点校. 北京：中华书局，1988：511-512.

表 3-83 教育硕士毕业后阶段不同任教学段样本学生教师职业身份认同及各题项 ANOVA 分析

题项/维度	分组	平方和	自由度	均方	F	显著性
我在报考公费师范生时对教师职业非常了解	组间	11.245	6	1.874	1.465	0.188
	组内	618.094	483	1.280	—	—
	总计	629.339	489	—	—	—
我报考公费师范生是源于对教师职业的喜爱	组间	9.420	6	1.570	1.315	0.249
	组内	576.833	483	1.194	—	—
	总计	586.253	489	—	—	—
我认为教师的社会地位很高	组间	6.965	6	1.161	1.000	0.425
	组内	560.635	483	1.161	—	—
	总计	567.600	489	—	—	—
从事中小学教师职业是我的兴趣所在	组间	9.167	6	1.528	1.589	0.148
	组内	464.433	483	0.962	—	—
	总计	473.600	489	—	—	—
我认为从事教师职业比从事其他职业更加能够实现自己的价值	组间	7.140	6	1.190	1.179	0.316
	组内	487.523	483	1.009	—	—
	总计	494.663	489	—	—	—
教师职业身份认同	组间	6.062	6	1.010	1.658	0.130
	组内	294.366	483	0.609	—	—
	总计	300.428	489	—	—	—

教育硕士毕业后阶段，承担不同学段教学工作的样本公费师范生对于表中所涉及的 5 个题项及教师职业身份认同维度作答结果的单因素方差分析显示显著性均大于 0.05，表明不同学段的任课教师对于自身的教师职业身份认同没有显现出具有统计学意义的显著性差异。

5. 教育硕士毕业后阶段不同任教班级数量样本学生教师职业身份认同差异分析

当以承担教学班级数量作为因子时，本阶段样本学生对教师职业身份认同维度下的题项及整体维度作答结果的方差齐性检验结果如表 3-84 所示。

表 3-84　教育硕士毕业后阶段样本学生教师职业身份认同分析及各题项任教班级数分组方差齐性检验

维度/题项	莱文统计	自由度1	自由度2	显著性
我在报考公费师范生时对教师职业非常了解	2.673	3	486	0.047
我报考公费师范生是源于对教师职业的喜爱	3.181	3	486	0.024
我认为教师的社会地位很高	0.243	3	486	0.866
从事中小学教师职业是我的兴趣所在	1.228	3	486	0.299
我认为从事教师职业比从事其他职业更加能够实现自己的价值	0.552	3	486	0.647
教师职业身份认同	0.812	3	486	0.488

由表 3-84 中方差齐性检验结果显示，教育硕士毕业后阶段样本学生对"我报考公费师范生时对教师职业非常了解"和"我报考公费师范生是源于对教师职业的喜爱"两题项的作答结果拒绝了方差相等的假设，相应非参数检验结果如表 3-85、表 3-86 所示。其他题项及本维度整体作答结果均符合方差齐性的一致性要求，对应单因素方差分析结果见表 3-87。

表 3-85　教育硕士毕业后阶段不同任教班级数样本学生教师职业身份认同两题项克鲁斯卡尔-沃利斯检验秩

题项	任教班级数量	个案数	秩平均值
我在报考公费师范生时对教师职业非常了解	一个班	82	274.25
	两个班	380	236.72
	三个班	14	286.57
	四个班或以上	14	274.25
	总计	490	—
我报考公费师范生是源于对教师职业的喜爱	一个班	82	264.12
	两个班	380	239.51
	三个班	14	298.32
	四个班或以上	14	246.18
	总计	490	—

表 3-86　教育硕士毕业后阶段样本学生教师职业身份认同分析两题项
任教班级数分组克鲁斯卡尔 – 沃利斯检验统计

题项	我在报考公费师范生时对教师职业非常了解	我报考公费师范生是源于对教师职业的喜爱
卡方	7.062	4.381
自由度	3	3
渐近显著性	0.070	0.223

注：分组变量：任教班级数量。

表 3-87　教育硕士毕业后阶段不同任教班级数样本学生教师职业身份认同及
三题项 ANOVA 分析

题项/维度	组别	平方和	自由度	均方	F	显著性
我认为教师的社会地位很高	组间	0.971	3	0.324	0.277	0.842
	组内	566.629	486	1.166	—	—
	总计	567.600	489	—	—	—
从事中小学教师职业是我的兴趣所在	组间	0.940	3	0.313	0.322	0.809
	组内	472.660	486	0.973	—	—
	总计	473.600	489	—	—	—
我认为从事教师职业比从事其他职业更加能够实现自己的价值	组间	0.604	3	0.201	0.198	0.898
	组内	494.059	486	1.017	—	—
	总计	494.663	489	—	—	—
教师职业身份认同	组间	1.248	3	0.416	0.676	0.567
	组内	299.180	486	0.616	—	—
	总计	300.428	489	—	—	—

从差异分析结果可见，在克鲁斯卡尔-沃利斯检验中，当以任教班级数量作为分组变量时，本阶段样本学生对题项"我在报考公费师范生时对教师职业非常了解""我报考公费师范生是源于对教师职业的喜爱"作答结果的渐进显著性均大于0.05，表明教育硕士毕业后阶段样本学生虽然承担着不同数量的教学班级工作，但其对于上述两个题项的作答结果并无显著差异。由表3-87可知，单因素方差分析结果显示，教育硕士毕业后阶段样本学生在表中3个题项及教师职业身份认同整体维度的作答方面，承担不同任教班级数量的公费师范专业教师并未显示出具有统计学意义的显著性差异。

6. 教育硕士毕业后阶段不同课时量样本学生教师职业身份认同差异分析

为补充验证承担工作量不同的教师对自身的职业身份认同程度是否存在差异，研究进一步以每周课时量作为因子及分组变量，进行方差齐性检验及相应差异分析。方差齐性检验结果如表3-88所示。

表3-88　教育硕士毕业后阶段样本学生教师职业身份认同分析及各题项每周课时量分组方差齐性检验

题项/维度	莱文统计	自由度1	自由度2	显著性
我在报考公费师范生时对教师职业非常了解	1.009	3	486	0.388
我报考公费师范生是源于对教师职业的喜爱	0.588	3	486	0.623
我认为教师的社会地位很高	0.987	3	486	0.399
从事中小学教师职业是我的兴趣所在	1.181	3	486	0.316
我认为从事教师职业比从事其他职业更加能够实现自己的价值	0.763	3	486	0.515
教师职业身份认同	0.330	3	486	0.804

由方差齐性检验结果可知，每周承担不同课时量的教育硕士毕业后样本学生对于表中题项及整体维度作答结果均接受了方差相等的假设，相应单因素方差分析结果如表3-89所示。

表3-89　教育硕士毕业后阶段每周不同课时量样本学生教师职业身份认同及各题项ANOVA分析

题项/维度	组别	平方和	自由度	均方	F	显著性
我在报考公费师范生时对教师职业非常了解	组间	5.564	3	1.855	1.445	0.229
	组内	623.775	486	1.283	—	—
	总计	629.339	489	—	—	—
我报考公费师范生是源于对教师职业的喜爱	组间	0.514	3	0.171	0.142	0.935
	组内	585.739	486	1.205	—	—
	总计	586.253	489	—	—	—
我认为教师的社会地位很高	组间	13.691	3	4.564	4.004	0.008
	组内	553.909	486	1.140	—	—
	总计	567.600	489	—	—	—

续表

题项/维度	组别	平方和	自由度	均方	F	显著性
从事中小学教师职业是我的兴趣所在	组间	0.791	3	0.264	0.271	0.846
	组内	472.809	486	0.973	—	—
	总计	473.600	489	—	—	—
我认为从事教师职业比从事其他职业更加能够实现自己的价值	组间	3.101	3	1.034	1.022	0.383
	组内	491.563	486	1.011	—	—
	总计	494.663	489	—	—	—
教师职业身份认同	组间	2.798	3	0.933	1.523	0.208
	组内	297.630	486	0.612	—	—
	总计	300.428	489	—	—	—

由单因素方差分析结果可知，教育硕士毕业后阶段样本学生虽然每周承担的课时数量各有不同，但其在教师职业身份认同维度下属的5个题项作答上并无显著差异，在对自身教师职业身份认同程度上也未呈现出具有统计学意义的显著性差异。结合前文以任教班级数量作为因子时的单因素方差分析结果可知，对于已经完成教育硕士研究生阶段学习的公费师范生而言，通常情况下，虽然他们承担着不同程度的教育教学工作量，但他们对于自身教师职业身份的认同感并无显著差异。

第 4 章 公费师范生职前职后的学习动机

John Biggs 于 1987 年开发了有关学习过程监测的问卷 The Study Process Questionnaire，并在此后多次修正完善，其团队于 2001 年对学习者的表层学习动机（Surface Motive，SM）和深层学习动机（Deep Motive，DM）要素进行了再次修正及检验论证。[1] 本调研工具研发的过程中，学习动机这一监测维度的监测题项设置，是在 Biggs 团队 2001 年修正的表层学习动机与深层学习动机的题项设置的基础上修改完成的，并根据公费师范生这一样本群体增设了二级监测维度"项目动机"。至此，形成了由"项目动机""表层学习动机""深层学习动机"三个二级监测维度构成的"学习动机"维度的监测框架。现就三个二级监测维度逐一分析讨论。

第一节 项目动机分析

一、本科阶段样本学生项目动机描述性统计分析

为确保调研结果的实时准确性，本调查研究仅对初入本科及本科在读两个阶段的样本学生进行了项目动机方面的调研，其作答分布情况如表 4-1 所示。

表 4-1 本科阶段样本对象项目动机分析统计量

题项	阶段	N	极小值	极大值	均值	标准差
我报考公费师范生是为了获得稳定的工作	初入本科阶段	1016	1	5	3.52	0.98
	本科在读阶段	904	1	5	3.68	0.91
	小计	1920	1	5	3.60	—

---

[1] BIGGS J, KEMBER D, LEUNG D. The revised two-factor Study Process Questionnaire：R-SPQ-2F[J]. British Journal of Educational Psychology，2001，7：133-149.

续表

题项	阶段	N	极小值	极大值	均值	标准差
我报考公费师范生是我父母的意愿	初入本科阶段	1016	1	5	3.07	1.22
	本科在读阶段	904	1	5	3.29	1.13
	小计	1920	1	5	3.17	—
我报考公费师范生是我自己的意愿	初入本科阶段	1016	1	5	3.82	0.92
	本科在读阶段	904	1	5	3.67	0.95
	小计	1920	1	5	3.75	—
我报考公费师范生是因为我喜欢和中小学生待在一起	初入本科阶段	1016	1	5	3.39	0.98
	本科在读阶段	904	1	5	3.48	0.92
	小计	1920	1	5	3.43	—
我报考公费师范生是因为我没有选择	初入本科阶段	1016	1	5	1.90	0.97
	本科在读阶段	904	1	5	2.25	1.08
	小计	1920	1	5	2.06	—

如表4-1所示，从样本学生选择报考公费师范生的动机来看，有时并非单一因素决定，可能融合了个人意愿、父母意愿、就业意向、个人喜好等多方面的因素。相较之下，更多的本科样本学生选择报考公费师范生出于个人意愿（$\bar{x}=3.75$）；同时，公费师范政策所提供的毕业后相对稳定的工作岗位也成为学生选择报考公费师范专业的主要因素之一（$\bar{x}=3.60$）；还有部分学生选择公费师范专业是遵从了父母的建议（$\bar{x}=3.43$）；此外，极少部分学生出于无奈而选择报考了公费师范专业（$\bar{x}=2.06$）。"我报考公费师范生是因为我喜欢和中小学生待在一起"作为一个辅助性意愿监测题项，作答情况如表4-2所示。

表4-2 本科样本学生题项"我报考公费师范生是因为我喜欢和中小学生待在一起"作答分布

阶段	选项	频率	百分比	有效百分比	累积百分比
初入本科阶段	完全不符	36	3.54	3.54	3.54
	基本不符	140	13.78	13.78	17.32
	不好说	349	34.35	34.35	51.67
	基本符合	371	36.52	36.52	88.19
	完全符合	120	11.81	11.81	100.00
	合计	1016	100.00	100.00	—

续表

阶段	选项	频率	百分比	有效百分比	累积百分比
本科在读阶段	完全不符	17	1.88	1.88	1.88
	基本不符	115	12.72	12.72	14.60
	不好说	291	32.19	32.19	46.79
	基本符合	378	41.81	41.81	88.61
	完全符合	103	11.39	11.39	100.00
	合计	904	100.00	100.00	—

从表4-2可见，初入本科阶段的样本学生对题项"我报考公费师范生是因为我喜欢和中小学生待在一起"的作答结果中，48.33%的学生选择了"基本符合"或"完全符合"，34.35%的样本学生对此题项没有明确的意愿取向，选择了选项"不好说"，另有20.85%的样本学生对此题项做出了相对消极的作答。数据表明，近半数的样本学生选择公费师范专业的原因中一定程度上包含与人相处个人喜好方面的积极因素，形成了个体化的专业选择因素。

二、本科阶段样本学生项目动机差异分析

面向本科两个阶段的样本学生，研究对其项目动机的差异分析主要聚焦于性别差异、民族差异、地域差异、就读院校差异和修读专业差异五个方面，现分别从两个阶段样本学生的作答情况进行分析。

1. 初入本科阶段样本学生项目动机差异分析

（1）初入本科阶段不同性别样本学生项目动机差异分析

表4-3　初入本科阶段样本学生项目动机分析各题项性别分组统计

题项	性别	个案数	平均值	标准差	标准误差平均值
我报考公费师范生是为了获得稳定的工作	男	152	3.53	0.990	0.080
	女	864	3.51	0.975	0.033
我报考公费师范生是我父母的意愿	男	152	3.03	1.307	0.106
	女	864	3.08	1.210	0.041
我报考公费师范生是我自己的意愿	男	152	3.91	1.003	0.081
	女	864	3.81	0.909	0.031

续表

题项	性别	个案数	平均值	标准差	标准误差平均值
我报考公费师范生是因为我喜欢和中小学生待在一起	男	152	3.45	1.041	0.084
	女	864	3.38	0.971	0.033
我报考公费师范生是因为我没有选择	男	152	1.93	1.065	0.086
	女	864	1.90	0.952	0.032
毕业后回生源地教书有利于发挥我的社会价值	男	152	3.98	0.888	0.072
	女	864	4.00	0.806	0.027
毕业后回生源地教书符合我父母的意愿	男	152	4.03	0.853	0.069
	女	864	4.07	0.892	0.030
毕业后回生源地教书是为了获得稳定的工作	男	152	3.30	1.023	0.083
	女	864	3.22	1.027	0.035
我认为报考公费师范生教育硕士有利于实现职业提升	男	152	4.20	0.781	0.063
	女	864	4.24	0.715	0.024
我认为报考公费师范生教育硕士有利于提高我的科研能力	男	152	4.14	0.833	0.068
	女	864	4.20	0.754	0.026

从表4-3的分组统计结果可知，初入本科阶段样本学生对于表中所涉及的题项作答结果中，对于题项"我报考公费师范生是因为我没有选择"的作答，本阶段男生、女生的作答均值均低于2.00，从侧面体现了样本学生选择公费师范生项目更多的是主动、自为的选择。此外，男生、女生对于大部分题项的作答均值差异不大，相较之下，略体现出差异的是题项"我报考公费师范生是因为我喜欢和中小学生待在一起"，其中男生作答均值略高于女生，表明在选择公费师范生培养项目的动机中，与学生相处因素作为动机之一在男生群体中表现得更为明显。需要明确的是，分组统计只能对作答结果的数据分布特征有所体现，但是否造成了具有数理统计意义的性别差异，还需通过独立样本t检验结果予以验证。

表4-4 初入本科阶段不同性别样本学生项目动机各题项独立样本t检验

题项		方差方程的Levene检验		均值方差的t检验					差分的95%置信区间	
		F	Sig.	t	df	Sig.（双侧）	均值差值	标准误差差值	下限	上限
我报考公费师范生是为了获得稳定的工作	假设方差相等	0.011	0.917	0.145	1014	0.885	0.012	0.086	-0.156	0.181
	假设方差不相等	—	—	0.143	205.880	0.886	0.012	0.087	-0.159	0.184
我报考公费师范生是我父母的意愿	假设方差相等	1.459	0.227	-0.519	1014	0.604	-0.056	0.108	-0.267	0.156
	假设方差不相等	—	—	-0.491	199.173	0.624	-0.056	0.114	-0.280	0.168
我报考公费师范生是我自己的意愿	假设方差相等	1.708	0.192	1.298	1014	0.195	0.105	0.081	-0.054	0.265
	假设方差不相等	—	—	1.212	197.104	0.227	0.105	0.087	-0.066	0.277
我报考公费师范生是因为我喜欢和中小学生待在一起	假设方差相等	0.816	0.367	0.834	1014	0.405	0.072	0.086	-0.097	0.241
	假设方差不相等	—	—	0.794	199.948	0.428	0.072	0.091	-0.107	0.251
我报考公费师范生是因为我没有选择	假设方差相等	2.676	0.102	0.409	1014	0.682	0.035	0.085	-0.132	0.202
	假设方差不相等	—	—	0.378	195.746	0.706	0.035	0.092	-0.147	0.217
毕业后回生源地教书有利于发挥我的社会价值	假设方差相等	3.163	0.076	-0.322	1014	0.747	-0.023	0.072	-0.165	0.118
	假设方差不相等	—	—	-0.301	197.301	0.764	-0.023	0.077	-0.175	0.129
毕业后回生源地教书符合我父母的意愿	假设方差相等	0.339	0.560	-0.509	1014	0.611	-0.040	0.078	-0.193	0.113
	假设方差不相等	—	—	-0.525	213.347	0.600	-0.040	0.076	-0.189	0.109
毕业后回生源地教书是为了获得稳定的工作	假设方差相等	0.083	0.773	0.916	1014	0.360	0.083	0.090	-0.094	0.260
	假设方差不相等	—	—	0.919	208.127	0.359	0.083	0.090	-0.095	0.260

续表

题项		方差方程的 Levene 检验		均值方差的t检验						
		F	Sig.	t	df	Sig.（双侧）	均值差值	标准误差差值	差分的95%置信区间	
									下限	上限
我认为报考公费师范生教育硕士有利于实现职业提升	假设方差相等	0.925	0.336	-0.644	1014	0.520	-0.041	0.064	-0.166	0.084
	假设方差不相等	—	—	-0.605	198.038	0.546	-0.041	0.068	-0.175	0.093
我认为报考公费师范生教育硕士有利于提高我的科研能力	假设方差相等	1.411	0.235	-0.875	1014	0.382	-0.059	0.067	-0.191	0.073
	假设方差不相等	—	—	-0.816	196.886	0.416	-0.059	0.072	-0.202	0.084

从表 4-4 的检验结果可知，当以性别作为分组变量时，初入本科阶段的样本学生对于表中 10 个题项的作答结果均接受了方差相等的假设，在此条件下，其独立样本t检验结果显示，本阶段样本学生虽在各题项的作答均值、标准差等分布特征上略有不同，但并未体现出具有统计学意义的性别差异。

（2）初入本科阶段不同民族样本学生项目动机差异分析

初入本科阶段的样本学生来自汉族、蒙古族、回族、藏族等 22 个不同的民族，当以民族作为因子时，其对于项目动机维度下具体题项作答结果的方差齐性检验结果如表 4-5 所示。

表 4-5　初入本科阶段样本学生项目动机各题项民族分组方差齐性检验

题项	莱文统计	自由度1	自由度2	显著性
我报考公费师范生是为了获得稳定的工作	0.872[①]	16	994	0.603
我报考公费师范生是我父母的意愿	0.806[②]	16	994	0.680
我报考公费师范生是我自己的意愿	1.607[③]	16	994	0.060
我报考公费师范生是因为我喜欢和中小学生待在一起	1.597[④]	16	994	0.063
我报考公费师范生是因为我没有选择	2.339[⑤]	16	994	0.002
毕业后回生源地教书有利于发挥我的社会价值	0.845[⑥]	16	994	0.634
毕业后回生源地教书符合我父母的意愿	0.475[⑦]	16	994	0.959
毕业后回生源地教书是为了获得稳定的工作	1.880[⑧]	16	994	0.019

续表

题项	莱文统计	自由度1	自由度2	显著性
我认为报考公费师范生教育硕士有利于实现职业提升	0.752⑨	16	994	0.741
我认为报考公费师范生教育硕士有利于提高我的科研能力	1.577⑩	16	994	0.068

①在针对"我报考公费师范生是为了获得稳定的工作"计算方差齐性检验时，将忽略只有一个个案的组。

②在针对"我报考公费师范生是我父母的意愿"计算方差齐性检验时，将忽略只有一个个案的组。

③在针对"我报考公费师范生是我自己的意愿"计算方差齐性检验时，将忽略只有一个个案的组。

④在针对"我报考公费师范生是因为我喜欢和中小学生待在一起"计算方差齐性检验时，将忽略只有一个个案的组。

⑤在针对"我报考公费师范生是因为我没有选择"计算方差齐性检验时，将忽略只有一个个案的组。

⑥在针对"毕业后回生源地教书有利于发挥我的社会价值"计算方差齐性检验时，将忽略只有一个个案的组。

⑦在针对"毕业后回生源地教书符合我父母的意愿"计算方差齐性检验时，将忽略只有一个个案的组。

⑧在针对"毕业后回生源地教书是为了获得稳定的工作"计算方差齐性检验时，将忽略只有一个个案的组。

⑨在针对"我认为报考公费师范生教育硕士有利于实现职业提升"计算方差齐性检验时，将忽略只有一个个案的组。

⑩在针对"我认为报考公费师范生教育硕士有利于提高我的科研能力"计算方差齐性检验时，将忽略只有一个个案的组。

表4-5中的方差齐性检验结果显示，初入本科阶段样本学生对"我报考公费师范生是因为我没有选择"和"毕业后回生源地教书是为了获得稳定的工作"两个题项的作答结果拒绝了方差相等的假设，上述两题项相应的项克鲁斯卡尔-沃利斯检验结果如表4-6、表4-7所示。其他题项的作答结果均符合方差齐性的一致性要求，对应单因素方差分析结果见4-8。

表4-6　初入本科阶段不同民族样本学生项目动机两题项克鲁斯卡尔-沃利斯检验秩

题项	民族	个案数	秩平均值	题项	民族	个案数	秩平均值
我报考公费师范生是因为我没有选择	汉族	816	507.96	毕业后回生源地教书是为了获得稳定的工作	汉族	816	505.37
	蒙古族	18	492.14		蒙古族	18	555.28
	回族	73	529.76		回族	73	539.57
	藏族	11	557.73		藏族	11	616.23
	维吾尔族	21	563.64		维吾尔族	21	597.93

续表

题项	民族	个案数	秩平均值	题项	民族	个案数	秩平均值
我报考公费师范生是因为我没有选择	苗族	12	439.04	毕业后回生源地教书是为了获得稳定的工作	苗族	12	460.25
	彝族	2	405.25		彝族	2	743.50
	壮族	15	627.97		壮族	15	477.70
	布依族	2	202.50		布依族	2	155.50
	满族	3	202.50		满族	3	743.50
	侗族	4	303.88		侗族	4	334.00
	瑶族	3	727.17		瑶族	3	273.17
	白族	4	506.63		白族	4	418.75
	土家族	19	413.39		土家族	19	471.76
	哈萨克族	3	456.83		哈萨克族	3	547.50
	黎族	1	202.50		黎族	1	393.50
	东乡族	2	608.00		东乡族	2	155.50
	柯尔克孜族	1	1004.50		柯尔克孜族	1	981.50
	土族	1	202.50		土族	1	743.50
	羌族	1	202.50		羌族	1	393.50
	撒拉族	1	965.50		撒拉族	1	743.50
	仡佬族	3	561.83		仡佬族	3	273.17
	总计	1016	—		总计	1016	—

表 4-7 初入本科阶段样本学生项目动机分析两题项民族分组克鲁斯卡尔-沃利斯检验统计

题项	我报考公费师范生是因为我没有选择	毕业后回生源地教书是为了获得稳定的工作
卡方	28.609	27.024
自由度	21	21
渐近显著性	0.124	0.170

注：分组变量：民族。

由表 4-6、表 4-7 中的克鲁斯卡尔-沃利斯检验统计结果可知，虽然初入本科阶段样本学生来自 22 个不同的民族，且其作答结果的秩平均值差异明显，但克鲁斯卡尔-沃利斯检验渐进显著性均明显大于 0.05，表明本阶段不同民族的公费师范生在两个题项的作答结果上没有显著差异。

表 4-8　初入本科阶段不同民族样本学生项目动机八题项 ANOVA 分析

题项	组别	平方和	自由度	均方	F	显著性
我报考公费师范生是为了获得稳定的工作	组间	14.540	21	0.692	0.722	0.813
	组内	953.208	994	0.959	—	—
	总计	967.748	1015	—	—	—
我报考公费师范生是我父母的意愿	组间	35.163	21	1.674	1.120	0.320
	组内	1486.301	994	1.495	—	—
	总计	1521.464	1015	—	—	—
我报考公费师范生是我自己的意愿	组间	15.897	21	0.757	0.884	0.612
	组内	850.918	994	0.856	—	—
	总计	866.815	1015	—	—	—
我报考公费师范生是因为我喜欢和中小学生待在一起	组间	24.258	21	1.155	1.203	0.239
	组内	954.049	994	0.960	—	—
	总计	978.306	1015	—	—	—
毕业后回生源地教书有利于发挥我的社会价值	组间	18.214	21	0.867	1.303	0.163
	组内	661.786	994	0.666	—	—
	总计	680.000	1015	—	—	—
毕业后回生源地教书符合我父母的意愿	组间	21.937	21	1.045	1.339	0.140
	组内	775.400	994	0.780	—	—
	总计	797.338	1015	—	—	—
我认为报考公费师范生教育硕士有利于实现职业提升	组间	9.513	21	0.453	0.860	0.645
	组内	523.668	994	0.527	—	—
	总计	533.181	1015	—	—	—
我认为报考公费师范生教育硕士有利于提高我的科研能力	组间	10.303	21	0.491	0.833	0.679
	组内	585.110	994	0.589	—	—
	总计	595.413	1015	—	—	—

由表 4-8 可知，单因素方差分析结果表明，当以民族为因子时，初入本科阶段样本学生对项目动机对应其他 8 个题项的作答结果并无统计学意义上的显著性差异。

（3）初入本科阶段不同生源地样本学生项目动机差异分析

当以生源省（自治区、直辖市）作为因子时，初入本科阶段样本学生对项目动机维度下 10 个题项作答结果的方差齐性检验结果见表 4-9。

表 4-9　初入本科阶段样本学生项目动机各题项生源地分组方差齐性检验

题项	莱文统计	自由度1	自由度2	显著性
我报考公费师范生是为了获得稳定的工作	2.608①	26	988	0.000
我报考公费师范生是我父母的意愿	1.815②	26	988	0.008
我报考公费师范生是我自己的意愿	1.748③	26	988	0.012
我报考公费师范生是因为我喜欢和中小学生待在一起	0.905④	26	988	0.602
我报考公费师范生是因为我没有选择	1.456⑤	26	988	0.066
毕业后回生源地教书有利于发挥我的社会价值	1.664⑥	26	988	0.020
毕业后回生源地教书符合我父母的意愿	1.139⑦	26	988	0.287
毕业后回生源地教书是为了获得稳定的工作	1.225⑧	26	988	0.178
我认为报考公费师范生教育硕士有利于实现职业提升	1.128⑨	26	988	0.300
我认为报考公费师范生教育硕士有利于提高我的科研能力	1.440⑩	26	988	0.078

①在针对"我报考公费师范生是为了获得稳定的工作"计算方差齐性检验时，将忽略只有一个个案的组。

②在针对"我报考公费师范生是我父母的意愿"计算方差齐性检验时，将忽略只有一个个案的组。

③在针对"我报考公费师范生是我自己的意愿"计算方差齐性检验时，将忽略只有一个个案的组。

④在针对"我报考公费师范生是因为我喜欢和中小学生待在一起"计算方差齐性检验时，将忽略只有一个个案的组。

⑤在针对"我报考公费师范生是因为我没有选择"计算方差齐性检验时，将忽略只有一个个案的组。

⑥在针对"毕业后回生源地教书有利于发挥我的社会价值"计算方差齐性检验时，将忽略只有一个个案的组。

⑦在针对"毕业后回生源地教书符合我父母的意愿"计算方差齐性检验时，将忽略只有一个个案的组。

⑧在针对"毕业后回生源地教书是为了获得稳定的工作"计算方差齐性检验时，将忽略只有一个个案的组。

⑨在针对"我认为报考公费师范生教育硕士有利于实现职业提升"计算方差齐性检验时，将忽略只有一个个案的组。

⑩在针对"我认为报考公费师范生教育硕士有利于提高我的科研能力"计算方差齐性检验时，将忽略只有一个个案的组。

由表 4-9 中的方差齐性检验结果可知，本阶段样本学生对"我报考公费师范生是为了获得稳定的工作""我报考公费师范生是我父母的意愿""我报考公费师范生是我自己的意愿""毕业后回生源地教书有利于发挥我的社会价值"和"我认为报考公费师范生教育硕士有利于提高我的科研能力"5 个题项的作答结果不符合方差齐性的一致性要求，对应非参数检验结果如表 4-10、表 4-11 所示。

表 4-10　初入本科阶段不同生源地样本学生项目动机五题项克鲁斯卡尔-沃利斯检验秩

题项	生源地	个案数	秩平均值	题项	生源地	个案数	秩平均值
我报考公费师范生是为了获得稳定的工作	北京市	2	287.50	我报考公费师范生是我父母的意愿	北京市	2	154.50
	天津市	7	645.71		天津市	7	627.21
	河北省	19	479.68		河北省	19	565.00
	山西省	41	576.98		山西省	41	598.68
	内蒙古自治区	25	508.66		内蒙古自治区	25	539.54
	辽宁省	14	461.32		辽宁省	14	409.86
	黑龙江省	14	529.29		黑龙江省	14	658.75
	浙江省	9	464.00		浙江省	9	393.17
	安徽省	21	537.14		安徽省	21	377.60
	福建省	34	509.75		福建省	34	487.47
	江西省	58	544.90		江西省	58	482.30
	山东省	41	554.45		山东省	41	602.07
	河南省	100	445.38		河南省	100	523.32
	湖北省	37	529.27		湖北省	37	454.16
	湖南省	41	503.32		湖南省	41	560.55
	广东省	1	658.00		广东省	1	464.50
	广西壮族自治区	42	398.10		广西壮族自治区	42	465.71
	海南省	9	575.67		海南省	9	481.33
	重庆市	34	520.06		重庆市	34	444.63
	四川省	58	453.56		四川省	58	514.66
	贵州省	40	527.88		贵州省	40	416.61
	云南省	45	527.04		云南省	45	451.20
	西藏自治区	8	332.50		西藏自治区	8	456.25
	陕西省	107	556.82		陕西省	107	581.99
	甘肃省	59	501.22		甘肃省	59	502.32
	青海省	31	637.63		青海省	31	578.40

续表

题项	生源地	个案数	秩平均值	题项	生源地	个案数	秩平均值
我报考公费师范生是为了获得稳定的工作	宁夏回族自治区	50	474.37	我报考公费师范生是我父母的意愿	宁夏回族自治区	50	510.31
	新疆维吾尔自治区	69	487.38		新疆维吾尔自治区	69	436.06
	总计	1016	—		总计	1016	—
我报考公费师范生是我自己的意愿	北京市	2	724.00	毕业后回生源地教书有利于发挥我的社会价值	北京市	2	306.00
	天津市	7	419.93		天津市	7	534.21
	河北省	19	379.08		河北省	19	420.37
	山西省	41	461.57		山西省	41	490.44
	内蒙古自治区	25	509.94		内蒙古自治区	25	554.44
	辽宁省	14	622.64		辽宁省	14	568.11
	黑龙江省	14	561.29		黑龙江省	14	452.21
	浙江省	9	704.11		浙江省	9	658.33
	安徽省	21	658.14		安徽省	21	637.67
	福建省	34	556.21		福建省	34	590.16
	江西省	58	455.44		江西省	58	366.09
	山东省	41	450.89		山东省	41	542.73
	河南省	100	492.78		河南省	100	516.64
	湖北省	37	500.93		湖北省	37	486.64
	湖南省	41	441.16		湖南省	41	439.82
	广东省	1	189.00		广东省	1	481.00
	广西壮族自治区	42	504.08		广西壮族自治区	42	478.92
	海南省	9	466.11		海南省	9	530.78
	重庆市	34	642.59		重庆市	34	523.26
	四川省	58	466.14		四川省	58	479.69
	贵州省	40	600.29		贵州省	40	572.56
	云南省	45	550.38		云南省	45	531.76
	西藏自治区	8	483.75		西藏自治区	8	480.38

续表

题项	生源地	个案数	秩平均值	题项	生源地	个案数	秩平均值
我报考公费师范生是我自己的意愿	陕西省	107	454.58	毕业后回生源地教书有利于发挥我的社会价值	陕西省	107	479.52
	甘肃省	59	415.42		甘肃省	59	445.20
	青海省	31	546.98		青海省	31	609.55
	宁夏回族自治区	50	540.18		宁夏回族自治区	50	551.60
	新疆维吾尔自治区	69	619.17		新疆维吾尔自治区	69	576.29
	总计	1016	—		总计	1016	—
我认为报考公费师范生教育硕士有利于提高我的科研能力	北京市	2	240.50	我认为报考公费师范生教育硕士有利于提高我的科研能力	广东省	1	395.00
	天津市	7	481.93		广西壮族自治区	42	497.96
	河北省	19	314.42		海南省	9	374.39
	山西省	41	560.54		重庆市	34	476.49
	内蒙古自治区	25	558.10		四川省	58	525.37
	辽宁省	14	558.29		贵州省	40	521.65
	黑龙江省	14	589.18		云南省	45	476.94
	浙江省	9	388.11		西藏自治区	8	449.06
	安徽省	21	592.12		陕西省	107	533.57
	福建省	34	539.24		甘肃省	59	465.15
	江西省	58	465.29		青海省	31	528.53
	山东省	41	544.18		宁夏回族自治区	50	484.83
	河南省	100	509.53		新疆维吾尔自治区	69	525.59
	湖北省	37	487.46		总计	1016	—
	湖南省	41	550.21				

表4-11　初入本科阶段样本学生项目动机分析五题项生源地分组克鲁斯卡尔-沃利斯检验统计

题项	我报考公费师范生是为了获得稳定的工作	我报考公费师范生是我父母的意愿	我报考公费师范生是我自己的意愿	毕业后回生源地教书有利于发挥我的社会价值	我认为报考公费师范生教育硕士有利于提高我的科研能力
卡方	39.403	51.898	69.692	54.925	31.523
自由度	27	27	27	27	27
渐近显著性	0.058	0.003	0.000	0.001	0.250

注：分组变量：生源地。

由表4-10、表4-11中的克鲁斯卡尔-沃利斯检验结果可知，初入本科阶段来自不同省（自治区、直辖市）的样本学生在"我报考公费师范生是为了稳定的工作""我认为报考公费师范生教育硕士有利于提高我的科研能力"两个题项的作答上并无显著差异，而在"我报考公费师范生是我父母的意愿""我报考公费师范生是我自己的意愿""毕业后回生源地教书有利于发挥我的社会价值"3个题项的作答中，渐近显著性均小于0.05，表明显著性差异在本阶段来自不同省（自治区、直辖市）的样本学生中有所体现，其具体表现见表4-12。

表4-12　初入本科阶段不同生源地样本学生项目动机三题项描述性分析

题项	生源地	个案数	平均值	标准差	标准误差	平均值的95%置信区间 下限	平均值的95%置信区间 上限	最小值	最大值
我报考公费师范生是我父母的意愿	北京市	2	1.50	0.707	0.500	-4.85	7.85	1	2
	天津市	7	3.57	1.618	0.612	2.07	5.07	1	5
	河北省	19	3.32	1.250	0.287	2.71	3.92	1	5
	山西省	41	3.46	1.185	0.185	3.09	3.84	1	5
	内蒙古自治区	25	3.20	1.258	0.252	2.68	3.72	1	5
	辽宁省	14	2.64	1.393	0.372	1.84	3.45	1	5
	黑龙江省	14	3.71	1.326	0.354	2.95	4.48	1	5
	浙江省	9	2.56	1.424	0.475	1.46	3.65	1	5
	安徽省	21	2.52	1.030	0.225	2.05	2.99	1	4
	福建省	34	2.97	1.337	0.229	2.50	3.44	1	5

续表

题项	生源地	个案数	平均值	标准差	标准误差	平均值的95%置信区间 下限	平均值的95%置信区间 上限	最小值	最大值
我报考公费师范生是我父母的意愿	江西省	58	2.97	1.184	0.155	2.65	3.28	1	5
	山东省	41	3.49	0.952	0.149	3.19	3.79	1	5
	河南省	100	3.15	1.167	0.117	2.92	3.38	1	5
	湖北省	37	2.81	1.450	0.238	2.33	3.29	1	5
	湖南省	41	3.29	1.230	0.192	2.90	3.68	1	5
	广东省	1	3.00	—	—	—	—	3	3
	广西壮族自治区	42	2.88	1.253	0.193	2.49	3.27	1	5
	海南省	9	3.00	0.866	0.289	2.33	3.67	2	4
	重庆市	34	2.79	1.321	0.226	2.33	3.25	1	5
	四川省	58	3.10	1.150	0.151	2.80	3.41	1	5
	贵州省	40	2.68	1.289	0.204	2.26	3.09	1	5
	云南省	45	2.82	1.211	0.181	2.46	3.19	1	5
	西藏自治区	8	2.88	0.991	0.350	2.05	3.70	2	4
	陕西省	107	3.38	1.113	0.108	3.17	3.60	1	5
	甘肃省	59	3.08	1.039	0.135	2.81	3.36	1	5
	青海省	31	3.39	1.230	0.221	2.94	3.84	1	5
	宁夏回族自治区	50	3.08	1.192	0.169	2.74	3.42	1	5
	新疆维吾尔自治区	69	2.74	1.347	0.162	2.42	3.06	1	5
	总计	1016	3.07	1.224	0.038	3.00	3.15	1	5
我报考公费师范生是我自己的意愿	北京市	2	4.50	0.707	0.500	−1.85	10.85	4	5
	天津市	7	3.00	1.915	0.724	1.23	4.77	1	5
	河北省	19	3.42	1.017	0.233	2.93	3.91	1	5
	山西省	41	3.68	0.879	0.137	3.41	3.96	1	5
	内蒙古自治区	25	3.84	0.898	0.180	3.47	4.21	1	5
	辽宁省	14	4.00	1.359	0.363	3.22	4.78	1	5

续表

题项	生源地	个案数	平均值	标准差	标准误差	平均值的95%置信区间 下限	平均值的95%置信区间 上限	最小值	最大值
我报考公费师范生是我自己的意愿	黑龙江省	14	4.00	0.877	0.234	3.49	4.51	2	5
	浙江省	9	4.44	0.527	0.176	4.04	4.85	4	5
	安徽省	21	4.29	0.845	0.184	3.90	4.67	2	5
	福建省	34	3.94	0.983	0.169	3.60	4.28	1	5
	江西省	58	3.69	0.842	0.111	3.47	3.91	1	5
	山东省	41	3.68	0.850	0.133	3.41	3.95	1	5
	河南省	100	3.77	0.908	0.091	3.59	3.95	1	5
	湖北省	37	3.78	1.031	0.170	3.44	4.13	1	5
	湖南省	41	3.54	1.120	0.175	3.18	3.89	1	5
	广东省	1	3.00	—	—	—	—	3	3
	广西壮族自治区	42	3.83	0.853	0.132	3.57	4.10	1	5
	海南省	9	3.78	0.667	0.222	3.27	4.29	3	5
	重庆市	34	4.24	0.855	0.147	3.94	4.53	2	5
	四川省	58	3.72	0.874	0.115	3.49	3.95	2	5
	贵州省	40	4.10	0.928	0.147	3.80	4.40	1	5
	云南省	45	4.00	0.739	0.110	3.78	4.22	2	5
	西藏自治区	8	3.75	0.886	0.313	3.01	4.49	2	5
	陕西省	107	3.68	0.875	0.085	3.51	3.85	1	5
	甘肃省	59	3.54	0.897	0.117	3.31	3.78	1	5
	青海省	31	3.94	0.929	0.167	3.59	4.28	1	5
	宁夏回族自治区	50	3.90	0.953	0.135	3.63	4.17	1	5
	新疆维吾尔自治区	69	4.19	0.753	0.091	4.01	4.37	2	5
	总计	1016	3.82	0.924	0.029	3.77	3.88	1	5

续表

题项	生源地	个案数	平均值	标准差	标准误差	平均值的95%置信区间 下限	平均值的95%置信区间 上限	最小值	最大值
毕业后回生源地教书有利于发挥我的社会价值	北京市	2	3.50	0.707	0.500	−2.85	9.85	3	4
	天津市	7	3.86	1.464	0.553	2.50	5.21	1	5
	河北省	19	3.63	1.116	0.256	3.09	4.17	1	5
	山西省	41	3.98	0.758	0.118	3.74	4.21	2	5
	内蒙古自治区	25	4.12	0.927	0.185	3.74	4.50	2	5
	辽宁省	14	4.07	1.141	0.305	3.41	4.73	1	5
	黑龙江省	14	3.64	1.336	0.357	2.87	4.41	1	5
	浙江省	9	4.44	0.527	0.176	4.04	4.85	4	5
	安徽省	21	4.38	0.669	0.146	4.08	4.69	3	5
	福建省	34	4.21	0.880	0.151	3.90	4.51	1	5
	江西省	58	3.62	0.745	0.098	3.42	3.82	2	5
	山东省	41	4.10	0.800	0.125	3.85	4.35	2	5
	河南省	100	4.04	0.724	0.072	3.90	4.18	2	5
	湖北省	37	3.89	0.994	0.163	3.56	4.22	1	5
	湖南省	41	3.78	0.909	0.142	3.49	4.07	1	5
	广东省	1	4.00	—	—	—	—	4	4
	广西壮族自治区	42	3.90	0.878	0.136	3.63	4.18	1	5
	海南省	9	4.11	0.601	0.200	3.65	4.57	3	5
	重庆市	34	4.06	0.776	0.133	3.79	4.33	2	5
	四川省	58	3.91	0.844	0.111	3.69	4.14	2	5
	贵州省	40	4.18	0.781	0.123	3.93	4.42	1	5
	云南省	45	4.09	0.733	0.109	3.87	4.31	2	5
	西藏自治区	8	3.88	0.991	0.350	3.05	4.70	2	5
	陕西省	107	3.93	0.785	0.076	3.77	4.08	1	5
	甘肃省	59	3.86	0.681	0.089	3.69	4.04	2	5
	青海省	31	4.29	0.693	0.124	4.04	4.54	2	5

续表

题项	生源地	个案数	平均值	标准差	标准误差	平均值的95%置信区间 下限	平均值的95%置信区间 上限	最小值	最大值
毕业后回生源地教书有利于发挥我的社会价值	宁夏回族自治区	50	4.14	0.756	0.107	3.93	4.35	2	5
	新疆维吾尔自治区	69	4.22	0.639	0.077	4.06	4.37	2	5
	总计	1016	4.00	0.819	0.026	3.95	4.05	1	5

从初入本科阶段的样本学生对题项"我报考公费师范生是我父母的意愿"的作答结果中看，整体作答均值为3.07，在五级量表中考量，此均值处于居中位置。从不同生源地学生的作答结果来看，来自黑龙江省、天津市、山东省、青海省、山西省、河北省、湖南省、内蒙古自治区、河南省、甘肃省、宁夏回族自治区11个省（直辖市、自治区）对于此题项的作答均值大于本阶段样本学生的平均水平，表明来自上述生源地的样本学生在选择报考公费师范生专业时，父母的意愿成为他们选择公费师范生项目的动力来源之一。在题项"我报考公费师范生是我父母的意愿"作答均值处于末位的北京市、安徽省、浙江省等生源地学生在题项"我报考公费师范生是我自己的意愿"的作答中均值处于前三位，表明来自北京市、浙江省、安徽省的样本学生选择公费师范生项目时的主要动力来源于自身的意愿。此外，对于此题项作答结果高于平均水平的生源地还有重庆市、新疆维吾尔自治区、贵州省、辽宁省、黑龙江省、云南省、福建省、青海省、宁夏回族自治区、内蒙古自治区、广西壮族自治区11个省（自治区、直辖市）。值得注意的是，初入本科阶段样本学生对于此题项作答整体均值为3.82，接近4.00，表明绝大多数样本学生在选择公费师范项目时主要出自学生自身的主动、主观的意愿。

从本阶段样本学生对题项"毕业后回生源地教书有利于发挥我的社会价值"的作答均值为4.00，其中，生源地为浙江省、安徽省、青海省、新疆维吾尔自治区、福建省、贵州省、宁夏回族自治区、内蒙古自治区、海南省、山东省、云南省、辽宁省、重庆市、河南省14个省（自治区、直辖市）的公费师范生对于此题项的作答均值均大于或等于4.00，表明初入本科阶段样本学生无论其最初选择公费师范生项目的具体动机来自父母还是自身，都高度承认在完成公费师范教育后回到生源地任教对自身社会价值实现的重要意义。

此外，由表4-9中的方差齐性检验结果可知，当以生源地作为因子时，初入本科阶段样本学生对于"我报考公费师范生是因为我喜欢和中小学生待在一起""我报考公费师范生是因为我没有选择""毕业后回生源地教书符合我父母的意愿""毕业后回生源地教书是为了获得稳定的工作""我认为报考公费师范生教育硕士有利于实现职业提升"5个题项的作答结果接受了方差相等的假设，相应的单因素方差分析结果如表4-13所示。

表4-13 初入本科阶段不同生源地样本学生项目动机五题项ANOVA分析

题项	组别	平方和	自由度	均方	F	显著性
我报考公费师范生是因为我喜欢和中小学生待在一起	组间	32.219	27	1.193	1.246	0.181
	组内	946.087	988	0.958	—	—
	总计	978.306	1015	—	—	—
我报考公费师范生是因为我没有选择	组间	40.522	27	1.501	1.624	0.024
	组内	913.217	988	0.924	—	—
	总计	953.739	1015	—	—	—
毕业后回生源地教书符合我父母的意愿	组间	24.515	27	0.908	1.161	0.261
	组内	772.823	988	0.782	—	—
	总计	797.338	1015	—	—	—
毕业后回生源地教书是为了获得稳定的工作	组间	27.865	27	1.032	0.979	0.495
	组内	1041.316	988	1.054	—	—
	总计	1069.181	1015	—	—	—
我认为报考公费师范生教育硕士有利于实现职业提升	组间	15.718	27	0.582	1.112	0.317
	组内	517.463	988	0.524	—	—
	总计	533.181	1015	—	—	—

由表4-13可见，来自不同生源地的初入本科阶段样本学生对于"我报考公费师范生是因为我喜欢和中小学生待在一起""毕业后回生源地教书符合我父母的意愿""毕业后回生源地教书是为了获得稳定的工作""我认为报考公费师范生教育硕士有利于实现职业提升"4个题项的作答结果并无显著性差异，而在对"我报考公费师范生是因为我没有选择"题项的作答中，单因素方差分析结果显示：$P=0.024$，小于0.05，表明不同省（自治区、直辖市）的样本学生对于此题项表述的认可程度存在具有统计学意义

的显著性差异，具体表现如表4-14所示。

表4-14　初入本科阶段不同生源地样本学生项目动机单一题项描述性分析

生源地	个案数	平均值	标准差	标准误差	平均值的95%置信区间 下限	平均值的95%置信区间 上限	最小值	最大值
北京市	2	1.00	0.000	0.000	1.00	1.00	1	1
天津市	7	1.43	0.787	0.297	0.70	2.16	1	3
河北省	19	2.21	0.918	0.211	1.77	2.65	1	5
山西省	41	1.76	0.799	0.125	1.50	2.01	1	5
内蒙古自治区	25	1.80	0.913	0.183	1.42	2.18	1	4
辽宁省	14	1.57	1.016	0.272	0.98	2.16	1	4
黑龙江省	14	1.64	1.277	0.341	0.91	2.38	1	5
浙江省	9	1.11	0.333	0.111	0.85	1.37	1	2
安徽省	21	1.57	0.811	0.177	1.20	1.94	1	3
福建省	34	1.68	1.007	0.173	1.33	2.03	1	5
江西省	58	1.98	0.908	0.119	1.74	2.22	1	5
山东省	41	1.83	0.998	0.156	1.51	2.14	1	5
河南省	100	2.02	0.964	0.096	1.83	2.21	1	5
湖北省	37	1.97	1.190	0.196	1.58	2.37	1	5
湖南省	41	1.66	0.938	0.147	1.36	1.95	1	5
广东省	1	3.00	—	—	—	—	3	3
广西壮族自治区	42	2.17	1.102	0.170	1.82	2.51	1	5
海南省	9	1.78	0.833	0.278	1.14	2.42	1	3
重庆市	34	1.65	0.849	0.146	1.35	1.94	1	5
四川省	58	1.97	1.123	0.148	1.67	2.26	1	5
贵州省	40	1.70	0.853	0.135	1.43	1.97	1	5
云南省	45	1.80	0.815	0.121	1.56	2.04	1	4
西藏自治区	8	2.25	0.707	0.250	1.66	2.84	1	3
陕西省	107	1.93	0.816	0.079	1.78	2.09	1	4
甘肃省	59	2.03	0.946	0.123	1.79	2.28	1	5

续表

生源地	个案数	平均值	标准差	标准误差	平均值的95%置信区间 下限	平均值的95%置信区间 上限	最小值	最大值
青海省	31	2.19	1.078	0.194	1.80	2.59	1	5
宁夏回族自治区	50	1.92	0.922	0.130	1.66	2.18	1	5
新疆维吾尔自治区	69	2.14	1.154	0.139	1.87	2.42	1	5
总计	1016	1.90	0.969	0.030	1.84	1.96	1	5

由表4-14可知，初入本科阶段来自不同省（自治区、直辖市）的样本学生对于题项"我报考公费师范生是因为我没有选择"的作答结果整体均值较小，小于2.00，表明此阶段样本学生在选择公费师范项目时大多为主动选择，而非无奈为之。比较各生源省（自治区、直辖市）的学生作答情况可知，来自广东省的样本学生作答均值为3.00，表现为中立性选择；来自北京市、浙江省、天津市的样本学生作答均值均小于1.50，说明来自三个省（直辖市）的样本学生对此题项的表述认同程度极低，换言之，他们报考公费师范生专业时均为主动性意识选择。值得注意的是，虽然来自广东省的样本学生作答均值为3.00，但来自该省的本阶段样本学生仅1人，其个人作答结果在数理上即为均值，这也导致其对于当地公费师范生作答结果的代表程度相对较低。

（4）初入本科阶段不同专业样本学生项目动机差异分析

当以就读专业作为因子时，初入本科阶段的样本学生对于项目动机维度下各题项作答结果的方差齐性检验结果如表4-15所示。

表4-15 初入本科阶段样本学生项目动机各题项专业分组方差齐性检验

题项	莱文统计	自由度1	自由度2	显著性
我报考公费师范生是为了获得稳定的工作	1.154	2	1013	0.316
我报考公费师范生是我父母的意愿	0.726	2	1013	0.484
我报考公费师范生是我自己的意愿	0.633	2	1013	0.531
我报考公费师范生是因为我喜欢和中小学生待在一起	0.072	2	1013	0.930
我报考公费师范生是因为我没有选择	3.625	2	1013	0.027
毕业后回生源地教书有利于发挥我的社会价值	0.628	2	1013	0.534
毕业后回生源地教书符合我父母的意愿	0.658	2	1013	0.518

续表

题项	莱文统计	自由度1	自由度2	显著性
毕业后回生源地教书是为了获得稳定的工作	0.287	2	1013	0.751
我认为报考公费师范教育硕士有利于实现职业提升	0.110	2	1013	0.896
我认为报考公费师范教育硕士有利于提高我的科研能力	0.409	2	1013	0.665

由表 4-15 中的检验结果可知,除题项"我报考公费师范生是因为我没有选择"外,其他 9 个题项的作答结果均接受了方差相等的假设,对应单因素方差分析结果如表 4-16 所示。题项"我报考公费师范生是因为我没有选择"作答结果的对应非参数检验结果如表 4-17、表 4-18 所示。

表 4-16 初入本科阶段不同专业样本学生项目动机九题项 ANOVA 分析

题项	组别	平方和	自由度	均方	F	显著性
我报考公费师范生是为了获得稳定的工作	组间	12.282	2	6.141	6.511	0.002
	组内	955.466	1013	0.943	—	—
	总计	967.748	1015	—	—	—
我报考公费师范生是我父母的意愿	组间	5.345	2	2.673	1.786	0.168
	组内	1516.119	1013	1.497	—	—
	总计	1521.464	1015	—	—	—
我报考公费师范生是我自己的意愿	组间	2.375	2	1.188	1.392	0.249
	组内	864.440	1013	0.853	—	—
	总计	866.815	1015	—	—	—
我报考公费师范生是因为我喜欢和中小学生待在一起	组间	9.124	2	4.562	4.768	0.009
	组内	969.182	1013	0.957	—	—
	总计	978.306	1015	—	—	—
毕业后回生源地教书有利于发挥我的社会价值	组间	0.162	2	0.081	0.121	0.886
	组内	679.838	1013	0.671	—	—
	总计	680.000	1015	—	—	—
毕业后回生源地教书符合我父母的意愿	组间	0.671	2	0.335	0.426	0.653
	组内	796.667	1013	0.786	—	—
	总计	797.338	1015	—	—	—

续表

题项	组别	平方和	自由度	均方	F	显著性
毕业后回生源地教书是为了获得稳定的工作	组间	7.536	2	3.768	3.595	0.028
	组内	1061.645	1013	1.048	—	—
	总计	1069.181	1015	—	—	—
我认为报考公费师范生教育硕士有利于实现职业提升	组间	2.169	2	1.084	2.068	0.127
	组内	531.013	1013	0.524	—	—
	总计	533.181	1015	—	—	—
我认为报考公费师范生教育硕士有利于提高我的科研能力	组间	2.334	2	1.167	1.993	0.137
	组内	593.080	1013	0.585	—	—
	总计	595.413	1015	—	—	—

表4-17 初入本科阶段不同专业样本学生项目动机单一题项克鲁斯卡尔-沃利斯检验秩

所学专业对应学科	个案数	秩平均值
语文	343	520.47
数学	359	469.03
英语	314	540.55
总计	1016	—

表4-18 初入本科阶段样本学生项目动机分析单一题项专业分组克鲁斯卡尔-沃利斯检验统计

卡方	12.418
自由度	2
渐近显著性	0.002

注：分组变量：所学专业对应学科。

由表4-16至表4-18中的差异分析结果可知，初入本科阶段就读于不同专业的样本学生在"我报考公费师范生是为了获得稳定的工作""我报考公费师范生是因为我喜欢和中小学生待在一起""毕业后回生源地教书是为了获得稳定的工作"以及"我报考公费师范生是因为我没有选择"4个题项的作答结果均存在具有统计学意义的显著性差异（具体差异如表4-19所示），对于其他6个题项的作答则未显示出明显差异。

表 4-19　初入本科阶段不同专业样本学生项目动机四题项描述性分析

题项	学科	个案数	平均值	标准差	标准误差	平均值的95%置信区间 下限	平均值的95%置信区间 上限	最小值	最大值
我报考公费师范生是为了获得稳定的工作	语文	343	3.38	0.981	0.053	3.28	3.49	1	5
	数学	359	3.65	0.951	0.050	3.55	3.75	1	5
	英语	314	3.51	0.983	0.055	3.40	3.62	1	5
	总计	1016	3.52	0.976	0.031	3.46	3.58	1	5
我报考公费师范生是因为我喜欢和中小学生待在一起	语文	343	3.37	0.982	0.053	3.26	3.47	1	5
	数学	359	3.51	0.965	0.051	3.41	3.61	1	5
	英语	314	3.28	0.988	0.056	3.17	3.39	1	5
	总计	1016	3.39	0.982	0.031	3.33	3.45	1	5
毕业后回生源地教书是为了获得稳定的工作	语文	343	3.13	1.029	0.056	3.02	3.24	1	5
	数学	359	3.34	1.028	0.054	3.23	3.45	1	5
	英语	314	3.22	1.013	0.057	3.10	3.33	1	5
	总计	1016	3.23	1.026	0.032	3.17	3.30	1	5
我报考公费师范生是因为我没有选择	语文	343	1.93	0.945	0.051	1.83	2.03	1	5
	数学	359	1.77	0.894	0.047	1.67	1.86	1	5
	英语	314	2.04	1.057	0.060	1.92	2.16	1	5
	总计	1016	1.90	0.969	0.030	1.84	1.96	1	5

由表 4-19 可知，初入本科阶段的样本学生对于题项"我报考公费师范生是为了获得稳定的工作"和"毕业后回生源地教书是为了获得稳定的工作"的作答中，就读于数学学科对应专业的学生作答均值最大，英语专业学生作答均值居中，就读于语文学科对应专业的公费师范生作答均值最低。数据表明：就读于数学学科对应专业的样本学生在选择公费师范生专业时，该专业能带来一定程度上的工作保障和相对稳定的工作性质是其主要动机之一。相较之下，对于就读于语文学科对应专业的学生而言，稳定的工作这一项目特征对其选择公费师范生专业虽有影响，但程度不及数学专业学生。

在题项"我报考公费师范生是因为我喜欢和中小学生待在一起"的作答中，数学学科对应专业的公费师范生作答均值最大，语文学科次之，就读于英语专业的学生作答均值最小，表明在选择公费师范生项目时，该条件对于数学学科对应专业学生的吸引程度相对大于其他专业学生。

本阶段样本学生对于题项"我选择公费师范生专业是因为我没有选择"的作答中，英语专业学生作答均值最大，语文学科对应专业学生次之，就读于数学学科对应专业的公费师范生作答均值最小，表明虽然各专业学生对此题项的作答结果均呈现出否定的分布，但相比之下，数学学科对应专业学生对于选择公费师范生专业的主观动机最为强烈。

2. 本科在读阶段样本学生项目动机差异分析

调研时本科在读阶段样本学生均为本科大三年级的公费师范生，对于此阶段样本学生的项目动机差异分析主要从性别、民族、生源省（自治区、直辖市）、就读院校、就读专业对应学科五个方面入手。

（1）本科在读阶段不同性别样本学生项目动机差异分析

当以性别作为分组变量时，本科在读阶段样本学生对于项目动机维度下10个题项的作答结果的分组统计分析结果如表4-20所示。

表4-20　本科在读阶段样本学生项目动机分析各题项性别分组统计

题项	性别	个案数	平均值	标准差	标准误差平均值
我报考公费师范生是为了获得稳定的工作	男	138	3.68	0.966	0.082
	女	766	3.68	0.900	0.033
我报考公费师范生是我父母的意愿	男	138	3.23	1.263	0.108
	女	766	3.30	1.101	0.040
我报考公费师范生是我自己的意愿	男	138	3.76	0.925	0.079
	女	766	3.65	0.949	0.034
我报考公费师范生是因为我喜欢和中小学生待在一起	男	138	3.57	0.943	0.080
	女	766	3.46	0.915	0.033
我报考公费师范生是因为我没有选择	男	138	2.46	1.251	0.106
	女	766	2.21	1.036	0.037
毕业后回生源地教书有利于发挥我的社会价值	男	138	3.89	0.877	0.075
	女	766	3.95	0.736	0.027

续表

题项	性别	个案数	平均值	标准差	标准误差平均值
毕业后回生源地教书符合我父母的意愿	男	138	3.87	0.911	0.078
	女	766	4.13	0.741	0.027
毕业后回生源地教书是为了获得稳定的工作	男	138	3.51	1.027	0.087
	女	766	3.51	0.897	0.032
我认为报考公费师范生教育硕士有利于实现职业提升	男	138	4.10	0.738	0.063
	女	766	4.22	0.684	0.025
我认为报考公费师范生教育硕士有利于提高我的科研能力	男	138	4.07	0.821	0.070
	女	766	4.15	0.699	0.025

从表 4-20 的分组统计结果可知，对于上述 10 个题项的作答中，本科在读阶段的男生、女生对于"我报考公费师范生是为了获得稳定的工作""我报考公费师范生是我父母的意愿"等大部分题项的作答均值差异不大，标准差上所体现的区别要求并不明显，仅在题项"毕业后回生源地教书符合我父母的意愿"的作答上均值差值相对较大。要确认本阶段样本学生在上述题项的作答中是否存在性别差异，还应通过独立样本t检验结果予以分析确认（见表 4-21）。

表 4-21 本科在读阶段不同性别样本学生项目动机各题项独立样本 t 检验

题项	方差情况	方差方程的 Levene 检验		均值方差的 t 检验						
		F	Sig.	t	df	Sig.（双侧）	均值差值	标准误差差值	差分的 95% 置信区间 下限	上限
我报考公费师范生是为了获得稳定的工作	假设方差相等	2.429	0.119	-0.004	902	0.997	0.000	0.084	-0.166	0.165
	假设方差不相等	—	—	-0.003	182.400	0.997	0.000	0.088	-0.175	0.174
我报考公费师范生是我父母的意愿	假设方差相等	4.340	0.038	-0.606	902	0.545	-0.063	0.104	-0.268	0.141
	假设方差不相等	—	—	-0.551	176.479	0.582	-0.063	0.115	-0.289	0.163
我报考公费师范生是我自己的意愿	假设方差相等	0.295	0.587	1.282	902	0.200	0.112	0.087	-0.059	0.284
	假设方差不相等	—	—	1.305	192.663	0.193	0.112	0.086	-0.057	0.281

续表

题项	方差情况	方差方程的Levene检验 F	方差方程的Levene检验 Sig.	均值方差的t检验 t	均值方差的t检验 df	均值方差的t检验 Sig.（双侧）	均值方差的t检验 均值差值	均值方差的t检验 标准误差差值	差分的95%置信区间 下限	差分的95%置信区间 上限
我报考公费师范生是因为我喜欢和中小学生待在一起	假设方差相等	0.053	0.818	1.267	902	0.205	0.108	0.085	-0.059	0.275
	假设方差不相等	—	—	1.241	186.484	0.216	0.108	0.087	-0.064	0.279
我报考公费师范生是因为我没有选择	假设方差相等	17.663	0.000	2.559	902	0.011	0.254	0.099	0.059	0.448
	假设方差不相等	—	—	2.247	172.492	0.026	0.254	0.113	0.031	0.476
毕业后回生源地教书有利于发挥我的社会价值	假设方差相等	5.454	0.020	-0.786	902	0.432	-0.055	0.070	-0.193	0.083
	假设方差不相等	—	—	-0.696	173.510	0.487	-0.055	0.079	-0.212	0.101
毕业后回生源地教书符合我父母的意愿	假设方差相等	8.135	0.004	-3.704	902	0.000	-0.264	0.071	-0.403	-0.124
	假设方差不相等	—	—	-3.213	171.216	0.002	-0.264	0.082	-0.426	-0.102
毕业后回生源地教书是为了获得稳定的工作	假设方差相等	2.951	0.086	0.109	902	0.913	0.009	0.085	-0.157	0.176
	假设方差不相等	—	—	0.099	176.652	0.921	0.009	0.093	-0.175	0.193
我认为报考公费师范生教育硕士有利于实现职业提升	假设方差相等	0.118	0.731	-1.781	902	0.075	-0.114	0.064	-0.240	0.012
	假设方差不相等	—	—	-1.689	181.868	0.093	-0.114	0.067	-0.247	0.019
我认为报考公费师范生教育硕士有利于提高我的科研能力	假设方差相等	0.296	0.587	-1.277	902	0.202	-0.085	0.066	-0.215	0.046
	假设方差不相等	—	—	-1.142	174.551	0.255	-0.085	0.074	-0.232	0.062

由表4-21中独立样本t检验结果可知，本阶段样本学生的作答中，除"我报考公费师范生是因为我没有选择"和"毕业后回生源地教书是为了获得稳定的工作"两个

题项外，其他 8 个题项作答结果的独立样本 t 检验 P 值均大于 0.05，表明本科在读阶段样本学生对于这 8 个题项的作答没有性别差异。样本学生对于题项"我报考公费师范生是因为我没有选择"作答结果的分析检验显著性为 0.026，题项"毕业后回生源地教书符合我父母的意愿"为 0.002，均小于 0.05，表明本科在读阶段，男生、女生在上述两个题项的作答上存在具有统计学意义的显著性差异，具体差异表现如表 4-22 所示。

表 4-22　本科在读阶段样本学生公费师范生项目动机分析两题项性别分组统计

题项	性别	个案数	平均值	标准差	标准误差平均值
我报考公费师范生是因为我没有选择	男	138	2.46	1.251	0.106
	女	766	2.21	1.036	0.037
毕业后回生源地教书符合我父母的意愿	男	138	3.87	0.911	0.078
	女	766	4.13	0.741	0.027

由表 4-22 可见，本科在读阶段的样本学生在题项"我报考公费师范生是因为我没有选择"的作答结果中，男生的作答均值略高于女生，同时标准差也略大于女生，表明整体上讲，在选择公费师范生项目时，本阶段男生相较于女生而言较为被动。但同时男生作答数据分布相对离散，表明可能存在部分个别与均值差异较大的作答结果影响了整体男生作答的均值。

在题项"毕业后回生源地教书符合我父母的意愿"的作答中，女生作答均值较大且标准差较小，表明女生选择公费师范生项目的动机中，父母对于其毕业后返回生源地从事基础教育工作这一动因占有较大的比重。

（2）本科在读阶段不同民族样本学生项目动机差异分析

本阶段样本学生来自我国 25 个不同的民族，当以民族作为因子时，样本学生对项目动机维度下 10 个题项作答结果的方差齐性分析结果如表 4-23 所示。

表 4-23　本科在读阶段样本学生项目动机各题项民族分组方差齐性检验

题项	莱文统计	自由度1	自由度2	显著性
我报考公费师范生是为了获得稳定的工作	2.051[①]	18	879	0.006
我报考公费师范生是我父母的意愿	1.717[②]	18	879	0.032
我报考公费师范生是我自己的意愿	1.776[③]	18	879	0.024
我报考公费师范生是因为我喜欢和中小学生待在一起	2.178[④]	18	879	0.003
我报考公费师范生是因为我没有选择	1.049[⑤]	18	879	0.401

续表

题项	莱文统计	自由度1	自由度2	显著性
毕业后回生源地教书有利于发挥我的社会价值	0.643⑥	18	879	0.867
毕业后回生源地教书符合我父母的意愿	0.654⑦	18	879	0.858
毕业后回生源地教书是为了获得稳定的工作	1.091⑧	18	879	0.356
我认为报考公费师范生教育硕士有利于实现职业提升	0.740⑨	18	879	0.771
我认为报考公费师范生教育硕士有利于提高我的科研能力	1.543⑩	18	879	0.069

①在针对"我报考公费师范生是为了获得稳定的工作"计算方差齐性检验时，将忽略只有一个个案的组。

②在针对"我报考公费师范生是我父母的意愿"计算方差齐性检验时，将忽略只有一个个案的组。

③在针对"我报考公费师范生是我自己的意愿"计算方差齐性检验时，将忽略只有一个个案的组。

④在针对"我报考公费师范生是因为我喜欢和中小学生待在一起"计算方差齐性检验时，将忽略只有一个个案的组。

⑤在针对"我报考公费师范生是因为我没有选择"计算方差齐性检验时，将忽略只有一个个案的组。

⑥在针对"毕业后回生源地教书有利于发挥我的社会价值"计算方差齐性检验时，将忽略只有一个个案的组。

⑦在针对"毕业后回生源地教书符合我父母的意愿"计算方差齐性检验时，将忽略只有一个个案的组。

⑧在针对"毕业后回生源地教书是为了获得稳定的工作"计算方差齐性检验时，将忽略只有一个个案的组。

⑨在针对"我认为报考公费师范生教育硕士有利于实现职业提升"计算方差齐性检验时，将忽略只有一个个案的组。

⑩在针对"我认为报考公费师范生教育硕士有利于提高我的科研能力"计算方差齐性检验时，将忽略只有一个个案的组。

如表4-23所示，本阶段来自不同民族的样本学生对于"我报考公费师范生是为了获得稳定的工作""我报考公费师范生是我父母的意愿""我报考公费师范生是我自己的意愿""我报考公费师范生是因为我喜欢和中小学生待在一起"4个题项的作答结果拒绝了方差相等的假设，对应非参数检验分析结果如表4-24、表4-25所示。此外，样本学生对于其他6个题项的作答结果则符合方差齐性的一致性要求，对应单因素方差分析结果如表4-26所示。

表 4-24　本科在读阶段不同民族样本学生项目动机四题项克鲁斯卡尔-沃利斯检验秩

题项	民族	个案数	秩平均值	题项	民族	个案数	秩平均值
我报考公费师范生是为了获得稳定的工作	汉族	724	450.35	我报考公费师范生是我父母的意愿	汉族	724	454.11
	蒙古族	16	591.47		蒙古族	16	498.00
	回族	45	471.77		回族	45	459.82
	藏族	17	434.71		藏族	17	501.68
	维吾尔族	16	231.72		维吾尔族	16	443.00
	苗族	13	519.81		苗族	13	491.65
	彝族	5	595.20		彝族	5	620.20
	壮族	8	372.56		壮族	8	342.31
	布依族	2	535.50		布依族	2	159.00
	满族	3	426.50		满族	3	604.50
	侗族	6	427.25		侗族	6	445.83
	瑶族	2	535.50		瑶族	2	250.75
	白族	5	589.50		白族	5	378.90
	土家族	19	498.32		土家族	19	346.16
	哈萨克族	2	535.50		哈萨克族	2	388.00
	傣族	1	535.50		傣族	1	617.00
	黎族	1	208.50		黎族	1	617.00
	水族	1	61.50		水族	1	617.00
	东乡族	4	409.88		东乡族	4	346.88
	土族	5	583.80		土族	5	525.40
	羌族	1	61.50		羌族	1	342.50
	撒拉族	2	372.00		撒拉族	2	250.75
	仡佬族	4	491.63		仡佬族	4	502.50
	塔吉克族	1	834.00		塔吉克族	1	342.50
	门巴族	1	61.50		门巴族	1	159.00
	总计	904	—		总计	904	—

续表

题项	民族	个案数	秩平均值	题项	民族	个案数	秩平均值
我报考公费师范生是我自己的意愿	汉族	724	447.93	我报考公费师范生是因为我喜欢和中小学生待在一起	汉族	724	447.41
	蒙古族	16	425.28		蒙古族	16	357.16
	回族	45	460.23		回族	45	457.51
	藏族	17	465.88		藏族	17	514.65
	维吾尔族	16	414.53		维吾尔族	16	540.38
	苗族	13	531.96		苗族	13	479.50
	彝族	5	370.00		彝族	5	344.90
	壮族	8	499.94		壮族	8	436.31
	布依族	2	540.50		布依族	2	176.50
	满族	3	432.33		满族	3	501.00
	侗族	6	636.33		侗族	6	507.25
	瑶族	2	540.50		瑶族	2	612.50
	白族	5	590.60		白族	5	593.70
	土家族	19	441.24		土家族	19	461.95
	哈萨克族	2	540.50		哈萨克族	2	612.50
	傣族	1	540.50		傣族	1	612.50
	黎族	1	216.00		黎族	1	612.50
	水族	1	216.00		水族	1	612.50
	东乡族	4	531.25		东乡族	4	589.00
	土族	5	468.20		土族	5	545.60
	羌族	1	540.50		羌族	1	612.50
	撒拉族	2	684.25		撒拉族	2	612.50
	仡佬族	4	378.25		仡佬族	4	445.25
	塔吉克族	1	540.50		塔吉克族	1	278.00
	门巴族	1	828.00		门巴族	1	75.00
	总计	904	—		总计	904	—

表 4-25 本科在读阶段样本学生项目动机分析四题项民族分组克鲁斯卡尔-沃利斯检验统计

题项	我报考公费师范生是为了获得稳定的工作	我报考公费师范生是我父母的意愿	我报考公费师范生是我自己的意愿	我报考公费师范生是因为我喜欢和中小学生待在一起
卡方	39.237	20.368	16.219	20.598
自由度	24	24	24	24
渐近显著性	0.026	0.676	0.880	0.662

注：分组变量：民族。

表 4-26 本科在读阶段不同民族样本学生项目动机六题项 ANOVA 分析

题项	组别	平方和	自由度	均方	F	显著性
我报考公费师范生是因为我没有选择	组间	35.740	24	1.489	1.300	0.153
	组内	1007.259	879	1.146	—	—
	总计	1042.999	903	—	—	—
毕业后回生源地教书有利于发挥我的社会价值	组间	7.039	24	0.293	0.502	0.979
	组内	513.492	879	0.584	—	—
	总计	520.531	903	—	—	—
毕业后回生源地教书符合我父母的意愿	组间	9.113	24	0.380	0.626	0.918
	组内	533.082	879	0.606	—	—
	总计	542.195	903	—	—	—
毕业后回生源地教书是为了获得稳定的工作	组间	19.416	24	0.809	0.960	0.518
	组内	740.544	879	0.842	—	—
	总计	759.960	903	—	—	—
我认为报考公费师范生教育硕士有利于实现职业提升	组间	12.138	24	0.506	1.055	0.391
	组内	421.418	879	0.479	—	—
	总计	433.556	903	—	—	—
我认为报考公费师范生教育硕士有利于提高我的科研能力	组间	15.774	24	0.657	1.280	0.166
	组内	451.217	879	0.513	—	—
	总计	466.991	903	—	—	—

由表 4-24 至表 4-26 中的差异分析结果可知，除题项"我报考公费师范生是为了获得稳定的工作"的作答结果外，其他题项的差异分析结果显著性均大于 0.05，表明本科在读阶段，不同民族的样本学生对于其他 9 个题项的作答结果并未显示出显著性

差异。而对于题项"我报考公费师范生是为了获得稳定的工作"而言，存在具有统计学意义的显著性差异，具体差异表现如表 4-27 所示。

表 4-27 本科在读阶段不同民族样本学生项目动机单一题项描述性分析

民族	个案数	平均值	标准差	标准误差	平均值的95%置信区间 下限	平均值的95%置信区间 上限	最小值	最大值
汉族	724	3.68	0.910	0.034	3.61	3.74	1	5
蒙古族	16	4.19	0.403	0.101	3.97	4.40	4	5
回族	45	3.76	0.830	0.124	3.51	4.00	2	5
藏族	17	3.59	1.004	0.243	3.07	4.10	1	5
维吾尔族	16	2.81	0.911	0.228	2.33	3.30	1	4
苗族	13	3.92	0.760	0.211	3.46	4.38	2	5
彝族	5	4.20	0.447	0.200	3.64	4.76	4	5
壮族	8	3.38	1.061	0.375	2.49	4.26	2	5
布依族	2	4.00	0.000	0.000	4.00	4.00	4	4
满族	3	3.67	0.577	0.333	2.23	5.10	3	4
侗族	6	3.50	1.225	0.500	2.21	4.79	2	5
瑶族	2	4.00	0.000	0.000	4.00	4.00	4	4
白族	5	4.20	0.837	0.374	3.16	5.24	3	5
土家族	19	3.84	0.834	0.191	3.44	4.24	2	5
哈萨克族	2	4.00	0.000	0.000	4.00	4.00	4	4
傣族	1	4.00	—	—	—	—	4	4
黎族	1	3.00	—	—	—	—	3	3
水族	1	2.00	—	—	—	—	2	2
东乡族	4	3.50	1.291	0.645	1.45	5.55	2	5
土族	5	4.20	1.095	0.490	2.84	5.56	3	5
羌族	1	2.00	—	—	—	—	2	2
撒拉族	2	3.50	0.707	0.500	−2.85	9.85	3	4
仡佬族	4	3.75	1.258	0.629	1.75	5.75	2	5
塔吉克族	1	5.00	—	—	—	—	5	5
门巴族	1	2.00	—	—	—	—	2	2
总计	904	3.68	0.910	0.030	3.62	3.74	1	5

由表 4-27 可知，本科在读阶段样本学生对于题项"我报考公费师范生是为了获得稳定的工作"的作答均值整体表现为相对肯定的态度，表明公费师范生项目所蕴含的教师职业从业预期在其选择公费师范生专业时具有一定的促进作用。从各民族样本学生的回答来看，塔吉克族、彝族、白族、土族、蒙古族、布依族、瑶族、哈萨克族和傣族样本学生对此题项的作答均值均大于等于 4.00，表明上述 9 个民族的样本学生在选择公费师范生项目时，得到相应的工作机会是重要的动机来源。高于或等于平均作答水平的还有苗族、土家族、回族和汉族的样本学生。此外，对于此题项表述认可程度较低的有维吾尔族、水族、羌族、门巴族的样本学生，表明在其选择报考公费师范生专业时，获得稳定工作这一条件并非其主要的报考动机。值得注意的是，调研中本阶段所覆盖的水族、羌族、门巴族样本学生均各为 1 人，其作答结果具有较强的个体化特征。

（3）本科在读阶段不同生源地样本学生项目动机差异分析

当以生源省（自治区、直辖市）作为因子时，本科在读阶段样本学生对于项目动机维度下 10 个题项作答结果的方差齐性检验结果如表 4-28 所示。

表 4-28　本科在读阶段样本学生项目动机各题项生源地分组方差齐性检验

题项	莱文统计	自由度1	自由度2	显著性
我报考公费师范生是为了获得稳定的工作	1.246	27	876	0.182
我报考公费师范生是我父母的意愿	1.068	27	876	0.371
我报考公费师范生是我自己的意愿	1.338	27	876	0.117
我报考公费师范生是因为我喜欢和中小学生待在一起	1.718	27	876	0.013
我报考公费师范生是因为我没有选择	2.604	27	876	0.000
毕业后回生源地教书有利于发挥我的社会价值	1.870	27	876	0.005
毕业后回生源地教书符合我父母的意愿	1.493	27	876	0.052
毕业后回生源地教书是为了获得稳定的工作	2.758	27	876	0.000
我认为报考公费师范生教育硕士有利于实现职业提升	1.076	27	876	0.361
我认为报考公费师范生教育硕士有利于提高我的科研能力	1.493	27	876	0.052

由表 4-28 可见，本科阶段来自不同省（自治区、直辖市）的样本学生对于表中 10 个题项的作答中，题项"我报考公费师范生是为了获得稳定的工作""我报考公得范生是我父母的意愿""我报考公费师范生是我自己的意愿""毕业后回生源地教书符

合我父母的意愿""我认为报考公费师范生教育硕士有利于实现职业提升""我认为报考公费师范生教育硕士有利于提高我的科研能力"的作答结果均符合方差齐性的一致性要求，对应的单因素方差分析结果如表 4-29 所示。表中其他题项的作答结果均拒绝了方差相等的假设，对应克鲁斯卡尔-沃利斯检验分析结果如表 4-30、表 4-31 所示。

表 4-29 本科在读阶段不同生源地样本学生项目动机六题项 ANOVA 分析

题项	组别	平方和	自由度	均方	F	显著性
我报考公费师范生是为了获得稳定的工作	组间	27.470	27	1.017	1.237	0.190
	组内	720.777	876	0.823	—	—
	总计	748.248	903	—	—	—
我报考公费师范生是我父母的意愿	组间	50.304	27	1.863	1.489	0.053
	组内	1096.064	876	1.251	—	—
	总计	1146.367	903	—	—	—
我报考公费师范生是我自己的意愿	组间	29.975	27	1.110	1.251	0.177
	组内	777.135	876	0.887	—	—
	总计	807.111	903	—	—	—
毕业后回生源地教书符合我父母的意愿	组间	24.135	27	0.894	1.511	0.046
	组内	518.060	876	0.591	—	—
	总计	542.195	903	—	—	—
我认为报考公费师范生教育硕士有利于实现职业提升	组间	18.686	27	0.692	1.461	0.062
	组内	414.870	876	0.474	—	—
	总计	433.556	903	—	—	—
我认为报考公费师范生教育硕士有利于提高我的科研能力	组间	16.869	27	0.625	1.216	0.208
	组内	450.122	876	0.514	—	—
	总计	466.991	903	—	—	—

表 4-30　本科在读阶段不同生源地样本学生项目动机四题项克鲁斯卡尔－沃利斯检验秩

题项	生源地	个案数	秩平均值	题项	生源地	个案数	秩平均值
我报考公费师范生是因为我喜欢和中小学生待在一起	北京市	3	501.00	我报考公费师范生是因为我没有选择	北京市	3	218.67
	天津市	9	503.06		天津市	9	382.78
	河北省	13	391.04		河北省	13	374.69
	山西省	25	417.06		山西省	25	478.62
	内蒙古自治区	45	424.21		内蒙古自治区	45	432.80
	辽宁省	8	449.94		辽宁省	8	552.75
	黑龙江省	17	483.03		黑龙江省	17	492.26
	浙江省	11	375.18		浙江省	11	494.41
	安徽省	28	508.52		安徽省	28	430.14
	福建省	10	317.45		福建省	10	365.20
	江西省	47	435.93		江西省	47	436.22
	山东省	55	456.03		山东省	55	396.34
	河南省	67	435.75		河南省	67	430.69
	湖北省	48	435.29		湖北省	48	531.86
	湖南省	26	474.00		湖南省	26	412.71
	广东省	2	278.00		广东省	2	404.75
	广西壮族自治区	24	430.83		广西壮族自治区	24	484.96
	海南省	10	415.55		海南省	10	542.45
	重庆市	36	401.75		重庆市	36	458.06
	四川省	42	481.57		四川省	42	402.45
	贵州省	36	496.29		贵州省	36	473.64
	云南省	46	416.79		云南省	46	412.03
	西藏自治区	18	460.36		西藏自治区	18	600.81
	陕西省	97	468.23		陕西省	97	412.47
	甘肃省	38	518.67		甘肃省	38	526.61
	青海省	34	500.51		青海省	34	413.54
	宁夏回族自治区	29	459.43		宁夏回族自治区	29	455.97
	新疆维吾尔自治区	80	457.01		新疆维吾尔自治区	80	523.94
	总计	904	—		总计	904	—

续表

题项	生源地	个案数	秩平均值	题项	生源地	个案数	秩平均值
毕业后回生源地教书有利于发挥我的社会价值	北京市	3	459.00	毕业后回生源地教书是为了获得稳定的工作	北京市	3	596.50
	天津市	9	540.11		天津市	9	589.28
	河北省	13	460.46		河北省	13	459.12
	山西省	25	424.16		山西省	25	481.04
	内蒙古自治区	45	531.58		内蒙古自治区	45	418.73
	辽宁省	8	549.06		辽宁省	8	544.81
	黑龙江省	17	387.41		黑龙江省	17	466.62
	浙江省	11	427.55		浙江省	11	495.68
	安徽省	28	378.80		安徽省	28	445.32
	福建省	10	389.80		福建省	10	622.85
	江西省	47	365.26		江西省	47	417.29
	山东省	55	478.35		山东省	55	429.01
	河南省	67	421.03		河南省	67	458.70
	湖北省	48	414.84		湖北省	48	504.01
	湖南省	26	502.21		湖南省	26	475.63
	广东省	2	636.75		广东省	2	338.00
	广西壮族自治区	24	430.96		广西壮族自治区	24	472.75
	海南省	10	495.50		海南省	10	589.00
	重庆市	36	489.94		重庆市	36	490.99
	四川省	42	475.12		四川省	42	446.92
	贵州省	36	490.21		贵州省	36	486.75
	云南省	46	464.08		云南省	46	478.34
	西藏自治区	18	450.64		西藏自治区	18	379.92
	陕西省	97	441.09		陕西省	97	417.06
	甘肃省	38	496.03		甘肃省	38	467.62
	青海省	34	554.22		青海省	34	503.54
	宁夏回族自治区	29	400.33		宁夏回族自治区	29	411.40
	新疆维吾尔自治区	80	426.39		新疆维吾尔自治区	80	377.38
	总计	904	—		总计	904	—

表4-31　本科在读阶段样本学生项目动机分析四题项生源地分组克鲁斯卡尔–沃利斯检验统计

题项	我报考公费师范生是因为我喜欢和中小学生待在一起	我报考公费师范生是因为我没有选择	毕业后回生源地教书有利于发挥我的社会价值	毕业后回生源地教师是为了获得稳定的工作
卡方	19.311	43.217	39.418	35.344
自由度	27	27	27	27
渐近显著性	0.858	0.025	0.058	0.130

注：分组变量：生源省（自治区、直辖市）。

从表4-29、表4-30、表4-31中的差异分析结果来看，本阶段来自不同省（自治区、直辖市）的样本学生对于本维度下10个题项的作答中，"毕业后回生源地教书符合我父母的意愿"和"我报考公费师范生是因为我没有选择"两个题项的作答结果显示除了具有统计学意义的显著性差异（具体差异表现如表4-32所示），其他8个题项的作答结果均无生源地差异。

表4-32　本科在读阶段不同生源地样本学生项目动机两题项描述性分析

题项	生源省（自治区、直辖市）	个案数	平均值	标准差	标准误差	平均值的95%置信区间 下限	平均值的95%置信区间 上限	最小值	最大值
毕业后回生源地教书符合我父母的意愿	北京市	3	4.33	0.577	0.333	2.90	5.77	4	5
	天津市	9	4.11	1.167	0.389	3.21	5.01	2	5
	河北省	13	4.23	0.599	0.166	3.87	4.59	3	5
	山西省	25	4.20	0.577	0.115	3.96	4.44	3	5
	内蒙古自治区	45	4.27	0.939	0.140	3.98	4.55	1	5
	辽宁省	8	4.00	0.535	0.189	3.55	4.45	3	5
	黑龙江省	17	3.88	0.781	0.189	3.48	4.28	2	5
	浙江省	11	4.18	0.405	0.122	3.91	4.45	4	5
	安徽省	28	4.11	0.875	0.165	3.77	4.45	1	5
	福建省	10	4.10	0.876	0.277	3.47	4.73	2	5
	江西省	47	4.06	0.818	0.119	3.82	4.30	2	5
	山东省	55	4.24	0.719	0.097	4.04	4.43	2	5
	河南省	67	4.03	0.834	0.102	3.83	4.23	1	5
	湖北省	48	3.96	0.713	0.103	3.75	4.17	2	5

续表

题项	生源省（自治区、直辖市）	个案数	平均值	标准差	标准误差	平均值的95%置信区间 下限	平均值的95%置信区间 上限	最小值	最大值
毕业后回生源地教书符合我父母的意愿	湖南省	26	4.23	0.710	0.139	3.94	4.52	2	5
	广东省	2	2.50	2.121	1.500	−16.56	21.56	1	4
	广西壮族自治区	24	4.04	0.751	0.153	3.72	4.36	2	5
	海南省	10	4.40	0.516	0.163	4.03	4.77	4	5
	重庆市	36	4.08	0.692	0.115	3.85	4.32	2	5
	四川省	42	4.21	0.470	0.073	4.07	4.36	3	5
	贵州省	36	4.06	0.674	0.112	3.83	4.28	2	5
	云南省	46	4.37	0.610	0.090	4.19	4.55	2	5
	西藏自治区	18	3.67	1.138	0.268	3.10	4.23	1	5
	陕西省	97	4.03	0.847	0.086	3.86	4.20	1	5
	甘肃省	38	4.05	0.733	0.119	3.81	4.29	2	5
	青海省	34	4.29	0.676	0.116	4.06	4.53	3	5
	宁夏回族自治区	29	4.07	0.704	0.131	3.80	4.34	2	5
	新疆维吾尔自治区	80	3.90	0.836	0.093	3.71	4.09	2	5
	总计	904	4.09	0.775	0.026	4.04	4.14	1	5
我报考公费师范生是因为我没有选择	北京市	3	1.33	0.577	0.333	−0.10	2.77	1	2
	天津市	9	1.89	0.782	0.261	1.29	2.49	1	3
	河北省	13	1.92	1.038	0.288	1.30	2.55	1	4
	山西省	25	2.24	0.663	0.133	1.97	2.51	1	4
	内蒙古自治区	45	2.22	1.223	0.182	1.85	2.59	1	5
	辽宁省	8	2.63	1.061	0.375	1.74	3.51	1	4
	黑龙江省	17	2.53	1.375	0.333	1.82	3.24	1	5
	浙江省	11	2.36	0.924	0.279	1.74	2.98	1	4
	安徽省	28	2.29	1.384	0.262	1.75	2.82	1	5
	福建省	10	1.80	0.422	0.133	1.50	2.10	1	2
	江西省	47	2.11	0.840	0.123	1.86	2.35	1	4
	山东省	55	2.02	1.027	0.139	1.74	2.30	1	5
	河南省	67	2.15	1.048	0.128	1.89	2.40	1	5
	湖北省	48	2.56	1.050	0.152	2.26	2.87	1	5

续表

题项	生源省（自治区、直辖市）	个案数	平均值	标准差	标准误差	平均值的95%置信区间 下限	平均值的95%置信区间 上限	最小值	最大值
我报考公费师范生是因为我没有选择	湖南省	26	2.04	0.916	0.180	1.67	2.41	1	4
	广东省	2	2.00	1.414	1.000	-10.71	14.71	1	3
	广西壮族自治区	24	2.42	1.176	0.240	1.92	2.91	1	5
	海南省	10	2.50	0.850	0.269	1.89	3.11	1	4
	重庆市	36	2.22	0.929	0.155	1.91	2.54	1	4
	四川省	42	2.02	0.950	0.147	1.73	2.32	1	5
	贵州省	36	2.42	1.296	0.216	1.98	2.86	1	5
	云南省	46	2.07	0.975	0.144	1.78	2.35	1	5
	西藏自治区	18	3.00	1.328	0.313	2.34	3.66	1	5
	陕西省	97	2.08	1.038	0.105	1.87	2.29	1	5
	甘肃省	38	2.63	1.261	0.205	2.22	3.05	1	5
	青海省	34	2.09	1.055	0.181	1.72	2.46	1	5
	宁夏回族自治区	29	2.24	1.023	0.190	1.85	2.63	1	5
	新疆维吾尔自治区	80	2.54	1.090	0.122	2.29	2.78	1	5
	总计	904	2.25	1.075	0.036	2.18	2.32	1	5

《教育部直属师范大学师范生公费教育实施办法》中明确指出："公费师范生毕业后一般回生源所在省份中小学任教，并承诺从事中小学教育工作6年以上。"[①] 由表4-32可知，本阶段样本学生对于题项"毕业后回生源地教书符合我父母的意愿"的作答结果整体均值在4.00以上，表明对于就读于公费师范专业的学生父母而言，对于《教育部直属师范大学师范生公费教育实施办法》中的这一规定认可程度很高，也在学生报考本科阶段院校和专业时提供了来自家庭以及社会的正面评价和积极影响，为我国基础教育师资数量扩充与质量提升起到了一定的积极作用。以五级量表的选项分段来看，对此题项作答结果均值呈相对消极态度的为来自广东省的样本学生，均值为2.50，但值得注意的是，本阶段调研所涉及的广东省公费师范生仅两名，且结合该地区

[①] 中华人名共和国教育部. 国务院办公厅关于转发教育部等部门教育部直属师范大学师范生公费教育实施办法的通知[EB/OL].（2018-07-30）[2021-09-28]. http：//www.moe.gov.cn/jyb_xxgk/moe_1777/moe_1778/201808/t20180810_345023.html.

统计分析中的最值可知，最大值为4，最小值为1，表明两名样本学生中，1名学生对该题项表述高度认可，仅1名学生作答结果为1，表明在其报考公费师范生专业时，父母对于其未来回生源地任教的支持度不高。

题项"我报考公费师范生是因为我没有选择"的作答结果中，从不同省（自治区、直辖市）的样本学生作答分析的最值来看，来自各省级行政区样本学生作答最小值均为1，最大值分布各异。其中，来自北京市、福建省的样本学生作答最大值为2，表明该地区所有样本学生选择公费师范生专业均出于个人的主观意愿；来自天津市、广东省的样本学生作答最大值为3，表明该地区所有样本学生对此题项表述或呈否定态度，或呈中立态度。值得注意的是，本阶段调研中，来自其他24个省（自治区、直辖市）的样本学生中最大值为4或5，表明各地区均有学生因为各种原因在报考公费师范生专业时，与自身主观选择存在偏差。结合各地区作答均值来看，各地区整体作答均值呈否定趋势，各省（自治区、直辖市）作答结果的最大均值为3，表明该阶段来自不同省（自治区、直辖市）的样本学生中，绝大部分学生报考公费师范生专业源于个人主动选择。

（4）本科在读阶段不同专业样本学生项目动机差异分析

当以所学专业对应学科作为因子时，本科在读阶段样本学生对于项目动机维度下10个题项作答结果的方差齐性检验结果如表4-33所示。

表4-33 本科在读阶段样本学生项目动机各题项专业分组方差齐性检验

题项	莱文统计	自由度1	自由度2	显著性
我报考公费师范生是为了获得稳定的工作	4.016	2	901	0.018
我报考公费师范生是我父母的意愿	0.073	2	901	0.930
我报考公费师范生是我自己的意愿	4.219	2	901	0.015
我报考公费师范生是因为我喜欢和中小学生待在一起	6.045	2	901	0.002
我报考公费师范生是因为我没有选择	11.591	2	901	0.000
毕业后回生源地教书有利于发挥我的社会价值	0.857	2	901	0.425
毕业后回生源地教书符合我父母的意愿	2.204	2	901	0.111
毕业后回生源地教书是为了获得稳定的工作	2.360	2	901	0.095
我认为报考公费师范生教育硕士有利于实现职业提升	0.507	2	901	0.603
我认为报考公费师范生教育硕士有利于提高我的科研能力	1.943	2	901	0.144

从表 4-33 可知，表中 10 个题项的作答结果中，"我报考公费师范生是我父母意愿""毕业后回生源地教书有利于发挥我的社会价值""毕业后回生源地教书符合我父母的意愿""毕业后回生源地教书是为了获得稳定的工作""我认为报考公费师范生教育硕士有利于实现职业提升""我认为报考公费师范生教育硕士有利于提高我的科研能力"6 个题项的作答结果符合方差齐性的一致性要求，对应的单因素方差分析结果如表 4-34 所示。

表 4-34　本科在读阶段不同专业样本学生项目动机六题项 ANOVA 分析

题项	组别	平方和	自由度	均方	F	显著性
我报考公费师范生是我父母的意愿	组间	1.939	2	0.969	0.763	0.466
	组内	1144.429	901	1.270	—	—
	总计	1146.367	903	—	—	—
毕业后回生源地教书有利于发挥我的社会价值	组间	0.346	2	0.173	0.299	0.741
	组内	520.185	901	0.577	—	—
	总计	520.531	903	—	—	—
毕业后回生源地教书符合我父母的意愿	组间	0.476	2	0.238	0.396	0.673
	组内	541.718	901	0.601	—	—
	总计	542.195	903	—	—	—
毕业后回生源地教书是为了获得稳定的工作	组间	2.173	2	1.086	1.292	0.275
	组内	757.787	901	0.841	—	—
	总计	759.960	903	—	—	—
我认为报考公费师范生教育硕士有利于实现职业提升	组间	1.871	2	0.936	1.953	0.142
	组内	431.685	901	0.479	—	—
	总计	433.556	903	—	—	—
我认为报考公费师范生教育硕士有利于提高我的科研能力	组间	0.388	2	0.194	0.374	0.688
	组内	466.604	901	0.518	—	—
	总计	466.991	903	—	—	—

由表 4-34 可见，以专业为因子时，本科在读阶段中就读于不同专业的公费师范生对于表中 6 个题项作答结果的单因素方差分析显著性值均大于 0.05，表明不同专业的样本学生在上述 6 个题项的作答中未显示出具有统计学意义的显著性差异。

此外，从表 4-33 可知，"我报考公费师范生是为了获得稳定的工作""我报考公费师范生是我自己的意愿""我报考公费师范生是因为我喜欢和中小学生待在一起""我报考公费师范生是因为我没有选择"4个题项的作答结果拒绝了方差相等的假设,对应的非参数统计分析结果如表4-35、表4-36所示。

表4-35 本科在读阶段不同专业样本学生项目动机四题项克鲁斯卡尔-沃利斯检验秩

题项	所学专业对应学科	个案数	秩平均值
我报考公费师范生是为了获得稳定的工作	语文	273	450.60
	数学	358	476.88
	英语	273	422.43
	总计	904	—
我报考公费师范生是我自己的意愿	语文	273	459.29
	数学	358	471.28
	英语	273	421.08
	总计	904	—
我报考公费师范生是因为我喜欢和中小学生待在一起	语文	273	449.75
	数学	358	487.25
	英语	273	409.68
	总计	904	—
我报考公费师范生是因为我没有选择	语文	273	484.65
	数学	358	455.25
	英语	273	416.74
	总计	904	—

表4-36 本科在读阶段样本学生项目动机分析四题项专业分组克鲁斯卡尔-沃利斯检验统计

题项	我报考公费师范生是为了获得稳定的工作	我报考公费师范生是我自己的意愿	我报考公费师范生是因为我喜欢和中小学生待在一起	我报考公费师范生是因为我没有选择
卡方	7.890	6.829	15.407	10.426
自由度	2	2	2	2
渐近显著性	0.019	0.033	0.000	0.005

注:分组变量:所学专业对应学科。

由表4-35和表4-36中克鲁斯卡尔-沃利斯检验结果可知,本科在读阶段样本学生中,学习不同专业的样本学生对应题项"我报考公费师范生是为了获得稳定的工作""我报考公费师范生是我自己的意愿""我报考公费师范生是因为我喜欢和中小学生待在一起""我报考公费师范生是因为我没有选择"4个题项的作答结果均显示出了具有统计学意义的显著性差异，具体差异表现如表4-37所示。

表4-37 本科在读阶段不同专业样本学生项目动机四题项描述性分析

题项	科目	个案数	平均值	标准差	标准误差	平均值的95%置信区间 下限	平均值的95%置信区间 上限	最小值	最大值
我报考公费师范生是为了获得稳定的工作	语文	273	3.68	0.927	0.056	3.57	3.79	1	5
	数学	358	3.78	0.866	0.046	3.69	3.87	1	5
	英语	273	3.56	0.938	0.057	3.44	3.67	1	5
	总计	904	3.68	0.910	0.030	3.62	3.74	1	5
我报考公费师范生是我自己的意愿	语文	273	3.69	0.990	0.060	3.57	3.81	1	5
	数学	358	3.75	0.882	0.047	3.65	3.84	1	5
	英语	273	3.54	0.970	0.059	3.42	3.65	1	5
	总计	904	3.67	0.945	0.031	3.60	3.73	1	5
我报考公费师范生是因为我喜欢和中小学生待在一起	语文	273	3.48	0.955	0.058	3.37	3.59	1	5
	数学	358	3.62	0.834	0.044	3.53	3.71	1	5
	英语	273	3.30	0.961	0.058	3.19	3.41	1	5
	总计	904	3.48	0.920	0.031	3.42	3.54	1	5
我报考公费师范生是因为我没有选择	语文	273	2.40	1.150	0.070	2.26	2.54	1	5
	数学	358	2.26	1.079	0.057	2.15	2.37	1	5
	英语	273	2.08	0.967	0.059	1.97	2.20	1	5
	总计	904	2.25	1.075	0.036	2.18	2.32	1	5

由表4-37中的描述性分析结果可知，在题项"我报考公费师范生是为了获得稳定的工作"的作答中，数学专业的公费师范生作答均值最大且标准差最小，表明该专业学生对此题项的表述认可程度较高，且数据分布较为集中。相较之下，英语专业学生作答均值最小，说明英语专业学生在报考公费师范生时，获得稳定工作这一条件对其具有一定的吸引力，但是不及数学和语文学科对应专业的样本学生那般强烈。

就题项"我报考公费师范生是我自己的意愿"作答结果而言，同样为数学专业的学生作答均值最高、标准差最小；英语专业样本学生作答均值最小。表明虽然从均值上看各个专业学生对此题项的作答均呈肯定态度，但相较之下，数学专业学生在选择报考公费师范生专业时个人内在意愿整体更加强烈。

本科在读阶段样本学生对题项"我报考公费师范生是因为我喜欢和中小学生待在一起"的作答中，数学专业的学生作答均值明显高于语文和英语两个学科对应专业的样本学生，表明样本学生中，数学专业的学生报考公费师范生专业时，喜欢和中小学生相处也是其相对重要的动机之一。

在题项"我报考公费师范生是因为我没有选择"的作答中，3个专业的样本学生作答均值均小于2.50，表明各专业学生报考公费师范生主要是出于个人的主观意愿。各专业之间比较来看，此题项的作答结果中，英语专业学生的作答结果明显低于其他两个专业的样本学生，表明英语专业学生报考公费师范生专业时的主动选择程度更为强烈。

第二节 表层学习动机分析

就项目动机之外的学习动机主要分为表层动机和深层动机，表层动机主要监测样本是否会因为达成某种相对表面的目的而学习，深层动机则主要与实质性的个人能力提升、阅历积累等目标相关。

一、在学阶段样本学生表层学习动机描述性统计分析

根据不同阶段样本对象的学业、职业发展状态，对其表层动机监测点题项设置有所区别，由于教育硕士毕业后阶段的样本对象因极少有普遍的学业考试类型的外在学习压力，未进行表层学习动机的监测，现就本科及硕士研究生4个在学阶段样本学生的表层学习动机进行逐一分析。

1. 初入本科阶段样本学生表层学习动机分析

初入本科阶段样本对象学习表层动机相关题项作答结果分布如表4-38所示。

表4-38 初入本科阶段样本对象表层动机分析描述统计量

题项	N	极小值	极大值	均值	标准差
只要能通过考试，我就不会投入更多精力学习	1016	1	5	2.10	0.93
我对所学课程内容没什么兴趣，所以没有花费太多精力去学习	1016	1	5	1.98	0.90
我觉得只记住关键内容，无须理解，就可以通过大部分考试	1016	1	5	2.10	0.89
我觉得深入研究某个话题没什么用而且浪费时间和精力	1016	1	5	2.20	1.01
我觉得那些不可能出现在考试中的学习内容都没什么意义	1016	1	5	1.97	0.93
有效的N（列表状态）	1016	—	—	—	—

如表4-38所示，初入本科阶段的样本对象在以上5个题项的均值均小于2.30，整体上看，本阶段学生的学习动机中，表层动机表现得并不明显，为了达到某种特定的表层目的而学习的学生很少，但从作答结果的最大值来看，仍有部分学生在表中所涉及题项中选择了"完全符合"。上述题项中作答均值最大的题项为"我觉得深入研究某个话题没什么用而且浪费时间和精力"，现以此题项为例，探查初入本科阶段学生的表层学习动机分布情况（作答结果分布如图4-1所示）。

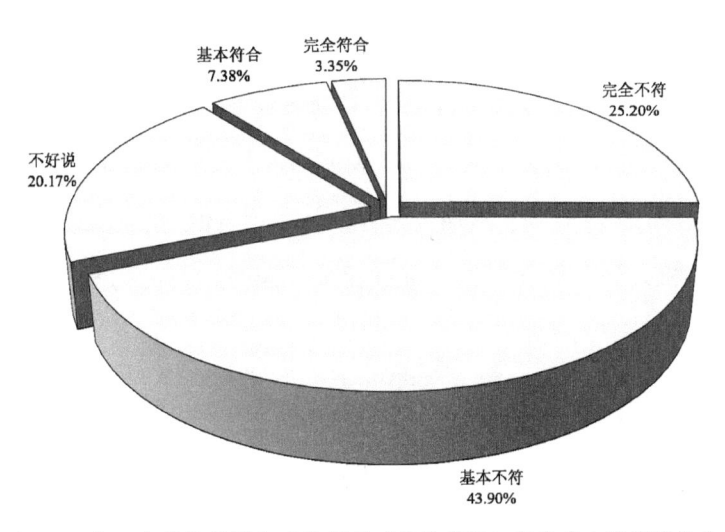

图4-1 初入本科阶段样本对象题项"我觉得深入研究某个话题没什么用而且浪费时间和精力"作答分布

基本符合 7.38%
完全符合 3.35%
完全不符 25.20%
不好说 20.17%
基本不符 43.90%

如图4-1所示，初入本科阶段样本对象在题项"我觉得深入研究某个话题没什么用而且浪费时间和精力"上，绝大部分呈否认态度。其中，25.20%的学生选择了"完全不符"，43.90% 的样本学生选择了"基本不符"；20.17% 的样本学生选择了"不好说"；另外，还有 10.73% 的样本学生选择了"基本符合"或"完全符合"。表明大部分学生对以某个话题为主题进行深入研究持肯定态度，具有探索学习及研究学习的意识。

2. 本科在读阶段样本学生表层学习动机分析

本科在读阶段样本对象对表层学习动机相关题项作答结果分布如表 4-39 所示。

表 4-39 本科在读阶段样本对象表层动机分析描述统计量

题项	N	极小值	极大值	均值	标准差
只要能通过考试，我就不会投入更多精力学习	904	1	5	2.61	1.01
我对所学课程内容没什么兴趣，所以没有花费太多精力去学习	904	1	5	2.59	1.04
我觉得只记住关键内容，无须理解，就可以通过大部分考试	904	1	5	2.66	1.03
我觉得深入研究某个话题没什么用而且浪费时间和精力	904	1	5	2.67	1.10
我觉得那些不可能出现在考试中的学习内容都没什么意义	904	1	5	2.42	1.15
有效的 N（列表状态）	1016	—	—	—	—

如表 4-39 所示，本科在读阶段的样本对象在对表层学习动机相关题项的作答中，整体较为分散（标准差均大于 1.00），且极值均涉及了选项设定的最大值及最小值，表明个体自主选择的差异较大；从均值来看，各题项均值均小于 2.70，其学习动机当中，整体表层动机较弱，倾向于达成某种无关深层学习目的的学习动机未有明显的表现。

3. 本科毕业且初入教育硕士研究生阶段样本学生表层学习动机分析

本科毕业且初入教育硕士研究生阶段公费师范生表层学习动机相关题项作答结果统计量如表 4-40 所示。

表 4-40 本科毕业且初入教育硕士研究生阶段样本对象表层动机分析描述统计量

题项	N	极小值	极大值	均值	标准差
只要能通过考试，我就不会投入更多精力学习	821	1	5	2.68	1.01
我对所学课程内容没什么兴趣，所以没有花费太多精力去学习	821	1	5	2.64	1.10
我觉得只记住关键内容，无须理解，就可以通过大部分考试	821	1	5	2.72	1.10
我觉得深入研究某个话题没什么用而且浪费时间和精力	821	1	5	2.81	1.13
我觉得那些不可能出现在考试中的学习内容都没什么意义	821	1	5	2.60	1.23
有效的 N（列表状态）	821	—	—	—	—

如表 4-40 所示，本科毕业且初入教育硕士研究生阶段的样本对象对表层学习动机相关题项作答的结果，自"完全不符"至"完全符合"均有涉及，在设置的 5 个题项中，题项"我觉得深入研究某个话题没什么用而且浪费时间和精力"作答均值最高（$\bar{x}=2.81$），题项"我觉得那些不可能出现在考试中的学习内容都没什么意义"均值最低（$\bar{x}=2.60$），且各题项均值均小于 3.00，整体表层学习动机表现得并不明显，但值得注意的是，从对于题项"我觉得深入研究某个话题没什么用而且浪费时间和精力"均值达到 2.81 可推知，整体上讲，这一阶段的公费师范生虽然并未表现出明显的完成特定表象目标而驱动的学习行为，但对于深入探究某一问题的意识表现得并不强烈。

4. 教育硕士研究生在读阶段样本学生表层学习动机分析

由于教育硕士研究生在读阶段样本对象在进入学习阶段的同时已经拥有了教师职业身份，为避免对题项设置中有关备考等内容的主题产生歧义，确保其根据自身情况作答，在对该阶段样本对象的调研题项中，有关表层学习动机的题项共 2 题，其作答结果统计量如表 4-41 所示。

表 4-41 教育硕士研究生在读阶段样本对象表层动机分析描述统计量

题项	N	极小值	极大值	均值	标准差
我对所学课程内容没什么兴趣，所以没有花费太多精力去学习	870	1	5	2.56	1.06
我觉得深入研究某个话题没什么用而且浪费时间和精力	870	1	5	2.75	1.11
有效的 N（列表状态）	870	—	—	—	—

如表 4-41 所示，从教育硕士研究生在读阶段的样本对象在表层动机学习部分题项的作答结果来看，分布离散趋势表现得较为明显，同时，两题项作答结果的均值在 2.60 上下，整体上讲，该阶段样本学生的表层学习动机指导学习行为的表现不明显。该监测维度下各题项的作答分布情况如图 4-2、图 4-3 所示。

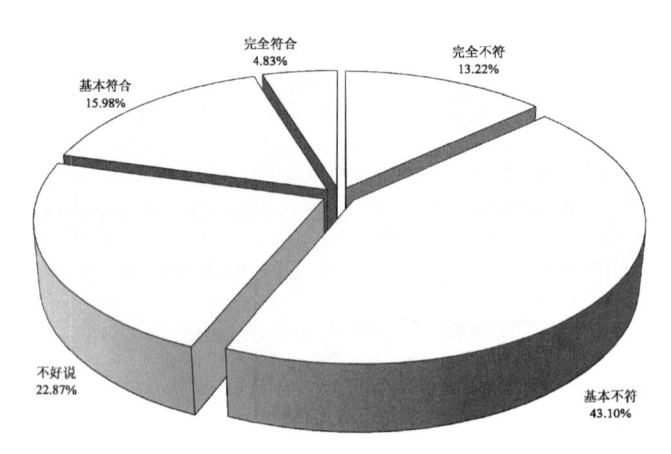

图 4-2 教育硕士研究生在读阶段样本对象题项"我对所学课程内容没什么兴趣，所以没有花费太多精力去学习"作答分布

如图 4-2 所示，教育硕士研究生在读阶段的样本学生对题项"我对所学课程内容没什么兴趣，所以没有花费太多精力去学习"的作答结果中，56.32% 的样本学生选择了"完全不符"或"基本不符"；22.87% 的学生选择了"不好说"；20.81% 的样本学生选择了"完全符合"或"基本符合"。从数据分布可知，教育硕士研究生在读阶段的公费师范生在课程学习上较为主动，并对所学内容具有一定的学习兴趣。为进一步了解其表层学习动机情况，结合另一题项再做分析（分布情况如图 4-3 所示）。

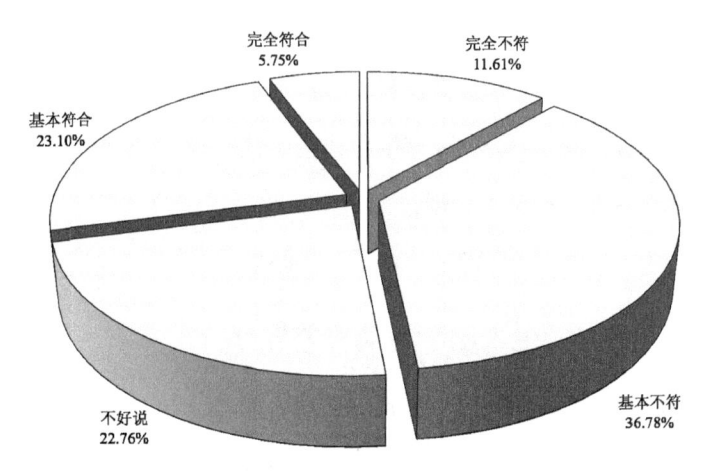

图 4-3　教育硕士研究生在读阶段样本对象题项"我觉得深入研究某个话题没什么用而且浪费时间和精力"作答分布

如图 4-3 所示，在教育硕士研究生在读阶段的样本学生对题项"我觉得深入研究某个话题没什么用而且浪费时间和精力"的作答当中，选择"基本不符"的样本学生数量最多，共占该阶段总人数的 36.78%；同时，11.61% 的样本学生选择了"完全不符"，可见有意向对某个话题进行主动探究的学生占到了该阶段样本的 48.39%。此外，28.85% 的样本学生选择了"完全符合"或"基本符合"，另有 22.76% 的学生认为对此题项尚无明确的取向。

为清晰呈现不同样本对象在表层学习动机方面的分布情况，研究对初入本科、本科在读、本科毕业且初入教育硕士研究生、教育硕士研究生在读四个阶段样本学生对该监测维度下的题项作答情况求均值并加以比较，具体情况如图 4-4 所示。

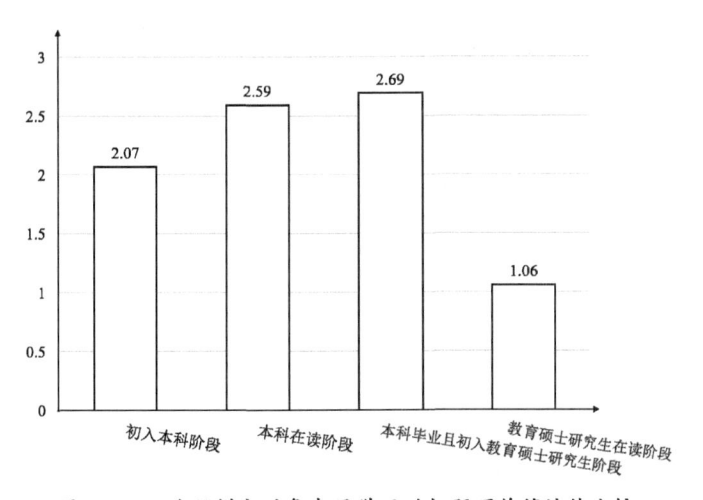

图 4-4　四阶段样本对象表层学习动机题项作答均值比较

从历时角度着眼（由图4-4可见），结合样本对象所处的不同学业阶段，公费师范生在初入本科阶段时表层学习动机较弱，伴随着学业阶段的不断深入，表层学习动机不断加深，但在就读于教育硕士研究生阶段后，表层学习动机明显下降，出现了各阶段均值中的最低值（$\bar{x}=1.06$）。为通过调查研究深入了解公费师范生在不同阶段的学习动机变化，本研究另设题项，探究其深层学习动机。

二、在学阶段样本学生表层学习动机差异分析

对于表层学习动机的差异分析，研究主要从性别差异、民族差异、生源省（自治区、直辖市）地域差异、就读院校差异及所学专业对应学科差异五个方面着眼，对初入本科阶段、本科在读阶段、本科毕业且初入教育硕士研究生阶段和教育硕士研究生在读阶段4个在学阶段的样本学生，就其表层学习动机是否存在差异、如若存在差异表现如何等问题进行分析探究。

1. 初入本科阶段样本学生表层学习动机差异分析

（1）初入本科阶段不同性别样本学生表层学习动机差异分析

当以性别作为分组变量时，初入本科阶段样本学生对与表层学习动机维度下5个题项作答结果的性别分组统计结果及独立样本t检验结果分别如表4-42、表4-43所示。

表4-42 初入本科阶段样本学生表层学习动机分析各题项性别分组统计

题项	性别	个案数	平均值	标准差	标准误差平均值
只要能通过考试，我就不会投入更多精力学习	男	152	2.02	0.980	0.079
	女	864	2.12	0.925	0.031
我对所学课程内容没有什么兴趣，所以没有花费太多精力去学习	男	152	2.02	1.013	0.082
	女	864	1.98	0.880	0.030
我觉得只记住关键内容，无须理解，就可以通过大部分考试	男	152	2.16	1.043	0.085
	女	864	2.09	0.864	0.029
我觉得深入研究某个话题没什么用而且浪费时间和精力	男	152	2.28	1.176	0.095
	女	864	2.18	0.973	0.033
我觉得那些不可能出现在考试中的学习内容都没什么意义	男	152	2.11	1.071	0.087
	女	864	1.94	0.895	0.030

从表 4-42 的分组描述性统计结果可知，初入本科阶段样本学生对于表中所涉及的题项作答结果中，对于题项"只要能通过考试，我就不会投入更多精力学习"的作答中，女生的作答均值略大于男生，且标准差小于男生，表明虽然样本学生对此题项的表述整体持否认态度，但相比较之下女生对此题项表述的认可程度整体略高于男生。此外，对于其他 4 个题项的作答，男生的作答均值均大于女生，表明在其他题项的作答中，女生的否定程度相较更加明显。需要明确的是，分组统计仅对作答结果的数据分布特征有所体现，但是否造成了具有数理统计意义的性别差异，还需通过独立样本 t 检验结果予以验证。

表 4-43 初入本科阶段不同性别样本学生表层学习动机各题项独立样本 t 检验

题项	方差条件	方差方程的 Levene 检验		均值方差的 t 检验					差分的 95% 置信区间	
		F	Sig.	t	df	Sig.（双侧）	均值差值	标准误差差值	下限	上限
只要能通过考试，我就不会投入更多精力学习	假设方差相等	0.034	0.854	-1.183	1014	0.237	-0.097	0.082	-0.258	0.064
	假设方差不相等	—	—	-1.137	201.264	0.257	-0.097	0.085	-0.266	0.071
我对所学课程内容没有什么兴趣，所以没有花费太多精力去学习	假设方差相等	4.402	0.036	0.526	1014	0.599	0.042	0.079	-0.114	0.197
	假设方差不相等	—	—	0.477	193.181	0.634	0.042	0.087	-0.131	0.214
我觉得只记住关键内容，无须理解，就可以通过大部分考试	假设方差相等	13.617	0.000	0.846	1014	0.397	0.066	0.079	-0.088	0.221
	假设方差不相等	—	—	0.742	189.162	0.459	0.066	0.090	-0.110	0.243
我觉得深入研究某个话题没什么用而且浪费时间和精力	假设方差相等	14.731	0.000	1.131	1014	0.259	0.100	0.088	-0.074	0.274
	假设方差不相等	—	—	0.991	189.083	0.323	0.100	0.101	-0.099	0.299
我觉得那些不可能出现在考试中的学习内容都没什么意义	假设方差相等	9.609	0.002	2.119	1014	0.034	0.172	0.081	0.013	0.331
	假设方差不相等	—	—	1.869	189.880	0.063	0.172	0.092	-0.009	0.354

由表 4-43 可知，初入本科阶段不同性别的样本学生对于题项"只要能通过考试，我就不会投入更多精力学习"的作答结果在方差方程的莱文检验中接受了方差相等的假设，而"我对所学课程内容没有什么兴趣，所以没有花费太多精力去学习""我觉得只记住关键内容，无须理解，就可以通过大部分考试""我觉得深入研究某个话题没有什么用而且浪费时间和精力""我觉得那些不可能出现在考试中的学习内容都没什么意义"4 个题项的作答结果均拒绝了方差相等的假设。尽管如此，从对应的均值方差 t 检验的显著性结算结果来看，初入本科阶段样本学生中，男生、女生对于表中 5 个题项的作答结果均未显示出具有统计学意义的显著性差异。

（2）初入本科阶段不同民族样本学生表层学习动机差异分析

当以民族作为因子时，初入本科阶段样本学生对表层学习动机维度下的题项作答结果的方差齐性检验结果如表 4-44 所示。

表 4-44 初入本科阶段样本学生表层学习动机各题项民族分组方差齐性检验

题项	莱文统计	自由度1	自由度2	显著性
只要能通过考试，我就不会投入更多精力学习	2.269[①]	16	994	0.003
我对所学课程内容没有什么兴趣，所以没有花费太多精力去学习	1.893[②]	16	994	0.018
我觉得只记住关键内容，无须理解，就可以通过大部分考试	1.843[③]	16	994	0.022
我觉得深入研究某个话题没什么用而且浪费时间和精力	1.657[④]	16	994	0.049
我觉得那些不可能出现在考试中的学习内容都没什么意义	2.054[⑤]	16	994	0.009

①在针对"只要能通过考试，我就不会投入更多精力学习"计算方差齐性检验时，将忽略只有一个个案的组。
②在针对"我对所学课程内容没有什么兴趣，所以没有花费太多精力去学习"计算方差齐性检验时，将忽略只有一个个案的组。
③在针对"我觉得只记住关键内容，无须理解，就可以通过大部分考试"计算方差齐性检验时，将忽略只有一个个案的组。
④在针对"我觉得深入研究某个话题没什么用而且浪费时间和精力"计算方差齐性检验时，将忽略只有一个个案的组。
⑤在针对"我觉得那些不可能出现在考试中的学习内容都没什么意义"计算方差齐性检验时，将忽略只有一个个案的组。

表4-44中的方差齐性检验结果显示，初入本科阶段中，不同民族的1016名样本学生对表层学习动机维度下5个题项的作答结果均不符合方差齐性的一致性要求，因此不可通过单因素方差分析方法探知其作答结果是否存在差异，研究采用克鲁斯卡尔-沃利斯检验方法进行了差异分析（检验结果如表4-45、表4-46所示）。

表4-45 初入本科阶段不同民族样本学生表层学习动机各题项克鲁斯卡尔-沃利斯检验秩

题项	民族	个案数	秩平均值	题项	民族	个案数	秩平均值
只要能通过考试，我就不会投入更多精力学习	汉族	816	501.21	我对所学课程内容没有什么兴趣，所以没有花费太多精力去学习	汉族	816	508.26
	蒙古族	18	591.31		蒙古族	18	484.22
	回族	73	540.73		回族	73	511.25
	藏族	11	590.86		藏族	11	557.18
	维吾尔族	21	571.52		维吾尔族	21	518.12
	苗族	12	529.17		苗族	12	513.38
	彝族	2	904.00		彝族	2	927.00
	壮族	15	616.50		壮族	15	480.37
	布依族	2	321.25		布依族	2	357.75
	满族	3	383.33		满族	3	425.83
	侗族	4	445.38		侗族	4	438.00
	瑶族	3	606.67		瑶族	3	639.83
	白族	4	591.25		白族	4	459.88
	土家族	19	440.79		土家族	19	505.21
	哈萨克族	3	536.00		哈萨克族	3	846.00
	黎族	1	135.00		黎族	1	153.50
	东乡族	2	321.25		东乡族	2	562.00
	柯尔克孜族	1	135.00		柯尔克孜族	1	153.50
	土族	1	842.50		土族	1	562.00
	羌族	1	135.00		羌族	1	153.50
	撒拉族	1	507.50		撒拉族	1	971.00
	仡佬族	3	495.00		仡佬族	3	289.67
	总计	1016	—		总计	1016	—

续表

题项	民族	个案数	秩平均值	题项	民族	个案数	秩平均值
我觉得只记住关键内容，无须理解，就可以通过大部分考试	汉族	816	503.53	我觉得深入研究某个话题没什么用而且浪费时间和精力	汉族	816	504.31
	蒙古族	18	539.25		蒙古族	18	477.36
	回族	73	551.82		回族	73	536.96
	藏族	11	516.82		藏族	11	642.82
	维吾尔族	21	620.48		维吾尔族	21	591.52
	苗族	12	492.88		苗族	12	460.08
	彝族	2	736.75		彝族	2	875.00
	壮族	15	499.63		壮族	15	540.10
	布依族	2	487.25		布依族	2	304.00
	满族	3	498.50		满族	3	362.50
	侗族	4	313.75		侗族	4	466.75
	瑶族	3	729.83		瑶族	3	471.00
	白族	4	406.13		白族	4	473.13
	土家族	19	417.16		土家族	19	426.08
	哈萨克族	3	375.33		哈萨克族	3	808.00
	黎族	1	845.50		黎族	1	128.50
	东乡族	2	313.75		东乡族	2	479.50
	柯尔克孜族	1	1007.50		柯尔克孜族	1	999.50
	土族	1	498.50		土族	1	479.50
	羌族	1	498.50		羌族	1	479.50
	撒拉族	1	975.00		撒拉族	1	945.00
	仡佬族	3	375.33		仡佬族	3	362.50
	总计	1016	—		总计	1016	—
我觉得那些不可能出现在考试中的学习内容都没什么意义	汉族	816	505.08	我觉得那些不可能出现在考试中的学习内容都没什么意义	白族	4	647.00
	蒙古族	18	443.50		土家族	19	461.89
	回族	73	502.87		哈萨克族	3	437.00
	藏族	11	620.59		黎族	1	170.00
	维吾尔族	21	587.93		东乡族	2	570.50

续表

题项	民族	个案数	秩平均值	题项	民族	个案数	秩平均值
我觉得那些不可能出现在考试中的学习内容都没什么意义	苗族	12	635.04	我觉得那些不可能出现在考试中的学习内容都没什么意义	柯尔克孜族	1	1004.50
	彝族	2	924.25		土族	1	570.50
	壮族	15	592.47		羌族	1	570.50
	布依族	2	170.00		撒拉族	1	972.00
	满族	3	303.50		仡佬族	3	303.50
	侗族	4	446.75		总计	1016	—
	瑶族	3	405.50				

由表4-45可见，由于调研样本学生中各民族学生人数差异较大，各民族学生对于该维度下5个题项作答结果的秩平均值也呈现出了较大差异，可进一步通过非参数检验结果探知上述题项的作答中本阶段样本学生是否存在民族差异。

表4-46 初入本科阶段样本学生表层学习动机分析各题项民族分组克鲁斯卡尔–沃利斯检验统计

题项	只要能通过考试，我就不会投入更多精力学习	我对所学课程内容没有什么兴趣，所以没有花费太多精力去学习	我觉得只记住关键内容，无须理解，就可以通过大部分考试	我觉得深入研究某个话题没什么用而且浪费时间和精力	我觉得那些不可能出现在考试中的学习内容都没什么意义
卡方	23.627	22.517	24.215	25.439	30.254
自由度	21	21	21	21	21
渐近显著性	0.311	0.370	0.283	0.229	0.087

注：分组变量：民族。

由表4-46中的克鲁斯卡尔–沃利斯检验统计结果可知，虽然初入本科阶段样本学生来自22个不同的民族，但其作答结果的克鲁斯卡尔–沃利斯检验渐进显著性均大于0.05，表明本阶段不同民族的公费师范生在表层学习动机方面的5个题项的作答结果上没有显著差异。

（3）初入本科阶段不同生源地样本学生表层学习动机差异分析

在对本阶段样本学生的表层学习动机的民族差异进行分析后，研究以生源地的省级行政单位为因子，进行了方差齐性检验，检验结果如表4-47所示。

表 4-47 初入本科阶段样本学生表层学习动机各题项生源地分组方差齐性检验

题项	莱文统计	自由度1	自由度2	显著性
只要能通过考试，我就不会投入更多精力学习	2.369①	26	988	0.000
我对所学课程内容没有什么兴趣，所以没有花费太多精力去学习	1.405②	26	988	0.086
我觉得只记住关键内容，无须理解，就可以通过大部分考试	0.850③	26	988	0.683
我觉得深入研究某个话题没什么用而且浪费时间和精力	1.376④	26	988	0.100
我觉得那些不可能出现在考试中的学习内容都没什么意义	1.463⑤	26	988	0.063

①在针对"只要能通过考试，我就不会投入更多精力学习"计算方差齐性检验时，将忽略只有一个个案的组。

②在针对"我对所学课程内容没有什么兴趣，所以没有花费太多精力去学习"计算方差齐性检验时，将忽略只有一个个案的组。

③在针对"我觉得只记住关键内容，无须理解，就可以通过大部分考试"计算方差齐性检验时，将忽略只有一个个案的组。

④在针对"我觉得深入研究某个话题没什么用而且浪费时间和精力"计算方差齐性检验时，将忽略只有一个个案的组。

⑤在针对"我觉得那些不可能出现在考试中的学习内容都没什么意义"计算方差齐性检验时，将忽略只有一个个案的组。

由表 4-47 可知，当以生源地为因子时，初入本科阶段样本学生对于表层学习动机维度下5个题项的作答结果中，题项"只要能通过考试，我就不会投入更多精力学习"的作答结果拒绝了方差齐性的一致性要求，其对应非参数检验分析结果如表 4-48、4-49 所示。其他 4 个题项的作答结果均接受了方差相等的假设，对应单因素方差分析结果见表 4-50。

表 4-48 初入本科阶段不同生源地样本学生表层学习动机单一题项克鲁斯卡尔-沃利斯检验秩

生源地	个案数	秩平均值	生源地	个案数	秩平均值
北京市	2	675.00	广东省	1	135.00
天津市	7	431.00	广西壮族自治区	42	588.85
河北省	19	585.11	海南省	9	573.61
山西省	41	499.52	重庆市	34	388.74
内蒙古自治区	25	485.00	四川省	58	488.31

续表

生源地	个案数	秩平均值	生源地	个案数	秩平均值
辽宁省	14	460.46	贵州省	40	525.06
黑龙江省	14	481.46	云南省	45	519.52
浙江省	9	337.78	西藏自治区	8	518.19
安徽省	21	532.14	陕西省	107	501.02
福建省	34	450.81	甘肃省	59	540.85
江西省	58	510.60	青海省	31	569.87
山东省	41	475.95	宁夏回族自治区	50	551.58
河南省	100	486.30	新疆维吾尔自治区	69	567.33
湖北省	37	430.57	总计	1016	—
湖南省	41	539.55			

表4-49　初入本科阶段样本学生表层学习动机分析单一题项生源地分组
克鲁斯卡尔–沃利斯检验统计

卡方	33.401
自由度	27
渐近显著性	0.184

注：分组变量：生源地。

由表4-48、表4-49中的克鲁斯卡尔–沃利斯检验结果可知，初入本科阶段来自不同省（自治区、直辖市）的样本学生在题项"只要能通过考试，我就不会投入更多精力学习"的作答上并无显著差异。不同生源地样本学生对于其他4个题项作答结果的差异分析如下。

表4-50　初入本科阶段不同生源地样本学生表层学习动机四题项ANOVA分析

题项	组别	平方和	自由度	均方	F	显著性
我对所学课程内容没有什么兴趣，所以没有花费太多精力去学习	组间	24.023	27	0.890	1.099	0.332
	组内	799.725	988	0.809	—	—
	总计	823.748	1015	—	—	—
我觉得只记住关键内容，无须理解，就可以通过大部分考试	组间	33.848	27	1.254	1.599	0.028
	组内	774.710	988	0.784	—	—
	总计	808.558	1015	—	—	—

续表

题项	组别	平方和	自由度	均方	F	显著性
我觉得深入研究某个话题没什么用而且浪费时间和精力	组间	28.356	27	1.050	1.039	0.411
	组内	998.879	988	1.011	—	—
	总计	1027.235	1015	—	—	—
我觉得那些不可能出现在考试中的学习内容都没什么意义	组间	33.715	27	1.249	1.479	0.055
	组内	834.080	988	0.844	—	—
	总计	867.794	1015	—	—	—

表 4-50 显示，初入本科阶段样本学生在表中 4 个题项的作答中，不同生源省（自治区、直辖市）的样本学生在题项"我觉得只记住关键内容，无须理解，就可以通过大部分考试"的作答中单因素方差分析显著性小于 0.05，表明初入本科阶段来自不同生源省（自治区、直辖市）的样本学生对此题项的作答结果存在显著性差异，在其他 3 个题项的作答中则未体现出具有统计学意义的显著性差异。题项"我觉得只记住关键内容，无须理解，就可以通过大部分考试"的作答的具体差异表现见表 4-51。

表 4-51　初入本科阶段不同生源地样本学生表层学习动机单一题项描述性分析

生源地	个案数	平均值	标准差	标准误差	平均值的95%置信区间 下限	平均值的95%置信区间 上限	最小值	最大值
北京市	2	2.50	0.707	0.500	-3.85	8.85	2	3
天津市	7	1.71	0.951	0.360	0.83	2.59	1	3
河北省	19	2.11	0.875	0.201	1.68	2.53	1	4
山西省	41	1.95	0.740	0.116	1.72	2.18	1	4
内蒙古自治区	25	2.04	0.841	0.168	1.69	2.39	1	4
辽宁省	14	2.00	0.784	0.210	1.55	2.45	1	3
黑龙江省	14	1.57	0.514	0.137	1.27	1.87	1	2
浙江省	9	1.56	0.726	0.242	1.00	2.11	1	3
安徽省	21	1.71	0.717	0.156	1.39	2.04	1	3
福建省	34	1.76	0.855	0.147	1.47	2.06	1	5
江西省	58	2.05	0.804	0.106	1.84	2.26	1	4
山东省	41	2.02	0.758	0.118	1.79	2.26	1	4

续表

生源地	个案数	平均值	标准差	标准误差	平均值的95%置信区间 下限	平均值的95%置信区间 上限	最小值	最大值
河南省	100	2.12	0.856	0.086	1.95	2.29	1	5
湖北省	37	1.95	0.911	0.150	1.64	2.25	1	5
湖南省	41	1.95	0.947	0.148	1.65	2.25	1	5
广东省	1	3.00	—	—	—	—	3	3
广西壮族自治区	42	2.10	0.906	0.140	1.81	2.38	1	4
海南省	9	2.56	0.726	0.242	2.00	3.11	1	3
重庆市	34	2.18	0.968	0.166	1.84	2.51	1	5
四川省	58	2.00	0.898	0.118	1.76	2.24	1	4
贵州省	40	2.15	0.949	0.150	1.85	2.45	1	5
云南省	45	2.18	0.860	0.128	1.92	2.44	1	4
西藏自治区	8	2.00	1.069	0.378	1.11	2.89	1	4
陕西省	107	2.19	0.870	0.084	2.02	2.35	1	5
甘肃省	59	2.25	0.958	0.125	2.00	2.50	1	5
青海省	31	2.39	0.919	0.165	2.05	2.72	1	5
宁夏回族自治区	50	2.20	0.926	0.131	1.94	2.46	1	5
新疆维吾尔自治区	69	2.41	1.062	0.128	2.15	2.66	1	5
总计	1016	2.10	0.893	0.028	2.05	2.16	1	5

从表4-51中可见，在题项"我觉得只记住关键内容，无须理解，就可以通过大部分考试"的作答中，本阶段样本学生整体呈否定态度。比较不同省（自治区、直辖市）样本学生的作答情况可知，来自广东省的样本学生作答均值为3.00，除此之外，其他生源省（自治区、直辖市）的样本学生作答均值均小于2.60。需要注意的是，本阶段样本学生中，仅1名学生的生源地为广东省，因此其作答结果存在一定的个性化选择倾向，不可代表当地该阶段公费师范生对此题项的整体态度。

本阶段样本学生来自28个不同的省（自治区、直辖市），结合最值来看，来自福建省、河南省、湖北省、湖南省、重庆市、贵州省、甘肃省、青海省、宁夏回族自治区和新疆维吾尔自治区10个省（自治区、直辖市）的样本学生中，均存在选择最大值

"5"这一选项的情况；此外，来自河北省、山西省、内蒙自治区、江西省、山东省、广西壮族自治区、四川省、云南省、西藏自治区9个省（自治区）的样本学生中则均包括选择"4"选项的情况，表明在上述地区的样本学生中，均存在对此题项的表述持肯定态度的样本学生，即有学生表现出了一定的表层学习动机倾向。来自北京市、天津市、辽宁省、浙江省、安徽省、广东省、海南省、黑龙江省8个省（直辖市）样本学生对此题项表述则几乎均呈否认态度，表明其表层学习动机体现得并不明显。

（4）初入本科阶段不同专业样本学生表层学习动机差异分析

当以所学专业对应学科作为因子时，初入本科阶段样本学生对本维度各题项作答结果的方差齐性检验结果见表4-52。

表4-52 初入本科阶段样本学生表层学习动机各题项专业分组方差齐性检验

题项	莱文统计	自由度1	自由度2	显著性
只要能通过考试，我就不会投入更多精力学习	7.022	2	1013	0.001
我对所学课程内容没有什么兴趣，所以没有花费太多精力去学习	3.758	2	1013	0.024
我觉得只记住关键内容，无须理解，就可以通过大部分考试	7.340	2	1013	0.001
我觉得深入研究某个话题没什么用而且浪费时间和精力	5.319	2	1013	0.005
我觉得那些不可能出现在考试中的学习内容都没什么意义	1.078	2	1013	0.341

由表4-52可知，就读于不同专业的样本学生对于表中5个题项的作答结果中，仅题项"我觉得那些不可能出现在考试中的学习内容都没什么意义"的作答结果接受了方差相等的假设，对应单因素方差分析结果如表4-53所示，其他4个题项对应的非参数检验结果见表4-54、表4-55。

表4-53 初入本科阶段不同专业样本学生表层学习动机单一题项ANOVA分析

分组	平方和	自由度	均方	F	显著性
组间	15.760	2	7.880	9.369	0.000
组内	852.034	1013	0.841	—	—
总计	867.794	1015	—	—	—

表 4-54 初入本科阶段不同专业样本学生表层学习动机四题项克鲁斯卡尔-沃利斯检验秩

题项	所学专业对应学科	个案数	秩平均值
只要能通过考试，我就不会投入更多精力学习	语文	343	484.88
	数学	359	483.05
	英语	314	563.39
	总计	1016	—
我对所学课程内容没有什么兴趣，所以没有花费太多精力去学习	语文	343	518.55
	数学	359	463.97
	英语	314	548.44
	总计	1016	—
我觉得只记住关键内容，无须理解，就可以通过大部分考试	语文	343	503.06
	数学	359	451.48
	英语	314	579.63
	总计	1016	—
我觉得深入研究某个话题没什么用而且浪费时间和精力	语文	343	491.92
	数学	359	493.27
	英语	314	544.02
	总计	1016	—

表 4-55 初入本科阶段样本学生表层学习动机分析四题项专业分组克鲁斯卡尔-沃利斯检验统计

题项	只要能通过考试，我就不会投入更多精力学习	我对所学课程内容没有什么兴趣，所以没有花费太多精力去学习	我觉得只记住关键内容，无须理解，就可以通过大部分考试	我觉得深入研究某个话题没什么用而且浪费时间和精力
卡方	18.256	17.179	37.013	7.481
自由度	2	2	2	2
渐近显著性	0.000	0.000	0.000	0.024

注：分组变量：所学专业对应学科。

由表 4-53 至表 4-55 中的差异分析结果可知，就读于不同专业的初入本科阶段的样本学生对表层学习动机维度下 5 个题项的作答结果均呈现出了具有统计学意义的显著性差异，具体表现见表 4-56。

表 4-56　初入本科阶段不同专业样本学生表层学习动机各题项描述性分析

题项	学科	个案数	平均值	标准差	标准误差	平均值的95%置信区间 下限	平均值的95%置信区间 上限	最小值	最大值
只要能通过考试，我就不会投入更多精力学习	语文	343	2.01	0.848	0.046	1.92	2.10	1	5
	数学	359	2.04	0.979	0.052	1.94	2.15	1	5
	英语	314	2.27	0.950	0.054	2.17	2.38	1	5
	总计	1016	2.10	0.934	0.029	2.04	2.16	1	5
我对所学课程内容没有什么兴趣，所以没有花费太多精力去学习	语文	343	1.99	0.834	0.045	1.90	2.08	1	5
	数学	359	1.86	0.910	0.048	1.77	1.96	1	5
	英语	314	2.12	0.944	0.053	2.01	2.22	1	5
	总计	1016	1.98	0.901	0.028	1.93	2.04	1	5
我觉得只记住关键内容，无须理解，就可以通过大部分考试	语文	343	2.07	0.819	0.044	1.98	2.15	1	5
	数学	359	1.94	0.901	0.048	1.85	2.03	1	5
	英语	314	2.32	0.916	0.052	2.22	2.43	1	5
	总计	1016	2.10	0.893	0.028	2.05	2.16	1	5
我觉得深入研究某个话题没什么用而且浪费时间和精力	语文	343	2.11	0.915	0.049	2.02	2.21	1	5
	数学	359	2.17	1.063	0.056	2.06	2.28	1	5
	英语	314	2.32	1.024	0.058	2.21	2.44	1	5
	总计	1016	2.20	1.006	0.032	2.14	2.26	1	5
我觉得那些不可能出现在考试中的学习内容都没什么意义	语文	343	1.80	0.808	0.044	1.71	1.88	1	5
	数学	359	2.01	0.984	0.052	1.91	2.11	1	5
	英语	314	2.10	0.949	0.054	1.99	2.20	1	5
	总计	1016	1.97	0.925	0.029	1.91	2.02	1	5

从表4-56可知，在上述5个题项的作答中，就读于英语专业的样本学生作答均值均为最大，表明相较之下，该专业样本学生的表层学习动机倾向相对明显。在"只要能通过考试，我就不会投入更多精力学习""我觉得深入研究某个话题没什么用而且浪费时间和精力""我觉那些不可能出现在考试中的学习内容都没什么意义"3个题项的作答中，就读于语文学科对应专业的样本学生作答均值最小，在"我对所学课程内容没有什么兴趣，所以没有花费太多精力去学习""我觉得只记住关键内容，无须理解，

就可以通过大部分考试"两个题项的作答中，就读于数学学科对应专业的样本公费师范生作答均值最小，难以根据上述题项的作答情况判定就读于何种专业的样本学生表层学习动机最不明显，为进一步明晰本阶段不同专业样本学生的表层学习动机差异，研究对"表层学习动机"维度整体作答情况进行了差异分析（见表 4-57 至表 4-59）。

表 4-57　初入本科阶段样本学生表层学习动机专业分组方差齐性检验

莱文统计	自由度1	自由度2	显著性
1.809	2	1013	0.164

由表 4-57 可知，就读于不同专业的初入本科阶段样本学生对表层学习动机维度的整体作答情况接受了方差相等的假设，因此可通过单因素方差分析探知其作答情况是否存在专业差异。

表 4-58　初入本科阶段不同专业样本学生表层学习动机 ANOVA 分析

组别	平方和	自由度	均方	F	显著性
组间	11.236	2	5.618	12.065	0.000
组内	471.706	1013	0.466	—	—
总计	482.942	1015	—	—	—

从表 4-58 中的单因素方差分析结果可知，显著性为 0.000，明显小于 0.05，表明本阶段样本学生在表层学习动机上确实存在显著性差异，具体差异表现见表 4-59。

表 4-59　初入本科阶段不同专业样本学生表层学习动机描述性分析

学科	个案数	平均值	标准差	标准误差	平均值的95%置信区间 下限	平均值的95%置信区间 上限	最小值	最大值
语文	343	1.99	0.619	0.033	1.93	2.06	1.00	5.00
数学	359	2.01	0.727	0.038	1.93	2.08	1.00	5.00
英语	314	2.23	0.696	0.039	2.15	2.30	1.00	4.40
总计	1016	2.07	0.690	0.022	2.03	2.11	1.00	5.00

由表 4-59 可知，相较之下，初入本科阶段就读于语文学科对应专业的样本学生对表层学习动机维度整体的作答均值最小且标准差最小，表明该专业样本学生所体现出的为了应付表面任务而学习的动机最不明显。就读于数学学科对应专业的样本学生表层学习动机程度在 3 个专业中居中。英语专业学生虽该维度的作答均值虽小于 3.00，

整体呈否定态度，但在 3 个专业作答情况的比较之下，表层学习动机表现得更为明显。

2. 本科在读阶段样本学生表层学习动机差异分析

（1）本科在读阶段不同性别样本学生表层学习动机差异分析

前文对初入本科阶段不同性别的样本学生对于表层学习动机维度题项的作答差异分析中并未发现具有统计学意义的显著性差异，本研究撷取历时视角，对大学本科三年级的本科在读阶段样本学生的表层动机题项作答性别差异进行分析，对应独立样本 t 检验结果如表 4-60 所示。

表 4-60　本科在读阶段不同性别样本学生表层学习动机各题项独立样本 t 检验

题项		方差方程的 Levene 检验		均值方差的 t 检验						
		F	Sig.	t	df	Sig.（双侧）	均值差值	标准误差差值	差分的95%置信区间	
									下限	上限
只要能通过考试，我就不会投入更多精力学习	假设方差相等	1.684	0.195	1.965	902	0.050	0.183	0.093	0.000	0.365
	假设方差不相等	—	—	1.854	181.138	0.065	0.183	0.098	-0.012	0.377
我对所学课程内容没有什么兴趣，所以没有花费太多精力去学习	假设方差相等	6.730	0.010	3.935	902	0.000	0.376	0.096	0.189	0.564
	假设方差不相等	—	—	3.555	175.715	0.000	0.376	0.106	0.167	0.586
我觉得只记住关键内容，无须理解，就可以通过大部分考试	假设方差相等	0.033	0.856	3.388	902	0.001	0.320	0.095	0.135	0.506
	假设方差不相等	—	—	3.278	184.695	0.001	0.320	0.098	0.128	0.513
我觉得深入研究某个话题没什么用而且浪费时间和精力	假设方差相等	0.990	0.320	3.740	902	0.000	0.377	0.101	0.179	0.575
	假设方差不相等	—	—	3.463	178.725	0.001	0.377	0.109	0.162	0.592
我觉得那些不可能出现在考试中的学习内容都没什么意义	假设方差相等	6.500	0.011	3.172	902	0.002	0.335	0.106	0.128	0.542
	假设方差不相等	—	—	2.947	179.200	0.004	0.335	0.114	0.111	0.559

由表 4-60 可知，当以性别作为分组变量时，本科在读阶段样本学生对于"只要

能通过考试,我就不会投入更多精力学习""我觉得只记住关键内容,无须理解,就可以通过大部分考试""我觉得深入研究某个话题没有什么用而且浪费时间和精力"3个题项的作答结果均接受了方差相等的假设,对应的均值方差t检验结果显著性均小于0.05(题项"只要能通过考试,我就不会投入更多精力学习"的均值方差t检验结果P ≈ 0.049684,表中四舍五入保留小数点后3位为0.005),表明本阶段男生、女生在上述3个题项的作答中均呈现出了显著性差异。此外,题项"我对所学课程内容没有什么兴趣,所以没有花费太多精力去学习"和"我觉得那些不可能出现在考试中的学习内容都没什么意义"的作答结果不符合方差相等的一致性要求,其对应均值方差t检验结果显著性分别为0.001和0.004,亦小于0.05,表明在表层动机维度下的5个题项的作答上,本科在读阶段的样本学生均表现出了具有统计学意义的显著性差异。基于此,研究对于本阶段男生、女生对于表层学习动机维度的整体作答情况进行差异分析,对应分组统计结果及独立样本t检验结果如表4-61、4-62所示。

表4-61 本科在读阶段样本学生表层学习动机性别分组统计

性别	个案数	平均值	标准差	标准误差平均值
男	138	2.86	0.890	0.076
女	766	2.54	0.781	0.028

表4-62 本科在读阶段不同性别样本学生表层学习动机独立样本t检验

方差情况	方差方程的Levene检验		均值方差的t检验						
	F	Sig.	t	df	Sig.(双侧)	均值差值	标准误差差值	差分的95%置信区间	
								下限	上限
假设方差相等	3.489	0.062	4.311	902	0.000	0.318	0.074	0.173	0.463
假设方差不相等	—	—	3.937	177.039	0.000	0.318	0.081	0.159	0.478

从表4-62中的独立样本t检验结果可知,本科在读阶段的男生、女生在表层动机维度的整体作答方面存在具有统计学意义的显著性差异,结合表4-61中的分组描述性统计分析结果可知,男生的表层学习动机比女生表现得更为明显,即在其学习动机中,为应付考试等学业评价而学习的成分比重略高于女生。

（2）本科在读阶段不同民族样本学生表层学习动机差异分析

当以民族作为因子时，本科在读阶段样本学生对于表层学习动机维度及其下属 5 个题项作答结果的方差齐性检验结果如表 4-63 所示。

表 4-63　本科在读阶段样本学生表层学习动机及各题项民族分组方差齐性检验

维度/题项	莱文统计	自由度1	自由度2	显著性
只要能通过考试，我就不会投入更多精力学习	1.587	18	879	0.057
我对所学课程内容没有什么兴趣，所以没有花费太多精力去学习	1.781	18	879	0.023
我觉得只记住关键内容，无须理解，就可以通过大部分考试	1.804	18	879	0.021
我觉得深入研究某个话题没什么用而且浪费时间和精力	1.222	18	879	0.235
我觉得那些不可能出现在考试中的学习内容都没什么意义	1.201	18	879	0.253
表层学习动机	1.788	18	879	0.023

由表 4-63 可知，本科在读阶段样本学生对于表中 5 个题项及表层学习动机维度整体的作答情况中，题项"只要能通过考试，我就不会投入更多精力学习""我觉得深入研究某个话题没有用而且浪费时间和精力"和"我觉得那些不可能出现在考试中的学习内容都没有什么意义"的作答结果符合方差齐性的一致性要求，对应的单因素方差分析结果见表 4-64。

表 4-64　本科在读阶段不同民族样本学生表层学习动机三题项 ANOVA 分析

题项	组别	平方和	自由度	均方	F	显著性
只要能通过考试，我就不会投入更多精力学习	组间	23.494	24	0.979	0.966	0.509
	组内	890.311	879	1.013	—	—
	总计	913.805	903	—	—	—
我觉得深入研究某个话题没什么用而且浪费时间和精力	组间	19.109	24	0.796	0.654	0.897
	组内	1070.001	879	1.217	—	—
	总计	1089.111	903	—	—	—
我觉得那些不可能出现在考试中的学习内容都没有什么意义	组间	49.135	24	2.047	1.580	0.038
	组内	1138.971	879	1.296	—	—
	总计	1188.105	903	—	—	—

从表 4-64 中的单因素方差分析结果可见，本科在读阶段不同民族的样本学生在题项"只要能通过考试，我就不会投入更多精力学习"和"我觉得深入研究某个话题没什么用而且浪费时间和精力"的作答上并无显著性差异，而在对于题项"我觉得那些不可能出现在考试中的学习内容都没有什么意义"的作答中则显现出了具有统计学意义的显著性差异，具体差异表现见表 4-65。

表 4-65　本科在读阶段不同民族样本学生表层学习动机单一题项描述性分析

民族	个案数	平均值	标准差	标准误差	平均值的95%置信区间 下限	平均值的95%置信区间 上限	最小值	最大值
汉族	724	2.36	1.142	0.042	2.28	2.45	1	5
蒙古族	16	2.44	0.814	0.203	2.00	2.87	1	4
回族	45	2.67	1.108	0.165	2.33	3.00	1	5
藏族	17	3.12	1.166	0.283	2.52	3.72	1	5
维吾尔族	16	3.00	1.211	0.303	2.35	3.65	1	5
苗族	13	2.62	1.121	0.311	1.94	3.29	1	5
彝族	5	2.20	1.095	0.490	0.84	3.56	1	4
壮族	8	2.38	1.408	0.498	1.20	3.55	1	4
布依族	2	1.50	0.707	0.500	−4.85	7.85	1	2
满族	3	3.33	1.528	0.882	−0.46	7.13	2	5
侗族	6	2.33	0.816	0.333	1.48	3.19	2	4
瑶族	2	3.00	1.414	1.000	−9.71	15.71	2	4
白族	5	1.60	0.548	0.245	0.92	2.28	1	2
土家族	19	2.42	1.121	0.257	1.88	2.96	1	5
哈萨克族	2	2.00	0.000	0.000	2.00	2.00	2	2
傣族	1	2.00	—	—	—	—	2	2
黎族	1	4.00	—	—	—	—	4	4
水族	1	1.00	—	—	—	—	1	1
东乡族	4	2.25	0.500	0.250	1.45	3.05	2	3
土族	5	2.40	1.517	0.678	0.52	4.28	1	4
羌族	1	4.00	—	—	—	—	4	4

续表

民族	个案数	平均值	标准差	标准误差	平均值的95%置信区间 下限	平均值的95%置信区间 上限	最小值	最大值
撒拉族	2	3.50	2.121	1.500	−15.56	22.56	2	5
仡佬族	4	3.50	1.291	0.645	1.45	5.55	2	5
塔吉克族	1	2.00	—	—	—	—	2	2
门巴族	1	5.00	—	—	—	—	5	5
总计	904	2.42	1.147	0.038	2.34	2.49	1	5

从表4-65可知，在对题项"我觉得那些不可能出现在考试中的学习内容都没有什么意义"的作答中，本阶段样本学生整体上对该题项表述呈否定态度，具体比较不同民族样本学生的作答均值可知，本科在读阶段样本学生中门巴族、黎族、羌族、撒拉族、仡佬族、满族、藏族7个民族的样本学生对该题项所表述的内容持肯定态度，表明其一定程度上存在为应付考试而学习的表层动机。需要注意的是，门巴族、黎族、羌族的样本学生仅各1人，其单人作答结果被视为该民族样本学生的作答均值，可能存在一定程度的个体化倾向。

此外，表4-63中的方差齐性检验中，另外两个题项及表层学习动机维度的整体作答结果均拒绝了方差相等的假设，对应的非参数检验结果见表4-66、表4-67。

表4-66 本科在读阶段不同民族样本学生表层学习动机及两题项克鲁斯卡尔－沃利斯检验秩

维度/题项	民族	个案数	秩平均值	维度/题项	民族	个案数	秩平均值
我对所学课程内容没有什么兴趣，所以没有花费太多精力去学习	汉族	724	441.53	我觉得只记住关键内容，无须理解，就可以通过大部分考试	汉族	724	442.36
	蒙古族	16	516.94		蒙古族	16	533.06
	回族	45	494.10		回族	45	486.78
	藏族	17	595.12		藏族	17	563.62
	维吾尔族	16	519.09		维吾尔族	16	494.66
	苗族	13	481.54		苗族	13	530.31
	彝族	5	525.90		彝族	5	505.70
	壮族	8	464.81		壮族	8	481.94
	布依族	2	452.00		布依族	2	284.00

续表

维度/题项	民族	个案数	秩平均值	维度/题项	民族	个案数	秩平均值
我对所学课程内容没有什么兴趣，所以没有花费太多精力去学习	满族	3	596.17	我觉得只记住关键内容，无须理解，就可以通过大部分考试	满族	3	647.67
	侗族	6	410.75		侗族	6	468.75
	瑶族	2	301.50		瑶族	2	530.25
	白族	5	482.10		白族	5	407.20
	土家族	19	491.42		土家族	19	422.55
	哈萨克族	2	301.50		哈萨克族	2	284.00
	傣族	1	301.50		傣族	1	592.00
	黎族	1	602.50		黎族	1	776.50
	水族	1	301.50		水族	1	592.00
	东乡族	4	376.75		东乡族	4	361.00
	土族	5	428.80		土族	5	481.00
	羌族	1	787.00		羌族	1	592.00
	撒拉族	2	544.25		撒拉族	2	583.25
	仡佬族	4	527.25		仡佬族	4	607.25
	塔吉克族	1	301.50		塔吉克族	1	284.00
	门巴族	1	602.50		门巴族	1	284.00
	总计	904	—		总计	904	—
表层学习动机	汉族	724	439.44	表层学习动机	土家族	19	473.79
	蒙古族	16	499.78		哈萨克族	2	212.00
	回族	45	503.91		傣族	1	329.50
	藏族	17	608.53		黎族	1	745.00
	维吾尔族	16	503.31		水族	1	212.00
	苗族	13	513.73		东乡族	4	453.63
	彝族	5	533.80		土族	5	543.90
	壮族	8	440.63		羌族	1	745.00
	布依族	2	321.25		撒拉族	2	548.25
	满族	3	587.67		仡佬族	4	649.00
	侗族	6	465.00		塔吉克族	1	212.00
	瑶族	2	459.00		门巴族	1	780.50
	白族	5	434.70		总计	904	—

表 4-67　本科在读阶段样本学生表层学习动机及两题项民族分组克鲁斯卡尔 – 沃利斯检验统计

维度/题项	我对所学课程内容没有什么兴趣，所以没有花费太多精力去学习	我觉得只记住关键内容，无须理解，就可以通过大部分考试	表层学习动机
卡方	19.119	20.312	24.490
自由度	24	24	24
渐近显著性	0.746	0.679	0.434

注：分组变量：民族。

结合前文的单因素方差分析结果与表 4-66、表 4-67 中的非参数检验分析结果可知，调研中所涉及的本科在读阶段样本学生虽然来自 25 个不同的民族，并在对题项"我觉得那些不可能出现在考试中的学习内容都没有什么意义"的作答中呈现出了显著性差异，但从其对其他题项以及对表层学习动机维度的整体作答情况来看，本科在读阶段不同民族的样本公费师范生在表层学习动机方面并无差异。

（3）本科在读阶段不同生源地样本学生表层学习动机差异分析

当以生源省（自治区、直辖市）作为因子时，方差齐性检验结果见表 4-68。

表 4-68　本科在读阶段样本学生表层学习动机各题项生源地分组方差齐性检验

题项	莱文统计	自由度1	自由度2	显著性
只要能通过考试，我就不会投入更多精力学习	1.528	27	876	0.042
我对所学课程内容没有什么兴趣，所以没有花费太多精力去学习	1.157	27	876	0.266
我觉得只记住关键内容，无须理解，就可以通过大部分考试	1.747	27	876	0.011
我觉得深入研究某个话题没什么用而且浪费时间和精力	1.796	27	876	0.008
我觉得那些不可能出现在考试中的学习内容都没什么意义	1.886	27	876	0.004

由表 4-68 可知，当以生源省（自治区、直辖市）作为因子时，本科在读阶段样本学生对于上述 5 个题项的作答里，仅题项"我对所学课程内容没有什么兴趣，所以没有花费太多精力去学习"的作答结果符合方差齐性的一致性要求，其对应单因素方差分析结果见表 4-69，其他 4 个题项作答结果的非参数检验分析见表 4-70、表 4-71。

表 4-69 本科在读阶段不同生源地样本学生表层学习动机单一题项 ANOVA 分析

组别	平方和	自由度	均方	F	显著性
组间	42.670	27	1.580	1.474	0.057
组内	939.338	876	1.072	—	—
总计	982.008	903	—	—	—

表 4-70 本科在读阶段不同生源地样本学生表层学习动机四题项克鲁斯卡尔 – 沃利斯检验秩

题项	生源地	个案数	秩平均值	题项	生源地	个案数	秩平均值
只要能通过考试，我就不会投入更多精力学习	北京市	3	560.50	我觉得只记住关键内容，无须理解，就可以通过大部分考试	北京市	3	612.33
	天津市	9	569.44		天津市	9	461.89
	河北省	13	430.19		河北省	13	407.27
	山西省	25	445.28		山西省	25	478.62
	内蒙古自治区	45	495.61		内蒙古自治区	45	476.26
	辽宁省	8	561.81		辽宁省	8	384.06
	黑龙江省	17	501.94		黑龙江省	17	502.00
	浙江省	11	419.86		浙江省	11	485.55
	安徽省	28	461.13		安徽省	28	492.73
	福建省	10	485.05		福建省	10	444.10
	江西省	47	452.78		江西省	47	347.00
	山东省	55	408.30		山东省	55	407.73
	河南省	67	448.23		河南省	67	443.72
	湖北省	48	437.53		湖北省	48	471.53
	湖南省	26	451.17		湖南省	26	337.98
	广东省	2	169.00		广东省	2	315.25
	广西壮族自治区	24	450.96		广西壮族自治区	24	441.69
	海南省	10	518.85		海南省	10	419.55
	重庆市	36	413.13		重庆市	36	461.44
	四川省	42	492.17		四川省	42	440.14
	贵州省	36	532.51		贵州省	36	508.86
	云南省	46	410.03		云南省	46	477.41

续表

题项	生源地	个案数	秩平均值	题项	生源地	个案数	秩平均值
只要能通过考试,我就不会投入更多精力学习	西藏自治区	18	495.78	我觉得只记住关键内容,无须理解,就可以通过大部分考试	西藏自治区	18	501.19
	陕西省	97	415.23		陕西省	97	439.84
	甘肃省	38	476.76		甘肃省	38	565.30
	青海省	34	467.09		青海省	34	450.94
	宁夏回族自治区	29	452.50		宁夏回族自治区	29	473.02
	新疆维吾尔自治区	80	438.39		新疆维吾尔自治区	80	453.54
	总计	904	—		总计	904	—
我觉得深入研究某个话题没什么用而且浪费时间和精力	北京市	3	298.00	我觉得那些不可能出现在考试中的学习内容都没什么意义	北京市	3	420.50
	天津市	9	556.33		天津市	9	536.50
	河北省	13	371.46		河北省	13	374.69
	山西省	25	416.92		山西省	25	396.34
	内蒙古自治区	45	389.76		内蒙古自治区	45	411.24
	辽宁省	8	506.00		辽宁省	8	530.31
	黑龙江省	17	465.94		黑龙江省	17	500.53
	浙江省	11	459.09		浙江省	11	443.23
	安徽省	28	548.59		安徽省	28	467.82
	福建省	10	446.80		福建省	10	554.45
	江西省	47	433.45		江西省	47	437.33
	山东省	55	381.33		山东省	55	401.53
	河南省	67	426.25		河南省	67	433.49
	湖北省	48	499.22		湖北省	48	503.01
	湖南省	26	322.87		湖南省	26	340.56
	广东省	2	173.50		广东省	2	240.50
	广西壮族自治区	24	448.65		广西壮族自治区	24	427.06
	海南省	10	521.20		海南省	10	681.35
	重庆市	36	453.60		重庆市	36	468.08

续表

题项	生源地	个案数	秩平均值	题项	生源地	个案数	秩平均值
我觉得深入研究某个话题没什么用而且浪费时间和精力	四川省	42	457.63	我觉得那些不可能出现在考试中的学习内容都没什么意义	四川省	42	496.94
	贵州省	36	541.15		贵州省	36	473.61
	云南省	46	484.29		云南省	46	368.92
	西藏自治区	18	503.94		西藏自治区	18	576.14
	陕西省	97	433.69		陕西省	97	421.46
	甘肃省	38	503.93		甘肃省	38	499.22
	青海省	34	488.10		青海省	34	476.78
	宁夏回族自治区	29	477.31		宁夏回族自治区	29	462.90
	新疆维吾尔自治区	80	461.23		新疆维吾尔自治区	80	494.86
	总计	904	—		总计	904	—

表4-71 本科在读阶段样本学生表层学习动机分析四题项生源地分组克鲁斯卡尔-沃利斯检验统计

题项	只要能通过考试，我就不会投入更多精力学习	我觉得只记住关键内容，无须理解，就可以通过大部分考试	我觉得深入研究某个话题没什么用而且浪费时间和精力	我觉得那些不可能出现在考试中的学习内容都没什么意义
卡方	22.631	33.776	39.517	45.767
自由度	27	27	27	27
渐近显著性	0.705	0.173	0.057	0.013

注：分组变量：生源省（自治区、直辖市）。

由表4-69中的单因素方差分析结果及表4-70、表4-71中的克鲁斯卡尔-沃利斯检验结果可知，本科在读阶段来自不同省（自治区、直辖市）的样本学生对表层学习动机维度下5个题项的作答中，仅题项"我觉得那些不可能出现在考试中的学习内容都没什么意义"的作答结果显示出了具有统计学意义的显著性差异，其他4个题项的作答结果均无显著性差异表现。题项"我觉得那些不可能出现在考试中的学习内容都没什么意义"的作答结果的具体差异表现见表4-72。

表 4-72　本科在读阶段不同生源地样本学生表层学习动机单一题项描述性分析

生源地	个案数	平均值	标准差	标准误差	平均值的95%置信区间 下限	平均值的95%置信区间 上限	最小值	最大值
北京市	3	2.33	1.528	0.882	-1.46	6.13	1	4
天津市	9	2.89	1.453	0.484	1.77	4.01	1	5
河北省	13	2.08	1.115	0.309	1.40	2.75	1	4
山西省	25	2.12	0.881	0.176	1.76	2.48	1	4
内蒙古自治区	45	2.24	1.151	0.172	1.90	2.59	1	5
辽宁省	8	2.75	1.165	0.412	1.78	3.72	1	4
黑龙江省	17	2.65	1.272	0.308	1.99	3.30	1	5
浙江省	11	2.27	0.786	0.237	1.74	2.80	1	4
安徽省	28	2.54	1.347	0.254	2.01	3.06	1	5
福建省	10	2.90	1.197	0.379	2.04	3.76	1	4
江西省	47	2.34	1.109	0.162	2.01	2.67	1	5
山东省	55	2.18	1.056	0.142	1.90	2.47	1	5
河南省	67	2.31	1.076	0.131	2.05	2.58	1	5
湖北省	48	2.65	1.176	0.170	2.30	2.99	1	5
湖南省	26	1.88	0.816	0.160	1.55	2.21	1	4
广东省	2	1.50	0.707	0.500	-4.85	7.85	1	2
广西壮族自治区	24	2.33	1.204	0.246	1.82	2.84	1	5
海南省	10	3.50	1.080	0.342	2.73	4.27	2	5
重庆市	36	2.47	1.108	0.185	2.10	2.85	1	5
四川省	42	2.60	1.106	0.171	2.25	2.94	1	5
贵州省	36	2.53	1.207	0.201	2.12	2.94	1	5
云南省	46	2.04	0.988	0.146	1.75	2.34	1	5
西藏自治区	18	3.00	1.237	0.291	2.39	3.61	1	5
陕西省	97	2.27	1.104	0.112	2.05	2.49	1	5
甘肃省	38	2.66	1.258	0.204	2.24	3.07	1	5
青海省	34	2.53	1.161	0.199	2.12	2.93	1	5
宁夏回族自治区	29	2.45	1.088	0.202	2.03	2.86	1	4

续表

生源地	个案数	平均值	标准差	标准误差	平均值的95%置信区间 下限	平均值的95%置信区间 上限	最小值	最大值
新疆维吾尔自治区	80	2.64	1.245	0.139	2.36	2.91	1	5
总计	904	2.42	1.147	0.038	2.34	2.49	1	5

由表4-72可知，在题项"我觉得那些不可能出现在考试中的学习内容都没什么意义"的作答中，来自海南省的样本学生作答均值为3.50且标准差小于本阶段样本学生作答结果标准差的总体水平，表明本科在读阶段生源地为海南省的样本学生对此题项的表述持相对肯定的态度。换言之，相较之下，该生源省份的样本学生学习动机中，以应试为主要目标的表层学习动机表现得相对明显。此外，除西藏自治区的样本学生对此题项表述内容呈中立态度外，本阶段调研所涉及的其他26个省（自治区、直辖市）的样本学生在此题项上的作答均值均小于3.00以下，表明其以应对考试为主要学习动机的倾向并不明显，且大部分学生对此中表层学习动机呈否定态度。

（4）本科在读阶段不同专业样本学生表层学习动机差异分析

表4-73 本科在读阶段样本学生表层学习动机专业分组方差齐性检验

莱文统计	自由度1	自由度2	显著性
6.548	2	901	0.002

从表4-73可知，当以所学专业对应学科为因子时，本科在读阶段样本学生对表层学习动机维度的整体作答结果的方差齐性检验结果显著性为0.033，小于0.05，表明作答结果不符合方差齐性的一致性要求，对应的克鲁斯卡尔-沃利斯检验结果如表4-74、表4-75所示。

表4-74 本科在读阶段不同专业样本学生表层学习动机克鲁斯卡尔-沃利斯检验秩

就读专业对应科目	个案数	秩平均值
语文	273	467.91
数学	358	482.53
英语	273	397.71
总计	904	—

表 4-75　本科在读阶段样本学生表层学习动机分析专业分组克鲁斯卡尔－沃利斯检验统计

卡方	17.848
自由度	2
渐近显著性	0.000

注：分组变量：所学专业对应学科。

从表 4-74、表 4-75 可见，本科在读阶段样本学生中，就读于不同专业的样本学生在表层学习动机维度的作答上显示出了具有统计学意义的显著性差异，研究可通过分组的描述性统计分析探知其具体差异情况（如表 4-76 所示）。

表 4-76　本科在读阶段不同专业样本学生表层学习动机描述性分析

科目	个案数	平均值	标准差	标准误差	平均值的 95% 置信区间 下限	平均值的 95% 置信区间 上限	最小值	最大值
语文	273	2.64	0.878	0.053	2.54	2.75	1.00	5.00
数学	358	2.68	0.795	0.042	2.60	2.76	1.00	5.00
英语	273	2.42	0.717	0.043	2.33	2.50	1.00	4.60
总计	904	2.59	0.806	0.027	2.54	2.64	1.00	5.00

从表 4-76 中的统计结果可知，本科在读阶段的就读于语文和数学学科对应专业的样本学生表层动机程度相当，相较之下，英语专业样本学生的表层学习动机明显低于其他两个专业的学生，且分布相对集中。数据表明，本阶段样本学生中，英语专业学生的表层学习动机表现得最不明显，即相较之下，英语专业学生很少以完成考试等课业任务为目的进行学习。

3. 职后在学阶段样本学生表层学习动机差异分析

除初入本科阶段和本科在读阶段之外，本研究在表层学习动机的分析上，还面向职后阶段的本科毕业且初入教育硕士研究生和教育硕士研究生在读两个阶段的样本公费师范生进行分析。两阶段样本学生在表层学习动机维度的题项设置数量有所不同，本科毕业且初入教育硕士研究生阶段的样本学生在本维度须作答 5 个题项，教育硕士在读阶段样本学生因无考试等学业评价，因此只需完成两个题项的作答。职后在学的两阶段样本学生对该维度作答结果的差异分析主要从性别、民族、任教学段、任教学科等方面进行。

（1）职后在学阶段不同性别样本学生表层学习动机差异分析

以性别为分组变量时，本科毕业且初入教育硕士研究生阶段和教育硕士研究生在读阶段的样本学生对表层学习动机维度的作答结果独立样本t检验结果如表4-77、表4-78所示。

表4-77　职后在学两阶段样本学生表层学习动机性别分组统计

学业/职业阶段	性别	个案数	平均值	标准差	标准误差平均值
本科毕业且初入教育硕士研究生阶段	男	92	2.926	0.871	0.091
	女	729	2.660	0.804	0.020
教育硕士研究生在读阶段	男	124	2.915	1.057	0.095
	女	746	2.610	0.906	0.033

表4-78　职后在学两阶段不同性别样本学生表层学习动机独立样本t检验

学业/职业阶段	方差情况	方差方程的Levene检验		均值方差的t检验					差分的95%置信区间	
		F	Sig.	t	df	Sig.（双侧）	均值差值	标准误差差值	下限	上限
本科毕业且初入教育硕士研究生阶段	假设方差相等	0.948	0.330	2.962	819	0.003	0.266	0.090	0.090	0.442
	假设方差不相等	—	—	2.782	111.444	0.006	0.266	0.096	0.077	0.455
教育硕士研究生在读阶段	假设方差相等	6.869	0.009	3.392	868	0.001	0.305	0.090	0.129	0.482
	假设方差不相等	—	—	3.038	154.481	0.003	0.305	0.101	0.107	0.504

从表4-77和表4-78中的差异分析结果可知，无论是本科毕业且初入教育硕士研究生阶段的样本学生还是教育硕士研究生在读阶段的样本学生，男生的表层学习动机均比女生表现得更为明显，且此差异形成了在统计学意义上的显著性差异。

（2）职后在学阶段不同民族样本学生表层学习动机差异分析

当以民族为因子时，职后在学两个阶段的样本学生在表层学习动机维度作答结果的方差齐性检验结果如表4-79所示。

表 4-79 职后在学两阶段样本学生表层学习动机民族分组方差齐性检验

学业/职业阶段	莱文统计	自由度1	自由度2	显著性
本科毕业且初入教育硕士研究生阶段	1.499	12	799	0.119
教育硕士研究生在读阶段	2.843	13	850	0.001

由表 4-79 可知，在表层学习动机维度的整体作答上，当以民族作为因子时，本科毕业且初入教育硕士研究生阶段的样本学生作答结果符合方差齐性的一致性要求，其对应单因素方差分析结果如表 4-80 所示。教育硕士研究生在读阶段样本学生的作答结果则拒绝了方差齐性一致的假设，对应非参数检验结果见表 4-81、表 4-82。

表 4-80 本科毕业且初入教育硕士研究生阶段不同民族样本学生表层学习动机 ANOVA 分析

分组	平方和	自由度	均方	F	显著性
组间	13.302	21	0.633	0.951	0.524
组内	532.185	799	0.666	—	—
总计	545.486	820	—	—	—

由表 4-81 可知，本科毕业且初入教育硕士研究生阶段不同民族的样本学生，在表层动机维度的题项整体作答上，单因素方差分析结果显著性为 0.523，明显大于 0.05。数据表明，本阶段样本学生在此维度的作答上并未显示出民族之间的显著性差异。

表 4-81 教育硕士研究生在读阶段不同民族样本学生表层学习动机克鲁斯卡尔-沃利斯检验秩

民族	个案数	秩平均值	民族	个案数	秩平均值
汉族	749	432.69	白族	4	316.38
蒙古族	11	538.50	土家族	23	485.17
回族	24	403.73	哈尼族	1	703.50
藏族	8	544.81	哈萨克族	1	578.50
维吾尔族	8	543.00	水族	3	320.00
苗族	11	385.59	东乡族	1	229.00
彝族	2	598.50	土族	3	522.83
壮族	8	367.00	羌族	1	27.50
布依族	1	703.50	撒拉族	1	785.50
满族	5	328.50	总计	870	—
侗族	5	496.80			

表 4-82　教育硕士研究生在读阶段样本学生表层学习动机分析民族分组
克鲁斯卡尔－沃利斯检验统计

卡方	19.614
自由度	19
渐近显著性	0.418

注：分组变量：民族。

从表 4-81、表 4-82 中的克鲁斯卡尔－沃利斯检验统计结果可知，教育硕士研究生在读阶段，各民族样本学生作答的秩平均值之间差异较大，但从渐进显著性来看，并未形成具有统计学意义的显著性差异。结合前文对表 4-80 中单因素方差分析结果可知，不同民族的职后在学两个阶段的样本公费师范生在表层学习动机方面并无差异。

（3）职后在学阶段不同任教学段样本学生表层学习动机差异分析

当以任教学段为因子时，职后在学的两个阶段的样本学生对此维度整体作答结果的方差齐性检验结果见表 4-83、表 4-84。

表 4-83　职后在学两阶段样本学生表层学习动机任教学段分组方差齐性检验

学业/职业阶段	莱文统计	自由度1	自由度2	显著性
本科毕业且初入教育硕士研究生阶段	0.674	6	814	0.671
教育硕士研究生在读阶段	0.460	6	863	0.838

由表 4-83 可知，表中两个学段的样本学生对表层学习动机维度的作答结果均符合方差齐性的一致性要求，可进行单因素方差分析（见表 4-84）。

表 4-84　职后在学阶段不同任教学段样本学生表层学习动机 ANOVA 分析

学业/职业阶段	组别	平方和	自由度	均方	F	显著性
本科毕业且初入教育硕士研究生阶段	组间	1.507	6	0.251	0.376	0.895
	组内	543.979	814	0.668		
	总计	545.486	820	—	—	—
教育硕士研究生在读阶段	组间	9.318	6	1.553	1.790	0.098
	组内	748.946	863	0.868		
	总计	758.265	869	—	—	—

从单因素方差分析结果可知，职后在学两个阶段样本学生虽任教于小学、初中、高中不同学段，但其在学业方面的表层学习动机表现并无显著性差异。

（4）职后在学阶段不同任教学科样本学生表层学习动机差异分析

不同任教学段的样本学生在表层学习动机上未表现出显著性差异，为进一步了解职后阶段不同职业状态对其学业发展中的学习动机是否存在影响，研究对不同任教学科的样本学生对此维度的作答结果进行了差异分析，方差齐性检验结果见表4-85。

表4-85 职后在学两阶段样本学生表层学习动机任教学科分组方差齐性检验

学业/职业阶段	莱文统计	自由度1	自由度2	显著性
本科毕业且初入教育硕士研究生阶段	0.730	3	817	0.534
教育硕士研究生在读阶段	4.087	3	866	0.007

从表4-85可见，当以现任教学科为因子时，本科毕业且初入教育硕士研究生阶段样本学生的作答结果符合方差齐性的一致性要求，可进行单因素方差分析（相应结果见表4-86）；教育硕士研究生在读阶段的样本学生作答结果拒绝了方差相等的假设，相应差异分析结果见表4-87、表4-88。

表4-86 本科毕业且初入教育硕士研究生阶段不同任教学科样本学生
表层学习动机ANOVA分析

组别	平方和	自由度	均方	F	显著性
组间	12.419	3	4.140	6.345	0.000
组内	533.067	817	0.652	—	—
总计	545.486	820	—	—	—

表4-87 教育硕士研究生在读阶段不同任教学科样本学生表层学习动机
克鲁斯卡尔-沃利斯检验秩

现任教学科	个案数	秩平均值
语文	188	379.88
数学	482	455.85
英语	194	435.16
其他	6	554.92
总计	870	

表 4-88　教育硕士研究生在读阶段样本学生表层学习动机分析任教学科分组克鲁斯卡尔 – 沃利斯检验统计

卡方	14.146
自由度	3
渐近显著性	0.003

注：分组变量：现任教学科。

从表 4-86、表 4-87、表 4-88 中的差异分析结果可见，当以现任教学科为分组变量时，本科毕业且初入教育硕士研究生阶段的样本学生和教育硕士研究生在读阶段的样本学生在表层学习动机方面均显示出了具有统计学意义的显著性差异，具体差异表现如表 4-89 所示。

表 4-89　本科在读阶段不同任教学科样本学生表层学习动机描述性分析

学业/职业阶段	学科	个案数	平均值	标准差	标准误差	平均值的95%置信区间 下限	平均值的95%置信区间 上限	最小值	最大值
本科毕业且初入教育硕士研究生阶段	语文	268	2.75	0.775	0.047	2.66	2.85	1.00	5.00
	数学	335	2.72	0.836	0.046	2.63	2.81	1.00	5.00
	英语	213	2.54	0.796	0.055	2.43	2.65	1.00	5.00
	其他	5	3.80	1.086	0.486	2.45	5.15	2.40	5.00
	总计	821	2.69	0.816	0.028	2.63	2.75	1.00	5.00
教育硕士研究生在读阶段	语文	188	2.45	0.844	0.062	2.33	2.57	1.00	5.00
	数学	482	2.74	0.978	0.045	2.65	2.82	1.00	5.00
	英语	194	2.63	0.885	0.064	2.51	2.76	1.00	5.00
	其他	6	3.00	0.632	0.258	2.34	3.66	2.00	3.50
	总计	870	2.65	0.934	0.032	2.59	2.72	1.00	5.00

由表 4-89 可知，在本科毕业且初入硕士研究生阶段，承担英语学科教学工作的公费师范生表层学习动机程度明显低于任教于其他学科的样本学生；相较之下，任教于与自身专业不对应的学科的样本公费师范生的表层学习动机表现得最为明显，且其作答均值接近 4.00，整体呈肯定态度，表明从事非本专业教学的公费师范生在此阶段在学习动机中，为完成学业测试与评价等而学习的比重较大。从历时角度看，待其发展至教育硕士研究生在读阶段，从事其他学科教学工作的样本学生的表层学习动机程度

有所降低。在任教学科间比较可知，本阶段样本学生中从事语文学科教学工作样本公费师范生表层学习动机表现得最不明显。

在探究了项目动机与表层学习动机后，研究面向5个不同学业、职业阶段的样本公费师范生均开展了深层学习动机维度的调研。

第三节 深层学习动机分析

深层学习动机主要关涉主体处于内在需求和自我充盈而生发的学习动机。本研究对5个阶段样本对象的深层学习动机均进行了调查研究，现就描述性统计分析结果与差异分析结果予以呈现。

一、各阶段样本学生深层学习动机描述性统计分析

1. 初入本科阶段公费师范生深层学习动机分析

初入本科阶段样本对象在深层学习动机的相关题项的作答中，结果统计量如表4-90所示。

表4-90 初入本科阶段样本对象深层动机分析描述统计量

题项	N	极小值	极大值	均值	标准差
学习时常会带给我一种个人的满足感	1016	1	5	4.02	0.74
我觉得所有的课程内容，只要投入进去了都会变得非常有趣	1016	1	5	3.92	0.82
学术研究能够激发我的学习兴趣	1016	1	5	3.87	0.85
我努力学习是因为我觉得所学内容十分有趣	1016	1	5	3.76	0.83
我时常带着问题学习，期待得到解答	1016	1	5	4.18	0.71
有效的N（列表状态）	1016	—	—	—	—

整体上看，初入本科阶段的公费师范生的学习动机当中，表现出了明显的深层学习动机（如表4-90所示）。其中，对题项"我时常带着问题学习，期待得到解答"的作答结果分布较为集中（S最小），且均值最高（$\bar{x}$=4.18），表明样本学生的学习动机中，主体求知欲表现得更为明显。此外，作答结果中均值最低的题项为"我努力学习是因为我觉得所学内容十分有趣"（$\bar{x}$=3.76），表明该阶段公费师范生在学习过程中的

主要深层动力并非来自于所学内容的趣味程度。换言之，该阶段样本学生的深层学习动机较为强烈，且受所学内容的趣味程度影响较弱。

2. 本科在读阶段公费师范生深层学习动机分析

本科在读阶段样本对象对深层学习动机相关题项的作答结果统计量如表4-91所示。

表4-91 本科在读阶段样本对象深层动机分析描述统计量

题项	N	极小值	极大值	均值	标准差
学习时常会带给我一种个人的满足感	904	1	5	3.84	0.70
我觉得所有的课程内容，只要投入进去了都会变得非常有趣	904	1	5	3.86	0.82
学术研究能够激发我的学习兴趣	904	1	5	3.67	0.83
我努力学习是因为我觉得所学内容十分有趣	904	1	5	3.72	0.77
我时常带着问题学习，期待得到解答	904	1	5	4.07	0.65
有效的N（列表状态）	904	—	—	—	—

如表4-91所示，本科在读阶段样本对象的深层学习动机比较强烈（均值均大于3.60），其分布较为集中（标准差均小于1.00）。在5个题项当中，与初入本科阶段样本学生相同，本科在读阶段样本学生对题项"我时常带着问题学习，期待得到解答"的作答结果均值最高（$\bar{x}=4.07$），而作答结果均值最低的题项为"学术研究能够激发我的学习兴趣"（$\bar{x}=3.67$），结合上文对该阶段学生表层学习动机中题项的"我觉得深入研究某个话题没什么用而且浪费时间和精力"的作答结果均值分析（表层学习动机中，该题项均值最高，$\bar{x}=2.67$）可知，本科在读阶段的公费师范生在具有较强深层学习动机的前提下，对深入探究某一话题或开展学术研究的内在动机相对较弱。

3. 本科毕业且初入教育硕士研究生阶段公费师范生深层学习动机分析

本科毕业且初入硕士研究生学习阶段的样本学生对深层学习动机调研相关题项的作答结果统计量如表4-92所示。

表 4-92　本科毕业且初入教育硕士研究生阶段样本对象深层动机分析描述统计量

题项	N	极小值	极大值	均值	标准差
学习时常会带给我一种个人的满足感	821	1	5	4.01	0.71
我觉得所有的课程内容，只要投入进去了都会变得非常有趣	821	1	5	3.85	0.76
学术研究能够激发我的学习兴趣	821	1	5	3.73	0.79
我努力学习是因为我觉得所学内容十分有趣	821	1	5	3.88	0.74
我时常带着问题学习，期待得到解答	821	1	5	4.06	0.60
有效的 N（列表状态）	821	—	—	—	—

如表 4-92 所示，本科毕业且初入教育硕士研究生学习阶段的公费师范生整体深层学习动机表现得较为强烈（均值均大于 3.70）。与本科两个阶段相同，在问卷中涉及的 5 个题项中，作答结果均值最高的题项为"我时常带着问题学习，期待得到解答"。值得注意的是，样本公费师范生在本阶段进入工作状态后，对题项"学习时常会带给我一种个人的满足感"的作答结果均值相较于其他题项有了较为明显的增长。在公费师范生完成本科阶段的学业进入工作岗位后，表层学习动机下降，学习的目的也随之逐渐内化，从完成某种任务、达成某种目标逐渐转向个人满足感的提升。

同时，不容忽视的是，题项"学术研究能够激发我的学习兴趣"的作答结果均值仍处在本监测维度下各题项的末位，可能的原因是本科阶段的教育更加侧重于知识的传授和技能的培养，在学术研究兴趣培养方法的指导上强度较弱，样本学生尚未对学术研究有基本的概念和相对清晰的认识；另外，该阶段的样本对象均为新手型教师（novice teacher），走入教师行业尚短，新手型教师的关注点多在自我生存方面，其主要教学重心在于适应从学生到教师的角色转换，尽快地进入工作状态，把握教学节奏，对于教学研究、教育研究等问题尚未进行深入的思考。理论层面的积累不足和方法缺失，应用层面的思考缺位及动力不强，导致了该阶段学生对学术研究未表现出明显的兴趣。

4. 教育硕士研究生在读阶段公费师范生深层学习动机分析

教育硕士研究生在读阶段公费师范生的深层学习动机相关题项作答统计量如表 4-93 所示。

表 4-93　教育硕士研究生在读阶段样本对象深层动机分析描述统计量

题项	N	极小值	极大值	均值	标准差
学习时常会带给我一种个人的满足感	870	1	5	4.05	0.70
我觉得所有的课程内容，只要投入进去了都会变得非常有趣	870	1	5	3.81	0.81
学术研究能够激发我的学习兴趣	870	1	5	3.66	0.87
我努力学习是因为我觉得所学内容十分有趣	870	1	5	3.85	0.76
我时常带着问题学习，期待得到解答	870	1	5	4.06	0.60
有效的 N（列表状态）	870	—	—	—	—

自表 4-93 可知，教育硕士研究生在读阶段的公费师范生整体深层学习动机较高，除题项"学术研究能够激发我的学习兴趣"外，其他题项的作答均值均高于 3.80，其中，题项"我时常带着问题学习，期待得到解答"的均值仍居于首位，一定程度上可以推测，公费师范生深层学习动机中所表现出的求知欲基本未因所处的学习、工作阶段产生变化，持续在深层学习动机中最为突出。

相较之下，虽然样本对象已处在教育硕士研究生的学习阶段，但对学术研究的兴趣在其深层学习动机中表现得仍不明显。教育硕士作为职业属性明确的专业学位培养环节，其侧重点在于帮助教师获取学科前沿知识，提升其教育教学的综合能力。对于从事基础教育的教师而言，基于个人的教学实践开展行动研究、校本研究等，也是教师职业素养中的关键元素，但处于教育硕士研究生在读阶段样本学生的学术研究的动机不强，应当引起公费师范生教育培养的重视，激发培养主体的研究兴趣。

5. 教育硕士毕业后阶段公费师范生深层学习动机分析

教育硕士毕业后阶段公费师范生的深层学习动机相关题项作答统计量如表 4-94 所示。

表 4-94　教育硕士毕业后阶段样本对象深层动机分析描述统计量

题项	N	极小值	极大值	均值	标准差
学习时常会带给我一种个人的满足感	490	1	5	4.16	0.78
我觉得所有的课程内容，只要投入进去了都会变得非常有趣	490	1	5	3.89	0.83
学术研究能够激发我的学习兴趣	490	1	5	3.81	0.80
我努力学习是因为我觉得所学内容十分有趣	490	1	5	3.91	0.79
我时常带着问题学习，期待得到解答	490	1	5	4.14	0.60
有效的 N（列表状态）	490	—	—	—	—

如表 4-94 所示，相较于其他阶段，处于教育硕士毕业后阶段的公费师范生，其深层学习动机表现得尤为强烈。在深层学习动机的相关题项中，区别于其他阶段，硕士毕业后阶段的公费师范生对题项"学习时常会带给我一种个人的满足感"的作答结果均值最高（$\bar{x}$=4.16），同时，题项"学术研究能够激发我的学习兴趣"作答结果均值也有所提升。

为清晰呈现不同阶段公费师范生深层学习动机的变化趋势，研究以该监测维度下各题项的均值为准，对其深层学习动机进行分析，结果如图 4-5 所示。

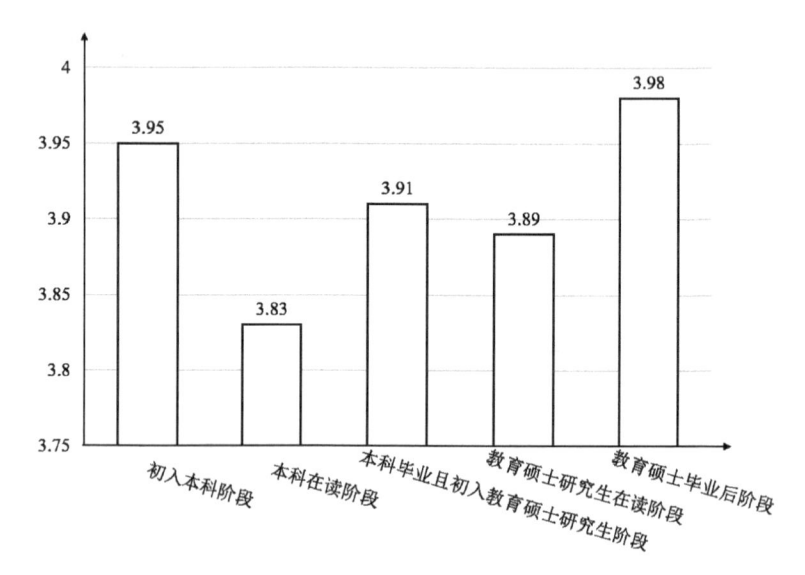

图 4-5　各阶段样本对象深层学习动机题项作答均值比较

如图 4-5 所示，整体来看，公费师范生的深层学习动机较强，各阶段的题项均值均高于 3.80。从各阶段样本学生对深层学习动机监测维度相关题项作答结果的均值来看，公费师范生的深层学习动机自进入本科阶段至完成教育硕士阶段的学习后，呈波浪式起伏。初入本科阶段的公费师范生深度学习动机相对较强，在本科在读阶段达到最低值，而后基本呈上升趋势，并在教育硕士毕业后阶段达到峰值。

对于内在学习动机，Zoltán Dörnyei 曾提出"定向动机流"（Directed Motivational Current，DMC）概念[①]。"定向动机流"指集中迸发的一股动机驱动力，激发并支持动机主体在相对长的时间内维持动机行为。根据 DMC 理论，在相对长的时间内，定向动

[①] DÖRNYEI Z, HENRY A, MUIR C. Motivational Currents in Language Learning: Frameworks for Focused Intervention[M]. New York: Routledge. 2016: ix.

机流的强度并不会始终如一，而是在外部因素和内部机制的共同作用下，生成自我激励，以使得行为主体的动机流不会随着时间的推进消耗殆尽。现基于DMC理论，对调研对象公费师范生在不同的学业、职业阶段的深层学习动机予以分析。

初入本科，学生由基础教育学习阶段进入高等教育学习阶段，学业状态发生了明显变化，刺激学生的定向动机流迸发，在动机流的始发阶段，深层动机明显处于高值（$\bar{x}_{初入本科}$=3.95）；随着时间推移及对学业环境的适应，动机流强度逐渐减弱，于本科在读阶段（大学三年级）出现最低值（$\bar{x}_{本科在读}$=3.83）；本科毕业后学业状态自本科阶段转向硕士研究生阶段，同时身份认同由学生身份为主转向教师身份为主，外部环境的变化及学业层次的提升，为这一阶段的学生提供了外部刺激及内生激励，动机流强度提升，深层学习动机随之回升（$\bar{x}_{初入硕士}$=3.91）；逐渐适应硕士研究生学习方式及节奏之后，动机流再次减弱，但此阶段由于学习形式并非持续存在，主要于假期集中面授，心理适应惰性作用也难以形成持续影响，学生的深层学习动机虽有所下降，但幅度并不明显（$\bar{x}_{硕士在读}$=3.89）；硕士毕业后，学业阶段基本告一段落，但在取得硕士学位后，样本对象对自身的学业相关能力的要求提升，内在激励机制作用提升，同期教育教学实践不断产生新的个人提升需求，外部刺激机制保持，定向动机流在内外部机制的共同作用下，深层学习动机在整个阶段内达到峰值（$\bar{x}_{硕士毕业}$=3.98）。

二、各阶段样本学生深层学习动机差异分析

本调研对于深层学习动机维度的分析不仅涉及在学阶段样本学生，而且覆盖了已完成学业并处于职业状态阶段的公费师范生，现分别分析职前、职后两个历时阶段分别，以对比其深层学习动机的差异所在。

1. 职前阶段样本学生深层学习动机差异分析

本调研所涉及的职前阶段主要包括初入本科和本科在读两个阶段，差异分析主要从性别、民族、生源省（自治区、直辖市）和就读专业对应学科四个方面切入。

（1）职前阶段不同性别样本学生深层学习动机差异分析

当以性别为分组变量时，初入本科阶段和本科在读阶段样本学生在深层学习动机维度5个题项的整体作答结果的分组描述性统计和独立样本t检验结果见表4-95、4-96。

表 4-95　职前两阶段样本学生深层学习动机性别分组统计

学业阶段	性别	个案数	平均值	标准差	标准误差平均值
初入本科阶段	男	152	4.014	0.606	0.049
	女	864	3.941	0.563	0.019
本科在读阶段	男	138	3.884	0.542	0.046
	女	766	3.821	0.527	0.019

由表 4-95 可见，无论是初入本科阶段还是本科在读阶段的样本公费师范生，男生的作答均值都略高于女生，但从标准差来看，男生的作答结果分布相较于女生而言较为离散。综合均值和标准差来看，两个职前阶段的样本学生中，男生的深层动机表现程度略高于女生，但在数理统计层面是否存在显著性差异还需要通过独立样本t检验结果予以检验。

表 4-96　职前两阶段不同性别样本学生深层学习动机独立样本 t 检验

学业阶段	方差条件	方差方程的Levene检验 F	Sig.	均值方差的t检验 t	df	Sig.（双侧）	均值差值	标准误差差值	差分的95%置信区间 下限	上限
初入本科阶段	假设方差相等	0.543	0.461	1.457	1014	0.145	0.073	0.050	-0.025	0.171
	假设方差不相等	—	—	1.384	199.482	0.168	0.073	0.053	-0.031	0.177
本科在读阶段	假设方差相等	0.579	0.447	1.285	902	0.199	0.063	0.049	-0.033	0.159
	假设方差不相等	—	—	1.261	186.768	0.209	0.063	0.050	-0.036	0.161

从表 4-96 中的独立样本t检验结果来看，两个在学阶段的样本学生中，男生与女生在深层学习动机维度上并未显示出具有统计学意义的显著性差异。

（2）职前阶段不同民族样本学生深层学习动机差异分析

当以民族作为因子时，职前两个阶段（初入本科阶段、本科在读阶段）的样本学生对于深层学习动机维度的整体作答结果的方差齐性检验结果见表 4-97。

表 4-97 职前两阶段样本学生深层学习动机民族分组方差齐性检验

学业阶段	莱文统计	自由度1	自由度2	显著性
初入本科阶段	0.668	16	994	0.827
本科在读阶段	1.322	18	879	0.165

由表 4-97 可知，上述两个阶段样本学生的作答结果均接受了方差相等的假设，因此可进行单因素方差分析，结果见表 4-98。

表 4-98 职前两阶段不同民族样本学生深层学习动机 ANOVA 分析

学业阶段	组别	平方和	自由度	均方	F	显著性
初入本科阶段	组间	8.718	21	0.415	1.285	0.175
	组内	321.136	994	0.323		
	总计	329.854	1015	—	—	—
本科在读阶段	组间	5.054	24	0.211	0.745	0.806
	组内	248.371	879	0.283		
	总计	253.425	903	—	—	—

由表 4-98 中的单因素方差分析结果可知，不同民族的职前样本学生在其深层学习动机的表现上未显示出具有统计学意义的显著性差异。

（3）职前阶段不同生源地样本学生深层学习动机差异分析

在分别以性别、民族作为分组变量后，研究以生源省（自治区、直辖市）为因子，对职前两个阶段样本学生的深层学习动机表现进行了分析（如表 4-99、4-100 所示）。

表 4-99 职前两阶段样本学生深层学习动机生源地分组方差齐性检验

学业阶段	莱文统计	自由度1	自由度2	显著性
初入本科阶段	1.031	26	988	0.421
本科在读阶段	1.250	27	876	0.178

表 4-100　职前两阶段不同生源地样本学生深层学习动机 ANOVA 分析

学业阶段	组别	平方和	自由度	均方	F	显著性
初入本科阶段	组间	12.023	27	0.445	1.384	0.092
	组内	317.832	988	0.322	—	—
	总计	329.854	1015	—	—	—
本科在读阶段	组间	13.099	27	0.485	1.768	0.010
	组内	240.326	876	0.274	—	—
	总计	253.425	903	—	—	—

由表 4-99 中的方差齐性检验结果可知，当以生源地作为因子时，职前两个阶段的样本学生对于深层学习动机维度各题项的整体作答结果均符合方差齐性的一致性要求。从表 3-100 中的单因素方差分析结果来看，来自不同生源省（自治区、直辖市）的初入本科阶段的样本学生在深层学习动机的表现上并无显著性差异；本科在读阶段的样本学生作答结果单因素方差分析结果显示，显著性 P = 0.010，小于 0.05，表明此阶段来自不同省（自治区、直辖市）的样本学生在深层学习动机的表现上存在具有统计学意义的显著性差异，具体差异表现可通过分组描述性统计分析探知（见表 4-101）。

表 4-101　本科在读阶段不同生源地样本学生深层学习动机描述性分析

生源地	个案数	平均值	标准差	标准误差	平均值的95%置信区间 下限	平均值的95%置信区间 上限	最小值	最大值
北京市	3	3.73	0.462	0.267	2.59	4.88	3.20	4.00
天津市	9	4.02	0.758	0.253	3.44	4.60	2.40	5.00
河北省	13	3.57	0.547	0.152	3.24	3.90	2.60	4.20
山西省	25	3.82	0.498	0.100	3.62	4.03	2.80	5.00
内蒙古自治区	45	4.03	0.484	0.072	3.88	4.17	3.00	5.00
辽宁省	8	3.85	0.657	0.232	3.30	4.40	2.60	5.00
黑龙江省	17	3.86	0.423	0.103	3.64	4.08	3.20	4.60
浙江省	11	3.78	0.303	0.091	3.58	3.99	3.20	4.20
安徽省	28	4.12	0.375	0.071	3.98	4.27	3.60	5.00
福建省	10	3.52	0.355	0.112	3.27	3.77	3.00	4.00
江西省	47	3.68	0.473	0.069	3.54	3.82	2.40	5.00

续表

生源地	个案数	平均值	标准差	标准误差	平均值的95%置信区间 下限	平均值的95%置信区间 上限	最小值	最大值
山东省	55	3.84	0.577	0.078	3.68	3.99	2.60	5.00
河南省	67	3.75	0.619	0.076	3.60	3.90	2.20	5.00
湖北省	48	3.90	0.486	0.070	3.76	4.05	3.00	5.00
湖南省	26	4.02	0.636	0.125	3.77	4.28	2.40	5.00
广东省	2	3.80	0.000	0.000	3.80	3.80	3.80	3.80
广西壮族自治区	24	3.78	0.418	0.085	3.60	3.95	2.80	4.60
海南省	10	3.78	0.476	0.150	3.44	4.12	3.20	4.60
重庆市	36	3.79	0.458	0.076	3.63	3.94	2.80	5.00
四川省	42	3.69	0.449	0.069	3.55	3.83	2.60	5.00
贵州省	36	3.82	0.626	0.104	3.60	4.03	2.80	5.00
云南省	46	3.73	0.496	0.073	3.58	3.87	2.80	5.00
西藏自治区	18	3.61	0.801	0.189	3.21	4.01	1.20	4.60
陕西省	97	3.89	0.543	0.055	3.78	4.00	2.40	5.00
甘肃省	38	3.92	0.549	0.089	3.74	4.10	2.80	5.00
青海省	34	3.98	0.551	0.095	3.79	4.17	2.40	5.00
宁夏回族自治区	29	3.76	0.379	0.070	3.61	3.90	2.80	4.20
新疆维吾尔自治区	80	3.81	0.478	0.053	3.71	3.92	2.80	5.00
总计	904	3.83	0.530	0.018	3.80	3.87	1.20	5.00

从表4-101中的描述性统计分析结果来看，整体上讲，本科在读阶段样本学生的深层学习动机均表现得相对明显，且各个省（自治区、直辖市）的样本学生对于该维度的整体作答结果均值均在3.50以上，表明本阶段各省（自治区、直辖市）的样本公费师范生的深层学习动机均呈积极状态。比较各生源地来看，来自安徽省的样本学生作答均值最大，其深层学习动机更为强烈，本阶段样本学生作答均值大于4.00的生源省（自治区、直辖市）还有内蒙古自治区、天津市、湖南省。此外，作答均值高于本阶段整体作答水平的还有来自青海省、甘肃省、湖北省、陕西省、黑龙江省、辽宁省和山东省7个省的样本学生。

（4）职前阶段不同专业样本学生深层学习动机差异分析

当以所学专业对应学科作为因子时，初入本科阶段和本科在读阶段的样本学生对于深层学习动机维度整体作答结果的方差齐性检验结果如表 4-102 所示。

表 4-102 职前两阶段样本学生深层学习动机专业分组方差齐性检验

维度	学业阶段	莱文统计	自由度1	自由度2	显著性
深层学习动机	初入本科阶段	0.095	2	1013	0.909
	本科在读阶段	1.620	2	901	0.198

由表 4-102 可知，就读于不同专业的职前两个阶段样本学生对于深层学习动机维度的作答结果均符合方差齐性的一致性要求，其对应的单因素方差分析结果见表 4-103，具体均值、标准差等分布特征参数体现见表 4-104。

表 4-103 职前两阶段不同专业样本学生深层学习动机 ANOVA 分析

学业阶段	组别	平方和	自由度	均方	F	显著性
初入本科阶段	组间	3.708	2	1.854	5.759	0.003
	组内	326.146	1013	0.322	—	—
	总计	329.854	1015	—	—	—
本科在读阶段	组间	0.520	2	0.260	0.926	0.396
	组内	252.905	901	0.281	—	—
	总计	253.425	903	—	—	—

表 4-104 职前两阶段不同专业样本学生深层学习动机描述性分析

学业阶段	专业对应学科	个案数	平均值	标准差	标准误差	平均值的95%置信区间 下限	平均值的95%置信区间 上限	最小值	最大值
初入本科阶段	语文	343	3.96	0.576	0.031	3.90	4.02	1.40	5.00
	数学	359	4.02	0.566	0.030	3.96	4.08	1.00	5.00
	英语	314	3.87	0.559	0.032	3.81	3.93	2.20	5.00
	合计	1016	3.95	0.570	0.018	3.92	3.99	1.00	5.00
本科在读阶段	语文	273	3.86	0.568	0.034	3.80	3.93	1.20	5.00
	数学	358	3.83	0.496	0.026	3.78	3.88	2.40	5.00
	英语	273	3.80	0.532	0.032	3.74	3.86	2.20	5.00
	合计	904	3.83	0.530	0.018	3.80	3.87	1.20	5.00

由表 4-103 中的单因素方差分析结果可知，在深层学习动机维度的题项作答方面，初入本科阶段的样本学生作答结果存在具有统计学意义的显著性差异，而本科在读阶段不同专业的样本公费师范生却未体现出类似差异。结合表 4-104 中的数据信息可知，初入本科阶段的样本学生中，报考数学学科对应专业的样本学生深层学习动机表现得最为明显，语文学科对应专业的样本学生次之。相较而言，就读于英语专业的样本学生对于为了自我提升、个人发展、价值实现等为主要学习动力的深层学习动机虽然呈积极态度，但相较于数学学科和语文学科对应专业的样本学生而言，深层学习动机的程度相对较低。从表中本科在读阶段的作答结果分布情况来看，三个专业的作答结果均值相当，均集中在大于 3.80 的取值，且并未体现出明显的差异。

对比两个阶段的样本学生作答均值来看，初入本科阶段的样本学生在深层学习动机维度的整体作答均值高于本科在读阶段的样本学生，究其原因，初入本科阶段的样本学生严格意义讲尚未开始接受本科阶段的教育，其对于本科阶段的课业工作、课外活动等还没有系统、深入地认识，此阶段的深层学习动机可能与其初入大学阶段，尤其是从高中生身份向大学生身份转换的过渡期有关。在接受两年本科教育之后，对于自身的认识更加深入，不同学科对应专业就读学生之间的差异便不再凸显。

2. 职后阶段样本学生深层学习动机差异分析

在完成对职前阶段样本学生的深层学习动机差异分析后，面向职后三个阶段——本科毕业且初入教育硕士研究生阶段、教育硕士研究生在读阶段、教育硕士毕业后阶段，进行深层学习下动机维度的差异分析，主要包括性别差异、民族差异、任教学段差异和任教学科差异四个方面。

（1）职后阶段不同性别样本学生深层学习动机差异分析

以性别为分组变量时，职后三个阶段样本学生对于深层学习动机维度的整体作答结果分组描述性统计分析结果见表 4-105，独立样本 t 检验结果见表 4-106。

表 4-105　职后三阶段样本学生深层学习动机性别分组统计

学业阶段	性别	个案数	平均值	标准差	标准误差平均值
本科毕业且初入教育硕士研究生阶段	男	92	3.93	0.523	0.055
	女	729	3.90	0.520	0.019
教育硕士研究生在读阶段	男	124	3.92	0.614	0.055
	女	746	3.88	0.528	0.019
教育硕士毕业后阶段	男	89	3.92	0.740	0.078
	女	401	3.99	0.528	0.026

表 4-106　职后三阶段不同性别样本学生深层学习动机独立样本 t 检验

学业/职业阶段	方差情况	方差方程的 Levene 检验 F	Sig.	均值方差的 t 检验 t	df	Sig.（双侧）	均值差值	标准误差差值	差分的 95% 置信区间 下限	上限
本科毕业且初入教育硕士研究生阶段	假设方差相等	0.039	0.843	0.493	819	0.622	0.028	0.058	-0.085	0.141
	假设方差不相等	—	—	0.490	114.891	0.625	0.028	0.058	-0.086	0.143
教育硕士研究生在读阶段	假设方差相等	2.374	0.124	0.855	868	0.393	0.045	0.052	-0.058	0.148
	假设方差不相等	—	—	0.768	154.705	0.444	0.045	0.058	-0.070	0.160
教育硕士毕业后阶段	假设方差相等	6.769	0.010	-1.084	488	0.279	-0.073	0.067	-0.204	0.059
	假设方差不相等	—	—	-0.878	108.710	0.382	-0.073	0.083	-0.237	0.091

由表 4-105 可知，在本科毕业且初入教育硕士研究生和教育硕士研究生在读两个阶段，男生对于深层学习动机维度的作答均值均略大于女生，表明在职业、学业并行的状态下，男生以自我完善和价值实现等动机激发学习行为的动机更为明显。而在完成了硕士研究生阶段的学习后，女生的深层学习动机表现略高于男生，表明在完成了学业后，处在相对纯粹的职业发展阶段，女生更易因自我提升和专业发展等动因激发学习行为。结合表 4-106 可知，虽然在不同阶段，样本学生中男生、女生对于深层学习动机维度作答结果均值略有差异，但从统计学意义上看并未呈现出显著性差异。

(2)职后阶段不同民族样本学生深层学习动机差异分析

当以民族作为因子时,职后三个阶段样本学生对于深层学习动机维度的作答结果的方差齐性检验结果见表 4-107。

表 4-107 职后三个阶段样本学生深层学习动机民族分组方差齐性检验

学业/职业阶段	莱文统计	自由度1	自由度2	显著性
本科毕业且初入教育硕士研究生阶段	0.920	12[①]	799	0.526
教育硕士研究生在读阶段	0.964	13[②]	850	0.485
教育硕士毕业后阶段	0.898	9[③]	475	0.527

注:①在针对"深层学习动机"计算方差齐性检验时,将忽略只有一个个案的组。
②在针对"深层学习动机"计算方差齐性检验时,将忽略只有一个个案的组。
③在针对"深层学习动机"计算方差齐性检验时,将忽略只有一个个案的组。

由表 4-107 可知,表中所涉及的职后三个阶段样本学生的作答结果均接受了方差相等的假设,因此可进行单因素方差分析,分析结果见表 4-108。

表 4-108 职后三个阶段不同民族样本学生深层学习动机 ANOVA 分析

学业/职业阶段	分组	平方和	自由度	均方	F	显著性
本科毕业且初入教育硕士研究生阶段	组间	4.896	21	0.233	0.859	0.646
	组内	216.949	799	0.272	—	—
	总计	221.845	820	—	—	—
教育硕士研究生在读阶段	组间	6.870	19	0.362	1.244	0.214
	组内	246.971	850	0.291	—	—
	总计	253.841	869	—	—	—
教育硕士毕业后阶段	组间	13.058	14	0.933	3.011	0.000
	组内	147.121	475	0.310	—	—
	总计	160.180	489	—	—	—

由表 4-108 中的单因素方差分析结果可知,在本科毕业且初入教育硕士研究生阶段和教育硕士研究生在读阶段的样本学生作答结果中,当以民族作为因子进行差异分析时,作答结果均为显示出显著性差异。教育硕士毕业后阶段,不同民族的样本学生在深层学习动机维度整体作答上,单因素方差分析结果显著性为 0.000,小于 0.05,表明此阶段样本学生在此维度的作答表现上出现了具有统计学意义的显著性差异,具体差异表现由描述性分析结果可探知一二(见表 4-109)。

表4-109　教育硕士毕业后阶段不同民族样本学生深层学习动机描述性分析

民族	个案数	平均值	标准差	标准误差	平均值的95%置信区间 下限	平均值的95%置信区间 上限	最小值	最大值
汉族	424	4.00	0.556	0.027	3.94	4.05	1.00	5.00
蒙古族	9	3.98	0.254	0.085	3.78	4.17	3.60	4.40
回族	20	3.81	0.438	0.098	3.61	4.01	3.00	4.60
藏族	1	4.40	—	—	—	—	4.40	4.40
维吾尔族	1	4.60	—	—	—	—	4.60	4.60
苗族	6	3.93	0.952	0.389	2.93	4.93	2.40	5.00
彝族	2	3.50	0.141	0.100	2.23	4.77	3.40	3.60
壮族	9	3.78	0.644	0.215	3.28	4.27	2.60	5.00
布依族	2	4.00	0.283	0.200	1.46	6.54	3.80	4.20
满族	5	4.16	0.754	0.337	3.22	5.10	3.00	5.00
侗族	3	3.87	0.643	0.371	2.27	5.46	3.40	4.60
土家族	5	4.48	0.559	0.250	3.79	5.17	3.80	5.00
哈萨克族	1	3.20	—	—	—	—	3.20	3.20
土族	1	3.80	—	—	—	—	3.80	3.80
羌族	1	1.00	—	—	—	—	1.00	1.00
总计	490	3.98	0.572	0.026	3.93	4.03	1.00	5.00

从表4-109中可见，教育硕士毕业后阶段的样本学生来自我国15个不同的民族，且从人数上讲，此阶段样本学生以汉族学生为主，除去仅有1名样本学生的民族来看，在深层学习动机维度作答均值最大的为土家族的样本学生。此外，均值高于本阶段平均作答水平的还有来自满族、布依族、汉族、蒙古族的样本学生；而苗族、侗族、回族、壮族和彝族的样本学生虽然作答均值小于本阶段样本学生作答结果的整体水平，但根据其均值来看，其样本学生的深层学习动机表现整体呈积极状态。

就本阶段样本学生仅1人的民族而言，维吾尔族样本学生以4.60的作答水平居于首位，藏族、土族、哈萨克族的样本学生的作答均值也均在3.20及以上，对于深层学习动机维度各题项的作答呈认同态度。仅羌族1名样本学生对此维度的作答结果为1.00，结合其对于本维度5个题项的作答结果来看，该样本学生在5个题项的作答上均选择了1（完全不符合），存在本维度题项随机作答的可能；亦存在该样本学生深层学习动机在问题探究、自主学习、自我效能等方面个人体验均较弱的个体化可能。对于本阶段样本学生仅有1人的5个民族而言，样本学生的个体选择并不能代表该民族学生在此阶段的深层学习动机表现，若需对相关问题深入研究，则需通过扩大各民族样本学生覆盖范围，以提升样本对于总体代表程度。

（3）职后阶段不同任教学段样本学生深层学习动机差异分析

接受同样公费师范教育的样本学生在完成本科阶段的学习后可能从事不同学段的教育工作。为明晰任教于不同学段的样本公费师范生在其深层学习动机方面是否存在显著性差异，研究以任教学段为因子，对职后三个阶段的样本公费师范生进行了方差齐性检验（见表4-110）。

表4-110　职后三个阶段样本学生深层学习动机任教学段分组方差齐性检验

学业/职业阶段	莱文统计	自由度1	自由度2	显著性
本科毕业且初入教育硕士研究生阶段	1.839	6	814	0.089
教育硕士研究生在读阶段	2.403	6	863	0.026
教育硕士毕业后阶段	0.756	6	483	0.605

由表4-110可知，表中所涉及的职后三个阶段中，本科毕业且初入教育硕士研究生阶段和教育硕士毕业后阶段的样本学生对深层学习动机维度的作答结果符合方差齐性的一致性要求，对应的单因素方差分析结果见表4-111。教育硕士研究生在读阶段样本学生的作答结果则拒绝了方差相等的假设，相应的非参数检验分析结果见表4-111和表4-112。

表4-111　职后两个阶段不同任教学段样本学生深层学习动机ANOVA分析

学业/职业阶段	组别	平方和	自由度	均方	F	显著性
本科毕业且初入教育硕士研究生阶段	组间	2.708	6	0.451	1.676	0.124
	组内	219.137	814	0.269		
	总计	221.845	820	—	—	—
教育硕士毕业后阶段	组间	13.058	14	0.933	3.011	0.000
	组内	147.121	475	0.310		
	总计	160.180	489	—	—	—

表 4-112　教育硕士研究生在读阶段不同任教学段样本学生表层学习动机
克鲁斯卡尔-沃利斯检验秩

现任教学段	个案数	秩平均值
小学	111	421.48
初一	57	445.90
初二	128	427.95
初三	94	470.59
高一	133	410.63
高二	140	439.94
高三	207	441.86
总计	870	—

表 4-113　教育硕士研究生在读阶段样本学生深层学习动机分析任教学段分组
克鲁斯卡尔-沃利斯检验统计

卡方	3.970
自由度	6
渐近显著性	0.681

注：分组变量：现任教学段。

由表 4-111、表 4-112 和表 4-113 中的差异分析可见，虽然职后三个阶段样本学生的方差齐性检验结果并不相同，但从单因素方差分析和克鲁斯卡尔-沃利斯检验统计分析结果来看，任教于小学、初中、高中等不同学段的三个阶段样本学生对于深层学习动机维度的作答结果并无显著差异，即公费师范生在完成了本科阶段的学习后，虽然从事不同学段的基础教育工作，但其在提升自身综合素养等方面的深层学习动机并未体现出明显差异。

（4）职后阶段不同任教学科样本学生深层学习动机差异分析

当以任教学科为因子时，职后三个阶段样本学生对深层学习动机维度的作答结果的方差齐性检验结果见表 4-114。

表 4-114　职后三个阶段样本学生深层学习动机任教学科分组方差齐性检验

学业/职业阶段	莱文统计	自由度1	自由度2	显著性
本科毕业且初入教育硕士研究生阶段	0.182	3	817	0.909
教育硕士研究生在读阶段	0.216	3	866	0.148
教育硕士毕业后阶段	0.536	3	486	0.658

由表 4-114 可知，表中所涉及的职后三个阶段样本学生对深层学习动机维度的作答结果均符合方差齐性的一致性要求，对应单因素方差分析结果见表 4-115。

表 4-115　职后三个阶段不同任教学科样本学生深层学习动机 ANOVA 分析

学业/职业阶段	组别	平方和	自由度	均方	F	显著性
本科毕业且初入教育硕士研究生阶段	组间	1.023	3	0.341	1.262	0.286
	组内	220.821	817	0.270	—	—
	总计	221.845	820	—	—	—
教育硕士研究生在读阶段	组间	1.547	3	0.516	1.770	0.151
	组内	252.294	866	0.291	—	—
	总计	253.841	869	—	—	—
教育硕士毕业后阶段	组间	0.092	3	0.031	0.093	0.964
	组内	160.088	486	0.329	—	—
	总计	160.180	489	—	—	—

由表 4-115 中的单因素方差分析结果可知，当以任教学科为分组变量时，表中三个阶段样本学生对于深层学习动机维度的整体作答情况均未体现出具有显著性的差异表现，但在数据分析过程中发现，在本维度的具体题项中，本科毕业且初入教育硕士研究阶段和教育硕士研究生在读阶段中，不同任教学科的样本学生对于个别具体题项的作答体现出了具有统计学意义的显著性差异。具体表现为：本科毕业且初入教育硕士研究生阶段中不同任教学科的样本学生在题项"我时常带着问题，期待得到解答"的作答上存在差异；教育硕士研究生在读阶段的不同任教学科的样本学生在"我时常带着问题，期待得到解答"和"学术研究能够激发我的学习兴趣"两个题项的作答结果上存在差异；教育硕士毕业后阶段任教于不同学科的样本学生则在深层学习动机维度的整体作答和各具体题项的作答上均未表现出具有统计学意义的显著性差异。研究对本科毕业且初入教育硕士研究生阶段和教育硕士研究生在读阶段样本学生作答结果

存在显著性差异的两个题项进行了进一步分析（见表4-116至表4-120）。

表4-116 职后两阶段样本学生深层学习动机两题项任教学科分组方差齐性检验

题项	学业/职业阶段	莱文统计	自由度1	自由度2	显著性
我时常带着问题学习，期待得到解答	本科毕业且初入教育硕士研究生阶段	0.588	3	817	0.623
	教育硕士研究生在读阶段	0.734	3	866	0.532
学术研究能够激发我的学习兴趣	教育硕士研究生在读阶段	2.874	3	486	0.035

表4-117 职后两阶段不同任教学科样本学生深层学习动机两题项ANOVA分析

题项	学业/职业阶段	组别	平方和	自由度	均方	F	显著性
我时常带着问题学习，期待得到解答	本科毕业且初入教育硕士研究生阶段	组间	3.556	3	1.185	3.372	0.018
		组内	287.150	817	0.351	—	—
		总计	290.706	820	—	—	—
	教育硕士研究生在读阶段	组间	4.863	3	1.621	4.580	0.003
		组内	306.489	866	0.354	—	—
		总计	311.352	869	—	—	—
学术研究能够激发我的学习兴趣	教育硕士研究生在读阶段	组间	0.092	3	0.031	0.093	0.964
		组内	160.088	486	0.329	—	—
		总计	160.180	489	—	—	—

教育硕士研究生在读阶段样本学生对于题项"学术研究能够激发我的学习兴趣"题项的作答分析如表4-118至4-120所示。

表4-118 教育硕士研究生在读阶段不同任教学科样本学生深层学习动机单一题项克鲁斯卡尔-沃利斯检验秩

现任教学科	个案数	秩平均值
语文	188	427.14
数学	482	453.75
英语	194	401.21
其他	6	340.25
总计	870	—

表 4-119　教育硕士研究生在读阶段样本学生深层学习动机单一题项分析任教学科分组克鲁斯卡尔 – 沃利斯检验统计

卡方	8.579
自由度	3
渐近显著性	0.035

注：分组变量：现任教学科。

表 4-120　职后两个阶段不同任教学科样本学生深层学习两题项动机描述性分析

题项	学业/职业阶段	任教学科	个案数	平均值	标准差	标准误差	平均值的95%置信区间 下限	平均值的95%置信区间 上限	最小值	最大值
我时常带着问题学习，期待得到解答	本科毕业且初入教育硕士研究生阶段	语文	268	3.97	0.623	0.038	3.90	4.05	1	5
		数学	335	4.12	0.565	0.031	4.06	4.18	2	5
		英语	213	4.10	0.595	0.041	4.02	4.18	1	5
		其他	5	4.00	0.707	0.316	3.12	4.88	3	5
		总计	821	4.06	0.595	0.021	4.02	4.10	1	5
	教育硕士研究生在读阶段	语文	188	4.05	0.550	0.040	3.97	4.13	2	5
		数学	482	4.07	0.594	0.027	4.02	4.12	1	5
		英语	194	4.05	0.634	0.045	3.96	4.14	1	5
		其他	6	3.17	0.753	0.307	2.38	3.96	2	4
		总计	870	4.06	0.599	0.020	4.02	4.10	1	5
学术研究能够激发我的学习兴趣	教育硕士研究生在读阶段	语文	188	3.63	0.895	0.065	3.50	3.76	1	5
		数学	482	3.73	0.836	0.038	3.66	3.81	1	5
		英语	194	3.52	0.917	0.066	3.39	3.65	1	5
		其他	6	3.33	0.816	0.333	2.48	4.19	2	4
		总计	870	3.66	0.871	0.030	3.60	3.72	1	5

由上表中的差异分析结果可知，在题项"我时常带着问题，期待得到解答"的作答中，从事数学学科教学的本科毕业且初入教育硕士研究生阶段样本学生作答均值最大，且标准差最小，表明任教于数学学科的样本学生对此题项的表述认同程度最高且分布最为集中，相较之下，从事语文学科教学的样本学生作答均值虽仍为积极分布，但相对低于从事其他学科教学工作的样本学生。教育硕士研究生在读阶段的样本学生

中，学科差异有所不同。本阶段从事语文、数学、英语三个学科之外其他学科教学工作的样本学生作答均值明显小于其他三个学科任教学生。究其原因，可能与其从事教学工作的对应学科于自身在学阶段的专业并不对应存在一定的关联。

教育硕士研究生在读阶段不同任教学科的样本学生在体现"学术研究能够激发我的学习兴趣"的作答中，仍为从事其他学科教学工作的样本学生作答均值最小。此外，任教于英语学科的样本学生作答均值也低于本阶段样本学生的作答均值。从调研结果来看，英语学科教育硕士研究生在读阶段样本学生在学术研究方面的深层学习兴趣与动机仍待进一步激发与强化。

综上所述，公费师范生学习动机中，从项目动机来看，学生选择公费师范教育主要出于个人意愿，同时，公费师范教育所提供的相对稳定的工作机会也在一定程度上影响了学习主体的选择。就表层学习动机而言，公费师范生在各个阶段，为达成某表面任务而学习的动机不强。相应地，深层学习动机在全过程表现得较为明显，学习内驱力较强。然而，结合表层学习动机和深层学习动机的调研题项分析结果来看，处于不同学业、职业阶段的公费师范生对特定话题进行深入研究和科学探究的兴趣不强。在公费师范生人才培养中，应当进一步探索培养过程中的外部定向动力流刺激强化路径，帮助学生激发个体的内在激励机制，提升其深层学习动机中的探索意识。

第5章 公费师范生职前职后的学习态度

学习态度是学习者在学习活动中所持有的较为稳定的内在判断和行为倾向,直接或间接地影响学习者的学习成效,并在相对长的时期内保持稳定。为了解并深入分析公费师范生在不同阶段的学习态度,在5套调研问卷中均设置了4个题项,以监测样本学生的学习态度变化。

第一节 样本学生学习态度描述性统计分析

一、初入本科阶段公费师范生学习态度分析

调研工具中共设4个题项以了解样本学生的学习态度,主要涉及学习的耐挫态度及自控态度。初入本科阶段的公费师范生样本学生作答结果如表5-1所示。

表5-1 初入本科阶段样本对象学习态度分析描述统计量

题项	N	极小值	极大值	均值	标准差
当学习成效不佳时,我会投入更多精力	1016	1	5	4.20	0.70
学习中遇到困难时,我从不放弃	1016	1	5	3.92	0.73
当我遇到高难度的学习任务时,我会尽力完成	1016	1	5	4.15	0.62
没有人督促我也会主动学习	1016	1	5	3.97	0.69
有效的N(列表状态)	1016	—	—	—	—

如表5-1所示,初入本科阶段样本学生的整体持积极的学习态度,各题项均值均大于3.90。其中,题项"当我遇到高难度的学习任务时,我会尽力完成"的作答结果的描述统计量中,均值较大,且标准差最小($\bar{x}$=4.15,S=0.62),因此分布更为集中,表明初入本科阶段的公费师范生在遇到难度较大的学习任务时,会用积极主动的态度

面对，以期完成任务。

仅以均值比较，4个题项中，初入本科阶段样本学生对题项"当学习成效不佳时，我会投入更多精力"的作答结果均值最高，各选项分布如表5-2所示。

表5-2　初入本科阶段样本对象题项"当学习成效不佳时，我会投入更多精力"作答分布

选项	频率	百分比	有效百分比	累积百分比
完全不符	7	0.69	0.69	0.69
基本不符	5	0.49	0.49	1.18
不好说	111	10.93	10.93	12.11
基本符合	549	54.04	54.04	66.15
完全符合	344	33.86	33.86	100.0
合计	1016	100.0	100.0	—

如表5-2所示，初入本科阶段的样本学生在此题项的作答中，33.86%的学生选择了"完全符合"；54.04%的学生选择了"基本符合"；另有10.93%的学生对此题项尚无明确态度，选择了选项"不好说"。同时，1106名样本学生中，有12人选择了"基本不符"或"完全不符"，占该阶段总人数的1.18%。以上数据表明绝大多数学生在初入本科时能够根据个人的学习成效，完成自我精力调节，尤其在学习成效不理想的状态下投入更多精力。

二、本科在读阶段公费师范生学习态度分析

本科在读阶段的公费师范生样本学生对学习态度相关题项的作答结果描述统计量如表5-3所示。

表5-3　本科在读阶段样本对象学习态度分析描述统计量

题项	N	极小值	极大值	均值	标准差
当学习成效不佳时，我会投入更多精力	904	1	5	3.90	0.70
学习中遇到困难时，我从不放弃	904	1	5	3.74	0.69
当我遇到高难度的学习任务时，我会尽力完成	904	1	5	3.98	0.59
没有人督促我也会主动学习	904	1	5	3.82	0.70
有效的N（列表状态）	904	—	—	—	—

如表5-3所示，本科在读阶段样本学生整体学习态度积极，各题项均值在3.70至

4.00 之间，相较于初入本科阶段的学生有所下降。其本阶段样本学生均值最高的题项为"当我遇到高难度的学习任务时，我会尽力完成"。从该题项的描述统计量来看，作答结果整体集中趋势更为明显，且均值相对其他题项较高（x̄=3.98，S=0.59），表明大部分学生在遇到具有一定难度的学习任务时，会选择投入更多的努力去完成任务，具体选项分布如表 5-4 所示。

表 5-4 本科在读阶段样本对象题项"当我遇到高难度的学习任务时，我会尽力完成"作答分布

选项	频率	百分比	有效百分比	累积百分比
完全不符	3	0.33	0.33	0.33
基本不符	9	1.00	1.00	1.33
不好说	124	13.72	13.72	15.05
基本符合	637	70.46	70.46	85.51
完全符合	131	14.49	14.49	100.0
合计	904	100.0	100.0	—

从表 5-4 中数据分布来看，绝大部分学生选择了"完全符合"或"基本符合"，人数占到了该阶段总人数的 84.95%，另有 13.72% 的样本学生选择了"不好说"，仅有 1.33% 的学生在遇到高难度的学习任务时会选择消极应对。以上数据表明，本科在读阶段的样本学生在学习中遇到挑战性的内容时，倾向于保持对学习内容的知觉时限和认知强度。

三、本科毕业且初入教育硕士研究生阶段公费师范生学习态度分析

本科毕业且初入教育硕士研究生阶段的公费师范生样本学生对学习态度相关题项的作答结果描述统计量如表 5-5 所示。

表 5-5 本科毕业且初入硕士研究生阶段样本对象学习态度分析描述统计量

题项	N	极小值	极大值	均值	标准差
当学习成效不佳时，我会投入更多精力	821	1	5	3.97	0.71
学习中遇到困难时，我从不放弃	821	1	5	3.85	0.71
当我遇到高难度的学习任务时，我会尽力完成	821	1	5	4.05	0.57
没有人督促我也会主动学习	821	1	5	3.82	0.73
有效的 N（列表状态）	821	—	—	—	—

从表 5-5 中可见，本科毕业且初入教育硕士研究生阶段的样本学生较本科在读阶段有所提升，各题项均值在 3.80 至 4.10 之间，其中，题项"没有人督促我也会主动学习"的作答均值于与本科在读阶段持平（$\bar{x}=3.82$），而对题项"当我遇到高难度的学习任务时，我会尽力完成"的作答结果，相较于本科阶段样本对象的作答均值增长了 7 个百分点。整体上讲，本科毕业且初入教育硕士研究生学习阶段的公费师范生较本科在读阶段的公费师范生具有更为积极的学习态度，且这一积极态度主要体现在学习的耐挫态度；在学习自控态度上与上一阶段相差不大。

四、教育硕士研究生在读阶段公费师范生学习态度分析

教育硕士研究生在读阶段的公费师范生样本学生对学习态度相关题项的作答结果描述统计量如表 5-6 所示。

表 5-6　教育硕士研究生在读阶段样本对象学习态度分析描述统计量

题项	N	极小值	极大值	均值	标准差
当学习成效不佳时，我会投入更多精力	870	1	5	4.02	0.69
学习中遇到困难时，我从不放弃	870	1	5	3.82	0.70
当我遇到高难度的学习任务时，我会尽力完成	870	1	5	4.02	0.61
没有人督促我也会主动学习	870	1	5	3.79	0.75
有效的 N（列表状态）	870	—	—	—	—

如表 5-6 所示，教育硕士研究生在读阶段的公费师范生在对学习态度相关题项的作答中，各题项均值均高于 3.75，其中题项"没有人督促我也会主动学习"均值最低（$\bar{x}=3.79$）表明，教育硕士研究生在读阶段的公费师范生整体上学习态度积极，但相较于其他四个阶段，教育硕士研究生在读阶段的公费师范生自控学习态度较差。究其原因，可能因为这一阶段的样本学生处在学业提升、职业起步的身份转换阶段，学习精力有限，学习自控程度有所降低。因此，在这一阶段，加强对学生职业发展指导及身份适应指导颇为必要，应帮助公费师范生在这一阶段内更为迅速地完成身份转换及职业适应。

五、教育硕士毕业后阶段公费师范生学习态度分析

教育硕士研究生在读阶段的公费师范生样本学生对学习态度相关题项的作答结果描述统计量如表 5-7 所示。

表 5-7 教育硕士研究生毕业后阶段样本对象学习态度分析描述统计量

题项	N	极小值	极大值	均值	标准差
当学习成效不佳时，我会投入更多精力	490	1	5	4.18	0.75
学习中遇到困难时，我从不放弃	490	1	5	3.92	0.73
当我遇到高难度的学习任务时，我会尽力完成	490	1	5	4.11	0.58
没有人督促我也会主动学习	490	1	5	3.95	0.75
有效的N（列表状态）	490	—	—	—	—

如表 5-7 中的描述统计量所示，整体上看，教育硕士毕业后阶段的公费师范生学习态度颇为积极，各题项均值均大于 3.90。其中教育硕士毕业生对题项"当学习成效不佳时，我会投入更多精力"的作答结果均值最大（$\bar{x}$=4.18），表明该阶段样本学生对个人的学习成效有相对自主的自我监控，当成效不佳时，会相应调控个人的精力分配。此外，值得注意的是，该阶段样本学生对题项"没有人督促我也会主动学习"的作答结果均值相较于其他阶段有了明显的提升，具体选项分布如表 5-8 所示。

表 5-8 教育硕士毕业后阶段样本对象题项"没有人督促我也会主动学习"作答分布

选项	频率	百分比	有效百分比	累积百分比
完全不符	7	1.43	1.43	1.43
基本不符	14	2.86	2.86	4.29
不好说	66	13.47	13.47	17.76
基本符合	311	63.47	63.47	81.22
完全符合	92	18.78	18.78	100.00
合计	490	100.00	100.00	—

如表 5-8 所示，教育硕士毕业后阶段样本学生在对学习态度监测维度下题项"没有人督促我也会主动学习"的作答中，18.78% 的学生选择了"完全符合"，63.47% 的学生选择了"基本符合"，表明在这一阶段，虽然学业发展已处于完成阶段，但大部分学生还是能够自觉、自主地维持学习状态。此外，有 4.29% 的学生选择了"完全不符"或"基本不符"，表明这一阶段的学生中，有少数样本学生无法在无外界激励和监控的状态下自主学习。

为明确在不同阶段公费师范生学习态度的动态变化，研究从历时角度出发，绘制了学习态度变化曲线（如图 5-1 所示）。

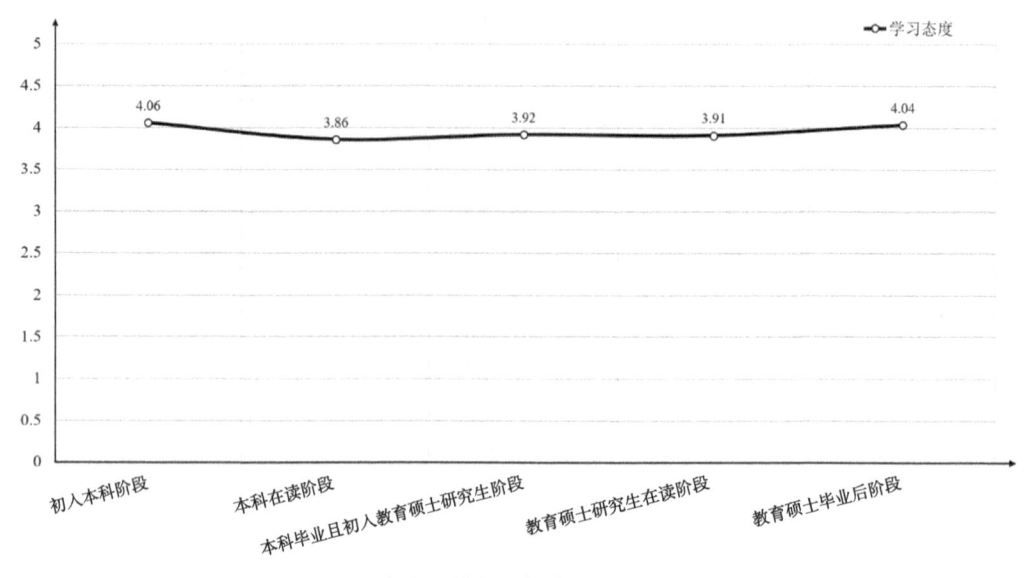

图 5-1　各阶段样本对象学习态度变化曲线

如图 5-1 所示，各阶段公费师范生的学习态度整体较为积极，且学习态度本身作为一种相对稳定的心理判断和行为倾向，在相对长一段时间内不会出现显著起伏。通过比较不同阶段的样本对象的学习态度，可一定程度上探知公费师范生在不同学习阶段的学习态度波动。公费师范生在初入本科阶段时，学习态度较为积极；本科在读阶段学习态度均值相对处于低值；此后回升，并于教育硕士毕业后阶段达到较高水平。

结合前文对公费师范生的深层学习动机的历时变化分析可知，其学习态度变化曲线与深层学习动机变化升降转折相似，但起伏程度较轻微，深层学习动机或定向动机是否与学习态度存在关联，尚仍待后续研究确认。

第二节　样本学生学习态度差异分析

面对各阶段样本学生的学习态度差异分析，研究仍以职业发展阶段为主要分类标准，分别分析职前两阶段和职后三阶段样本学生的学习态度差异。面向职前两个阶段的样本学生，分组变量主要选取性别、民族、生源生（自治区、直辖市）和就读专业对应学科 4 个变量。对于职后阶段样本学生而言，则从性别、民族、任教学段、任教学科切入探究其差异所在。

一、职前阶段样本学生学习态度差异分析

1. 职前阶段不同性别样本学生学习态度差异分析

当以性别为分组变量时，初入本科阶段和本科在读阶段两个职前阶段对于学习态度维度整体作答结果的分组统计及独立样本t检验结果见表5-9、表5-10。

表5-9 职前两个阶段样本学生学习态度性别分组统计

学业/职业阶段	性别	个案数	平均值	标准差	标准误差平均值
初入本科阶段	男	152	4.10	0.615	0.050
	女	864	4.05	0.505	0.017
本科在读阶段	男	138	3.89	0.567	0.048
	女	766	3.85	0.499	0.018

表5-10 职前两个阶段不同性别样本学生学习态度独立样本t检验

学业阶段	方差条件	方差方程的Levene检验		均值方差的t检验					差分的95%置信区间	
		F	Sig.	t	df	Sig.（双侧）	均值差值	标准误差差值	下限	上限
初入本科阶段	假设方差相等	8.740	0.003	1.017	1014	0.309	0.047	0.046	-0.043	0.137
	假设方差不相等	—	—	0.887	188.498	0.376	0.047	0.053	-0.057	0.151
本科在读阶段	假设方差相等	4.834	0.028	0.862	902	0.389	0.041	0.047	-0.052	0.133
	假设方差不相等	—	—	0.788	177.184	0.432	0.041	0.052	-0.061	0.142

从表5-9可知，初入本科阶段和本科在读阶段的样本学生中，男生在学习态度维度的整体作答均值均微大于女生，且标准差也略大，表明男生的学习态度略优于女生，但作答分布相较女生而言更为分散。结合表5-10可知，虽然两个职前阶段样本学生作答均值和标准差均略有差异，但从独立样本t检验结果看来，职前阶段的男生、女生的学习态度并无显著性差异。

结合不同性别样本学生对于该维度下具体题项的作答差异，可知职前阶段男生、女生在学习态度方面的具体差异所在。

表 5-11 职前两个阶段样本学生深层学习动机性别分组统计

学业阶段	题项	性别	个案数	平均值	标准差	标准误差平均值
初入本科阶段	当学习成效不佳时，我会投入更多精力	男	152	4.18	0.773	0.063
		女	864	4.20	0.687	0.023
	学习中遇到困难时，我从不放弃	男	152	4.05	0.808	0.066
		女	864	3.90	0.717	0.024
	当我遇到高难度的学习任务时，我会尽力完成	男	152	4.16	0.776	0.063
		女	864	4.15	0.589	0.020
	没有人督促我也会主动学习	男	152	4.01	0.737	0.060
		女	864	3.96	0.676	0.023
本科在读阶段	当学习成效不佳时，我会投入更多精力	男	138	3.85	0.782	0.067
		女	766	3.90	0.682	0.025
	学习中遇到困难时，我从不放弃	男	138	3.83	0.724	0.062
		女	766	3.73	0.684	0.025
	当我遇到高难度的学习任务时，我会尽力完成	男	138	4.02	0.633	0.054
		女	766	3.97	0.586	0.021
	没有人督促我也会主动学习	男	138	3.88	0.699	0.059
		女	766	3.81	0.696	0.025

表 5-12 职前两个阶段不同性别样本学生深层学习动机独立样本 t 检验

学业阶段	题项	方差条件	方差方程的 Levene 检验 F	Sig.	均值方差的 t 检验 t	df	Sig.（双侧）	均值差值	标准误差差值	差分的 95% 置信区间 下限	上限
初入本科阶段	当学习成效不佳时，我会投入更多精力	假设方差相等	3.661	0.056	-0.404	1014	0.686	-0.025	0.062	-0.146	0.096
		假设方差不相等	—	—	-0.372	195.261	0.710	-0.025	0.067	-0.157	0.107
	学习中遇到困难时，我从不放弃	假设方差相等	1.257	0.263	2.280	1014	0.023	0.147	0.064	0.020	0.273
		假设方差不相等	—	—	2.097	195.095	0.037	0.147	0.070	0.009	0.285

续表

学业阶段	题项	方差条件	方差方程的Levene检验 F	方差方程的Levene检验 Sig.	均值方差的t检验 t	均值方差的t检验 df	均值方差的t检验 Sig.（双侧）	均值方差的t检验 均值差值	均值方差的t检验 标准误差差值	差分的95%置信区间 下限	差分的95%置信区间 上限
初入本科阶段	当我遇到高难度的学习任务时，我会尽力完成	假设方差相等	12.838	0.000	0.299	1014	0.765	0.016	0.055	−0.091	0.123
		假设方差不相等	—	—	0.247	182.807	0.805	0.016	0.066	−0.114	0.147
	没有人督促我也会主动学习	假设方差相等	0.650	0.420	0.814	1014	0.416	0.049	0.060	−0.069	0.167
		假设方差不相等	—	—	0.766	198.213	0.445	0.049	0.064	−0.077	0.175
本科在读阶段	当学习成效不佳时，我会投入更多精力	假设方差相等	6.488	0.011	−0.881	902	0.379	−0.057	0.065	−0.184	0.070
		假设方差不相等	—	—	−0.801	176.537	0.424	−0.057	0.071	−0.197	0.083
	学习中遇到困难时，我从不放弃	假设方差相等	0.044	0.835	1.569	902	0.117	0.100	0.064	−0.025	0.226
		假设方差不相等	—	—	1.509	183.812	0.133	0.100	0.066	−0.031	0.231
	当我遇到高难度的学习任务时，我会尽力完成	假设方差相等	2.865	0.091	0.944	902	0.345	0.052	0.055	−0.056	0.159
		假设方差不相等	—	—	0.894	181.690	0.373	0.052	0.058	−0.062	0.166
	没有人督促我也会主动学习	假设方差相等	0.062	0.803	1.047	902	0.295	0.067	0.064	−0.059	0.194
		假设方差不相等	—	—	1.044	189.196	0.298	0.067	0.065	−0.060	0.195

结合表 5-11、表 5-12 可知，职前两个阶段不同性别的样本学生中，仅初入本科阶段的男生、女生在题项"学习中遇到困难时，我从不放弃"的作答上显示出了具有统计学意义的显著性差异，结合分组后的描述性统计分析结果来看，当在学习中遇到困难时，初入本科阶段的样本男生的耐挫力整体上强于女生。通过其他题项作答的情

况比较来看，职前阶段的不同性别的样本学生在学习精力投入、学习难度克服、学习自觉性等方面均体现出显著性差异，仅在学习成效耐挫程度方面男生略强于女生。整体学习态度上讲，并未体现出显著性的性别差异。

2. 职前阶段不同民族样本学生学习态度差异分析

当以民族作为因子时，职前两个阶段的样本在学习态度维度作答结果的方差齐性检验结果见表5-13。

表5-13　职前两个阶段样本学生学习态度民族分组方差齐性检验

学业阶段	莱文统计	自由度1	自由度2	显著性
初入本科阶段	1.045	16	994	0.405
本科在读阶段	1.348	18	879	0.150

由表5-13可知，当以民族作为因子时，上述两个阶段样本学生的作答结果均接受了方差相等的假设，因此可进行单因素方差分析，分析结果见表5-14。

表5-14　职前两个阶段不同民族样本学生学习态度ANOVA分析

维度	学业阶段		平方和	自由度	均方	F	显著性
学习态度	初入本科阶段	组间	5.841	21	0.278	1.017	0.439
		组内	271.936	994	0.274	—	—
		总计	277.777	1015	—	—	—
	本科在读阶段	组间	3.480	24	0.145	0.551	0.961
		组内	231.155	879	0.263	—	—
		总计	234.634	903	—	—	—

从表5-14中的单因素方差分析结果可知，不同民族的初入本科阶段和本科在读阶段的样本学生在学习态度维度的整体作答结果上并未呈现出具有统计学意义的显著性差异。根据两个阶段样本学生对于学习态度维度具体题项的作答结果，研究发现：仅初入本科阶段中不同民族的样本学生在题项"没有人督促我也会主动学习"的作答上显示出了显著性差异（见表5-15、表5-16、表5-17），此阶段样本学生在本维度其他3个题项的作答上并无显著差异；本科在读阶段样本学生在此维度的4个题项作答上未显示出民族之间的显著性差异。

表 5-15　初入本科阶段样本学生学习态度单一题项民族分组方差齐性检验

莱文统计	自由度1	自由度2	显著性
0.656	16	994	0.838

表 5-16　初入本科阶段不同民族样本学生学习态度单一题项 ANOVA 分析

组别	平方和	自由度	均方	F	显著性
组间	17.877	21	0.851	1.846	0.012
组内	458.295	994	0.461	—	—
总计	476.172	1015	—	—	—

表 5-17　初入本科阶段不同民族样本学生学习态度单一题项描述性分析

民族	个案数	平均值	标准差	标准误差	平均值的95%置信区间 下限	平均值的95%置信区间 上限	最小值	最大值
汉族	816	3.96	0.689	0.024	3.92	4.01	1	5
蒙古族	18	4.11	0.676	0.159	3.77	4.45	3	5
回族	73	4.01	0.565	0.066	3.88	4.15	3	5
藏族	11	3.73	0.647	0.195	3.29	4.16	3	5
维吾尔族	21	4.19	0.680	0.148	3.88	4.50	3	5
苗族	12	3.83	0.718	0.207	3.38	4.29	3	5
彝族	2	3.50	0.707	0.500	−2.85	9.85	3	4
壮族	15	4.07	0.458	0.118	3.81	4.32	3	5
布依族	2	4.50	0.707	0.500	−1.85	10.85	4	5
满族	3	3.67	0.577	0.333	2.23	5.10	3	4
侗族	4	4.50	0.577	0.289	3.58	5.42	4	5
瑶族	3	3.33	0.577	0.333	1.90	4.77	3	4
白族	4	3.50	0.577	0.289	2.58	4.42	3	4
土家族	19	4.05	0.780	0.179	3.68	4.43	3	5
哈萨克族	3	4.33	0.577	0.333	2.90	5.77	4	5
黎族	1	5.00	—	—	—	—	5	5
东乡族	2	2.00	1.414	1.000	−10.71	14.71	1	3
柯尔克孜族	1	5.00	—	—	—	—	5	5

续表

民族	个案数	平均值	标准差	标准误差	平均值的95%置信区间 下限	平均值的95%置信区间 上限	最小值	最大值
土族	1	4.00	—	—			4	4
羌族	1	4.00	—	—			4	4
撒拉族	1	4.00	—	—			4	4
仡佬族	3	4.33	0.577	0.333	2.90	5.77	4	5
总计	1016	3.97	0.685	0.021	3.93	4.01	1	5

由表5-15、表5-16可知，初入本科阶段样本学生在题项"没有人督促我也会主动学习"的作答上显示出了具有显著性的民族差异。从表5-17中可见，在此题项的作答上，大部分民族的样本学生作答均值在4.00以上，包括黎族、柯尔克孜族、布依族、侗族、哈萨克族、仡佬族、维吾尔族、蒙古族、壮族、土家族、回族11个民族，另有土族、羌族、撒拉族3个民族的作答均值为4.00。此外，其他民族样本学生的作答结果均值虽然小于4.00，但大多在3.50以上。不同民族的样本学生间，虽然均值差值明显存在，但整体上作答结果呈正向状态，表明不同民族的初入本科阶段的样本学生中，绝大部分在不同程度上能够做到在没有他人督促的情况下，保持自觉、自主学习的积极学习态度。

3. 职前阶段不同生源地样本学生学习态度差异分析

当以生源地为因子时，初入本科阶段样本学生对于学习态度维度及具体题项作答结果的方差齐性检验结果见表5-18。

表5-18 初入本科阶段样本学生学习态度及各题项生源地分组方差齐性检验

维度/题项	莱文统计	自由度1	自由度2	显著性
学习态度	1.089[①]	26	988	0.346
当学习成效不佳时，我会投入更多精力	1.204[②]	26	988	0.221
学习中遇到困难时，我从不放弃	1.306[③]	26	988	0.140
当我遇到高难度的学习任务时，我会尽力完成	1.161[④]	26	988	0.264
没有人督促我也会主动学习	1.491[⑤]	26	988	0.150

①在针对"学习态度"计算方差齐性检验时，将忽略只有一个个案的组。

②在针对"当学习成效不佳时,我会投入更多精力"计算方差齐性检验时,将忽略只有一个个案的组。

③在针对"学习中遇到困难时,我从不放弃"计算方差齐性检验时,将忽略只有一个个案的组。

④在针对"当我遇到高难度的学习任务时,我会尽力完成"计算方差齐性检验时,将忽略只有一个个案的组。

⑤在针对"没有人督促我也会主动学习"计算方差齐性检验时,将忽略只有一个个案的组。

由表5-18可知,当以生源省(自治区、直辖市)作为因子时,初入本科阶段样本学生的作答结果均符合方差的一致性要求,对应的单因素方差分析结果见表5-19。

表5-19 初入本科阶段不同生源地样本学生学习态度及各题项ANOVA分析

维度/题项	组别	平方和	自由度	均方	F	显著性
学习态度	组间	11.290	27	0.418	1.550	0.037
	组内	266.487	988	0.270	—	—
	总计	277.777	1015	—	—	—
当学习成效不佳时,我会投入更多精力	组间	20.779	27	0.770	1.594	0.028
	组内	477.059	988	0.483	—	—
	总计	497.839	1015	—	—	—
学习中遇到困难时,我从不放弃	组间	20.813	27	0.771	1.451	0.065
	组内	524.887	988	0.531	—	—
	总计	545.701	1015	—	—	—
当我遇到高难度的学习任务时,我会尽力完成	组间	12.206	27	0.452	1.182	0.239
	组内	377.754	988	0.382	—	—
	总计	389.960	1015	—	—	—
没有人督促我也会主动学习	组间	19.177	27	0.710	1.536	0.040
	组内	456.995	988	0.463	—	—
	总计	476.172	1015	—	—	—

由表5-19中的单因素方差分析结果可知,来自不同省(自治区、直辖市)的初入本科阶段样本学生在题项"学习中遇到困难时,我从不放弃""当我遇到高难度的学习任务时,我会尽力完成"的作答上并未显示出显著性差异;但在"当学习成效不佳时,我会投入更多精力""没有人督促我也会主动学习"两个题项和整体学习态度维度的作答上,均表现出了具有统计学意义的显著差异,具体表现见表5-20。

表 5-20 初入本科阶段不同生源地样本学生学习态度及两题项描述性分析

维度/题项	生源地	个案数	平均值	标准差	标准误差	平均值的95%置信区间 下限	平均值的95%置信区间 上限	最小值	最大值
学习态度	北京市	2	3.88	0.530	0.375	-0.89	8.64	3.50	4.25
	天津市	7	4.18	0.657	0.248	3.57	4.79	3.50	5.00
	河北省	19	3.96	0.703	0.161	3.62	4.30	2.25	5.00
	山西省	41	4.03	0.507	0.079	3.87	4.19	2.75	5.00
	内蒙古自治区	25	4.23	0.494	0.099	4.03	4.43	3.25	5.00
	辽宁省	14	4.07	0.592	0.158	3.73	4.41	3.25	5.00
	黑龙江省	14	4.07	0.421	0.113	3.83	4.31	3.25	5.00
	浙江省	9	4.39	0.532	0.177	3.98	4.80	3.50	5.00
	安徽省	21	4.00	0.440	0.096	3.80	4.20	3.25	4.75
	福建省	34	4.20	0.720	0.123	3.95	4.45	1.00	5.00
	江西省	58	3.92	0.526	0.069	3.78	4.06	2.50	5.00
	山东省	41	4.20	0.526	0.082	4.03	4.36	3.00	5.00
	河南省	100	4.01	0.450	0.045	3.92	4.10	2.50	5.00
	湖北省	37	4.16	0.512	0.084	3.98	4.33	3.00	5.00
	湖南省	41	4.18	0.573	0.089	4.00	4.36	3.00	5.00
	广东省	1	4.00	—	—	—	—	4.00	4.00
	广西壮族自治区	42	4.04	0.423	0.065	3.90	4.17	3.00	5.00
	海南省	9	4.06	0.497	0.166	3.67	4.44	3.25	5.00
	重庆市	34	4.25	0.485	0.083	4.08	4.42	3.25	5.00
	四川省	58	4.05	0.567	0.074	3.90	4.20	2.50	5.00
	贵州省	40	4.08	0.501	0.079	3.92	4.24	3.00	5.00
	云南省	45	4.11	0.454	0.068	3.97	4.25	3.00	5.00
	西藏自治区	8	3.84	0.399	0.141	3.51	4.18	3.50	4.75
	陕西省	107	4.04	0.490	0.047	3.94	4.13	2.50	5.00
	甘肃省	59	3.82	0.589	0.077	3.67	3.98	1.50	5.00
	青海省	31	4.13	0.504	0.090	3.94	4.31	3.25	5.00

续表

维度/题项	生源地	个案数	平均值	标准差	标准误差	平均值的95%置信区间 下限	平均值的95%置信区间 上限	最小值	最大值
学习态度	宁夏回族自治区	50	4.03	0.473	0.067	3.90	4.16	3.00	5.00
	新疆维吾尔自治区	69	4.07	0.536	0.064	3.94	4.20	3.00	5.00
	总计	1016	4.06	0.523	0.016	4.03	4.09	1.00	5.00
当学习成效不佳时，我会投入更多精力	北京市	2	4.00	0.000	0.000	4.00	4.00	4.00	4.00
	天津市	7	4.00	1.000	0.378	3.08	4.92	3.00	5.00
	河北省	19	4.11	0.875	0.201	3.68	4.53	2.00	5.00
	山西省	41	4.17	0.629	0.098	3.97	4.37	3.00	5.00
	内蒙古自治区	25	4.32	0.748	0.150	4.01	4.63	2.00	5.00
	辽宁省	14	4.14	0.535	0.143	3.83	4.45	3.00	5.00
	黑龙江省	14	3.93	0.616	0.165	3.57	4.28	3.00	5.00
	浙江省	9	4.44	0.726	0.242	3.89	5.00	3.00	5.00
	安徽省	21	4.14	0.727	0.159	3.81	4.47	3.00	5.00
	福建省	34	4.35	0.774	0.133	4.08	4.62	1.00	5.00
	江西省	58	4.12	0.796	0.105	3.91	4.33	1.00	5.00
	山东省	41	4.44	0.634	0.099	4.24	4.64	3.00	5.00
	河南省	100	4.13	0.747	0.075	3.98	4.28	1.00	5.00
	湖北省	37	4.49	0.651	0.107	4.27	4.70	3.00	5.00
	湖南省	41	4.32	0.850	0.133	4.05	4.59	1.00	5.00
	广东省	1	4.00	—	—	—	—	4.00	4.00
	广西壮族自治区	42	4.21	0.565	0.087	4.04	4.39	3.00	5.00
	海南省	9	4.22	0.667	0.222	3.71	4.73	3.00	5.00
	重庆市	34	4.38	0.551	0.095	4.19	4.57	3.00	5.00
	四川省	58	4.17	0.775	0.102	3.97	4.38	1.00	5.00
	贵州省	40	4.20	0.758	0.120	3.96	4.44	2.00	5.00
	云南省	45	4.31	0.557	0.083	4.14	4.48	3.00	5.00
	西藏自治区	8	4.13	0.641	0.227	3.59	4.66	3.00	5.00

续表

维度/题项	生源地	个案数	平均值	标准差	标准误差	平均值的95%置信区间 下限	平均值的95%置信区间 上限	最小值	最大值
当学习成效不佳时，我会投入更多精力	陕西省	107	4.21	0.583	0.056	4.10	4.33	3.00	5.00
	甘肃省	59	3.85	0.805	0.105	3.64	4.06	1.00	5.00
	青海省	31	4.29	0.643	0.115	4.05	4.53	3.00	5.00
	宁夏回族自治区	50	4.22	0.507	0.072	4.08	4.36	3.00	5.00
	新疆维吾尔自治区	69	4.07	0.714	0.086	3.90	4.24	2.00	5.00
	总计	1016	4.20	0.700	0.022	4.16	4.24	1.00	5.00
没有人督促我也会主动学习	北京市	2	4.00	0.000	0.000	4.00	4.00	4.00	4.00
	天津市	7	4.29	0.756	0.286	3.59	4.98	3.00	5.00
	河北省	19	3.68	1.057	0.242	3.17	4.19	1.00	5.00
	山西省	41	3.88	0.714	0.112	3.65	4.10	2.00	5.00
	内蒙古自治区	25	4.04	0.611	0.122	3.79	4.29	3.00	5.00
	辽宁省	14	4.00	0.784	0.210	3.55	4.45	3.00	5.00
	黑龙江省	14	4.14	0.535	0.143	3.83	4.45	3.00	5.00
	浙江省	9	4.33	0.500	0.167	3.95	4.72	4.00	5.00
	安徽省	21	3.81	0.750	0.164	3.47	4.15	3.00	5.00
	福建省	34	4.06	0.851	0.146	3.76	4.36	1.00	5.00
	江西省	58	3.74	0.637	0.084	3.57	3.91	2.00	5.00
	山东省	41	4.10	0.700	0.109	3.88	4.32	2.00	5.00
	河南省	100	4.00	0.550	0.055	3.89	4.11	2.00	5.00
	湖北省	37	4.00	0.782	0.129	3.74	4.26	2.00	5.00
	湖南省	41	4.15	0.654	0.102	3.94	4.35	3.00	5.00
	广东省	1	4.00	—	—	—	—	4.00	4.00
	广西壮族自治区	42	3.95	0.582	0.090	3.77	4.13	3.00	5.00
	海南省	9	4.22	0.667	0.222	3.71	4.73	3.00	5.00
	重庆市	34	4.09	0.712	0.122	3.84	4.34	3.00	5.00
	四川省	58	4.02	0.662	0.087	3.84	4.19	3.00	5.00

续表

维度/题项	生源地	个案数	平均值	标准差	标准误差	平均值的95%置信区间 下限	平均值的95%置信区间 上限	最小值	最大值
没有人督促我也会主动学习	贵州省	40	3.93	0.616	0.097	3.73	4.12	3.00	5.00
	云南省	45	3.87	0.694	0.103	3.66	4.08	1.00	5.00
	西藏自治区	8	3.25	0.707	0.250	2.66	3.84	2.00	4.00
	陕西省	107	3.93	0.677	0.065	3.80	4.06	2.00	5.00
	甘肃省	59	3.83	0.723	0.094	3.64	4.02	1.00	5.00
	青海省	31	4.06	0.629	0.113	3.83	4.30	3.00	5.00
	宁夏回族自治区	50	3.98	0.622	0.088	3.80	4.16	3.00	5.00
	新疆维吾尔自治区	69	4.12	0.718	0.086	3.94	4.29	1.00	5.00
	总计	1016	3.97	0.685	0.021	3.93	4.01	1.00	5.00

由表 5-20 可知，在学习态度维度上，各个省（自治区、直辖市）的样本学生作答均值均在 3.80 以上，且整体作答均值为 4.06。就题项"当学习成效不佳时，我会投入更多精力"和"没有人督促我也会主动学习"的作答情况来看，作答均值也都在 4.00 上下。虽然在本维度和上述题项作答结果的分布方面显示出了数理上的显著性差异，但从其作答均值可知，本阶段来自 28 个不同的省（自治区、直辖市）的样本学生均表现出了较为端正且积极的学习态度，在面对学习压力时，能够积极主动地通过增加精力投入等方式提升学习成效，并且能在无人监督的情况下自主、自觉地学习。

在分析了初入本科阶段 1016 名样本学生在学习态度方面的地域差异后，研究面向本科在读阶段 904 名样本学生也开展了相应的调查研究和数据分析。调研分析发现，本科在读阶段来自不同省（自治区、直辖市）的样本学生在学习态度维度下的 4 个题项及该维度的整体作答上均未显示出具有统计学意义的显著性差异。

4. 职前阶段不同专业样本学生学习态度差异分析

当以所学专业对应学科（语文、数学、英语）作为因子时，职前两个阶段样本学生对学习态度维度作答结果的方差齐性检验结果均接受了方差相等的假设（见表 5-21），对应的单因素方差结果如表 5-22 所示。

表 5-21 职前两个阶段样本学生学习态度专业分组方差齐性检验

学业阶段	莱文统计	自由度1	自由度2	显著性
初入本科阶段	1.724	2	1013	0.179
本科在读阶段	1.047	2	901	0.352

表 5-22 职前两个阶段不同专业样本学生学习态度 ANOVA 分析

学业阶段	组别	平方和	自由度	均方	F	显著性
初入本科阶段	组间	9.014	2	4.507	16.988	0.000
	组内	268.763	1013	0.265	—	—
	总计	277.777	1015	—	—	—
本科在读阶段	组间	0.078	2	0.039	0.150	0.861
	组内	234.556	901	0.260	—	—
	总计	234.634	903	—	—	—

从表 5-22 可知，职前两个阶段就读于不同专业的样本学生中，本科在读阶段样本学生的作答结果未显示出显著性差异，而初入本科阶段的样本学生作答结果的单因素方差分析结果显著性为 0.000，小于 0.05，表明本阶段不同专业样本学生在学习态度上具有显著性差异，具体表现如表 5-23 所示。

表 5-23 初入本科阶段不同专业样本学生学习态度描述性分析

所学专业对应学科	个案数	平均值	标准差	标准误差	平均值的95%置信区间 下限	平均值的95%置信区间 上限	最小值	最大值
语文	343	4.09	0.494	0.027	4.04	4.14	2.25	5.00
数学	359	4.15	0.542	0.029	4.09	4.21	1.00	5.00
英语	314	3.92	0.506	0.029	3.87	3.98	1.50	5.00
总计	1016	4.06	0.523	0.016	4.03	4.09	1.00	5.00

从表 5-23 可见，初入本科阶段报考且就读于英语专业的样本学生在学习态度维度的整体作答均值相较低于就读于语文、数学对应学科的样本学生。其标准差居中，较语文学科对应专业样本学生的作答分布而言，英语专业更为离散；相较于数学专业而言，则呈集中趋势。本科在读阶段样本学生虽未有专业之间的显著性差异体现，但从历时视角来看，比较该阶段不同专业样本学生的作答均值，可初步探知不同学业阶段各专业样本学生的学习态度变化趋势（本科在读阶段不同专业样本学生作答的分布比

较见表 5-24）。

表 5-24 本科在读阶段不同专业样本学生学习态度描述性分析

所学专业对应学科	个案数	平均值	标准差	标准误差	平均值的95%置信区间 下限	平均值的95%置信区间 上限	最小值	最大值
语文	273	3.85	0.532	0.032	3.7828	3.9095	1.00	5.00
数学	358	3.86	0.495	0.026	3.8082	3.9111	2.25	5.00
英语	273	3.87	0.508	0.031	3.8094	3.9305	1.50	5.00
总计	904	3.86	0.510	0.017	3.8254	3.8920	1.00	5.00

从标准差来看，就读于英语专业的样本学生作答结果分布情况依然居中，但本阶段则为数学专业作答结果最为集中，语文学科对应专业样本学生作答结果则相对离散。从均值来看，本阶段各专业样本学生均值差异较小，相较之下英语专业作答均值最大，数学专业次之，语文学科对应专业则在三个专业中最低。结合初入本科阶段样本学生的作答均值的专业比较可知，在接受2年本科教育之后，各专业学习态度程度相当，且均呈积极态度。

二、职后阶段样本学生学习态度差异分析

本调研中职后阶段主要包括本科毕业且初入教育硕士研究生阶段、教育硕士研究生在读阶段、教育硕士毕业后阶段。

1. 职后阶段不同性别样本学生学习态度差异分析

当以性别作为分组变量时，职后三个阶段样本学生在学习态度维度的作答结果分布及独立样本t检验结果见表5-25和表5-26。

表 5-25 职后三个阶段样本学生学习态度性别分组统计

学业阶段	性别	个案数	平均值	标准差	标准误差平均值
本科毕业且初入教育硕士研究生阶段	男	92	3.93	0.561	0.059
本科毕业且初入教育硕士研究生阶段	女	729	3.92	0.509	0.019
教育硕士研究生在读阶段	男	124	3.96	0.590	0.053
教育硕士研究生在读阶段	女	746	3.91	0.505	0.019
教育硕士毕业后阶段	男	89	4.00	0.664	0.070
教育硕士毕业后阶段	女	401	4.05	0.520	0.026

表 5-26 职后三个阶段不同性别样本学生学习态度独立样本 t 检验

学业阶段	方差条件	方差方程的 Levene 检验		均值方差的 t 检验					差分的 95% 置信区间	
		F	Sig.	t	df	Sig.（双侧）	均值差值	标准误差差值	下限	上限
本科毕业且初入教育硕士研究生阶段	假设方差相等	2.018	0.156	0.156	819	0.876	0.009	0.057	-0.103	0.121
	假设方差不相等	—	—	0.145	110.725	0.885	0.009	0.061	-0.113	0.131
教育硕士研究生在读阶段	假设方差相等	0.735	0.392	1.078	868	0.281	0.054	0.050	-0.044	0.153
	假设方差不相等			0.966	154.454	0.336	0.054	0.056	-0.057	0.165
教育硕士毕业后阶段	假设方差相等	0.128	0.720	-0.781	488	0.435	-0.050	0.064	-0.177	0.076
	假设方差不相等			-0.669	113.103	0.505	-0.050	0.075	-0.199	0.098

结合表 5-25、表 5-26 可知，职后三个阶段男生、女生的学习态度均端正且积极，并且性别差异不大。本科毕业且初入教育硕士研究生阶段和教育硕士研究生在读阶段的样本学生中，男生的作答均值略高于女生；在教育硕士毕业后阶段，女生的作答均值则略高于男生。从独立样本 t 检验结果可知，虽然在不同职后阶段男生、女生的作答均值略有差异，但并未显示出具有统计学意义的显著性差异。

2. 职后阶段不同民族样本学生学习态度差异分析

当以民族为因子时，职后三个阶段样本学生在学习态度维度作答结果的方差齐性检验结果见表 5-27。

表 5-27 职后三个阶段样本学生学习态度民族分组方差齐性检验

学业阶段	莱文统计	自由度1	自由度2	显著性
本科毕业且初入教育硕士研究生阶段	1.128	12	799	0.334
教育硕士研究生在读阶段	0.496	13	850	0.928
教育硕士毕业后阶段	0.536	9	475	0.849

由表 5-27 可知，当以民族作为因子时，上述两个阶段样本学生的作答结果均接受了方差相等的假设，因此可进行单因素方差分析，分析结果见表 5-28。

表 5-28　职后三个阶段不同民族样本学生学习态度 ANOVA 分析

学业阶段	组别	平方和	自由度	均方	F	显著性
本科毕业且初入教育硕士研究生阶段	组间	3.710	21	0.177	0.661	0.873
	组内	213.598	799	0.267	—	—
	总计	217.308	820	—	—	—
教育硕士研究生在读阶段	组间	5.049	19	0.266	0.989	0.471
	组内	228.274	850	0.269	—	—
	总计	233.323	869	—	—	—
教育硕士毕业后阶段	组间	14.077	14	1.005	3.590	0.000
	组内	133.018	475	0.280	—	—
	总计	147.095	489	—	—	—

从表 5-28 中可见，在学习态度维度的作答结果上看，本科毕业且初入硕士研究生阶段和教育硕士研究生在读阶段中，不同民族的样本学生作答结果并无差异。在样本公费师范生完成了其本科和硕士研究生阶段的学习后，教育硕士毕业后阶段的样本学生中，不同民族的样本学生显现除了具有统计学意义的显著性差异（见表 5-29）。

表 5-29　教育硕士毕业后阶段不同民族样本学生学习态度描述性分析

民族	个案数	平均值	标准差	标准误差	平均值的95%置信区间 下限	平均值的95%置信区间 上限	最小值	最大值
汉族	424	4.06	0.533	0.026	4.01	4.11	1.00	5.00
蒙古族	9	3.78	0.384	0.128	3.48	4.07	3.25	4.50
回族	20	3.85	0.338	0.076	3.69	4.01	3.25	4.50
藏族	1	3.00	—	—	—	—	3.00	3.00
维吾尔族	1	5.00	—	—	—	—	5.00	5.00
苗族	6	3.96	0.843	0.344	3.07	4.84	2.50	5.00
彝族	2	3.88	0.530	0.375	−0.89	8.64	3.50	4.25
壮族	9	3.97	0.618	0.206	3.50	4.45	3.25	5.00
布依族	2	4.13	0.177	0.125	2.54	5.71	4.00	4.25
满族	5	4.20	0.481	0.215	3.60	4.80	3.75	5.00
侗族	3	4.50	0.433	0.250	3.42	5.58	4.00	4.75
土家族	5	4.15	0.602	0.269	3.40	4.90	3.50	5.00

续表

民族	个案数	平均值	标准差	标准误差	平均值的95%置信区间 下限	平均值的95%置信区间 上限	最小值	最大值
哈萨克族	1	3.50	—	—	—	—	3.50	3.50
土族	1	3.75	—	—	—	—	3.75	3.75
羌族	1	1.00	—	—	—	—	1.00	1.00
总计	490	4.04	0.548	0.025	3.99	4.09	1.00	5.00

由表5-29中的分组描述性分析来看，除了本阶段仅有1名样本学生的民族外，侗族、满族、土家族、布依族和汉族的样本学生作答均值均高于4.00，显示出了良好的学习态度；壮族、苗族、彝族、回族、蒙古族的样本学生作答均值虽小于4.00，但最小也在3.78，其学习态度也呈良好态势。在本阶段样本学生数量为1的民族中，作答差异较大，维吾尔族样本学生在本维度的4个题项中均选择了5（完全符合），而羌族样本学生则均选择了1（完全不符），在此主要澄明的是，此种状况下，样本学生的作答结果均代表其个人对于自身学习态度的认知，很难反映出该民族学生在此学业阶段所表现出的学习态度的对应程度。本阶段所显现出的显著性差异，可能受到类似样本量较少的民族样本学生作答结果的个体化选择影响。

3. 职后阶段不同任教学段样本学生学习态度差异分析

本调研中，职后三个阶段样本学生的任教学段主要分为：小学、初一、初二、初三、高一、高二、高三7个学段，当以现任教学段作为因子时，职后三个阶段样本学生在学习态度维度整体作答结果的方差齐性分析结果如表5-30所示。

表5-30 职后三个阶段样本学生学习态度任教学段分组方差齐性检验

学业阶段	莱文统计	自由度1	自由度2	显著性
本科毕业且初入教育硕士研究生阶段	0.921	6	814	0.479
教育硕士研究生在读阶段	2.605	6	863	0.017
教育硕士毕业后阶段	0.946	6	483	0.462

由表5-30可知，当以任教学段为因子时，职后三个阶段样本学生的作答结果中，本科毕业且初入教育硕士研究生阶段和教育硕士毕业后阶段的样本学生作答结果均接受了方差相等的假设，因此可进行单因素方差分析（分析结果见表5-31）。教育硕士

研究生在读阶段样本学生的作答结果则拒绝了这一假设，相应的非参数检验统计分析见表5-32和表5-33。

表5-31　职后两个阶段不同任教学段样本学生学习态度 ANOVA 分析

学业阶段	组别	平方和	自由度	均方	F	显著性
本科毕业且初入教育硕士研究生阶段	组间	1.851	6	0.308	1.165	0.323
	组内	215.457	814	0.265	—	—
	总计	217.308	820	—	—	—
教育硕士毕业后阶段	组间	1.014	6	0.169	0.559	0.763
	组内	146.081	483	0.302	—	—
	总计	147.095	489	—	—	—

表5-32　教育硕士研究生在读阶段不同专业样本学生项目动机四题项

克鲁斯卡尔－沃利斯检验秩

现任教学段	个案数	秩平均值
小学	111	425.84
初一	57	461.75
初二	128	425.88
初三	94	462.93
高一	133	426.35
高二	140	421.63
高三	207	442.21
总计	111	425.84

表5-33　教育硕士研究生在读阶段样本学生项目动机分析四题项专业分组

克鲁斯卡尔－沃利斯检验统计

卡方	2.977
自由度	6
渐近显著性	0.812

注：分组变量：现任教学段。

从表5-31至表5-33中的差异检验分析结果可知，职后三个阶段的样本学生虽然在完成本科学业后从事了自小学到高中的不同学段、不同年级的学科教育教学工作，但其在学习态度方面并未显现出具显著性的任教学段差异。

4. 职后阶段不同任教学科样本学生学习态度差异分析

从职前两个阶段的专业分组差异分析来看，初入本科阶段的样本学生在学习态度方面表现出了显著性差异，因此研究面向职后三个阶段，以其现任教学科为因子时，对应的方差齐性检验结果见表 5-34。

表 5-34 职后三个阶段样本学生学习态度任教学科分组方差齐性检验

学业阶段	莱文统计	自由度1	自由度2	显著性
本科毕业且初入教育硕士研究生阶段	1.515	3	817	0.209
教育硕士研究生在读阶段	0.406	3	866	0.749
教育硕士毕业后阶段	0.712	3	486	0.545

由表 5-30 可知，当以任教学段为因子时，职后三个阶段样本学生的作答结果均接受了方差相等的假设，相应的单因素方差分析结果见表 5-35。

表 5-35 职后三个阶段不同任教学科样本学生学习态度 ANOVA 分析

学业阶段	组别	平方和	自由度	均方	F	显著性
本科毕业且初入教育硕士研究生阶段	组间	4.070	3	1.357	5.198	0.001
	组内	213.238	817	0.261	—	—
	总计	217.308	820	—	—	—
教育硕士研究生在读阶段	组间	1.005	3	0.335	1.249	0.291
	组内	232.318	866	0.268	—	—
	总计	233.323	869	—	—	—
教育硕士毕业后阶段	组间	0.150	3	0.050	0.165	0.920
	组内	146.945	486	0.302	—	—
	总计	147.095	489	—	—	—

由表 5-35 可知，本科毕业且初入教育硕士研究生阶段任教于不同学科的样本学生在学习态度维度的作答结果表现出了显著性差异（具体表现见表 5-36）；教育硕士研究生在读和教育硕士毕业后两个阶段的样本学生则在学习态度上未显示出具有显著性的任教学科差异。

表 5-36　本科毕业且初入教育硕士研究生阶段不同任教学科样本学生学习态度描述性分析

现任教学科	个案数	平均值	标准差	标准误差	平均值的95%置信区间 下限	平均值的95%置信区间 上限	最小值	最大值
语文	268	3.83	0.502	0.031	3.77	3.89	1.75	5.00
数学	335	3.98	0.528	0.029	3.92	4.04	2.25	5.00
英语	213	3.94	0.488	0.033	3.87	4.00	1.00	5.00
其他	5	4.25	0.750	0.335	3.32	5.18	3.25	5.00
总计	821	3.92	0.515	0.018	3.89	3.96	1.00	5.00

从表 5-36 中的描述性统计分析结果可见，在学习态度维度的整体作答上，从事非本专业对应学科教育教学工作的样本学生作答均值最大，表明学习态度最为积极；本阶段任教于数学、英语学科的样本学生学习态度积极程度居中；相较之下，从事语文学科教育教学工作本科毕业且初入教育硕士研究生阶段的样本学生作答均值较低，但其均值为 3.83，表明其学习态度积极、端正，仅是在学科间的对比中，低于本阶段其他学科从教的样本学生。从上述数据分布特征可推知，本科毕业后，因为种种原因未能从事自身本科阶段所学专业对应学科教育教学工作的样本公费师范生学习态度的正向表现程度最高，可能是由于专业与工作不完全对称的情况更大程度地激发了学生的学习积极性。

第 6 章 公费师范生职前职后的教学创新意识与行为

教学创新是提升教学成效的关键要素之一，了解公费师范生在不同阶段教学创新及教学创新能力发展，有助于更具针对性地为师范教育培养提供现实路标。研究对未就业阶段的公费师范生主要进行了教学创新意识的调查，对已就业的样本学生则对其教学创新意识及教学创新行为进行了探查。

第一节 样本学生教学创新意识及教学创新行为描述性统计分析

一、职前阶段公费师范生教学创新意识分析

公费师范教育中，着重师范生的教学创新意识培养，为基础教育输入具有创新精神和探索意识的新鲜血液，对基础教育阶段教师的自我效能具有前瞻意义。本研究对本科两个阶段的公费师范生教学创新意识进行了调研，现将具体情况简析如下。

面向本科阶段公费师范生关于教学创新意识的调研共 6 个题项，样本学生的作答结果描述统计量如表 6-1 所示。

表 6-1 职前两个阶段样本对象教学创新意识分析描述统计量

学业阶段	题项	N	极小值	极大值	均值	标准差
初入本科阶段	不断尝试新的教学方法有利于教师提高教学能力	1016	1	5	4.35	0.68
	教师尝试新的教学方法能够调动学生的学习兴趣	1016	1	5	4.34	0.67
	教师应该引导学生们进行自我评价	1016	1	5	4.31	0.58
	教师应该引导学生在学习过程中发现问题	1016	1	5	4.43	0.55

续表

学业阶段	题项	N	极小值	极大值	均值	标准差
初入本科阶段	教师应该用提问的方式启发和引导学生	1016	1	5	4.23	0.66
	教师应该培养学生批判性思维能力	1016	1	5	4.47	0.56
	小 计	1016	1	5	4.36	—
本科在读阶段	不断尝试新的教学方法有利于教师提高教学能力	904	1	5	4.25	0.63
	教师尝试新的教学方法能够调动学生的学习兴趣	904	1	5	4.27	0.65
	教师应该引导学生们进行自我评价	904	1	5	4.26	0.56
	教师应该引导学生在学习过程中发现问题	904	1	5	4.29	0.56
	教师应该用提问的方式启发和引导学生	904	1	5	4.22	0.58
	教师应该培养学生批判性思维能力	904	1	5	4.34	0.56
	小 计	904	1	5	4.27	—

在以上6个题项的作答中，初入本科阶段样本学生与本科在读阶段样本学生的作答情况差异不大。整体而言，两个阶段的样本学生都有较强的教学创新意识，其中初入本科阶段的公费师范生作答结果整体均值高于本科在读阶段（$\bar{x}_{初入本科}$=4.36，$\bar{x}_{本科在读}$=4.27）。

就具体题项而言，两个阶段样本学生对题项"教师应该培养学生批判性思维能力"的作答均值均为最高（$\bar{x}_{初入本科}$=4.47，$\bar{x}_{本科在读}$=4.34），表明本科阶段的公费师范生在具体教学中培养学生的批判性思维的意识强烈。随着近年来课程改革的不断推进，学生的思维塑造与过程性培养愈发得到研究者、教育者的重视。区别于传统的知识传授、技能训练，对学生思维的培养是当前教育教学中的核心元素之一，本科阶段的公费师范生对这一点认识深刻、意识强烈，可在一定程度上表明其具有较强的教学创新意识。为探知在就业之后，公费师范生的教学意识的变化与教学创新能力的发展如何，本研究对本科毕业后、硕士在读及硕士毕业后三个阶段的样本学生进行了调研。

二、职后阶段公费师范生教学创新意识分析

对于已就业的公费师范生，本研究主要调研了样本学生在被赋予教师这一职业身份后对于教学创新的认识状况。研究在已就业的三个阶段均设置了2个题项进行研究，

作答结果的表述统计量如表 6-2 所示。

表 6-2 职后三个阶段样本对象教学创新意识分析描述统计量

学业阶段	题项	N	极小值	极大值	均值	标准差
本科毕业且初入教育硕士研究生阶段	不断尝试新的教学方法有利于教师提高教学能力	821	1	5	4.23	0.68
	教师尝试新的教学方法能够调动学生的学习兴趣	821	1	5	4.25	0.61
	小计	821	1	5	4.24	—
教育硕士研究生在读阶段	不断尝试新的教学方法有利于教师提高教学能力	870	1	5	4.21	0.67
	教师尝试新的教学方法能够调动学生的学习兴趣	870	1	5	4.24	0.60
	小计	870	1	5	4.23	—
教育硕士毕业后阶段	不断尝试新的教学方法有利于教师提高教学能力	490	1	5	4.29	0.76
	教师尝试新的教学方法能够调动学生的学习兴趣	490	1	5	4.26	0.68
	小计	490	1	5	4.28	—

如表 6-2 所示，本科毕业且初入教育硕士研究生学习阶段的公费师范生与教育硕士在读阶段的公费师范生在教学创新意识方面程度相当（$\bar{x}_{初入硕士}$=4.24，$\bar{x}_{硕士在读}$=4.23），硕士毕业后阶段样本学生在教学创新意识方面略高于其他两个阶段。公费师范生在完成了本科阶段和硕士阶段教育培养，立足个人的教学行为后，愈能发掘教学创新的重要意义。由此可见，在公费师范教育的环节中，教育实习可能成为激发学生教学创新的意识的现实路径。

具体的公费师范生教育环节中，通过知识传授、技能提升等不同角度的培养，激发学生的创新意识，并引导学生掌握相应的教学创新方法。同时，在教育实习阶段或教育硕士研究生在读阶段加强对学生教育教学的指导，让其教学创新植根于充足的知识积累，生发于丰沃的教学实践。

三、职后阶段公费师范生教学创新行为分析

在教学创新意识的基础上，研究对已就业三个阶段的样本学生的教学创新行为进

行调研，以了解其教学创新的具体实践情况。

表 6-3 职后三个阶段样本对象教学创新行为分析描述统计量

阶段	题项	N	极小值	极大值	均值	标准差
本科毕业且初入教育硕士研究生阶段	我能够引导学生们进行自我评价	821	1	5	3.80	0.71
	我能够引导学生在学习过程中发现问题	821	1	5	3.98	.63
	我能够组织学生小组合作学习	821	1	5	4.00	0.67
	我能够用提问的方式启发和引导学生	821	1	5	4.11	0.57
	我能够培养学生批判性思维能力	821	1	5	3.90	0.71
	小计	821	1	5	3.96	—
教育硕士研究生在读阶段	我能够引导学生们进行自我评价	870	1	5	3.79	0.73
	我能够引导学生在学习过程中发现问题	870	1	5	3.98	0.62
	我能够组织学生小组合作学习	870	1	5	4.00	0.65
	我能够用提问的方式启发和引导学生	870	1	5	4.09	0.61
	我能够培养学生批判性思维能力	870	1	5	3.92	0.69
	小计	870	1	5	3.96	—
教育硕士毕业后阶段	我能够引导学生们进行自我评价	490	1	5	3.85	0.73
	我能够引导学生在学习过程中发现问题	490	1	5	4.07	0.59
	我能够组织学生小组合作学习	490	1	5	4.09	0.67
	我能够用提问的方式启发和引导学生	490	1	5	4.19	0.60
	我能够培养学生批判性思维能力	490	1	5	3.99	0.68
	小计	490	1	5	4.04	—

如表 6-3 所示，本科毕业且初入教育硕士研究生阶段的样本学生对教学创新行为相关题项的作答结果均值与教育硕士研究生在读阶段的样本学生均值相等（$\bar{x}_{初入硕士}=\bar{x}_{硕士在读}=3.96$）；相较之下，教育硕士毕业后阶段的公费师范生具有更强的教学创新实践行为成效（$\bar{x}_{硕士毕业}=4.04$）。对于硕士研究生在读的两个阶段的公费师范生，硕士毕业后阶段的公费师范生具有更为丰富的教学实践经验，对学生的学习过程、评价过程、能力培养等多方面的引导成效更为显著。

对比各阶段在此监测维度下对具体题项的作答可知（见表 6-3），在调研涉及的三个阶段样本学生的作答结果中，各阶段学生作答题项结果均值最高的题项均为"我能够用提问的方式启发和引导学生"，均值最低的题项为"我能够引导学生们进行自我评价"。由此可知，课堂提问及类似方式在具体的教育教学实践中，可操作性及普适性均较强；然而，引导学生进行相对客观的自我评价则在教学行为中有一定的实践难度。结合教育教学相关研究成果，研究者在课堂提问、师生课堂话语互动、课堂用语、课堂话轮转换等方面成果颇丰，但在学生自我评价、评估引导等方面的研究还有待加强，以此为教育教学实践、师范生培养等提供理论借鉴，定位实践路向。

第二节 职后阶段样本学生教学创新意识与教学创新行为关系分析

一、职后阶段样本学生教学创新意识与教学创新行为相关性分析

为了解已就业阶段样本学生教学创新意识与教学创新行为的关系，为公费师范教育中学生教学创新能力提升提供更为细化的切入路径，研究以数理统计分析对已就业三个阶段的样本学生的教学创新意识相关题项作答结果与教学创新行为监测维度的作答结果进行相关性分析（correlation analysis），分析结果如表6-4和表6-5所示。

表6-4 职后三个阶段样本对象创新意识与创新行为相关分析描述统计量

维度	均值	标准差	N
教学创新意识	4.24	0.57	2126
教学创新行为	3.97	0.53	2123

由表6-4可见，教学创新意识这一监测维度下的题项均值明显高于教学创新行为维度（$\bar{x}_{教学创新意识}=4.24$，$\bar{x}_{教学创新能力}=3.97$），可见，虽然公费师范生具有较高的教学创新意识，但在具体的教学实践中，创新型教学行为的实践仍受诸多要素阻碍。因此，明确教学创新意识与教学创新行为之间的关系，并在此基础上梳理教学意识转化为教学行为的流程及要素，成为公费师范生教学创新实践催化的重要路径。

表6-5 职后三个阶段样本对象创新意识与创新行为相关性分析

维度	统计量	教学创新意识	教学创新行为
教学创新意识	Pearson 相关性	1	0.591**
	显著性（双侧）	—	0.000
	N	2126	2071

续表

维度	统计量	教学创新意识	教学创新行为
教学创新行为	Pearson 相关性	0.591	1
	显著性（双侧）	0.000	—
	N	2071	2123

注：**. 在 0.01 水平（双侧）上显著相关。

研究已就业三个阶段的样本对象的教学创新意识与教学创新行为两个维度作答结果数据计算 Pearson 相关系数（Pearson Correlation Coefficient），衡量两个变量间的线性关系（相关性分析数据结果见表 6-5）。由相关性分析可见，公费师范生的教学创新意识与教学创新行为具有统计意义上的显著相关（R=0.591，P=0.000 且 P<0.01），由此可推算出样本公费师范生的教学创新意识与教学创新行为两变量之间的相关关系的判定系数 R^2 为 0.349，因此，虽然教学创新意识与行为显著相关，但其相关性不强，表明影响公费师范生将个体的教学创新意识转化为教学创新行为的过程中，仍有诸多其他影响因素。为深入探索两个要素之间是否存在相互的依赖关系，研究对调查对象阶段的公费师范生的教学创新意识和教学创新行为作答结果进行了回归分析。

二、职后阶段公费师范生教学创新意识与教学创新行为回归分析

教学创新意识和教学创新行为两个变量相关关系的确定，为拟合两个变量间的线性回归方程提供了可能，分析中假设教学创新意识为自变量，教学创新行为为因变量，可得到两个要素的线性回归分析（linear regression）结果如表 6-6 至表 6-9 所示。

表 6-6　教学创新意识与教学创新行为回归分析输入/移去的变量

输入的变量	移去的变量	方法
教学创新意识	—	输入

注：因变量：教学创新行为。

表 6-7　教学创新意识与教学创新行为回归分析模型汇总

R	R 方	调整 R 方	标准估计的误差
0.591①	0.349	0.349	0.428761

①预测变量：(常量)，教学创新意识。

表6-8　教学创新意识与教学创新行为回归分析 Anova[①][②]

模型	平方和	df	均方	F	Sig.
回归	203.825	1	203.825	1108.735	0.000
残差	380.357	2069	0.184	—	—
总计	584.182	2070	—	—	—

①预测变量：(常量)，教学创新意识。

②因变量：教学创新行为。

表6-9　教学创新意识与教学创新行为回归分析系数

模型	非标准化系数 B	标准误差	标准系数 试用版	t	Sig.	B 的95.0%置信区间 下限	上限	相关性 零阶	偏	部分	共线性统计量 容差	VIF
(常量)	1.610	0.071	—	22.535	0.000	1.470	1.751	—	—	—	—	—
教学创新意识	0.556	0.017	0.591	33.298	0.000	0.524	0.591	0.591	0.591	0.591	1.000	1.000

注：因变量：教学创新行为。

如表6-7所示，在教学创新意识与教学创新行为线性回归分析的模型汇总中，R方（R^2）等于0.349，表示对公费师范生群体而言，其教学创新意识对教学创新行为具有34.9%的预测效力。从表6-8可知，在回归分析的方差分析中，P小于0.05（P=0.000）且F=1108.735，表明整体回归模型具有显著的统计意义，公费师范生的教学创新意识与教学创新行为之间的线性回归关系具有统计模型效力。结合对两个变量之间回归分析系数的剖析（如表6-9所示），就教学创新意识与教学创新行为所建构的回归模型方程中，非标准化系数为0.556，从标准化系数来看，教学创新意识对教学创新行为的影响较大（Bate=0.591）；此外，从回归分析中的t检验结果可知，对于样本个体而言，其教学创新意识对教学创新行为的影响显著（P=0.000）；回归分子中共线性指标小于5（VIF=1.000），因此本回归模型中不存在共线性问题。在确认公费师范生的教学创新意识与教学创新行为间的相关关系、回归模型后，后续研究中可深入挖掘相关因素，建构教学创新的意识—行为转化的多维过程性模型，对提升公费师范生培养的成效具有现实意义。

第三节　样本学生教学创新意识及教学创新行为差异分析

对于教学创新意识和教学创新行为维度的分析，本调查研究根据样本学生所处的学业阶段特征，主要面向职前两个阶段（初入本科阶段和本科在读阶段）的样本学生展开有关教学创新意识方面的调查研究，面向职后三个阶段的样本学生则既分析其教学创新意识，也分析其教学创新行为表现方面的差异。

一、职前阶段样本学生教学创新意识差异分析

1. 职前阶段不同性别样本学生教学创新意识差异分析

表6-10　职前两个阶段样本学生教学创新意识性别分组统计

学业/职业阶段	性别	个案数	平均值	标准差	标准误差平均值
初入本科阶段	男	152	4.34	0.480	0.039
	女	864	4.36	0.452	0.015
本科在读阶段	男	138	4.24	0.462	0.039
	女	766	4.28	0.446	0.016

表6-11　职前两个阶段不同性别样本学生教学创新意识独立样本t检验

学业阶段	方差条件	方差方程的Levene检验 F	Sig.	均值方差的t检验 t	df	Sig.（双侧）	均值差值	标准误差差值	差分的95%置信区间 下限	上限
初入本科阶段	假设方差相等	1.495	0.222	-0.392	1014	0.695	-0.016	0.040	-0.095	0.063
	假设方差不相等	—	—	-0.376	200.997	0.707	-0.016	0.042	-0.098	0.067
本科在读阶段	假设方差相等	0.102	0.749	-1.066	902	0.287	-0.044	0.041	-0.126	0.037
	假设方差不相等	—	—	-1.039	185.872	0.300	-0.044	0.043	-0.128	0.040

由表6-10可以看出，无论是在初入本科阶段还是本科在读阶段，样本学生中女生对此维度作答结果的均值均略高于男生，但结合表6-11中的独立样本t检验结果可知：职前两个阶段样本学生在教学创新意识方面的作答并无显著性差异。

2. 职前阶段不同民族样本学生教学创新意识差异分析

表6-12 职前两个阶段样本学生教学创新意识民族分组方差齐性检验

维度	学业阶段	莱文统计	自由度1	自由度2	显著性
教学创新意识	初入本科阶段	1.061①	16	994	0.389
	本科在读阶段	1.746②	18	879	0.028

①在针对"教学创新意识"计算方差齐性检验时，将忽略只有一个个案的组。

②在针对"教学创新意识"计算方差齐性检验时，将忽略只有一个个案的组。

由表6-12可知，当以民族为因子时，初入本科阶段的作答结果接受了方差相等的假设，相应的单因素方差分析结果见表6-13。而本科在读阶段样本学生对于教学创新意识维度的作答结果则不符合方差齐性一致的要求，对应的非参数检验结果见表6-14、表6-15。

表6-13 初入本科阶段不同民族样本学生教学创新意识ANOVA分析

分组	平方和	自由度	均方	F	显著性
组间	4.314	21	0.205	0.986	0.479
组内	207.184	994	0.208	—	—
总计	211.498	1015	—	—	—

表6-14 本科在读阶段不同民族样本学生教学创新意识克鲁斯卡尔-沃利斯检验秩

民族	个案数	秩平均值	民族	个案数	秩平均值
汉族	724	453.01	土家族	19	485.63
蒙古族	16	441.56	哈萨克族	2	266.50
回族	45	445.12	傣族	1	266.50
藏族	17	415.82	黎族	1	101.00
维吾尔族	16	416.25	水族	1	266.50
苗族	13	476.69	东乡族	4	394.00
彝族	5	584.00	土族	5	634.50
壮族	8	458.31	羌族	1	266.50
布依族	2	679.50	撒拉族	2	645.75
满族	3	360.33	仡佬族	4	383.38
侗族	6	268.00	塔吉克族	1	854.50

续表

民族	个案数	秩平均值	民族	个案数	秩平均值
瑶族	2	266.50	门巴族	1	854.50
白族	5	589.10	总计	904	—

表 6-15 本科在读阶段样本学生教学创新意识分析民族分组克鲁斯卡尔–沃利斯检验统计

卡方	23.380
自由度	24
渐近显著性	0.497

注：分组变量：民族。

由表 6-13、表 6-14、表 6-15 中的差异分析结果可知，不同民族初入本科阶段和本科在读阶段的样本学生在教学创新意识方面未体现出具有统计学意义的显著性差异。

3. 职前阶段不同生源地样本学生教学创新意识差异分析

当以生源省（自治区、直辖市）为因子时，职前两个阶段样本学生在教学创新意识维度的作答结果的方差齐性检验结果如表 6-16 所示。

表 6-16 职前两个阶段样本学生教学创新意识生源地分组方差齐性检验

学业阶段	莱文统计	自由度1	自由度2	显著性
初入本科阶段	1.207	26	988	0.219
本科在读阶段	1.329	27	876	0.123

由表 6-16 可知，当以生源地为因子时，职前两个阶段样本学生在教学创新意识维度上的作答结果均符合方差齐性一致的要求，对应的单因素方差分析结果见表 6-17。

表 6-17 职前两个阶段不同生源地样本学生教学创新意识 ANOVA 分析

学业阶段	组别	平方和	自由度	均方	F	显著性
初入本科阶段	组间	7.713	27	0.286	1.385	0.092
	组内	203.785	988	0.206	—	—
	总计	211.498	1015	—	—	—
本科在读阶段	组间	7.287	27	0.270	1.357	0.107
	组内	174.211	876	0.199	—	—
	总计	181.498	903	—	—	—

如表 6-17 所示，以生源地为因子，初入本科阶段样本学生和本科在读阶段样本学

生在教学创新意识维度的作答结果的单因素方差分析结果显著性均大于0.05，表明职前阶段不同生源地样本学生在教学创新意识的表现程度上并无差异。

4. 职前阶段不同专业样本学生教学创新意识差异分析

当以就读专业对应学科为因子时，职前两个阶段样本学生在教学创新意识维度整体作答结果的方差齐性检验结果如表6–18所示。

表6–18　职前两个阶段样本学生教学创新意识专业分组方差齐性检验

学业阶段	莱文统计	自由度1	自由度2	显著性
初入本科阶段	1.245	2	1013	0.288
本科在读阶段	1.985	2	901	0.138

由表6–18可知，当以专业为因子时，职前两个阶段样本学生的作答结果均接受了方差相等的假设，相应的单因素方差分析结果见表6–19。

表6–19　职前两个阶段不同专业样本学生教学创新意识ANOVA分析

学业阶段	组别	平方和	自由度	均方	F	显著性
初入本科阶段	组间	0.721	2	0.360	1.731	0.178
	组内	210.777	1013	0.208	—	—
	总计	211.498	1015	—	—	—
本科在读阶段	组间	1.554	2	0.777	3.890	0.021
	组内	179.945	901	0.200	—	—
	总计	181.498	903	—	—	—

由表6–19可知，初入本科阶段就读于不同专业的样本学生在教学创新意识维度的作答上未显示出显著性差异。本科在读阶段不同专业的样本学生则在教学创新意识上存在具有统计学意义的显著性差异。

表6–20　本科在读阶段不同专业样本学生教学创新意识描述性分析

专业	个案数	平均值	标准差	标准误差	平均值的95%置信区间 下限	平均值的95%置信区间 上限	最小值	最大值
语文	273	4.25	0.503	0.030	4.188	4.307	1.00	5.00
数学	358	4.25	0.419	0.022	4.203	4.291	3.00	5.00
英语	273	4.34	0.423	0.026	4.287	4.388	2.71	5.00
总计	904	4.27	0.448	0.015	4.245	4.304	1.00	5.00

由表 6-20 的分组描述性统计分析结果可知,从均值看,本科在读阶段样本学生中,就读于英语专业的样本学生在教学创新意识方面的作答均值明显高于语文、数学学科对应专业。从标准差来看,数学专业样本学生的分布最为集中,英语专业样本学生作答结果分布情况居中,语文学科对应专业就读样本学生的作答结果分布最为离散,表明虽然语文学科对应专业样本学生与数学专业样本学生作答均值相等,但数学专业样本学生的个体作答结果与均值差异更小。

二、职后阶段样本学生教学创新意识差异分析

对于职后三个阶段样本学生,研究在教学创新方面主要从意识和行为表现两个方面切入,在此先从教学创新意识维度予以探讨。需要说明的是,因为职前、职后不同学业阶段的样本学生体现着在教育行业的不同职业阶段,因此本调查研究中职前阶段与职后阶段的题项设置并不相同。

1. 职后阶段不同性别样本学生教学创新意识差异分析

当以性别作为分组变量时,职后三个阶段样本学生样本在教学创新意识维度的作答结果的独立样本t检验结果如表 6-21、表 6-22 所示。

表 6-21 职前两阶段样本学生教学创新意识性别分组统计

学业阶段	性别	个案数	平均值	标准差	标准误差平均值
本科毕业且初入教育硕士研究生阶段	男	92	4.23	0.527	0.055
	女	729	4.24	0.555	0.021
教育硕士研究生在读阶段	男	124	4.20	0.614	0.055
	女	746	4.22	0.531	0.019
教育硕士毕业后阶段	男	89	4.13	0.874	0.093
	女	401	4.31	0.574	0.029

从性别分组统计结果可知,在本科毕业且初入教育硕士研究生阶段和教育硕士研究生在读阶段样本学生中,女生的教学创新意识略强于男生,但整体水平相当。到教育硕士毕业后阶段,男生、女生之间在教学创新意识方面差距逐渐扩大,女生相对具有较强的创新意识。

表 6-22　职前两个阶段不同性别样本学生教学创新意识独立样本 t 检验

学业阶段	方差条件	方差方程的Levene检验		均值方差的t检验					差分的95%置信区间	
		F	Sig.	t	df	Sig.（双侧）	均值差值	标准误差差值	下限	上限
本科毕业且初入教育硕士研究生阶段	假设方差相等	0.087	0.769	-0.160	819	0.873	-0.010	0.061	-0.130	0.110
	假设方差不相等	—	—	-0.167	117.995	0.868	-0.010	0.059	-0.126	0.106
教育硕士研究生在读阶段	假设方差相等	1.405	0.236	-0.575	868	0.565	-0.030	0.053	-0.134	0.073
	假设方差不相等	—	—	-0.518	155.012	0.605	-0.030	0.058	-0.146	0.085
教育硕士毕业后阶段	假设方差相等	10.062	0.002	-2.389	488	0.017	-0.179	0.075	-0.326	-0.032
	假设方差不相等	—	—	-1.843	105.420	0.068	-0.179	0.097	-0.371	0.014

结合表 6-22 中独立样本 t 检验结果可知，虽然职后三个阶段，男生、女生在教学创新意识方面的作答均值略有差异，但从统计学的数理逻辑上讲，职后三个阶段样本学生在教学创新意识方面并无显著性差异。

2. 职后阶段不同民族样本学生教学创新意识差异分析

当以民族为因子时，职后三个阶段样本学生对于教学创新意识维度作答的方差齐性检验结果见表 6-23。

表 6-23　职后三个阶段样本学生教学创新意识民族分组方差齐性检验

学业阶段	莱文统计	自由度1	自由度2	显著性
本科毕业且初入教育硕士研究生阶段	1.436	12	799	0.144
教育硕士研究生在读阶段	1.003	13	850	0.446
教育硕士毕业后阶段	0.706	9	475	0.703

由表 6-23 可知，其作答结果均符合方差齐性的一致性要求，对应的单因素方差分析结果见表 6-24。

表 6-24 职后三个阶段不同民族样本学生教学创新意识 ANOVA 分析

学业阶段	组别	平方和	自由度	均方	F	显著性
本科毕业且初入教育硕士研究生阶段	组间	7.709	21	0.367	1.214	0.230
	组内	241.556	799	0.302	—	—
	总计	249.265	820	—	—	—
教育硕士研究生在读阶段	组间	7.197	19	0.379	1.293	0.179
	组内	249.070	850	0.293	—	—
	总计	256.267	869	—	—	—
教育硕士毕业后阶段	组间	16.306	14	1.165	2.991	0.000
	组内	185.000	475	0.389	—	—
	总计	201.306	489	—	—	—

由表 6-24 可知，本科毕业且初入教育硕士研究生阶段和教育硕士研究生在读阶段不同民族的样本学生在教学创新意识维度的作答中未体现出显著性差异；教育硕士毕业后阶段的样本学生中，不同民族学生则表现出了具有统计学意义的显著性差异（见表 6-25）。

表 6-25 教育硕士毕业后阶段不同民族样本学生教学创新意识描述性分析

民族	个案数	平均值	标准差	标准误差	平均值的95%置信区间 下限	平均值的95%置信区间 上限	最小值	最大值
汉族	424	4.29	0.622	0.030	4.234	4.353	1.00	5.00
蒙古族	9	4.06	0.527	0.176	3.650	4.461	3.00	4.50
回族	20	4.08	0.591	0.132	3.798	4.352	3.00	5.00
藏族	1	3.50	—	—	—	—	3.50	3.50
维吾尔族	1	4.50	—	—	—	—	4.50	4.50
苗族	6	4.33	0.606	0.247	3.698	4.969	3.50	5.00
彝族	2	3.25	1.061	0.750	-6.280	12.780	2.50	4.00
壮族	9	4.39	0.858	0.286	3.729	5.048	3.00	5.00
布依族	2	4.50	0.707	0.500	-1.853	10.853	4.00	5.00

续表

民族	个案数	平均值	标准差	标准误差	平均值的95%置信区间 下限	平均值的95%置信区间 上限	最小值	最大值
满族	5	4.70	0.447	0.200	4.145	5.255	4.00	5.00
侗族	3	4.50	0.500	0.289	3.258	5.742	4.00	5.00
土家族	5	4.30	0.671	0.300	3.467	5.133	3.50	5.00
哈萨克族	1	4.00	—	—	—	—	4.00	4.00
土族	1	4.00	—	—	—	—	4.00	4.00
羌族	1	1.00	—	—	—	—	1.00	1.00
总计	490	4.28	0.642	0.029	4.219	4.332	1.00	5.00

从表6-25可知，除了藏族、彝族、羌族的样本学生外，本阶段的其他12个民族的样本学生在次维度的作答均值均等于或大于4.00，表明其具有较强的教学创新意识。藏族和彝族的样本学生作答均值分别为3.50和3.25，亦为积极趋势的作答，羌族学生作答结果为1.00。考虑到本阶段调研中相当一部分民族的样本学生人数较少，其作答结果在本次调研中很大程度上影响了该民族样本学生的作答均值，因此研究不将其个体化的作答结果作为该民族样本学生作答的水平予以考虑。

此外，研究还先后以任教学段和现任教学科作为分组变量对职后阶段样本学生的教学创新意识进行分析，结果显示就职于不同学段、承担不同科目教学工作的样本学生在教学创新意识方面均未体现出明显的差异。

三、职后阶段样本学生教学创新行为差异分析

对于教学创新行为的差异分析，研究主要从性别、民族、任教学段和任教学科四个方面切入，分析发现职后三个阶段不同性别和任教于不同学段的样本学生在教学创新行为表现方面均无显著性差异。在此主要呈现当分组变量分别是民族和任教学科时，职后阶段样本学生对于教学创新维度题项作分结果是否存在差异表现。

1. 职后阶段不同民族样本学生教学创新行为分析

当以民族作为分组变量时，职后三个阶段样本学生对于教学创新维度作答结果的

方差齐性检验结果如表 6-26 所示，方差分析结果如表 6-27 所示。

表 6-26 职后三个阶段样本学生教学创新行为民族分组方差齐性检验

学业阶段	莱文统计	自由度1	自由度2	显著性
本科毕业且初入教育硕士研究生接受	0.354	12	799	0.978
教育硕士研究生在读阶段	0.720	13	850	0.744
教育硕士毕业后阶段	0.441	9	475	0.913

表 6-27 职后三个阶段不同民族样本学生教学创新行为 ANOVA 分析

学业阶段	组别	平方和	自由度	均方	F	显著性
本科毕业且初入教育硕士研究生阶段	组间	3.638	21	0.173	0.693	0.843
	组内	199.849	799	0.250	—	—
	总计	203.486	820	—	—	—
教育硕士研究生在读阶段	组间	6.053	19	0.319	1.232	0.224
	组内	219.876	850	0.259	—	—
	总计	225.929	869	—	—	—
教育硕士毕业后阶段	组间	13.270	14	0.948	3.860	0.000
	组内	116.637	475	0.246	—	—
	总计	129.907	489	—	—	—

从表 6-27 可知，本科毕业且初入教育硕士研究生阶段和教育硕士在读阶段的不同民族样本学生在教学创新行为表现方面并无显著性差异，而教育硕士毕业后阶段，则表现出了显著的民族差异（见表 6-28）。

表 6-28 教育硕士毕业后阶段不同民族样本学生教学创新行为描述性分析

民族	个案数	平均值	标准差	标准误差	平均值的95%置信区间 下限	平均值的95%置信区间 上限	最小值	最大值
汉族	424	4.09	0.500	0.024	4.039	4.134	1.00	5.00
蒙古族	9	4.04	0.298	0.099	3.808	4.266	3.67	4.67
回族	20	3.97	0.388	0.087	3.785	4.148	3.17	4.83
藏族	1	3.67	—	—	—	—	3.67	3.67
维吾尔族	1	4.50	—	—	—	—	4.50	4.50
苗族	6	4.28	0.455	0.186	3.800	4.756	3.83	4.83

续表

民族	个案数	平均值	标准差	标准误差	平均值的95%置信区间 下限	平均值的95%置信区间 上限	最小值	最大值
彝族	2	3.25	0.825	0.583	-4.162	10.662	2.67	3.83
壮族	9	3.85	0.637	0.212	3.362	4.342	2.50	5.00
布依族	2	3.83	0.236	0.167	1.716	5.951	3.67	4.00
满族	5	4.37	0.532	0.238	3.706	5.028	3.67	5.00
侗族	3	4.17	0.577	0.333	2.732	5.601	3.50	4.50
土家族	5	4.37	0.415	0.186	3.851	4.882	4.00	5.00
哈萨克族	1	3.83	—	—	—	—	3.83	3.83
土族	1	3.83	—	—	—	—	3.83	3.83
羌族	1	1.00	—	—	—	—	1.00	1.00
总计	490	4.07	0.515	0.023	4.027	4.119	1.00	5.00

由表6-28可知，本阶段样本学生中，藏族、维吾尔族、哈萨克族、土族、羌族均仅有1名样本学生，其作答结果很大程度上仅体现该样本学生的个人选择与个体表现。此外的10个民族中，汉族、蒙古族、苗族、满足、侗族和土家族的样本学生作答均值均为4.00及以上，表明其教学创新行为表现良好。回族、彝族、壮族和布依族的样本学生作答均值在4.00以下，但回族、壮族和布依族样本学生的作答均值均在3.80以上，也显示出了较为明显的教学创新方面积极的行为表现。相较之下，彝族样本学生作答均值较低（3.25），这一结果也可能受到其样本学生数量较少的影响。

2. 职后阶段不同任教学科样本学生教学创新行为差异分析

当以任教学科为分组变量时，职后三个阶段样本学生对于教学创新维度作答结果的方差齐性检验结果如表6-29所示，方差分析结果如表6-30所示。

表6-29 职后三个阶段样本学生教学创新行为任教学科分组方差齐性检验

学业阶段	莱文统计	自由度1	自由度2	显著性
本科毕业且初入教育硕士研究生阶段	1.009	2	817	0.388
教育硕士研究生在读阶段	0.665	3	866	0.574
教育硕士毕业后阶段	1.045	3	486	0.372

表 6-30 职后三个阶段不同任教学科样本学生教学创新行为 ANOVA 分析

学业阶段	组别	平方和	自由度	均方	F	显著性
本科毕业且初入教育硕士研究生阶段	组间	2.748	3	0.916	3.728	0.011
	组内	200.738	817	0.246	—	—
	总计	203.486	820	—	—	—
教育硕士研究生在读阶段	组间	1.487	3	0.496	1.913	0.126
	组内	224.442	866	0.259	—	—
	总计	225.929	869	—	—	—
教育硕士毕业后阶段	组间	0.314	3	0.105	0.392	0.759
	组内	129.594	486	0.267	—	—
	总计	129.907	489	—	—	—

由表 6-30 可知，职后三个阶段中，本科毕业且初入教育硕士研究生阶段任教于不同学科的样本学生在教学创新行为方面表现出了具有统计学意义的显著性差异（见表 6-31）。其他两个阶段的不同学科从业的样本学生在此维度上并无显著差异。

表 6-31 本科毕业且初入教育硕士研究生阶段不同任教学科样本学生教学创新行为描述性分析

民族	个案数	平均值	标准差	标准误差	平均值的95%置信区间 下限	平均值的95%置信区间 上限	最小值	最大值
语文	268	3.92	0.484	0.030	3.867	3.983	2.00	5.00
数学	335	4.00	0.502	0.027	3.948	4.056	2.67	5.00
英语	213	4.07	0.492	0.034	4.006	4.138	1.00	5.00
其他	5	4.17	0.799	0.357	3.174	5.159	3.00	5.00
总计	821	4.00	0.498	0.017	3.962	4.030	1.00	5.00

从表 6-31 可见，本科毕业且初入教育硕士研究生阶段的样本学生中，从事语文、数学、英语学科之外其他学科的样本学生教学创新行为表现最为突出，英语教师与数学教师教学创新行为表现相对于语文教师而言，更为突出。根据调研样本的专业特征来看，从事其他学科教学工作的样本学生在其完成本科阶段的学业后，从事了与自身所学专业不一致的学科教学工作，从学业到职业过渡中跨学科的经历可能为其教学实践和教学创新提供了不同的视角与思路。

第 7 章 公费师范生职前职后的教研意识与能力

随着社会市场及劳动力结构的不断变化，基础教育的师资需求也发生了转向，从工具理性转向交往理性，教师不再简单地扮演知识传递的媒介角色，而是要在传递过程中激发、促进，实现教师与学生、学生与学生、教师与教材、学生与教材、教师与教师等多要素的交往互动。在此基础上，唤醒教师与自我的互动，激发自我发展与实现，成为过硬的教学技能与突出的教研能力兼备的教育力量。探查公费师范生的教研意识与教研能力发展现状，有益于为教师储备人才资源提供更具针对性的教研指导与培养。本研究对本科在读阶段、本科毕业且初入教育硕士研究生学习阶段、教育硕士研究生学习阶段、教育硕士毕业后四个阶段的样本对象相继进行了教研意识方面的调查研究，并对已就业的三个阶段的公费师范生进一步展开了教研能力的调查，调研结果如下。

第一节 样本学生教研意识描述性统计分析

一、四个阶段公费师范生教研意识分析

研究对本科在读阶段、本科毕业且初入教育硕士研究生学习阶段、教育硕士研究生学习阶段、教育硕士毕业后四个阶段的样本对象进行了教研意识方面的调查研究，现将各阶段的调查结果分析如下。

1. 本科在读阶段公费师范生教研意识分析

在有关教研意识的题项设置中，包含 1 个反向问题和单个正向问题，以探知样本学生对教学研究的态度和观点，本科在读阶段公费师范生作答结果的描述统计量如表

7-1 所示。

表 7-1 本科在读阶段样本对象教研意识分析描述统计量

题项	N	极小值	极大值	均值	标准差
中小学教师参与教学研究对于其专业发展帮助不是很大	904	1	5	2.76	1.15
掌握听评课的方法和技巧对于教师专业发展很重要	904	1	5	4.31	0.60
我认为教师应当时常反思课堂教学中的不足	904	1	5	4.40	0.57
我认为教学研究对提升教师教学能力作用很大	904	1	5	4.16	0.62
有效的 N（列表状态）	904				

如表 7-1 所示，本科在读阶段的公费师范生整体教研意识较强，三个正向问题的作答中，均值均大于 4.10，其中，作答结果均值最高的为题项"我认为教师应当时常反思课堂教学中的不足"表明公费师范生持有立足于个人教育教学经验反思、挖掘存在问题的意识，发现问题是教研活动实施的最初步骤。在对反向题项"中小学教师参与教学研究对于其专业发展帮助不是很大"的作答中，作答选项分布离散趋势较为明显（S=1.15），且均值较低（$\bar{x}$=2.76），表明大部分本科在读阶段的公费师范生对该题项内容持否定态度，即该阶段的样本学生认为中小学教师参与教学研究对教师个人的专业发展有很大的帮助。

2. 本科毕业且初入教育硕士研究生阶段公费师范生教研意识分析

本科毕业且初入教育硕士研究生阶段样本学生对教研意识相关题项作答结果的描述统计量如表 7-2 所示。

表 7-2 本科毕业且初入教育硕士研究生阶段样本对象教研意识分析描述统计量

题项	N	极小值	极大值	均值	标准差
中小学教师参与教学研究对于其专业发展帮助不是很大	821	1	5	2.65	1.19
掌握听评课的方法和技巧对于教师专业发展很重要	821	1	5	4.32	0.60
我认为教师应当时常反思课堂教学中的不足	821	1	5	4.35	0.59
我认为教学研究对提升教师教学能力作用很大	821	1	5	4.16	0.65
有效的 N（列表状态）	821	—	—	—	—

由表 7-2 所示，本科毕业且初入教育硕士研究生阶段公费师范生对反向题项"中小学教师参与教学研究对于其专业发展帮助不是很大"的作答结果均值略低于本科在

读阶段,表明初入教师职业后,公费师范生较之前对个人专业发展当中参与教学研究的重要性有了略为深入的理解。在正向题项中,本阶段样本学生对"掌握听评课的方法和技巧对于教师专业发展很重要"和"我认为教学研究对提升教师教学能力作用很大"两个题项的作答结果与本科在读阶段样本学生基本无异,但对题项"我认为教师应当时常反思课堂教学中的不足"的作答结果均值有所下降（$\bar{x}=4.35$）,为从业后公费师范生对教师自我反思理解的变化,研究结合此后两阶段样本学生的作答情况另作分析。

3. 教育硕士研究生在读阶段公费师范生教研意识分析

教育硕士研究生在读阶段样本学生对教研意识相关题项作答结果的描述统计量如表 7-3 所示。

表 7-3 教育硕士研究生在读阶段样本对象教研意识分析描述统计量

题项	N	极小值	极大值	均值	标准差
中小学教师参与教学研究对于其专业发展帮助不是很大	870	1	5	2.60	1.17
掌握听评课的方法和技巧对于教师专业发展很重要	870	1	5	4.29	0.62
我认为教师应当时常反思课堂教学中的不足	870	1	5	4.33	0.57
我认为教学研究对提升教师教学能力作用很大	870	1	5	4.14	0.68
有效的 N（列表状态）	870	—	—	—	—

由表 7-3 可知,教育硕士研究生在读阶段的样本学生对反向题项"中小学教师参与教学研究对于其专业发展帮助不是很大"题项作答结果的均值较初入教育硕士研究生阶段的样本对象有所下降,表明公费师范生在不断适应教师职业的过程中,愈发认识到教学研究对教师专业发展的辅助作用。对于正向题项而言,整体来看,教育硕士研究生在读阶段的公费师范生具有较强的教学研究意识。然而,值得注意的是,本阶段样本学生对 3 个正向题项的作答结果均值较本科毕业且初入教育硕士研究生阶段的样本学生的作答结果均值而言略低,可知中小学教师在具体的教育教学实践当中,教学研究虽然得到了一定程度上的重视,但实施成效不佳,可能的原因是教师个人的教师教学实践与教学研究尚未能互通互进。

4. 教育硕士毕业后阶段公费师范生教研意识分析

教育硕士毕业后阶段样本学生对教研意识相关题项作答结果的描述统计量如表 7-4 所示。

表 7-4 教育硕士毕业后阶段样本对象教研意识分析描述统计量

题项	N	极小值	极大值	均值	标准差
中小学教师参与教学研究对于其专业发展帮助不是很大	490	1	5	2.46	1.19
掌握听评课的方法和技巧对于教师专业发展很重要	490	1	5	4.28	0.69
我认为教师应当时常反思课堂教学中的不足	490	1	5	4.35	0.63
我认为教学研究对提升教师教学能力作用很大	490	1	5	4.21	0.67
有效的 N（列表状态）	490	—	—	—	—

基于对前3个阶段的样本对象教研意识的统计分析，结合表7-4中的描述统计量则不难发现，相较于其他阶段，硕士毕业后阶段的公费师范生虽然距离完整、集中、连续的学习经历有一定的时间距离，但其对于教学研究的重要性认识却更为深刻。本阶段样本对象对反向题项"中小学教师参与教学研究对于其专业发展帮助不是很大"的作答结果均值在四个阶段中为最低值（$\bar{x}$=2.46），正向题项"我认为教学研究对提升教师教学能力作用很大"的作答结果均值最高（$\bar{x}$=4.21）。表明，公费师范生在完成了教育硕士研究生阶段的学习之后，对教学研究有了更为系统的认识，能够更为准确且紧密地将个人的教学实践与教学研究相结合，从而对教学研究对个人教育教学能力提升以及个人专业发展的重要作用的认识也就更为深刻。

此外，比较各阶段样本学生对题项"掌握听评课的方法和技巧对于教师专业发展很重要"的作答结果发现，教育硕士毕业后阶段的公费师范生对此题项的作答结果均值最低（$\bar{x}$=4.28），表明这一阶段的样本学生虽然重视教学研究，并且对教学研究对教师发展的作用持肯定态度，但对听课、评课的方法技巧并未显现出区别于其他阶段的重视，反而均值略低于其他阶段，表明在相对长的教育教学活动中，听评课未能得到其在教学实践中应有的重视，尤其是听课、评课的方法论知识输入不足，导致听评课对教师能力提升的借鉴反思成效未能如愿。

二、职后阶段公费师范生教研能力分析

1. 本科毕业且初入教育硕士研究生阶段公费师范生教研能力分析

研究对已就业三个阶段的公费师范生进行了教研能力的调研分析，本科毕业且初入教育硕士研究生阶段样本学生对教研能力相关题项作答结果的描述统计量如表7-5所示。

表 7-5 本科毕业且初入教育硕士研究生阶段样本对象教研能力分析描述统计量

题项	N	极小值	极大值	均值	标准差
我能够根据教学实践，改进自己的教学方法	821	1	5	4.12	0.60
我已经掌握了基本的教学研究方法	821	1	5	3.54	0.82
我能够和其他同事合作解决教学中出现的问题	821	1	5	4.14	0.60
我能够在教学研究工作中发挥重要作用	821	1	5	3.76	0.77
我能够开展与教学有关的科研任务	821	1	5	3.74	0.78
有效的 N（列表状态）	821	—	—	—	—

如表 7-5 所示，走入教师岗位不久的公费师范生对个人的教研能力的评价整体居中偏上，在教研能力自评相关的 5 个题项中，本科毕业且初入教育硕士研究生学习阶段的公费师范生对"我能够和其他同事合作解决教学中出现的问题"及"我能够根据教学实践，改进自己的教学方法"两个题项的作答均值较高（$\bar{x}_1=4.14$，$\bar{x}_2=4.12$），表明这一阶段的样本学生在教学实践中可以通过同事合作、反思实践等方式提升自身的教学技能，解决教学中遇到的问题。同时，从本阶段公费师范生的作答中可见，样本学生对题项"我已经掌握了基本的教学研究方法"作答结果均值最低（$\bar{x}=3.54$），表明这一阶段的公费师范生刚刚进入教育硕士研究生学习阶段，尚未能普遍掌握基本的教学研究方法，研究对后续阶段的样本学生进行了调研，以探知其经过教育硕士研究生的学习，对教学研究方法掌握的变化动态。

2. 教育硕士研究生在读阶段公费师范生教研能力分析

教育硕士研究生在读阶段样本学生对教研能力相关题项作答结果的描述统计量如表 7-6 所示。

表 7-6 教育硕士研究生在读阶段样本对象教研能力分析描述统计量

题项	N	极小值	极大值	均值	标准差
我能够根据教学实践，改进自己的教学方法	870	1	5	4.11	0.60
我已经掌握了基本的教学研究方法	870	1	5	3.57	0.78
我能够和其他同事合作解决教学中出现的问题	870	1	5	4.11	0.63
我能够在教学研究工作中发挥重要作用	870	1	5	3.78	0.79
我能够开展与教学有关的科研任务	870	1	5	3.74	0.84
有效的 N（列表状态）	870	—	—	—	—

由表 7-6 可见，教育硕士研究生在读阶段的公费师范生整体对自身的教研能力评价居上，且与初入教育硕士研究生阶段的样本学生水平基本持平。其中，相较于上一阶段，本阶段的样本学生对题项"我已经掌握了基本的教学研究方法"的作答结果均值有了一定的提升，且分布的离散趋势有所减弱，表明整体上讲，公费师范生在进入教育硕士研究生的学习后，在逐步积累教学研究相关知识，掌握教研方法的基本原则。

3. 教育硕士毕业后阶段公费师范生教研能力分析

教育硕士毕业后阶段样本学生对教研能力相关题项作答结果的描述统计量如表 7-7 所示。

表 7-7 教育硕士毕业后阶段样本对象教研能力分析描述统计量

题项	N	极小值	极大值	均值	标准差
我能够根据教学实践，改进自己的教学方法	490	1	5	4.20	0.70
我已经掌握了基本的教学研究方法	490	1	5	3.87	0.72
我能够和其他同事合作解决教学中出现的问题	490	1	5	4.17	0.66
我能够在教学研究工作中发挥重要作用	490	1	5	3.89	0.72
我能够开展与教学有关的科研任务	490	1	5	3.94	0.74
有效的 N（列表状态）	490	—	—	—	—

从各题项的均值来看，教育硕士毕业后阶段公费师范生的教研能力明显提升。在上述题项中，题项"我已经掌握了基本的教学研究方法"与"我能够开展与教学有关的科研任务"的作答均值出现了较为明显的增长，表明公费师范生在完成了教育硕士研究生的系统学习后，对教研方法的掌握愈发全面，同时结合自身的教学实践经历，能够较为从容地开展教学相关科研任务。同时，不可忽视的是，虽然这一阶段的公费师范生对自身教学研究方法掌握情况较其他阶段相对较高，但相比于关涉教研能力的其他题项而言，"我已经掌握了基本的教学研究方法"和"我能够在教学研究工作中发挥重要作用"两题项的作答均值还是明显低于其他题项。

近年来，行动研究（action research）在教育相关研究中逐渐得到重视，行动研究强调研究者及研究实践者，旨在通过计划可行、方法得当、反思探索的研究，在具体的实践行动中解决自身遇到的问题。帮助基础教育阶段的从业教师掌握行动研究的方法，并在个体教学实践中操作运行，是公费师范教育需要加强的要素，尤其在教育硕士研究生的培养当中，更应强调公费师范生教学研究方法的掌握和能力的提升。

第二节 职后阶段样本学生教研意识与教研能力关系分析

一、职后阶段公费师范生教研意识与教研能力相关性分析

为明晰已就业三个阶段公费师范生教研意识与教研能力之间的关系，研究对两个监测维度下的题项作答结果进行了相关性分析。其中，教研意识相关题项中包含一个反向题项，为确保教研意识维度的数据不受题项取向影响，研究将反向题项的作答结果进行了数据转换。相关性分析结果如图7-8所示。

表7-8 职后三个阶段样本对象教研意识与教研能力相关性分析

维度	统计量	教研意识	教研能力
教研意识	Pearson相关性	1	0.425**
	显著性（双侧）	—	0.000
	N	2181	2181
教研能力	Pearson相关性	0.425**	1
	显著性（双侧）	0.000	—
	N	2181	2181

注：** 在0.01水平（双侧）上显著相关。

由表7-8可见，已就业三个阶段公费师范生的教研意识与教研能力显著相关，且相关系数R为0.425（R>1），表明两个变量之间为正相关关系，即当教研意识强化时，教研能力也可能提升。从相关系数可推知教研意识与教研能力之间的判定系数为0.180，表明教研意识与教研能力之间的相互判定关系并不强烈，即：虽然两个变量之间存在正相关的关系，但相互之间的影响因素多样，不能由一定程度教研意识的强弱判定相应的教研能力的高低。在教研意识向教研能力作用的过程中，可能存在多种影响要素。

二、职后阶段公费师范生教研意识与教研能力回归分析

相关关系的确认并不能明晰教研意识与教研能力之间的因果关系或促进关系的作用方向，因此，本研究在此基础上对已就业三个阶段样本学生对教研意识和教研能力

相关题项的作答结果进行了回归分析（结果如表 7-9 所示）。

表 7-9　教研意识与教研能力回归分析输入/移去的变量

输入的变量	移去的变量	方法
教研意识	—	输入

注：1. 已输入所有请求的变量。
　　2. 因变量：教研能力。

表 7-10　教研意识与教研能力为回归分析模型汇总

R	R 方	调整 R 方	标准估计的误差
0.425[①]	0.180	0.180	0.491296

注：①预测变量：（常量），教研意识。

表 7-11　教研意识与教研能力行为回归分析 Anova

模型	平方和	df	均方	F	Sig.
回归	115.735	1	115.735	479.490	0.000
残差	525.950	2179	0.241	—	—
总计	641.685	2180	—	—	—

注：1. 预测变量：（常量），教研意识。
　　2. 因变量：教研能力。

表 7-12　教研意识与教研能力回归分析系数

模型	非标准化系数 B	非标准化系数 标准误差	标准系数 试用版	t	Sig.	B 的 95.0% 置信区间 下限	B 的 95.0% 置信区间 上限	相关性 零阶	相关性 偏	相关性 部分	共线性统计量 容差	共线性统计量 VIF
（常量）	2.109	0.082	—	25.631	0.000	1.947	2.270	—	—	—	—	—
教研意识	0.441	0.020	0.425	21.897	0.000	0.401	0.480	0.425	0.425	0.425	1.000	1.000

注：因变量：教研能力。

如表 7-9 所示，研究将教研意识作为自变量，教研能力作为因变量进行了线性回归分析，所形成的线性回归分析模型结果如表 7-10 所示。模型中，R 方（R^2）为 0.180，表明在已就业三个阶段的公费师范生中，教研意识对教研能力具有 18% 的预测效力。结合表 7-11 可知，在教研意识与教研能力这组变量的线性回归方差分析中，P 小于 0.05（P=0.000）且 F=479.490，表明整体上讲，本线性回归模型显著，公费师范生的教研意识与教研能力的回归模型具有统计学意义。这一回归模型的具体参数如表 7-12 所示，回归方程中非标准化系数为 0.441，从标准化系数来看（Bate=0.425），教研意识对教研能力具有一定的影响作用和预测效力。结合 t 检验结果，对于单个的样本学生而言，教研意识对教研能力的影响在统计学上具有显著意义（P=0.000）。回归分子中共线性指标小于 5（VIF=1.000），因此本回归模型中不存在共线性问题。

第三节　职后阶段样本学生教研能力差异分析

一、职后阶段不同性别样本学生教研能力差异分析

研究以性别为分组变量，分析已进入教师职业的样本学生对考研能力维度作答结果的分布情况，结果如表 7-13 所示。

表 7-13　职后三个阶段样本学生教研能力性别分组统计

学业阶段	性别	个案数	平均值	标准差	标准误差平均值
本科毕业且初入教育硕士研究生阶段	男	92	3.99	0.529	0.055
	女	729	3.84	0.530	0.020
教育硕士研究生在读阶段	男	124	3.98	0.615	0.055
	女	746	3.84	0.528	0.019
教育硕士毕业后阶段	男	89	3.98	0.709	0.075
	女	401	4.02	0.502	0.025

表 7-14　职后三个阶段不同性别样本学生教研能力独立样本 t 检验

学业阶段	方差条件	方差方程的 Levene 检验		均值方差的 t 检验						差分的 95% 置信区间	
		F	Sig.	t	df	Sig.（双侧）	均值差值	标准误差差值	下限	上限
本科毕业且初入教育硕士研究生阶段	假设方差相等	0.013	0.910	2.431	819	0.015	0.143	0.059	0.027	0.258
	假设方差不相等	—	—	2.436	115.334	0.016	0.143	0.059	0.027	0.258

续表

学业阶段	方差条件	方差方程的Levene检验 F	Sig.	均值方差的t检验 t	df	Sig.（双侧）	均值差值	标准误差差值	差分的95%置信区间 下限	上限
教育硕士研究生在读阶段	假设方差相等	1.369	0.242	2.537	868	0.011	0.133	0.052	0.030	0.236
	假设方差不相等	—	—	2.278	154.673	0.024	0.133	0.058	0.018	0.249
教育硕士毕业后阶段	假设方差相等	6.610	0.010	-0.704	488	0.482	-0.045	0.064	-0.170	0.081
	假设方差不相等	—	—	-0.567	108.362	0.572	-0.045	0.079	-0.202	0.112

从表7-13可见，本科毕业且初入教育硕士研究生阶段和教育硕士研究生阶段的样本学生中，男生的教研能力略强于女生。结合表7-14中的独立样本t检验结果来看，这两个阶段男生、女生在教研能力维度上的作答虽然女生均略低于男生，但其之间的差距并未形成具有统计学意义的显著性差异。在教育硕士毕业后阶段，女生在此维度的作答均值略高于男生，且其方差方程的莱文检验结果吸纳之显著性小于0.05，表明在此阶段，男生、女生的教研能力存在具有统计学意义的显著性差异。在完成本科、硕士研究生阶段的学习后，女生的教研能力表现优于男生。

二、职后阶段不同民族样本学生教研能力差异分析

当以民族为因子时，职后三个阶段样本学生在教研能力维度作答的方差齐性检验结果见表7-15。

表7-15 职后三个阶段样本学生教研能力民族分组方差齐性检验

学业阶段	莱文统计	自由度1	自由度2	显著性
本科毕业且初入教育硕士研究生阶段	0.912	12	799	0.535
教育硕士研究生在读阶段	0.570	13	850	0.879
教育硕士毕业后阶段	0.307	9	475	0.972

由表7-15可知，职后三个阶段不同民族的样本学生作答结果均接受了方差相等的假设，其对应单因素方差分析结果见表7-16。

表 7-16 职后三个阶段不同民族样本学生教研能力 ANOVA 分析

学业阶段	组别	平方和	自由度	均方	F	显著性
本科毕业且初入教育硕士研究生阶段	组间	4.883	21	0.233	0.819	0.697
	组内	226.760	799	0.284	—	—
	总计	231.643	820	—	—	—
教育硕士研究生在读阶段	组间	8.371	19	0.441	1.511	0.074
	组内	247.767	850	0.291	—	—
	总计	256.138	869	—	—	—
教育硕士毕业后阶段	组间	12.153	14	0.868	3.104	0.000
	组内	132.827	475	0.280	—	—
	总计	144.980	489	—	—	—

从表 7-16 可知，本科毕业且初入教育硕士研究生阶段和教育硕士在读阶段的不同民族样本学生在教研能力维度的作答上并无显著性差异，而教育硕士毕业后阶段则表现出了具有显著性的民族差异（见表 7-17）。

表 7-17 教育硕士毕业后阶段不同民族样本学生教研能力描述性分析

民族	个案数	平均值	标准差	标准误差	平均值的95%置信区间 下限	平均值的95%置信区间 上限	最小值	最大值
汉族	424	4.04	0.528	0.026	3.987	4.088	1.00	5.00
蒙古族	9	3.82	0.429	0.143	3.492	4.152	3.20	4.60
回族	20	3.79	0.509	0.114	3.552	4.028	2.80	4.80
藏族	1	3.80	—	—	—	—	3.80	3.80
维吾尔族	1	4.00	—	—	—	—	4.00	4.00
苗族	6	3.87	0.561	0.229	3.278	4.455	3.20	4.80
彝族	2	3.50	0.141	0.100	2.229	4.771	3.40	3.60
壮族	9	3.93	0.748	0.249	3.358	4.509	2.40	5.00
布依族	2	3.90	0.424	0.300	0.088	7.712	3.60	4.20
满族	5	4.24	0.434	0.194	3.702	4.778	4.00	5.00
侗族	3	4.40	0.400	0.231	3.406	5.394	4.00	4.80
土家族	5	4.04	0.555	0.248	3.351	4.729	3.60	5.00
哈萨克族	1	4.00	—	—	—	—	4.00	4.00

续表

民族	个案数	平均值	标准差	标准误差	平均值的95%置信区间 下限	平均值的95%置信区间 上限	最小值	最大值
土族	1	4.00	—	—	—	—	4.00	4.00
羌族	1	1.00	—	—	—	—	1.00	1.00
总计	490	4.01	0.545	0.025	3.966	4.063	1.00	5.00

除了样本学生人数为1的民族外，本阶段调研所关涉的其他10个民族中，样本学生教研能力表现最为突出的是侗族学生，满族学生次之。此外，汉族和土家族样本学生的作答均值也在4.00以上，表明这4个民族的样本公费师范生在教育硕士毕业后阶段体现出了较强的教研能力。相较之下，蒙古族、回族、苗族、彝族、壮族、布依族、土家族的样本学生的作答均值也均在3.50以上（其中彝族样本学生作答均值等于3.50），在教研能力方面也均呈现出了良好的状态。此阶段不同民族样本的教研能力虽然存在统计学意义的显著性差异，不考虑个体选择影响的条件下，各民族样本学生整体上均表现出了较强的教研能力。

三、职后阶段不同任教学段样本学生教研能力差异分析

当以任教学段作为因子时，职后三个阶段任教于不同学段的样本学生在教研能力维度作答结果的方差齐性检验结果见表7-18。

表7-18 职后三个阶段样本学生教研能力任教学段分组方差齐性检验

学业阶段	莱文统计	自由度1	自由度2	显著性
本科毕业且初入教育硕士研究生阶段	0.615	6	814	0.719
教育硕士研究生在读阶段	1.526	6	863	0.167
教育硕士毕业后阶段	1.265	6	483	0.272

由表7-18可知，职后三个阶段不同民族的样本学生作答结果均接受了方差相等的假设，其对应单因素方差分析结果见表7-19。

表 7-19 职后三个阶段不同任教学段样本学生教研能力 ANOVA 分析

学业阶段	组别	平方和	自由度	均方	F	显著性
本科毕业且初入教育硕士研究生阶段	组间	4.172	6	0.695	2.488	0.022
	组内	227.471	814	0.279	—	—
	总计	231.643	820	—	—	—
教育硕士研究生在读阶段	组间	1.844	6	0.307	1.043	0.396
	组内	254.293	863	0.295	—	—
	总计	256.138	869	—	—	—
教育硕士毕业后阶段	组间	1.114	6	0.186	0.624	0.712
	组内	143.866	483	0.298	—	—
	总计	144.980	489	—	—	—

从表 7-19 可知，教育硕士在读阶段和教育硕士毕业后两个阶段任教于不同学段的样本学生在教研能力维度的作答上并无显著性差异，而本科毕业且初入教育硕士研究生阶段的样本学生作答中则表现出了具有显著性的任教学段差异（见表 7-20）。

表 7-20 本科毕业且初入教育硕士研究生阶段不同任教学段样本学生教研能力描述性分析

现任教学段	个案数	平均值	标准差	标准误差	平均值的95%置信区间 下限	平均值的95%置信区间 上限	最小值	最大值
小学	84	3.87	0.517	0.056	3.759	3.984	2.00	5.00
初一	211	3.82	0.572	0.039	3.740	3.896	1.00	5.00
初二	32	3.94	0.524	0.093	3.749	4.126	3.20	5.00
初三	14	3.97	0.483	0.129	3.693	4.250	3.20	5.00
高一	388	3.84	0.505	0.026	3.792	3.893	1.80	5.00
高二	60	3.87	0.517	0.067	3.737	4.003	2.80	5.00
高三	32	4.18	0.589	0.104	3.969	4.394	2.80	5.00
总计	821	3.86	0.531	0.019	3.824	3.897	1.00	5.00

从表 7-20 中可知，承担高三年级教学工作的样本学生教研能力表现得最为突出，初二年级、初三年级任教的样本公费师范生也体现出了较为突出的教研能力。对比而言，任教于初一年级和高一年级的样本学生的作答均值低于本阶段样本学生作答的平均水平，可推断承担学段过渡阶段教学工作的样本学生略低于其他任教学段样本学生

的教研能力。

四、职后阶段不同任教学科样本学生教研能力差异分析

当以任教学科作为因子时,职后三个阶段承担不同学科教学工作的样本学生在教研能力维度作答结果的方差齐性检验结果见表 7-21。

表 7-21　职后三个阶段样本学生教研能力任教学科分组方差齐性检验

学业阶段	莱文统计	自由度1	自由度2	显著性
本科毕业且初入教育硕士研究生阶段	1.029	3	817	0.379
教育硕士研究生在读阶段	0.281	3	866	0.839
教育硕士毕业后阶段	0.500	3	486	0.682

由表 7-21 可知,职后三个阶段任教于不同学科的样本学生作答结果均接受了方差相等的假设,其对应单因素方差分析结果见表 7-22。

表 7-22　职后三个阶段不同任教学科样本学生教研能力 ANOVA 分析

学业阶段	组别	平方和	自由度	均方	F	显著性
本科毕业且初入教育硕士研究生阶段	组间	5.430	3	1.810	6.537	0.000
	组内	226.214	817	0.277	—	—
	总计	231.643	820	—	—	—
教育硕士研究生在读阶段	组间	5.919	3	1.973	6.829	0.000
	组内	250.218	866	0.289	—	—
	总计	256.138	869	—	—	—
教育硕士毕业后阶段	组间	0.849	3	0.283	0.955	0.414
	组内	144.131	486	0.297	—	—
	总计	144.980	489	—	—	—

从表 7-22 可知,教育硕士毕业后阶段任教于不同学科的样本学生在教研能力维度的作答上并无显著性差异,而本科毕业且初入教育硕士研究生阶段和教育硕士研究生阶段的样本学生在本维度的作答中则表现出了具有显著性的学科差异(具体差异表现见表 7-23、表 7-24)。

表 7-23 本科毕业且初入教育硕士研究生阶段不同任教学科样本学生教研能力描述性分析

现任教学科	个案数	平均值	标准差	标准误差	平均值的95%置信区间 下限	平均值的95%置信区间 上限	最小值	最大值
语文	268	3.76	0.533	0.033	3.69	3.82	1.80	5.00
数学	335	3.92	0.530	0.029	3.87	3.98	2.40	5.00
英语	213	3.88	0.509	0.035	3.81	3.95	1.00	5.00
其他	5	4.32	0.642	0.287	3.52	5.12	3.60	5.00
总计	821	3.86	0.532	0.019	3.82	3.90	1.00	5.00

由表 7-23 可知，本科毕业且初入教育硕士研究生阶段的样本学生中，从事语文、数学、英语学科之外的其他学科教学工组的样本学生表现出了更强的教研能力，数学教师次之，英语教师再次。相较而言，从事语文学科教学工作的样本学生虽然均值呈正向表现，但相比之下教研能力水平略低于其他从教于学科的样本学生。

表 7-24 教育硕士研究生在读阶段不同任教学科样本学生教研能力描述性分析

现任教学段	个案数	平均值	标准差	标准误差	平均值的95%置信区间 下限	平均值的95%置信区间 上限	最小值	最大值
语文	188	3.74	0.540	0.039	3.67	3.82	1.80	5.00
数学	482	3.92	0.536	0.024	3.87	3.97	1.00	5.00
英语	194	3.84	0.538	0.039	3.76	3.92	1.00	5.00
其他	6	3.37	0.572	0.233	2.77	3.97	2.80	4.00
总计	870	3.86	0.543	0.018	3.83	3.90	1.00	5.00

由表 7-24 可知，教育硕士研究生在读阶段任教于不同学科的样本学生教研能力表现差异分布与本科毕业且初入教育硕士研究生阶段的样本学生有所不同。从事数学学科教学工作的样本学生教研能力最强，英语学科次之，语文学科再次，从事三门学科之外的其他学科的样本学生在此阶段教研能力水平表现较弱。

综上所述，处于不同阶段的公费师范生都具有相对强的教研意识与教研能力，且其教研能力在完成了硕士研究生阶段的学习后有了较为明显的提升；同时，教研意识与教研能力具有相关性，并建构了以教研意识为自变量、教研能力为因变量的线性回归模型，但教研意识对教研能力的预测效力并不强。由此可见，公费师范教育中，不仅应当重视培养学生的教研意识，授予其系统的教研方法，还应当充分挖掘影响公费师范生教研能力提升的其他诸多因素，以提升公费师范教育在教学研究方面的实操性和针对性。

此外，从教研能力差异分析中可知，从历时角度考虑，本次调查研究中所关涉的从事其他学科教学工作的样本学生在其学业阶段所学专业与其从业后学科并不一致，可知缺失规范化的学习经历在短时间内影响表现可能并不明显，但会在一定程度上为长期职业、专业发展造成瓶颈，甚至形成阻碍。一方面，研究建议从就业管理上严格用人单位在教师招聘和选择上的专业入口，以便让受到系统教育的公费师范生能在工作中充分发挥其所学与所获，最大程度地服务于基础教育事业。另一方面，对于由于各种特殊原因从业于非本专业的教学工作的师范生，可在其教育硕士研究生申请阶段或其他职后教育与培训阶段设置专业变动的相关机制，为教师的专业发展提供有效支持。

第 8 章 公费师范生职后的教师效能

本研究有关教师效能监测维度下的题项主要资料来源为 Megan Tschannen-Moran 与 Anita Woolfolk Hoy 二人于 2001 年编制的《俄亥俄州教师效能问卷》(Ohio State Teacher Efficacy Scale，简称OSTES)[1]，原始问卷包含两个版本：24 题项版及 12 题项版，本研究根据研究需要选用 12 题项版作为本工具的开发依据。原始问卷为英文文本，为确保样本对象能准确无误地理解题项内容，本研究团队将其翻译为中文文版，并在此基础上结合我国公费师范教育体系教师培养的具体特征进行了修改与验证，形成了包含 11 个题项的公费师范生教师效能监测维度，其中包含课堂管理、学生参与及教学策略 3 个二级维度，现对以上 3 个二级维度的题项作答结果逐一进行分析。

第一节 职后阶段样本学生教师效能描述性统计分析

一、职后样本公费师范生课堂管理效能分析

本科毕业且初入教育硕士研究生阶段、教育硕士研究生在读阶段及教育硕士毕业后阶段的公费师范生均已正式进入到了教师职业状态，上述三个阶段的公费师范生的教师效能中，课堂管理相关题项的作答结果描述统计量如表 8-1 所示。

---

[1] TSCHANNEN-MORANA M, HOY A. Teacher efficacy: capturing an elusive construct[J]. Teaching and Teacher Education, 2001, 17: 783-805.

表 8-1　已就业三阶段样本对象教师效能之课堂管理分析描述统计量

阶段	题项	N	极小值	极大值	均值	标准差
本科毕业且初入教育硕士研究生阶段	当课堂出现混乱时，我能有效地控制	821	1	5	3.86	0.71
	我能使学生遵守课堂纪律	821	1	5	4.00	0.66
	当学生不遵守课堂规则或吵闹时，我能够让他安静下来	821	1	5	4.00	0.66
	我能够有效地进行课堂管理	821	1	5	4.00	0.63
	小计	821	1	5	3.97	—
教育硕士研究生在读阶段	当课堂出现混乱时，我能有效地控制	870	1	5	3.93	0.72
	我能使学生遵守课堂纪律	870	1	5	4.02	0.66
	当学生不遵守课堂规则或吵闹时，我能够让他安静下来	870	1	5	3.99	0.67
	我能够有效地进行课堂管理	870	1	5	4.01	0.66
	小计	870	1	5	3.99	—
教育硕士毕业后阶段	当课堂出现混乱时，我能有效地控制	490	1	5	4.13	0.70
	我能使学生遵守课堂纪律	490	1	5	4.14	0.65
	当学生不遵守课堂规则或吵闹时，我能够让他安静下来	490	1	5	4.15	0.63
	我能够有效地进行课堂管理	490	1	5	4.11	0.64
	小计	490	1	5	4.13	—

从各阶段对表 8-1 中 4 个题项作答的均值来看，整体上讲，3 个已就业阶段样本学生的课堂管理方面都具有较高的教师效能。

就本科毕业且初入教育硕士研究生学习阶段的公费师范生而言，对课堂管理二级维度下的 4 个题项作答均值相当，且作答分布相对集中。其中，对题项"当课堂出现混乱时，我能有效地控制"的作答结果均值明显低于其他 3 个题项（$\bar{x}=3.86$），表明初入教育硕士研究生阶段的公费师范生虽然在整体上对课堂的管理较为有效，但相较于让学生遵守纪律等，对课堂上出现的混乱场面的控制相对较弱。教育硕士研究生在读阶段的样本学生对课堂管理相关题项的作答结果整体均值稍大于初入教育硕士研究生阶段的公费师范生（$\bar{x}_{硕士在读}=3.99$，$\bar{x}_{初入硕士}=3.97$），相对较为明显的变化为：教育硕士研究生在读阶段的样本学生对于把控和管理课堂上出现的混乱现象具有更强的效能感。教育硕士毕业后阶段的公费师范生在三个阶段中课堂管理教师效能感最强（$\bar{x}=4.13$），各个题项作答均值均高于4.10，表明这一阶段的公费师范生在具体的教育教学实践中，对学生守纪、课堂秩序、突发状况等教学管理问题都具有更为有效的管理能力。

推测可能的原因主要有二：其一，随着教育硕士研究生阶段学习的不断深入，公费师范生的知识体系逐步完善，对科学合理的课堂管理有了更为全面的理解，并能基于个人所学在具体教育实践中不断调试个人的教育管理方式，从而提升教育管理成效；其二，在学习不断深入的同时，已就业的公费师范生作为基础教育的直接实践者，其教学管理经验会随着个人的阅历及教学经历的累积不断丰富，面对课堂上可能出现的情况具有更为从容的处理方式，课堂管理的教师效能感也随之上升。

二、职后样本公费师范生学生参与效能分析

已就业3个阶段的公费师范生对教师效能监测维度下学生参与的相关题项作答结果描述统计量如表8-2所示。

表8-2　已就业三阶段样本对象教师效能之学生参与分析描述统计量

阶段	题项	N	极小值	极大值	均值	标准差
本科毕业且初入教育硕士研究生阶段	我能够激发对学习不感兴趣的学生的积极性	821	1	5	3.62	0.74
	我能使学生相信他们一定能在学习上取得好成绩	821	1	5	3.84	0.73
	我能够帮助学生重视学习	821	1	5	3.97	0.64
	小计	821	1	5	3.81	—
教育硕士研究生在读阶段	我能够激发对学习不感兴趣的学生的积极性	870	1	5	3.60	0.78
	我能使学生相信他们一定能在学习上取得好成绩	870	1	5	3.83	0.72
	我能够帮助学生重视学习	870	1	5	3.98	0.66
	小计	870	1	5	3.80	—
教育硕士毕业后阶段	我能够激发对学习不感兴趣的学生的积极性	490	1	5	3.71	0.78
	我能使学生相信他们一定能在学习上取得好成绩	490	1	5	3.94	0.68
	我能够帮助学生重视学习	490	1	5	4.07	0.62
	小计	490	1	5	3.91	—

如上表所示，本科毕业且初入教育硕士研究生阶段与教育硕士研究生在读阶段的公费师范生在学生参与问题上的教师效能感基本持平（$\bar{x}_{初入硕士}$=3.81，$\bar{x}_{硕士在读}$=3.80），教育硕士毕业后阶段的样本学生对学生参与程度的引导具有相对较高的教师效能感（$\bar{x}_{硕士毕业}$=3.91）。

对于这一明显的增长，可能的影响因素有二：第一，知识的内化与经验的累积。教育硕士毕业后阶段的公费师范生在系统学习了本科师范专业与教育硕士研究生两个阶段的学业知识后，加之在教学岗位上授课、课堂管理、与学生交往等多方面的经验逐步累积，对于调动学生的学习积极性，帮助学生提高对学习的重视程度等都具有了更为深刻的理解和可行的操作路径。第二，公费师范生在不同学业、职业的阶段，不排除其对学生参与程度的要求减弱没导致自我效能的评价标准降低的可能，教师自身情绪的变化也会导致教师效能的浮动。

脱离了学生参与的课堂活动很难达到师生之间在知识和能力上的高效互动，教师对于学生学习程度的掌握也缺乏反馈的信息路径，明确公费师范生对学生参与的自我效能评价体系中的影响因素并探究其作用方式还有待进一步探索。

三、职后样本公费师范生教学策略效能分析

教学策略（instructional strategy）有广义与狭义之分，广义的教学策略既包括教的策略，也包括学的策略；狭义的教学策略则专注于教的策略，是教学活动的组成要素之一，即教师"在特定的教学情景中，为完成教学目标和适应学生认知需要而制定的教学程序计划和采取的教学实施措施"[①]。本研究中所涉及的公费师范生对个人教学策略的自我效能感的评价主要区教学策略的狭义内涵，侧重于以教师为主体的教的策略评估。已就业三个阶段的公费师范生对教学策略相关题项作答结果的描述性统计量如表8-3所示。

表8-3 已就业三阶段样本对象教师效能之教学策略分析描述统计量

阶段	题项	N	极小值	极大值	均值	标准差
本科毕业且初入教育硕士研究生阶段	我能够根据教学需要设计合理的问题供学生课堂讨论	821	1	5	4.04	0.59
	我能够灵活使用各种教学评价策略	821	1	5	3.84	0.73
	当学生在学习上感到困惑时，我能够提供另一种解释或举出其他例子	821	1	5	4.05	0.60
	我能够在课堂上根据不同情况选择适当的教学策略	821	1	5	4.04	0.61
	小计	821	1	5	3.99	—

---

① 车文博.当代西方心理学新词典[M].长春：吉林人民出版社，2001：157.

续表

阶段	题项	N	极小值	极大值	均值	标准差
教育硕士研究生在读阶段	我能够根据教学需要设计合理的问题供学生课堂讨论	870	1	5	4.02	0.60
	我能够灵活使用各种教学评价策略	870	1	5	3.81	0.76
	当学生在学习上感到困惑时，我能够提供另一种解释或举出其他例子	870	1	5	4.06	0.62
	我能够在课堂上根据不同情况选择适当的教学策略	870	1	5	4.07	0.60
	小计	870	1	5	3.99	—
教育硕士毕业后阶段	我能够根据教学需要设计合理的问题供学生课堂讨论	490	1	5	4.12	0.60
	我能够灵活使用各种教学评价策略	490	1	5	3.91	0.74
	当学生在学习上感到困惑时，我能够提供另一种解释或举出其他例子	490	1	5	4.18	0.58
	我能够在课堂上根据不同情况选择适当的教学策略	490	1	5	4.18	0.62
	小计	490	1	5	4.10	—

如表 8-3 所示，整体上看，已就业三个阶段的公费师范生在教学策略方面都体现出了较高的教师效能感，三个阶段的作答结果均值在 4.00 上下，其中，本科毕业且初入教育硕士研究生学习阶段与教育硕士研究生在读阶段的公费师范生在教学策略方面自我效能的评估水平高低相当（$\bar{x}_{初入硕士}=\bar{x}_{硕士在读}=3.99$），教育硕士毕业后阶段的样本学生呈现出了更高的教学策略自我效能评价（$\bar{x}_{硕士毕业}=4.10$）。

对于本科毕业且初入教育硕士研究生阶段及教育硕士研究生在读阶段的样本对象而言，其教学策略的整体自我评价持平，但具体题项的评估侧重稍有不同。就本科毕业且初入教育硕士研究生阶段的公费师范生而言，作答结果均值最高的题项为"当学生在学习上感到困惑时，我能够提供另一种解释或举出其他例子"（$\bar{x}=4.05$），而教育硕士研究生在读阶段的样本学生作答结果均值最高的题项为"我能够在课堂上根据不同情况选择适当的教学策略"（$\bar{x}=4.07$），表明初入教育硕士研究生学习阶段的公费硕士在读阶段的公费师范生能够更自如地将自身了解的教学策略应用到适当的教学情景当中。

就教育硕士毕业后阶段的公费师范生来看，在教学策略方面，其教师效能感在三个阶段中最高，无论从教学设计、学生解惑还是教学策略的选择和应用上，都呈现出了较高水平的自我效能感。同时，值得注意的是，三阶段样本学生作答结果均值最低的题项均为"我能够灵活使用各种教学评价策略"，即便是教育硕士毕业后阶段的公费师范生对教学评价策略掌握题项的作答均值也尚不足 4.00 分，表明在公费师范生培养的实践过程中，对教学评价相关的内容重视不足，学生对不同的教学评价策略了解也稍显不足。

基于研究数据分析结论，建议在公费师范生的培养体系中，重视教学评价相关内容的培养，帮助公费师范生对过程性评价、终结性评价等不同类别下具体的评价策略进行体系化的梳理，使公费师范生在扎实掌握教学评价策略的基础上灵活应用，并能够基于个人的教学评价实践开展有关教学评价的实证研究，激活并深化教学评价对学生学习及课堂设计等环节的反馈作用，提升教学成效。

四、公费师范生教师效能分析

上文分别就已就业三个阶段公费师范生自身对其课堂管理、学生参与及教学策略等各方面的教师效能进行了分析，现取各阶段不同维度题项作答的均值，以比较处于不同学业、职业阶段的公费师范生的教师效能差异（图 8-1 直观可视）。

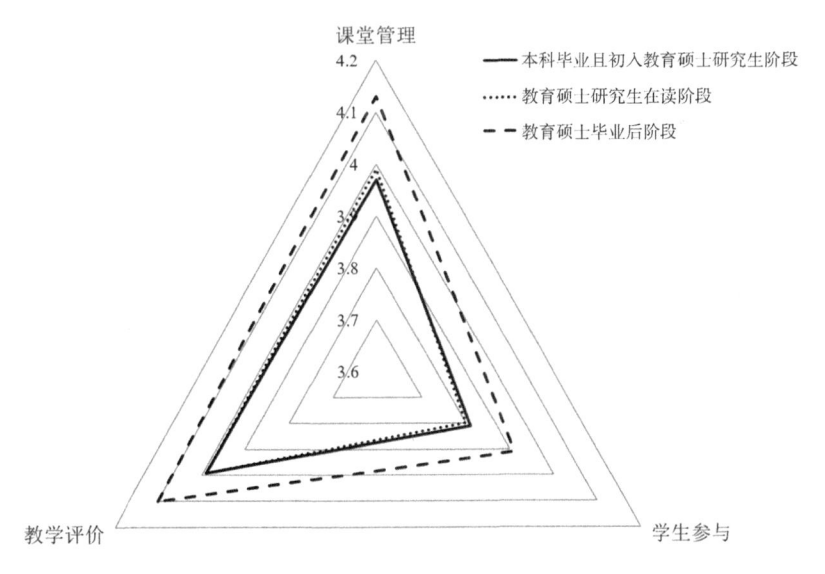

图 8-1 已就业三阶段公费师范生教师效能比较

由图 8-1 可知，相较于初入教育硕士研究生阶段及教育硕士研究生在读阶段的公费师范生，教育硕士毕业后阶段的公费师范生明显具有较高的教师效能感，但从内部效能结构来看，各阶段的公费师范生均在课堂管理及教学评价两个方面具有相对较高的自我效能感，相比之下，对学生参与方面的效能感较低。就教师效能感的三个二级维度而言，课堂管理与教学评价中教师自身的作用更为突出，而学生参与则是教师主体通过引导或辅助帮助学生主体树立学业信心、解决学业困难，而后反馈至教师主体，从而形成教师有关学生参与的教师效能感。因此，学生参与效能感较低的可能原因之一是该过程中学生主体是更为主要的作用主体，在此方面教师获得自我效能感过程中包含更多教师之外的影响因素。

第二节　职后阶段样本学生教师效能差异分析

对于职后三个阶段的样本学生教师效能的差异分析，本研究结合教师效能的整体作答情况及三个二级维度的作答结果进行差异分析，差异分析视角主要从性别、民族、现任教学段和任教学科切入。

一、职后阶段不同性别样本学生教师效能差异分析

当以性别为分组变量时，职后三个阶段样本学生在教师效能及其二级维度作答结果的分组统计结果及独立样本t检验结果见表8-4、表8-5。

表8-4　职后三个阶段样本学生教师效能性别分组统计

学业/职业阶段	维度	性别	个案数	平均值	标准差	标准误差平均值
本科毕业且初入教育硕士研究生阶段	教师效能	男	92	4.05	0.498	0.052
		女	729	3.91	0.488	0.018
	课堂管理	男	92	4.10	0.556	0.058
		女	729	3.94	0.573	0.021
	学生参与	男	92	3.94	0.599	0.062
		女	729	3.80	0.578	0.021
	教学策略	男	92	4.10	0.551	0.057
		女	729	3.98	0.514	0.019
教育硕士研究生在读阶段	教师效能	男	124	4.03	0.577	0.052
		女	746	3.91	0.493	0.018
	课堂管理	男	124	4.11	0.616	0.055
		女	746	3.97	0.580	0.021

续表

学业阶段	维度	性别	个案数	平均值	标准差	标准误差平均值
教育硕士研究生在读阶段	学生参与	男	124	3.91	0.663	0.060
		女	746	3.78	0.586	0.021
	教学策略	男	124	4.08	0.606	0.054
		女	746	3.98	0.512	0.019
教育硕士毕业后阶段	教师效能	男	124	4.03	0.577	0.052
		女	746	3.91	0.493	0.018
	课堂管理	男	124	4.11	0.616	0.055
		女	746	3.97	0.580	0.021
	学生参与	男	124	3.91	0.663	0.060
		女	746	3.78	0.586	0.021
	教学策略	男	124	4.08	0.606	0.054
		女	746	3.98	0.512	0.019

表 8-5 职后三个阶段不同性别样本学生教师效能独立样本 t 检验

学业/职业阶段	维度	方差情况	方差方程的 Levene 检验 F	Sig.	均值方差的 t 检验 t	df	Sig.（双侧）	均值差值	标准误差差值	差分的 95% 置信区间 下限	上限
本科毕业且初入教育硕士研究生阶段	教师效能	假设方差相等	1.099	0.295	2.615	819	0.009	0.142	0.054	0.035	0.248
		假设方差不相等	—	—	2.573	114.142	0.011	0.142	0.055	0.033	0.251
	课堂管理	假设方差相等	0.661	0.417	2.513	819	0.012	0.159	0.063	0.035	0.283
		假设方差不相等	—	—	2.572	116.752	0.011	0.159	0.062	0.037	0.281
	学生参与	假设方差相等	0.142	0.706	2.218	819	0.027	0.142	0.064	0.016	0.268
		假设方差不相等	—	—	2.156	113.406	0.033	0.142	0.066	0.012	0.273
	教学策略	假设方差相等	3.112	0.078	2.153	819	0.032	0.123	0.057	0.011	0.236
		假设方差不相等	—	—	2.040	111.909	0.044	0.123	0.061	0.004	0.243

续表

学业/职业阶段	维度	方差情况	方差方程的Levene检验 F	Sig.	均值方差的t检验 t	df	Sig.（双侧）	均值差值	标准误差差值	差分的95%置信区间 下限	上限
教育硕士研究生在读阶段	教师效能	假设方差相等	3.537	0.060	2.482	868	0.013	0.122	0.049	0.025	0.218
		假设方差不相等	—	—	2.220	154.336	0.028	0.122	0.055	0.013	0.230
	课堂管理	假设方差相等	2.252	0.134	2.520	868	0.012	0.143	0.057	0.032	0.254
		假设方差不相等	—	—	2.414	161.390	0.017	0.143	0.059	0.026	0.260
	学生参与	假设方差相等	1.859	0.173	2.117	868	0.035	0.123	0.058	0.009	0.236
		假设方差不相等	—	—	1.937	156.502	0.055	0.123	0.063	-0.002	0.248
	教学策略	假设方差相等	3.852	0.050	1.955	868	0.051	0.100	0.051	0.000	0.200
		假设方差不相等	—	—	1.734	153.563	0.085	0.100	0.058	-0.014	0.213
教育硕士毕业后阶段	教师效能	假设方差相等	3.728	0.054	-1.022	488	0.307	-0.063	0.061	-0.183	0.058
		假设方差不相等	—	—	-0.837	109.515	0.404	-0.063	0.075	-0.211	0.086
	课堂管理	假设方差相等	4.312	0.038	-0.720	488	0.472	-0.048	0.067	-0.180	0.083
		假设方差不相等	—	—	-0.597	110.417	0.552	-0.048	0.081	-0.208	0.112
	学生参与	假设方差相等	2.703	0.101	-0.652	488	0.515	-0.045	0.070	-0.182	0.092
		假设方差不相等	—	—	-0.569	114.714	0.570	-0.045	0.080	-0.204	0.113
	教学策略	假设方差相等	1.410	0.236	-1.475	488	0.141	-0.095	0.064	-0.221	0.031
		假设方差不相等	—	—	-1.208	109.551	0.230	-0.095	0.078	-0.250	0.061

由表 8-5 可知，本科毕业且初入教育硕士研究生毕业阶段和教育硕士研究生在读阶段的样本学生在教师效能方面呈现出了具有显著性的性别差异，本科毕业且初入教育硕士研究生毕业阶段的样本学生之间的差异具体表现在课堂管理、学生参与和教学

策略三个方面，而教育硕士研究生在读阶段的样本学生差异则主要体现在课堂管理和学生参与程度两个方面。在教师效能维度存在差异的各方面表现上，均为男生的效能感高于女生。即便是教育硕士毕业后阶段的样本学生在教师效能及其二级维度的作答上也呈现出显著的性别差异，从表 8-4 中的均值来看，样本学生中男生的作答均值仍略高于女生。整体上讲，在公费师范生的职后阶段，尤其是教育硕士研究生在读阶段，男生的教师效能感普遍略强于女生。

二、职后阶段不同民族样本学生教师效能差异分析

经方差齐性检验及单因素方差分析发现：职后三个阶段的样本学生中，仅教育硕士毕业后阶段不同民族的样本学生在教师效能及其二级维度的作答中存在显著性差异，其对应方差齐性检验结果和单因素方差分析结果见表 8-6、表 8-7。

表 8-6 教育硕士毕业后阶段不同民族样本学生教师效能方差齐性检验

维度	莱文统计	自由度1	自由度2	显著性
教师效能	0.513	9	475	0.866
课堂管理	1.309	9	475	0.230
学生参与	0.574	9	475	0.819
教学策略	0.690	9	475	0.718

表 8-7 教育硕士毕业后阶段不同民族样本学生教师效能 ANOVA 分析

维度	组别	平方和	自由度	均方	F	显著性
教师效能	组间	11.209	14	0.801	3.087	0.000
	组内	123.183	475	0.259	—	—
	总计	134.392	489	—	—	—
课堂管理	组间	11.381	14	0.813	2.607	0.001
	组内	148.125	475	0.312	—	—
	总计	159.506	489	—	—	—
学生参与	组间	11.378	14	0.813	2.388	0.003
	组内	161.637	475	0.340	—	—
	总计	173.015	489	—	—	—
教学策略	组间	13.176	14	0.941	3.332	0.000
	组内	134.174	475	0.282	—	—
	总计	147.350	489	—	—	—

由表 8-6 可知，教育硕士毕业后阶段在教师效能维度及其二级维度的作答均接受了方差相等的假设，尤其单因素方差分析结果（表 8-7）可见，在教师效能维度和三个二级维度的作答上，教育硕士毕业后阶段不同民族的样本学生均存在具有统计学意义的显著性差异，具体表现见表 8-8。

表 8-8 教育硕士毕业后阶段不同民族样本学生教师效能描述性统计分析

维度	民族	个案数	平均值	标准差	标准误差	平均值的95%置信区间下限	平均值的95%置信区间上限	最小值	最大值
教师效能	汉族	424	4.06	0.516	0.025	4.012	4.110	1.00	5.00
	蒙古族	9	3.96	0.228	0.076	3.785	4.135	3.72	4.44
	回族	20	3.93	0.442	0.099	3.718	4.132	3.28	5.00
	藏族	1	4.42	—	—	—	—	4.42	4.42
	维吾尔族	1	4.53	—	—	—	—	4.53	4.53
	苗族	6	4.02	0.525	0.215	3.467	4.570	3.44	4.67
	彝族	2	3.83	0.236	0.167	1.716	5.951	3.67	4.00
	壮族	9	3.89	0.604	0.201	3.427	4.357	2.78	5.00
	布依族	2	3.85	0.216	0.153	1.906	5.788	3.69	4.00
	满族	5	4.28	0.467	0.209	3.704	4.863	3.67	4.78
	侗族	3	4.19	0.379	0.219	3.243	5.127	3.78	4.53
	土家族	5	4.18	0.477	0.213	3.585	4.770	3.89	5.00
	哈萨克族	1	3.72	—	—	—	—	3.72	3.72
	土族	1	3.61	—	—	—	—	3.61	3.61
	羌族	1	1.00	—	—	—	—	1.00	1.00
	总计	490	4.05	0.524	0.024	4.000	4.093	1.00	5.00
课堂管理	汉族	424	4.15	0.569	0.028	4.091	4.199	1.00	5.00
	蒙古族	9	4.03	0.317	0.106	3.784	4.272	3.75	4.75
	回族	20	4.09	0.400	0.089	3.900	4.275	3.50	5.00
	藏族	1	4.50	—	—	—	—	4.50	4.50
	维吾尔族	1	4.25	—	—	—	—	4.25	4.25
	苗族	6	4.00	0.652	0.266	3.316	4.684	3.25	5.00
	彝族	2	4.00	0.000	0.000	4.000	4.000	4.00	4.00
	壮族	9	4.03	0.458	0.153	3.675	4.380	3.25	5.00
	布依族	2	4.00	0.000	0.000	4.000	4.000	4.00	4.00

续表

维度	民族	个案数	平均值	标准差	标准误差	平均值的95%置信区间 下限	平均值的95%置信区间 上限	最小值	最大值
课堂管理	满族	5	4.35	0.742	0.332	3.429	5.271	3.25	5.00
	侗族	3	4.50	0.250	0.144	3.879	5.121	4.25	4.75
	土家族	5	4.10	0.518	0.232	3.456	4.744	3.75	5.00
	哈萨克族	1	3.75	—	—			3.75	3.75
	土族	1	3.75	—	—			3.75	3.75
	羌族	1	1.00	—	—			1.00	1.00
	总计	490	4.13	0.571	0.026	4.081	4.183	1.00	5.00
学生参与	汉族	424	3.92	0.585	0.028	3.868	3.980	1.00	5.00
	蒙古族	9	3.96	0.261	0.087	3.763	4.163	3.67	4.33
	回族	20	3.75	0.629	0.141	3.455	4.045	2.33	5.00
	藏族	1	4.00	—	—			4.00	4.00
	维吾尔族	1	4.33	—	—			4.33	4.33
	苗族	6	3.72	0.443	0.181	3.257	4.187	3.33	4.33
	彝族	2	3.50	0.707	0.500	−2.853	9.853	3.00	4.00
	壮族	9	3.70	0.772	0.257	3.110	4.297	2.33	5.00
	布依族	2	3.67	0.471	0.333	−0.569	7.902	3.33	4.00
	满族	5	4.20	0.298	0.133	3.830	4.570	4.00	4.67
	侗族	3	3.89	0.509	0.294	2.624	5.154	3.33	4.33
	土家族	5	4.13	0.558	0.249	3.441	4.826	3.67	5.00
	哈萨克族	1	3.67	—	—			3.67	3.67
	土族	1	3.33	—	—			3.33	3.33
	羌族	1	1.00	—	—			1.00	1.00
	总计	490	3.91	0.595	0.027	3.853	3.959	1.00	5.00
教学策略	汉族	424	4.11	0.536	0.026	4.063	4.165	1.00	5.00
	蒙古族	9	3.89	0.283	0.094	3.672	4.106	3.50	4.25
	回族	20	3.94	0.499	0.112	3.704	4.171	3.00	5.00
	藏族	1	4.75	—	—			4.75	4.75
	维吾尔族	1	5.00	—	—			5.00	5.00
	苗族	6	4.33	0.585	0.239	3.720	4.947	3.75	5.00

续表

维度	民族	个案数	平均值	标准差	标准误差	平均值的95%置信区间下限	平均值的95%置信区间上限	最小值	最大值
教学策略	彝族	2	4.00	0.000	0.000	4.000	4.000	4.00	4.00
	壮族	9	3.94	0.659	0.220	3.438	4.451	2.75	5.00
	布依族	2	3.88	0.177	0.125	2.287	5.463	3.75	4.00
	满族	5	4.30	0.481	0.215	3.703	4.897	3.75	5.00
	侗族	3	4.17	0.382	0.220	3.218	5.115	3.75	4.50
	土家族	5	4.30	0.411	0.184	3.790	4.810	4.00	5.00
	哈萨克族	1	3.75	—	—	—	—	3.75	3.75
	土族	1	3.75	—	—	—	—	3.75	3.75
	羌族	1	1.00	—	—	—	—	1.00	1.00
	总计	490	4.10	0.549	0.025	4.051	4.149	1.00	5.00

由表8-8可见，教师效能方面，除样本数量仅1人的民族之外，教育硕士毕业后阶段满族的样本学生在此维度的作答均值最大，侗族、土家族、汉族和苗族的样本学生作答均值均在4.00以上，教师效能表现得更为突出。

除样本数量仅1人的民族之外，教师效能维度之下，课堂管理方面侗族样本学生的效能表现最为明显，此外，汉族、满族、土家族、回族、蒙古族、壮族的样本学生作答均值均大于4.00，在课堂管理上的教师效能感较强。在学生参与方面的教师效能感上，满族学生作答均值最大，土家族样本学生作答均值次之。教学策略方面，苗族学生作答均值最大，此外，满族、土家族、侗族、汉族、彝族样本学生作答均值也均在4.00以上。有三个二级维度的作答差异比较来看，满族的样本学生在三个二级维度上作答均值均居于前列，表明满族样本学生在课堂管理、学生参与和教学策略方面均具有较强的教师效能感。

三、职后阶段不同任教学段样本学生教师效能差异分析

分析发现，职后三个阶段的样本学生中，教育硕士研究生在读阶段和教育硕士毕业后阶段的样本学生在教师效能维度及其三个二级维度的作答上均未表现出具有统计学意义的显著性差异，而本科毕业且初入教育硕士研究生阶段的样本学生则在差异分

析中有所体现。当以任教学段为因子时，本科毕业且初入教育硕士研究生阶段样本学生作答结果的方差齐性检验结果见表8-9。

表8-9 本科毕业且初入教育硕士研究生阶段不同任教学段样本学生教师效能方差齐性检验

维度	莱文统计	自由度1	自由度2	显著性
教师效能	1.937	6	814	0.072
课堂管理	1.892	6	814	0.080
学生参与	2.626	6	814	0.016
教学策略	0.712	6	814	0.640

由表8-9可见，本阶段样本学生在教师效能、课堂管理、教学策略方面的作答结果均接受了方差相等的假设，对应单因素方差分析结果见表8-10；在学生参与维度的作答结果则不符合方差齐性的一致性要求，对应的克鲁斯卡尔-沃利斯检验结果见表8-11、表8-12。

表8-10 本科毕业且初入教育硕士研究生阶段不同任教学段样本学生教师效能ANOVA分析

维度	组别	平方和	自由度	均方	F	显著性
教师效能	组间	3.867	6	0.645	2.707	0.013
	组内	193.774	814	0.238	—	—
	总计	197.641	820	—	—	—
课堂管理	组间	5.225	6	0.871	2.685	0.014
	组内	263.980	814	0.324	—	—
	总计	269.204	820	—	—	—
教学策略	组间	1.946	6	0.324	1.204	0.302
	组内	219.332	814	0.269	—	—
	总计	221.279	820	—	—	—

表8-11 本科毕业且初入教育硕士研究生阶段不同任教学段样本学生教师效能之学生参与克鲁斯卡尔-沃利斯检验秩

现任教学段	个案数	秩平均值
小学	724	453.01
初一	16	441.56
初二	45	445.12

续表

现任教学段	个案数	秩平均值
初三	17	415.82
高一	16	416.25
高二	13	476.69
高三	5	584.00
总计	8	458.31

表 8-12　本科毕业且初入教育硕士研究生阶段样本学生教师效能之学生参与分析任教学段分组克鲁斯卡尔-沃利斯检验统计

卡方	14.580
自由度	6
渐近显著性	0.024

注：分组变量：现任教学段。

从上述三个差异分析表格中可见，本科毕业且初入教育硕士研究生阶段任教于不同学段的样本学生在教师效能方面存在显著性差异，且具体表现在课堂管理和学生参与两个方面，具体差异表现见表 8-13。

表 8-13　本科毕业且初入教育硕士研究生阶段不同任教学段样本学生教师效能描述性统计分析

维度	任教学段	个案数	平均值	标准差	标准误差	平均值的95%置信区间 下限	平均值的95%置信区间 上限	最小值	最大值
教师效能	小学	84	3.99	0.410	0.045	3.896	4.074	2.69	5.00
教师效能	初一	211	3.88	0.550	0.038	3.806	3.955	1.00	5.00
教师效能	初二	32	3.94	0.543	0.096	3.747	4.138	2.56	5.00
教师效能	初三	14	4.01	0.408	0.109	3.772	4.244	3.53	5.00
教师效能	高一	388	3.90	0.468	0.024	3.850	3.943	2.39	5.00
教师效能	高二	60	3.97	0.443	0.057	3.852	4.081	3.03	4.92
教师效能	高三	32	4.21	0.533	0.094	4.020	4.404	3.08	5.00
教师效能	总计	821	3.92	0.491	0.017	3.889	3.956	1.00	5.00
课堂管理	小学	84	3.98	0.523	0.057	3.863	4.090	1.25	5.00
课堂管理	初一	211	3.93	0.635	0.044	3.843	4.015	1.00	5.00
课堂管理	初二	32	3.95	0.652	0.115	3.718	4.188	2.00	5.00
课堂管理	初三	14	4.14	0.376	0.101	3.926	4.360	3.75	5.00

续表

维度	任教学段	个案数	平均值	标准差	标准误差	平均值的95%置信区间 下限	平均值的95%置信区间 上限	最小值	最大值
课堂管理	高一	388	3.93	0.547	0.028	3.874	3.983	1.75	5.00
	高二	60	4.07	0.520	0.067	3.932	4.201	3.00	5.00
	高三	32	4.29	0.561	0.099	4.087	4.491	3.25	5.00
	总计	821	3.96	0.573	0.020	3.923	4.001	1.00	5.00
学生参与	小学	84	3.92	0.442	0.048	3.821	4.013	3.00	5.00
	初一	211	3.76	0.651	0.045	3.670	3.847	1.00	5.00
	初二	32	3.88	0.573	0.101	3.669	4.081	2.67	5.00
	初三	14	3.88	0.464	0.124	3.613	4.149	3.33	5.00
	高一	388	3.78	0.563	0.029	3.726	3.838	1.00	5.00
	高二	60	3.81	0.557	0.072	3.667	3.955	2.33	5.00
	高三	32	4.17	0.616	0.109	3.944	4.389	3.00	5.00
	总计	821	3.81	0.581	0.020	3.772	3.852	1.00	5.00

在课堂管理方面，任教于高中三年级和初中三年级的样本公费师范生明显具有较强的效能感，究其原因，可能是该学段的学生因面临升学考试等，在课堂秩序方面等无须过多管理；此外，大部分学校任课教师从学段低年级承担教学工作并与所带学生一同升入高年级，可能在毕业年级的学习中，教师与学生在课堂秩序方面已形成了一定的默会规则，因此教师在此方面的效能感也更为强烈。在学生参与度方面，任教于高三年级和小学学段的样本公费师范生作答均值相对较大，表明在此学段的教学过程中，基础教育阶段的12年中，承担低年级和高年级教学工作的教师具有更高的效能感。

综合上述两个具有差异表现的维度作答结果来看，承担高三年级教学工作的样本公费师范生教师效能感最为强烈，且在课堂管理和学生参与方面都具有强于其他任教学段教师的效能感知。

四、职后阶段不同学科样本学生教师效能差异分析

当以任教学科为分组变量时，教育硕士毕业后阶段的样本学生在教师效能维度的作答方面未表现出显著性差异，现就本科毕业且初入教育硕士研究生阶段和教育硕士研究生在读阶段样本学生的作答结果分别进行差异分析。

当以任教学科为因子时,本科毕业且初入教育硕士研究生阶段任教于不同学科的样本学生在教师效能方面作答结果的方差齐性检验结果见表8-14。

表8-14 本科毕业且初入教育硕士研究生阶段不同任教学科样本学生教师效能方差齐性检验

维度	莱文统计	自由度1	自由度2	显著性
教师效能	1.420	3	817	0.236
课堂管理	0.485	3	817	0.693
学生参与	0.897	3	817	0.442
教学策略	0.795	3	817	0.497

从表8-14可见,本科毕业且初入教育硕士研究生阶段的样本学生作答结果均接受了方差相等的假设,对应单因素方差分析结果见表8-15。

表8-15 本科毕业且初入教育硕士研究生阶段不同任教学科样本学生教师效能ANOVA分析

维度	组别	平方和	自由度	均方	F	显著性
教师效能	组间	2.422	3	0.807	3.378	0.018
	组内	195.219	817	0.239	—	—
	总计	197.641	820	—	—	—
课堂管理	组间	2.008	3	0.669	2.046	0.106
	组内	267.197	817	0.327	—	—
	总计	269.204	820	—	—	—
学生参与	组间	2.044	3	0.681	2.024	0.109
	组内	275.055	817	0.337	—	—
	总计	277.099	820	—	—	—
教学策略	组间	4.386	3	1.462	5.506	0.001
	组内	216.893	817	0.265	—	—
	总计	221.279	820	—	—	—

从表8-15可见,任教于不同学科的本科毕业且初入教育硕士研究生阶段样本学生,在教师效能方面存在显著性差异,且主要差异表现在教学策略的理解和使用方面,在课堂管理和学生参与程度方面的效能感并无差异。本阶段任教于不同学科的样本学生在教师效能及其二级维度教学策略上的具体差异表现见表8-16。

表 8-16 本科毕业且初入教育硕士研究生阶段不同任教学科样本学生教师效能描述性统计分析

维度	任教学科	个案数	平均值	标准差	标准误差	平均值的95%置信区间 下限	平均值的95%置信区间 上限	最小值	最大值
教师效能	语文	268	3.85	0.482	0.029	3.790	3.906	2.11	5.00
	数学	335	3.95	0.497	0.027	3.901	4.008	2.56	5.00
	英语	213	3.96	0.478	0.033	3.895	4.024	1.00	5.00
	其他	5	4.17	0.752	0.336	3.233	5.101	3.08	5.00
	总计	821	3.92	0.491	0.017	3.889	3.956	1.00	5.00
教学策略	语文	268	3.89	0.488	0.030	3.830	3.948	2.00	5.00
	数学	335	4.04	0.526	0.029	3.983	4.096	2.25	5.00
	英语	213	4.05	0.527	0.036	3.979	4.122	1.00	5.00
	其他	5	4.10	0.742	0.332	3.179	5.021	3.00	5.00
	总计	821	3.99	0.519	0.018	3.958	4.029	1.00	5.00

由表 8-16 可见，在教师效能这一维度的具体表现上，本阶段样本学生中从事非本专业课程教学的样本学生效能感最强，从事英语学科教学和数学学科教学的样本学生效能感相当，任教于语文学科的样本学生也表现出了较强的教师效能感，但在学科之间的比较上，相对低于本阶段任教于其他学科的样本学生。从其教学策略方面的效能感来看，分布情况与整体教师效能差异分布情况相似，从事非本专业教学工作的样本公费师范生在教学策略方面具有较强的效能感，英语教师与数学教师效能感相当，从事语文学科教学工作的样本学生在教学策略方面效能感相对低于其他学科教师。

此外，教育硕士研究生在读阶段从事不同学科教学工作的样本学生在教师效能方面也表现出了不同程度的差异，当以任教学科作为因子时，教育硕士研究生在读阶段样本学生对此维度作答结果的方差齐性检验结果均接受了方差相等的假设（自表8-17可知），对应单因素方差分析结果见表8-18。

表 8-17 教育硕士研究生在读阶段不同任教学科样本学生教师效能方差齐性检验

维度	莱文统计	自由度1	自由度2	显著性
教师效能	0.409	3	866	0.747
课堂管理	0.342	3	866	0.795
学生参与	0.391	3	866	0.760
教学策略	0.262	3	866	0.853

表 8-18 教育硕士研究生在读阶段不同任教学科样本学生教师效能 ANOVA 分析

维度	组别	平方和	自由度	均方	F	显著性
教师效能	组间	3.095	3	1.032	4.048	0.007
	组内	220.755	866	0.255	—	—
	总计	223.851	869	—	—	—
课堂管理	组间	2.951	3	0.984	2.870	0.036
	组内	296.741	866	0.343	—	—
	总计	299.692	869	—	—	—
学生参与	组间	6.262	3	2.087	5.927	0.001
	组内	304.982	866	0.352	—	—
	总计	311.244	869	—	—	—
教学策略	组间	2.687	3	0.896	3.251	0.021
	组内	238.585	866	0.276	—	—
	总计	241.271	869	—	—	—

从表 8-18 可见，教育硕士研究生在读阶段任教于不同学科的样本学生在教师效能的表现上存在显著性差异，具体而言，在课堂管理、学生参与、教学策略三个不同维度上，均体现出具有统计学意义的显著性差异。

表 8-19 教育硕士研究生在读阶段不同任教学科样本学生教师效能描述性统计分析

维度	任教学科	个案数	平均值	标准差	标准误差	平均值的95%置信区间 下限	平均值的95%置信区间 上限	最小值	最大值
教师效能	语文	188	3.85	0.483	0.035	3.785	3.924	2.33	5.00
	数学	482	3.97	0.517	0.024	3.920	4.013	1.00	5.00
	英语	194	3.91	0.499	0.036	3.838	3.980	1.00	5.00
	其他	6	3.46	0.319	0.130	3.128	3.798	3.06	3.83
	总计	870	3.93	0.508	0.017	3.892	3.960	1.00	5.00
课堂管理	语文	188	3.97	0.531	0.039	3.892	4.045	2.00	5.00
	数学	482	4.01	0.591	0.027	3.958	4.064	1.00	5.00
	英语	194	3.97	0.620	0.045	3.884	4.059	1.00	5.00
	其他	6	3.33	0.540	0.220	2.767	3.900	2.50	4.00
	总计	870	3.99	0.587	0.020	3.949	4.027	1.00	5.00

续表

维度	任教学科	个案数	平均值	标准差	标准误差	平均值的95%置信区间 下限	平均值的95%置信区间 上限	最小值	最大值
学生参与	语文	188	3.67	0.624	0.046	3.584	3.764	2.00	5.00
	数学	482	3.87	0.590	0.027	3.819	3.925	1.00	5.00
	英语	194	3.75	0.572	0.041	3.673	3.835	1.00	5.00
	其他	6	3.56	0.544	0.222	2.984	4.127	2.67	4.00
	总计	870	3.80	0.598	0.020	3.761	3.841	1.00	5.00
教学策略	语文	188	3.92	0.500	0.036	3.850	3.994	2.75	5.00
	数学	482	4.02	0.531	0.024	3.969	4.064	1.00	5.00
	英语	194	4.00	0.536	0.038	3.925	4.077	1.00	5.00
	其他	6	3.50	0.354	0.144	3.129	3.871	3.00	4.00
	总计	870	3.99	0.527	0.018	3.954	4.024	1.00	5.00

由表8-19可知，在课堂管理、学生参与和教学策略三个方面的教师效能感上，从事数学学科教学工作的样本公费师范生均具有较为明显的效能感。在课堂管理方面，语文教师和英语教师也均具有较为强烈的效能感，其作答均值略低于数学教师。在学生参与和教学策略两个方面，英语教师效能感均高于语文教师。在上述三个方面，从事非本专业教学工作的样本公费师范生的职业效能感均明显低于其他学科样本教师。

结合本科毕业且初入教育硕士研究生阶段的样本学生在此维度的表现来看，从事非本专业教学工作的样本公费师范生在刚刚完成本科阶段的学习时，具有较为强烈的教师效能感，但随着教育硕士研究生阶段学习程度和对教师职业了解与体验程度的深入，其教师效能感明显减弱。对于公费师范教育项目而言，可酌情考虑在职后阶段对于从事与其所学专业方向不完全相等的学科教学工作的公费师范生开展针对性的培养，如在职后申请教育硕士研究生时提供根据从教学科调整专业方向的选择。

第 9 章　公费师范生职后的教师领导力与职业愿景

在职后阶段的公费师范生职业状态发展调查研究中，本研究侧重于教师领导力和其职业愿景两个维度，通过对比不同学业/职业阶段的样本公费师范生在两个维度相关题项的作答情况，探究其职业发展对应状态。

第一节　公费师范生教师领导力分析

教师领导力与教师领导是一对相互独立又彼此联系的概念，教师领导侧重于某种地位属性，而教师领导力则更关注教师主体向外延伸的影响力。Jennifer York-Barr 和 Karen Duke 曾在梳理了二十余年间教师领导力有关文献后，给出了如下定义：

……teacher leadership is the process by which teachers, individually or collectively, influence their colleagues, principals, and other members of school communities to improve teaching and learning practices with the aim of increased student learning and achievement.[1]

（教师领导力，是教师通过个体作用或群体作用，影响同事、领导及学校群体中其他成员的过程，旨在增强教学实践效力，最终提升学生学业成就。）

同时，该研究指出：教师领导力的发展主要包含三个有意识的发展焦点，分别为：个人发展（individual development）、合作发展或团队发展（collaboration or team development）、组织发展（organizational development）。[2] 本研究以职后三个阶段的公

---

[1] YORK-BARR J, DUKE K. What do we know about teacher leadership? Findings from two decades of scholarship[J]. Review of Educational Research, 2004, 74（3）: 287-388.

[2] YORK-BARR J, DUKE K. What do we know about teacher leadership? Findings from two decades of scholarship[J]. Review of Educational Research, 2004, 74（3）: 255-316.

费师范生作为样本教师,设置六个相关题项,以探求公费师范生在不同的学业、职业阶段教师领导力的动态变化。

一、职后阶段样本学生教师领导力描述性统计分析

1. 本科毕业且初入教育硕士研究生阶段公费师范生教师领导力分析

本科毕业且初入教育硕士研究生阶段的公费师范生对教师领导力监测维度下六个题项作答结果的描述统计量如表9-1所示。

表9-1 本科毕业且初入教育硕士研究生阶段样本对象教师领导力分析描述统计量

题项	N	极小值	极大值	均值	标准差
我经常帮助同事(尤其是新同事)加深理解教学目标	821	1	5	3.54	0.91
我经常帮助同事改进教学方法	821	1	5	3.35	0.93
我经常鼓励同事在课堂中尝试新学习到的教学方法	821	1	5	3.60	0.89
我经常为提高同事的教学能力提出建设性意见	821	1	5	3.45	0.89
我经常为同事参与校内外学习活动提供帮助	821	1	5	3.67	0.85
我经常与同事交流教学方法	821	1	5	4.03	0.67
有效的N(列表状态)	821	—	—	—	—

由表9-1可见,本阶段的样本教师虽初入职场,工作经验积累有限,但其教师领导力整体处于中等水平。在作答的六个相关题项中,题项"我经常与同事交流教学方法"的均值最高且标准差最小($\bar{x}$=4.03,S=0.67),表明该题项的作答结果分布最为集中,可知初入教育硕士研究生阶段的公费师范生在工作岗位上,倾向于通过与同事交流教学方法促进专业理解,同时可能伴随着新手教师的主体影响传递。此外,本阶段样本教师的作答中,均值最低的两个题项为"我经常帮助同事改进教学方法"($\bar{x}$=3.35)、"我经常为提高同事的教学能力提出建设性意见"($\bar{x}$=3.45),结合最高均值题项可知,在此阶段,样本教师与同事的沟通交流中,以个人输入、经验汲取为主,其教师领导力发展主要体现为个人发展焦点取向。

2. 教育硕士研究生在读阶段公费师范生教师领导力分析

教育硕士研究生在读阶段的公费师范生对教师领导力监测维度相关题项作答结果的描述统计量如表9-2所示。

表 9-2　教育硕士研究生在读阶段样本对象教师领导力分析描述统计量

题项	N	极小值	极大值	均值	标准差
我经常帮助同事（尤其是新同事）加深理解教学目标	870	1	5	3.46	0.95
我经常帮助同事改进教学方法	870	1	5	3.29	0.91
我经常鼓励同事在课堂中尝试新学习到的教学方法	870	1	5	3.51	0.93
我经常为提高同事的教学能力提出建设性意见	870	1	5	3.42	0.93
我经常为同事参与校内外学习活动提供帮助	870	1	5	3.63	0.90
我经常与同事交流教学方法	870	1	5	4.02	0.68
有效的 N（列表状态）	870	—	—	—	—

结合统计量可知，相较于本科毕业且初入教育硕士研究生阶段的样本教师，教育硕士研究生在读阶段的公费师范生的教师领导力相对较低，与初入教育硕士研究生阶段的公费师范生相似的是，本阶段样本教师在六个题项作答中均值最高的仍为题项"我经常与同事交流教学方法"（$\bar{x}=4.02$），而题项"我经常帮助同事改进教学方法"的作答结果均值最低（$\bar{x}=3.29$），表明相较于本科毕业阶段的公费师范生，教育硕士研究生在读阶段的公费师范生虽然教学经验有一定的积累，但其教师领导力的影响作用仍处于以个人专业发展为焦点的阶段。

3. 教育硕士毕业后阶段公费师范生教师领导力分析

教育硕士毕业后阶段样本教师对本监测研究中教师领导力相关题项作答结果的描述统计量如表 9-3 所示。

表 9-3　教育硕士毕业后阶段样本对象教师领导力分析描述统计量

题项	N	极小值	极大值	均值	标准差
我经常帮助同事（尤其是新同事）加深理解教学目标	490	1	5	3.70	0.86
我经常帮助同事改进教学方法	490	1	5	3.39	0.91
我经常鼓励同事在课堂中尝试新学习到的教学方法	490	1	5	3.55	0.94
我经常为提高同事的教学能力提出建设性意见	490	1	5	3.51	0.89
我经常为同事参与校内外学习活动提供帮助	490	1	5	3.64	0.88
我经常与同事交流教学方法	490	1	5	4.05	0.70
有效的 N（列表状态）	490	—	—	—	—

由表9-3可见，相较于本科毕业且初入教育硕士研究生阶段及教育硕士研究生在读阶段的样本教师而言，教育硕士毕业后阶段的公费师范生在教师领导力方面有了明显的提升。这一变化主要体现在对题项"我经常帮助同事（尤其是新同事）加深理解教学目标"的作答上（$\bar{x}_{初入硕士}$=3.54，$\bar{x}_{硕士在读}$=3.46，$\bar{x}_{硕士毕业}$=3.70），且分布相较于之前两个阶段也相对集中（$S_{初入硕士}$=0.91，$S_{硕士在读}$=0.95，$S_{硕士毕业}$=0.86）。数据表明，公费师范生在教育硕士毕业之后，教师领导力发展焦点处在从个人发展向合作或团队发展的过渡阶段。虽然此时，样本教师的教师领导力总体分值不高，但整体呈上升趋势，并且初步发生了领导力发展的焦点转移。

二、职后阶段样本学生教师领导力差异分析

研究对于职后三个阶段样本学生在教师领导力方面表现的差异分析主要从性别差异、民族差异、任教学段差异和任教学科差异四个方面进行分析，数据分析显示：任教于不同学段的职后三个阶段样本学生在教师领导力方面均为表现出具有统计学意义的显著性差异。在此，仅呈现职后样本学生在教师领导力方面的性别差异、民族差异及任教学科差异。

1. 职后阶段不同性别样本学生教师领导力差异分析

职后三个阶段样本学生中，本科毕业且初入教育硕士研究生阶段和教育硕士毕业后阶段的样本学生中，男生、女生在教师领导力维度对应题项的作答上未表现出显著差异，仅教育硕士研究生在读阶段的样本学生在此维度上表现出了具有统计学上显著意义的性别差异。当以性别作为分组变量时，教育硕士研究生在读阶段的样本学生在教师领导力维度作答结果的分组统计描述及独立样本t检验结果见表9-4、表9-5。

表9-4 教育硕士研究生在读阶段样本学生教师领导力性别分组统计

性别	个案数	平均值	标准差	标准误差平均值
男	124	3.726	0.755	0.068
女	746	3.527	0.669	0.025

表 9-5　教育硕士研究生在读阶段不同性别样本学生教师领导力独立样本 t 检验

方差情况	方差方程的 Levene 检验		均值方差的 t 检验					差分的 95% 置信区间	
	F	Sig.	t	df	Sig.（双侧）	均值差值	标准误差差值	下限	上限
假设方差相等	1.167	0.280	2.998	868	0.003	0.198	0.066	0.068	0.328
假设方差不相等	—	—	2.751	156.788	0.007	0.198	0.072	0.056	0.341

由表 9-5 可见，教育硕士研究生在读阶段样本学生中，男生、女生在教师领导力方面的表现存在显著性差异，自表 9-4 可知，具体差异表现为：男生的作答均值相对高于女生，表明此阶段样本公费师范生中，男生的教师领导力比女生更为明显。

2. 职后阶段不同民族样本学生教师领导力差异分析

当以民族为因子时，职后三个阶段中，本科毕业且初入教育硕士研究生阶段和教育硕士毕业后阶段的样本学生在教师领导力维度的作答结果均未显示出具有统计学意义的显著性差异。教育硕士研究生在读阶段的样本学生作答结果的方差齐性检验结果见表 9-6。

表 9-6　教育硕士研究生在读阶段不同民族样本学生教师领导力方差齐性检验

莱文统计	自由度 1	自由度 2	显著性
0.994	13	850	0.455

表 9-7　教育硕士研究生在读阶段不同民族样本学生教师领导力 ANOVA 分析

组别	平方和	自由度	均方	F	显著性
组间	18.289	19	0.963	2.099	0.004
组内	389.757	850	0.459	—	—
总计	408.046	869	—	—	—

由表 9-6 可知，教育硕士研究生在读阶段样本学生在此维度的作答结果符合方差齐性的一致性要求，对应的单因素方差分析结果（表 9-7）显示：教育硕士研究生阶段样本公费师范生在教师领导力维度的作答结果显现出了具有统计学意义的差异表现，具体差异所在见表 9-8。

表 9-8 教育硕士研究生在读阶段不同民族样本学生教师效能描述性统计分析

民族	个案数	平均值	标准差	标准误差	平均值的95%置信区间 下限	平均值的95%置信区间 上限	最小值	最大值
汉族	749	3.54	0.685	0.025	3.489	3.587	1.00	5.00
蒙古族	11	4.03	0.542	0.163	3.666	4.394	3.33	5.00
回族	24	3.63	0.548	0.112	3.394	3.856	2.67	5.00
藏族	8	3.10	0.729	0.258	2.495	3.714	1.83	4.00
维吾尔族	8	4.15	0.587	0.208	3.655	4.637	3.33	5.00
苗族	11	3.58	0.905	0.273	2.968	4.184	1.67	5.00
彝族	2	3.42	0.825	0.583	-3.995	10.829	2.83	4.00
壮族	8	3.71	0.555	0.196	3.245	4.172	2.67	4.50
布依族	1	3.67	—	—	—	—	3.67	3.67
满族	5	4.00	0.612	0.274	3.240	4.760	3.33	5.00
侗族	5	3.53	0.380	0.170	3.061	4.005	3.17	4.00
白族	4	2.42	0.687	0.344	1.323	3.510	1.50	3.17
土家族	23	3.72	0.598	0.125	3.466	3.983	2.00	5.00
哈尼族	1	4.17	—	—	—	—	4.17	4.17
哈萨克族	1	4.67	—	—	—	—	4.67	4.67
水族	3	4.00	0.333	0.192	3.172	4.828	3.67	4.33
东乡族	1	4.17	—	—	—	—	4.17	4.17
土族	3	3.28	0.347	0.200	2.416	4.140	3.00	3.67
羌族	1	4.17	—	—	—	—	4.17	4.17
撒拉族	1	2.67	—	—	—	—	2.67	2.67
总计	870	3.56	0.685	0.023	3.510	3.601	1.00	5.00

由表 9-8 中作答结果的分布可知，此阶段样本学生中，哈萨克族、哈尼族、东乡族、羌族、布依族、撒拉族的样本学生均仅有 1 名，其作答结果仅代表其个人选择，

不可代表此阶段该民族样本学生作答结果的整体情况。除上述 5 个民族外，本阶段样本其他 14 个民族的样本学生中，维吾尔族学生的在教师领导力维度的作答均值最大，蒙古族、满族、水族样本学生的作答均值亦均大于或等于 4.00，表现出了较强的教师领导力。此外，土家族、壮族、回族、苗族的样本学生作答结果也高于本阶段样本学生的整体作答均值，教师领导力表现较为明显。

3. 职后阶段不同任教学科样本学生教师领导力差异分析

当以任教学科为分组变量时，任教于不同学科的教育硕士毕业后阶段样本学生在教师领导力维度的作答结果并无差异，其他两个职后阶段样本学生在此维度作答结果的方差齐性检验结果见表 9-9。

表 9-9　职后两个阶段不同任教学科样本学生教师领导力方差齐性检验

学业阶段	莱文统计	自由度 1	自由度 2	显著性
本科毕业且初入教育硕士研究生阶段	0.144	3	817	0.934
教育硕士研究生在读阶段	2.023	3	866	0.109

从方差齐性检验结果可知，表中两个阶段的样本学生在教师领导力维度的作答结果均接受了方差相等的假设，对应的单因素方差分析结果见表 9-10。

表 9-10　职后两个阶段不同任教学科样本学生教师领导力 ANOVA 分析

维度	学业阶段	组别	平方和	自由度	均方	F	显著性
教师领导力	本科毕业且初入教育硕士研究生阶段	组间	4.743	3	1.581	3.468	0.016
		组内	372.429	817	0.456	—	—
		总计	377.172	820	—	—	—
	教育硕士研究生在读阶段	组间	8.367	3	2.789	6.043	0.000
		组内	399.680	866	0.462	—	—
		总计	408.046	869	—	—	—

从表 9-10 中可见，单因素方差分析结果显示本科毕业且初入教育硕士研究生阶段和教育硕士研究生在读阶段的样本学生在教师领导力维度的作答结果均存在显著性差异，具体表现见表 9-11。

表 9-11 职后两个阶段不同任教学科样本学生教师领导力描述性统计分析

学业阶段	任教学科	个案数	平均值	标准差	标准误差	平均值的95%置信区间 下限	平均值的95%置信区间 上限	最小值	最大值
本科毕业且初入教育硕士研究生阶段	语文	268	3.51	0.669	0.041	3.434	3.595	1.00	5.00
	数学	335	3.65	0.674	0.037	3.575	3.720	1.50	5.00
	英语	213	3.63	0.680	0.047	3.543	3.726	1.00	5.00
	其他	5	4.20	0.837	0.374	3.161	5.239	3.00	5.00
	总计	821	3.60	0.678	0.024	3.558	3.651	1.00	5.00
教育硕士研究生在读阶段	语文	188	3.40	0.700	0.051	3.303	3.504	1.67	5.00
	数学	482	3.62	0.680	0.031	3.558	3.680	1.00	5.00
	英语	194	3.56	0.647	0.046	3.472	3.655	1.00	5.00
	其他	6	2.97	0.986	0.402	1.938	4.006	1.50	4.00
	总计	870	3.56	0.685	0.023	3.510	3.601	1.00	5.00

由表 9-11 可知，在本科毕业且初入教育硕士研究生阶段，任教于非本专业学科的样本学生作答均值最大，表明在此阶段其教师领导力表现更为突出。相较之下，数学教师和英语教师的教师领导力水平相当，具有相对较强的教师领导力，而从事语文学科教学工作的样本学生在此阶段对自身教师领导力的自我感知与自我评价低于入样的其他任教学科样本教师，但整体上讲，其作答均值在 3.50 以上，教师领导力表现水平良好。然而，在教育硕士研究生在读阶段，这一学科差异发生了一定的变化，此阶段任教于数学学科的样本公费师范教师表现出了较强的教师领导力，任教于英语学科和非本专业对应学科的样本学生次之，语文学科样本学生作答均值较低。综合比较两个不同学业/职业阶段样本学生的作答结果不难发现，任教于非本专业学科的样本学生随着学业的发展和职业状态的深入体验，其对自身教师领导力的认知逐渐减弱，或与其自身承担教学工作的学科与自身公费师范教育本科阶段所学专业之间的偏移相关，部分学业与职业之间学科的不对称性可能对其长期的职业发展与教师专业发展造成一定的影响。

第二节 公费师范生职业愿景分析

职业愿景即个人职业规划及设想,为了解已就业公费师范生的职业愿景及其实现,调研工具中关涉职业愿景这一监测维度共设置题项六个,其四个题项指向个人职业定位及规划认知(其中两个题项作为验证检测题项,本章不进行具体分析),两个题项旨在了解公费师范生个人职业愿景的实现过程。

现分别就本科毕业且初入教育硕士研究生阶段、教育硕士研究生在读阶段、教育硕士毕业后阶段的公费师范生作为样本教师,调研不同阶段公费师范生职业愿景现状,样本教师对相关题项作答结果的描述统计量如表9-12所示。

表9-12 已就业三阶段样本对象职业愿景分析描述统计量

阶段	题项	N	极小值	极大值	均值	标准差
本科毕业且初入教育硕士研究生阶段	我已为自己制定了近期的职业发展目标	821	1	5	3.83	0.78
	我清楚我自己现阶段的职业发展情况	821	1	5	3.86	0.74
	我在努力实现自己的职业发展目标	821	1	5	4.04	0.64
	我的职业发展目标经常因工作太忙而难以实现	821	1	5	3.64	0.89
	有效的N(列表状态)	821	—	—	—	—
教育硕士研究生在读阶段	我已为自己制定了近期的职业发展目标	870	1	5	3.80	0.82
	我清楚我自己现阶段的职业发展情况	870	1	5	3.89	0.69
	我在努力实现自己的职业发展目标	870	1	5	4.02	0.65
	我的职业发展目标经常因工作太忙而难以实现	870	1	5	3.73	0.85
	有效的N(列表状态)	870	—	—	—	—
教育硕士毕业后阶段	我已为自己制定了近期的职业发展目标	490	1	5	3.82	0.83
	我清楚我自己现阶段的职业发展情况	490	1	5	3.98	0.74
	我在努力实现自己的职业发展目标	490	1	5	4.05	0.66
	我的职业发展目标经常因工作太忙而难以实现	490	1	5	3.65	0.88
	有效的N(列表状态)	490	—	—	—	—

如表9-12所示,就职业发展定位及目标来看,从初入教育硕士研究生阶段至教育硕士毕业后阶段,公费师范生的对自身职业发展状况的认识越发清晰,并在此基础

上为自己制定近期发展目标。从题项"我已为自己制定了近期的职业发展目标"的作答情况来看，本科毕业且初入教育硕士研究生阶段公费师范生的作答结果均值最高（$\bar{x}$=3.70）且标准差最小（S=0.78），表明这一阶段的公费师范生中有更大比例的学生为自己制定了明确的职业发展目标。就题项"我清楚我自己现阶段的职业发展情况"的作答结果来看，教育硕士毕业后阶段的公费师范生对此题项作答结果均值最高（$\bar{x}$=3.98），硕士研究生在读阶段样本教师次之（$\bar{x}$=3.89），本科毕业且初入教育硕士研究生学习阶段的公费师范生最低（$\bar{x}$=3.74）。数据表明，随着就业时间的累积，公费师范生对个人的职业定位有了愈发清晰的认识。

从职业愿景的实现方面来看，三个阶段的样本教师均为达成个人的职业愿景付出了相当的努力（$\bar{x}_{初入硕士}$=4.04，$\bar{x}_{硕士在读}$=4.02，$\bar{x}_{硕士毕业}$=4.05）。同时，在实现个人职业目标的过程中各阶段的样本教师也均面临着不同程度的工作困境，在对题项"我的职业发展目标经常因工作太忙而难以实现"的作答中可见，该阶段公费师范生对该题项的作答结果均值最高且标准差最小，表明在三个阶段的样本教师当中，教育硕士研究生在读阶段的公费师范生对此题项内容表现出了相对强烈的肯定态度（$\bar{x}$=3.73，S=0.85），因此可以推测，公费师范生在就业一至两年后可能出现个人职业目标实现的短暂瓶颈期，其间，对实现职业目标所付出的努力会表现出轻微的减弱，同时对外界负面因素的感知会随之增强。

第 10 章 结语

本研究针对来自北京师范大学、华中师范大学及陕西师范大学三所位于我国北部、中部、西部地区的教育部直属师范院校的中文、数学、英语对应学科专业的公费师范生进行了大型调查研究活动，收集问卷总数 4153 份，有效作答问卷 4101 份。研究采用分层抽样的方法，根据学生自身的学业发展阶段将其分为初入本科、本科在读、本科毕业且初入教育硕士研究生、教育硕士研究生在读、教育硕士毕业后五个阶段，以立体式地了解公费师范生学业、职业发展状况——共时层面上发掘公费师范生学业及职业发展特点，历时层面上把握公费师范生学业或职业特点的阶段性变化。研究的主要发现及相应建议如下。

首先，公费师范生性别比例日益悬殊，基础教育阶段教师职业"女性化"趋势明显。调研发现，公费师范生性别分布中男女比例日益悬殊，可以预见，基础教育阶段的从业教师性别差异也会随之扩大，基础教育阶段教师职业"女性化"趋势愈发明显。究其原因，一方面，教师这一职业在社会认同上仍具有一定的性别认知倾向，中小学教育阶段教师职业的女性属性明显；另一方面，职业收入及发展前景方面的顾虑在一定程度上动摇了男性报考师范专业的意愿及从教倾向。针对以上问题，本研究建议：宏观层面上，提升教师职业的社会认同感，尤其是淡化基础教育阶段教师职业的女性特性；中观层面上，提高基础教育阶段的教师福利待遇，增强教师行业的吸引力；微观层面上，采取针对性措施平衡男女学生公费师范专业报考意愿，关注男性学生从教意愿不强烈的具体原因，在招生宣传、培养路径、职业发展等方面引导学生基于个人性格特质进行职业选择，理性辩证地看待教师职业。

其次，公费师范生学业及职业发展态势良好，但其探索意识仍需增强。调研发现，整体上看，公费师范生学业发展状态良好。学习动机方面，公费师范生的学习动机主要体现为聚焦内在提升与个人发展的深层学习动机，选择公费师范项目的原因也主要出自主体学习意愿；学习态度方面，各阶段公费师范生均具有积极的学习态度。此外，公费师范生职业发展方面也呈现出积极的发展趋势：公费师范生具有较为扎实的教学知识积累，掌握了基本的教学方法，具有较强的教学创新意识和教学研究意识，在课堂管理及教学评价方面的教师效能感较强。同时，公费师范生的学业、职业发展仍存在以下问题：第一，探索研究意识薄弱。公费师范生在学业上对学术研究兴趣寡淡，在职业上对教学研究方法的掌握不够系统。第二，已就业公费师范生在教学活动的学生参与环节自我效能感较弱。针对以上问题，研究建议加大师范教育本科阶段的课业难度，增加具有创新性、思辨性、探索性、挑战性的学习内容，引导学生在课程内外挖掘研究问题，并通过自我反思、团队合作、教师指导等方式解决问题。例如，基于任务框架，以工作坊的形式引导学生自主探究，提升教学研究兴趣的同时渗透研究方法的掌握。

再次，公费师范生教师领导力自我养成主要处于以个人为焦点的发展阶段，团队合作及组织影响意识有提升。调研发现，已就业三个阶段的公费师范生的教师领导力发展主要停留在以个人发展为焦点的初级阶段，仅有教育硕士毕业后阶段的公费师范生初步崭露出向团队合作发展阶段过渡的趋势，可见当前已就业公费师范生的个人专业发展主要依靠教学经验的累积。因此，应当加强公费师范生职后教育，尤其是面向未选择进入教育硕士研究生学习阶段以及已完成教育硕士研究生阶段学习的教师群体。与职前教育相区别的是，职后教育中应加强对教师个人专业发展的相关指导，转变基础教育阶段从业教师的工具理性思维，进一步激发教师的职后发展内驱力。

最后，公费师范生职业发展方向稳定，路径认知尚待强化。研究发现，已就业三个阶段的公费师范生对职业发展路向的认识相对模糊。公费师范生在完成本科阶段学业后，如约进入基础教育行业，该项目本身职业属性指向性明确，在此基础上，应进一步完善教师职业发展路径的阶段性认定体系，减轻教师的职业倦怠。针对以上问题，本研究建议：第一，教师职业发展理性取向与人文取向并重。教师职业发展问题不能单纯聚焦教师的专业发展方面，还应当引导公费师范生树立职业理想，促使职业阶段的自主自觉反思，从而形成循环上升型的反思实践发展向度。第二，建构教师职业发展的生态认知框架。在专业发展、反思提升之外，还应当引导公费师范生建构职业发展的生态认知取向。教师发展须在教师群体、学生群体、家长群体、社会群体等多元群体的共同作用下实现。因此，教师的职业发展也不能停留在孤立地改进教学策略、调整教学风格的狭义路径上，应帮助教师搭建互动互通平台，营造以教师专业发展文化为主的教学生态，并将教师的个人发展与教师群体专业发展的文化生态紧密相连，长此以往，有助于提升教师个人的自我效能感与职业的社会认同。

参考文献

[1] 车文博.当代西方心理学新词典[M].长春:吉林人民出版社,2001.

[2] 刘全国,卢婉莹.基于结构方程模型的藏族公费师范专业发展实证研究[J].西藏大学学报(社会科学版),2020,35(3):214-221.

[3] 陶家俊.身份认同导论[J].外国文学,2004,(2):37-44.

[4] 王先谦.荀子集解[M].沈啸寰,王星贤,点校.北京:中华书局,1988.

[5] 魏淑华,宋广文.国外教师职业认同研究综述[J].比较教育研究,2005,180(5):61-66.

[6] 中华人民共和国中央人民政府网站.国务院办公厅关于转发教育部等部门教育部直属师范大学师范生公费教育实施办法的通知[EB/OL].(2018-07-30)[2021-07-28]. http://www.gov.cn/zhengce/content/2018-08/10/content_5313008.htm.

[7] 中华人民共和国中央人民政府网站.中共中央国务院关于全面深化新时代教师队伍建设改革的意见[EB/OL].(2018-01-31)[2019-10-29]. http://www.gov.cn/xinwen/2018-01/31/content_5262659.htm.

[8] 中华人民共和国教育部.国务院办公厅关于转发教育部等部门教育部直属师范大学师范生公费教育实施办法的通知[EB/OL].(2018-07-30)[2021-09-28]. http://www.moe.gov.cn/jyb_xxgk/moe_1777/moe_1778/201808/t20180810_345023.html.

[9] YORK-BARR J, DUKE K. What do we know about teacher leadership? Findings from two decades of scholarship[J]. Review of Educational Research, 2004, 74(3):255-316.

[10] BIGGS J, KEMBER D, LEUNG D. The revised two-factor Study Process Questionnaire: R-SPQ-2F[J]. British Journal of Educational Psychology, 2001, 7: 133-149.

[11] TSCHANNEN-MORANA M, HOY A. Teacher efficacy: capturing an elusive construct[J]. Teaching and Teacher Education, 2001, 17: 783-805.

[12] DÖRNYEI Z, HENRY A, MUIR C. Motivational Currents in Language Learning: Frameworks for Focused Intervention[M]. New York: Routledge, 2016.

附　录

附录一　公费师范生学业与职业状况调查问卷
（初入本科阶段）

亲爱的同学：

　　您好！您现在要作答的这份问卷是对我国公费师范教育实施成效及改进建议所做的调研。该调查旨在客观反映我国公费师范教育的现状，为全面改进提升我国公费师范教育水平提供科学依据。本问卷将匿名进行，所采集的数据仅用于研究，希望您不要有任何顾虑，基于您本人的实际情况客观作答。衷心感谢您对公费师范教育研究工作的支持！

一、背景信息（请在符合情况的方框里打"√"）

1. 性　别：男□　女□

2. 年　龄：_____

3. 民　族：_____

4. 生源省份：_____

5. 生源地：省会城市□　地级市□　县级市□　县城□　乡镇□　农村或牧区□

6. 就读学校：□北京师范大学　□华中师范大学　□陕西师范大学

7. 专业：□语文　□数学　□英语

8. 年级：2019 级

*9. 高考语文/数学/英语成绩：_____（设置为相应专业作答）

二、五级量表(在1、2、3、4、5相应的数字栏中打勾"√")

序号	题项	1 完全不符	2 基本不符	3 不好说	4 基本符合	5 完全符合
1	我在报考公费师范生时对教师职业非常了解					
2	学习时常会带给我一种个人的满足感					
3	当学习成效不佳时,我会投入更多精力					
4	若条件允许,我会积极向一线教师学习他们的教学经验					
5	我报考公费师范生是为了获得稳定的工作					
6	对于基础差的学生,我会尝试其他方法帮助他们学习					
7	不断尝试新的教学方法有利于教师提高教学能力					
8	我报考公费师范生是源于对教师职业的喜爱					
9	只要能通过考试,我就不会投入更多精力学习					
10	学习中遇到困难时,我从不放弃					
11	我报考公费师范生是我父母的意愿					
12	我报考公费师范生是我自己的意愿					
13	我认为教学方法对课堂教学效果影响很大					
14	教师尝试新的教学方法能够调动学生的学习兴趣					
15	我认为教师的社会地位很高					
16	我觉得所有的课程内容,只要投入进去了都会变得非常有趣					
17	我报考公费师范生是因为我喜欢和中小学生待在一起					
18	当我遇到高难度的学习任务时,我会尽力完成					
19	教学内容对于教师选择教学方法非常重要					
20	课堂分组讨论有助于提升学生学习的自主性					
21	教师应该引导学生们进行自我评价					
22	从事中小学教师职业是我的兴趣所在					
23	我对所学课程内容没什么兴趣,所以没有花费太多精力去学习					

序号	题项	1 完全不符	2 基本不符	3 不好说	4 基本符合	5 完全符合
24	没有人督促我也会主动学习					
25	教师自身的专业素养对于其教学方法的选择有很重要的影响					
26	我报考公费师范生是因为我没有其他选择					
27	我认为从事教师职业比从事其他职业更加能够实现自己的价值					
28	学术研究能够激发我的学习兴趣					
29	学生的基础对于教师选择教学方法非常重要					
30	教师应该引导学生在学习过程中发现问题					
31	毕业后回生源地教书有利于发挥我的社会价值					
32	作为一名公费师范生，我认为自己非常受人重视					
33	我觉得只记住关键内容，无须理解，就可以通过大部分考试					
34	教师应该根据学生学习的难点调整自己的教学设计					
35	别人谈论公费师范生话题时，我感觉和自己密切相关					
36	毕业后回生源地教书符合我父母的意愿					
37	我努力学习是因为我觉得所学内容十分有趣					
38	了解学生的学习难点对于教师的专业发展非常重要					
39	教师应该用提问的方式启发和引导学生					
40	我常常因为自己的公费师范生身份而感到骄傲					
41	我觉得深入研究某个话题没什么用而且浪费时间和精力					
42	毕业后回生源地教书是为了获得稳定的工作					
43	即使再忙，教师也应该不断提升自己的专业水平					
44	教师应该培养学生批判性思维能力					
45	我时常带着问题学习，期待得到解答					

序号	题项	1 完全不符	2 基本不符	3 不好说	4 基本符合	5 完全符合
46	我觉得那些不可能出现在考试中的学习内容都没什么意义					
47	我认为报考公费师范生教育硕士有利于实现职业提升					
48	我认为报考公费师范生教育硕士有利于提高我的科研能力					

问卷到此结束，谢谢您的参与，祝您生活愉快！

附录二 公费师范生学业与职业状况调查问卷
（本科在读阶段）

亲爱的同学：

您好！您现在要作答的这份问卷是对我国公费师范教育实施成效及改进建议所做的调研。该调查旨在客观反映我国公费师范教育的现状，为全面改进提升我国公费师范教育水平提供科学依据。本问卷将匿名进行，所采集的数据仅用于研究，希望您不要有任何顾虑，基于您本人的实际情况客观作答。衷心感谢您对公费师范教育研究工作的支持！

一、背景信息（请在符合情况的方框里打"√"）

1. 性　别：男□　女□

2. 年　龄：_____

3. 民　族：_____

4. 生源省份：_____

5. 生源地：省会城市□　地级市□　县级市□　县城□　乡镇□　农村或牧区□

6. 就读学校：□北京师范大学　□华中师范大学　□陕西师范大学

7. 专业：□语文　□数学　□英语

8. 年级：□2017级

*9. 高考语文/数学/英语成绩：_____（设置为相应专业作答）

*10. 英语专业四级成绩：_____（设置为英语专业作答）

二、五级量表（在1、2、3、4、5相应的数字栏中打勾"√"）

序号	题项	1 完全不符	2 基本不符	3 不好说	4 基本符合	5 完全符合
1	我在报考公费师范生时对教师职业非常了解					

序号	题项	1 完全不符	2 基本不符	3 不好说	4 基本符合	5 完全符合
2	学习时常会带给我一种个人的满足感					
3	当学习成效不佳时，我会投入更多精力					
4	若条件允许，我会积极向一线教师学习他们的教学经验					
5	我报考公费师范生是为了获得稳定的工作					
6	对于基础差的学生，我会尝试其他方法帮助他们学习					
7	不断尝试新的教学方法有利于教师提高教学能力					
8	中小学教师参与教学研究对于其专业发展帮助不是很大					
9	我报考公费师范生是源于对教师职业的喜爱					
10	只要能通过考试，我就不会投入更多精力学习					
11	学习中遇到困难时，我从不放弃					
12	我报考公费师范生是我父母的意愿					
13	我报考公费师范生是我自己的意愿					
14	我认为教学方法对课堂教学效果影响很大					
15	教师尝试新的教学方法能够调动学生的学习兴趣					
16	掌握听评课的方法和技巧对于教师专业发展很重要					
17	我认为教师的社会地位很高					
18	我觉得所有的课程内容，只要投入进去了都会变得非常有趣					
19	我报考公费师范生是因为我喜欢和中小学生待在一起					
20	当我遇到高难度的学习任务时，我会尽力完成					
21	教学内容对于教师选择教学方法非常重要					
22	课堂分组讨论有助于提升学生学习的自主性					
23	教师应该引导学生们进行自我评价					
24	我认为教师应当时常反思课堂教学中的不足					
25	从事中小学教师职业是我的兴趣所在					
26	我对所学课程内容没什么兴趣，所以没有花费太多精力去学习					
27	没有人督促我也会主动学习					

序号	题项	1 完全不符	2 基本不符	3 不好说	4 基本符合	5 完全符合
28	教师自身的专业素养对于其教学方法的选择有很重要的影响					
29	我报考公费师范生是因为我没有其他选择					
30	我认为教学研究对提升教师教学能力作用很大					
31	我认为从事教师职业比从事其他职业更加能够实现自己的价值					
32	学术研究能够激发我的学习兴趣					
33	学生的基础对于教师选择教学方法非常重要					
34	教师应该引导学生在学习过程中发现问题					
35	毕业后回生源地教书有利于发挥我的社会价值					
36	作为一名公费师范生,我认为自己非常受人重视					
37	我觉得只记住关键内容,无须理解,就可以通过大部分考试					
38	教师应该根据学生学习的难点调整自己的教学设计					
39	别人谈论公费师范生话题时,我感觉和自己密切相关					
40	毕业后回生源地教书符合我父母的意愿					
41	我努力学习是因为我觉得所学内容十分有趣					
42	了解学生的学习难点对于教师的专业发展非常重要					
43	教师应该用提问的方式启发和引导学生					
44	我常常因为自己的公费师范生身份而感到骄傲					
45	我觉得深入研究某个话题没什么用而且浪费时间和精力					
46	毕业后回生源地教书是为了获得稳定的工作					
47	即使再忙,教师也应该不断提升自己的专业水平					
48	教师应该培养学生批判性思维能力					
49	我时常带着问题学习,期待得到解答					
50	我觉得那些不可能出现在考试中的学习内容都没什么意义					
51	我认为报考公费师范生教育硕士有利于实现职业提升					
52	我认为报考公费师范生教育硕士有利于提高我的科研能力					

问卷到此结束,谢谢您的参与,祝您生活愉快!

附录三　公费师范生学业与职业状况调查问卷
（本科毕业且初入教育硕士研究生阶段）

尊敬的老师：

您好！您现在要作答的这份问卷是对我国公费师范教育实施成效及改进建议所做的调研。该调查旨在客观反映我国公费师范教育的现状，为全面改进提升我国公费师范教育水平提供科学依据。本问卷将匿名进行，所采集的数据仅用于研究，希望您不要有任何顾虑，基于您本人的实际情况客观作答。衷心感谢您对公费师范教育研究工作的支持！

一、背景信息（请在符合情况的方框里打"√"）

1. 性　　别：男□　女□

2. 年　　龄：_____

3. 民　　族：_____

4. 毕业学校：□北京师范大学　□华中师范大学　□陕西师范大学

5. 生源地：省会城市□　地级市□　县级市□　县城□　乡镇□　农村或牧区□

6. 现任教省份：_____

7. 任教地：省会城市□　地级市□　县级市□　县城□　乡镇□　农村或牧区□

8. 现任教年级：小学□　初一□　初二□　初三□　高一□　高二□　高三□

9. 现任教学科：语文□　数学□　英语□　其他□（以下*问题设置为英语专业作答）

*是否取得英语专业四级证书　是□　否□

*通过英语专业四级考试的年份：_____

*英语专业四级考试分数：_____

*是否取得英语专业八级证书　是□　否□

*通过英语专业八级考试的年份：_____

＊英语专业八级考试分数：_____

10. 任教班级数：一个班☐ 两个班☐ 三个班☐ 四个班或以上☐
11. 班级规模：40人以下☐ 41-50人☐ 51-60人☐ 61人以上☐
12. 每周课时量：10课时以下☐ 10-15课时☐ 15-20课时☐ 20课时以上☐

二、五级量表（在1、2、3、4、5相应的数字栏中打勾"√"）

序号	题项	1 完全不符	2 基本不符	3 不好说	4 基本符合	5 完全符合
1	我在报考公费师范生时对教师职业非常了解					
2	学习时常会带给我一种个人的满足感					
3	当学习成效不佳时，我会投入更多精力					
4	我会积极向一线教师学习他们的教学经验					
5	对于基础差的学生，我会尝试其他方法帮助他们学习					
6	不断尝试新的教学方法有利于教师提高教学能力					
7	中小学教师参与教学研究对于其专业发展帮助不是很大					
8	我能够根据教学实践，改进自己的教学方法					
9	当课堂出现混乱时，我能有效地控制					
10	我经常帮助同事（尤其是新同事）加深理解教学目标					
11	我报考公费师范生是源于对教师职业的喜爱					
12	只要能通过考试，我就不会投入更多精力学习					
13	学习中遇到困难时，我从不放弃					
14	我已经掌握了基本的教学研究方法					
15	我认为教学方法对课堂教学效果影响很大					
16	教师尝试新的教学方法能够调动学生的学习兴趣					
17	掌握听评课的方法和技巧对于教师专业发展很重要					
18	我能够和其他同事合作解决教学中出现的问题					
19	我能够激发对学习不感兴趣的学生的积极性					
20	我经常帮助同事改进教学方法					

序号	题项	1 完全不符	2 基本不符	3 不好说	4 基本符合	5 完全符合
21	我认为教师的社会地位很高					
22	我觉得所有的课程内容，只要投入进去了都会变得非常有趣					
23	当我遇到高难度的学习任务时，我会尽力完成					
24	教学内容对于教师选择教学方法非常重要					
25	课堂分组讨论有助于提升学生学习的自主性					
26	我能够引导学生们进行自我评价					
27	我认为教师应当时常反思课堂教学中的不足					
28	我能够在教学研究工作中发挥重要作用					
29	我能使学生相信他们一定能在学习上取得好成绩					
30	我经常鼓励同事在课堂中尝试新学习到的教学方法					
31	从事中小学教师职业是我的兴趣所在					
32	我对所学课程内容没什么兴趣，所以没有花费太多精力去学习					
33	没有人督促我也会主动学习					
34	教师自身的专业素养对于其教学方法的选择有很重要的影响					
35	我认为教学研究对提升教师教学能力作用很大					
36	我能够开展与教学有关的科研任务					
37	我能够帮助学生重视学习					
38	我已为自己制定了近期的职业发展目标					
39	我经常为提高同事的教学能力提出建设性意见					
40	我认为从事教师职业比从事其他职业更加能够实现自己的价值					
41	学术研究能够激发我的学习兴趣					
42	学生的基础对于教师选择教学方法非常重要					
43	我能够引导学生在学习过程中发现问题					
44	我能够根据教学需要设计合理的问题供学生课堂讨论					
45	我在努力实现自己的职业发展目标					

序号	题项	1 完全不符	2 基本不符	3 不好说	4 基本符合	5 完全符合
46	我经常为同事参与校内外学习活动提供帮助					
47	作为一名公费师范生，我认为自己非常受人重视					
48	我觉得只记住关键内容，无须理解，就可以通过大部分考试					
49	教师应该根据学生学习的难点调整自己的教学设计					
50	我能够组织学生小组合作学习					
51	我能使学生遵守课堂纪律					
52	我清楚我自己现阶段的职业发展情况					
53	我经常与同事交流教学方法					
54	别人谈论公费师范生话题时，我感觉和自己密切相关					
55	我努力学习是因为我觉得所学内容十分有趣					
56	了解学生的学习难点对于教师的专业发展非常重要					
57	我能够用提问的方式启发和引导学生					
58	当学生不遵守课堂规则或吵闹时，我能够让他安静下来					
59	我的职业发展目标经常因工作太忙而难以实现					
60	我常常因为自己的公费师范生身份而感到骄傲					
61	我觉得深入研究某个话题没什么用而且浪费时间和精力					
62	即使再忙，教师也应该不断提升自己的专业水平					
63	我能够培养学生批判性思维能力					
64	我能够有效地进行课堂管理					
65	我时常带着问题学习，期待得到解答					
66	我能够灵活使用各种教学评价策略					
67	我觉得那些不可能出现在考试中的学习内容都没什么意义					
68	当学生在学习上感到困惑时，我能够提供另一种解释或举出其他例子					
69	我能够在课堂上根据不同情况选择适当的教学策略					

问卷到此结束，谢谢您的参与，祝您生活愉快！

附录四　公费师范生学业与职业状况调查问卷
（教育硕士研究生在读阶段）

尊敬的老师：

您好！您现在要作答的这份问卷是对我国公费师范教育实施成效及改进建议所做的调研。该调查旨在客观反映我国公费师范教育的现状，为全面改进提升我国公费师范教育水平提供科学依据。本问卷将匿名进行，所采集的数据仅用于研究，希望您不要有任何顾虑，基于您本人的实际情况客观作答。衷心感谢您对公费师范教育研究工作的支持！

一、背景信息（请在符合情况的方框里打"√"）

1. 性　别：男□　女□

2. 年　龄：_____

3. 民　族：_____

4. 毕业学校：□北京师范大学　□华中师范大学　□陕西师范大学

5. 生源地：省会城市□　地级市□　县级市□　县城□　乡镇□　农村或牧区□

6. 现任教省份：_____

7. 任教地：省会城市□　地级市□　县级市□　县城□　乡镇□　农村或牧区□

8. 现任教年级：小学□　初一□　初二□　初三□　高一□　高二□　高三□

9. 现任教学科：语文□　数学□　英语□　其他□（以下*问题设置为英语专业作答）

* 是否取得英语专业四级证书　是□　否□

* 通过英语专业四级考试的年份：_____

* 英语专业四级考试分数：_____

* 是否取得英语专业八级证书 是□ 否□

* 通过英语专业八级考试的年份：_____

* 英语专业八级考试分数：_____

10. 任教班级数：一个班□ 两个班□ 三个班□ 四个班或以上□

11. 班级规模：40人以下□ 41—50人□ 51—60人□ 61人以上□

12. 每周课时量：10课时以下□ 10—15课时□ 15—20课时□ 20课时以上□

二、五级量表（在1、2、3、4、5相应的数字栏中打勾"√"）

序号	题项	1 完全 不符	2 基本 不符	3 不 好说	4 基本 符合	5 完全 符合
1	我在报考公费师范生时对教师职业非常了解					
2	学习时常会带给我一种个人的满足感					
3	当学习成效不佳时，我会投入更多精力					
4	我会积极向一线教师学习他们的教学经验					
5	对于基础差的学生，我会尝试其他方法帮助他们学习					
6	不断尝试新的教学方法有利于教师提高教学能力					
7	中小学教师参与教学研究对于其专业发展帮助不是很大					
8	我能够根据教学实践，改进自己的教学方法					
9	当课堂出现混乱时，我能有效地控制					
10	我经常帮助同事（尤其是新同事）加深理解教学目标					
11	我报考公费师范生是源于对教师职业的喜爱					
12	学习中遇到困难时，我从不放弃					
13	我已经掌握了基本的教学研究方法					
14	我认为教学方法对课堂教学效果影响很大					
15	教师尝试新的教学方法能够调动学生的学习兴趣					
16	掌握听评课的方法和技巧对于教师专业发展很重要					
17	我能够和其他同事合作解决教学中出现的问题					
18	我能够激发对学习不感兴趣的学生的积极性					
19	我经常帮助同事改进教学方法					
20	我认为教师的社会地位很高					

序号	题项	1 完全不符	2 基本不符	3 不好说	4 基本符合	5 完全符合
21	我觉得所有的课程内容，只要投入进去了都会变得非常有趣					
22	当我遇到高难度的学习任务时，我会尽力完成					
23	教学内容对于教师选择教学方法非常重要					
24	课堂分组讨论有助于提升学生学习的自主性					
25	我能够引导学生们进行自我评价					
26	我认为教师应当时常反思课堂教学中的不足					
27	我能够在教学研究工作中发挥重要作用					
28	我能使学生相信他们一定能在学习上取得好成绩					
29	我经常鼓励同事在课堂中尝试新学习到的教学方法					
30	从事中小学教师职业是我的兴趣所在					
31	我对所学课程内容没什么兴趣，所以没有花费太多精力去学习					
32	没有人督促我也会主动学习					
33	教师自身的专业素养对于其教学方法的选择有很重要的影响					
34	我认为教学研究对提升教师教学能力作用很大					
35	我能够开展与教学有关的科研任务					
36	我能够帮助学生重视学习					
37	我已为自己制定了近期的职业发展目标					
38	我经常为提高同事的教学能力提出建设性意见					
39	我认为从事教师职业比从事其他职业更加能够实现自己的价值					
40	学术研究能够激发我的学习兴趣					
41	学生的基础对于教师选择教学方法非常重要					
42	我能够引导学生在学习过程中发现问题					
43	我能够根据教学需要设计合理的问题供学生课堂讨论					
44	我在努力实现自己的职业发展目标					
45	我经常为同事参与校内外学习活动提供帮助					
46	作为一名公费师范生，我认为自己非常受人重视					
47	教师应该根据学生学习的难点调整自己的教学设计					
48	我能够组织学生小组合作学习					

序号	题项	1 完全 不符	2 基本 不符	3 不 好说	4 基本 符合	5 完全 符合
49	我能使学生遵守课堂纪律					
50	我清楚我自己现阶段的职业发展情况					
51	我经常与同事交流教学方法					
52	别人谈论公费师范生话题时，我感觉和自己密切相关					
53	我努力学习是因为我觉得所学内容十分有趣					
54	了解学生的学习难点对于教师的专业发展非常重要					
55	我能够用提问的方式启发和引导学生					
56	当学生不遵守课堂规则或吵闹时，我能够让他安静下来					
57	我的职业发展目标经常因工作太忙而难以实现					
58	我常常因为自己的公费师范生身份而感到骄傲					
59	我觉得深入研究某个话题没什么用而且浪费时间和精力					
60	即使再忙，教师也应该不断提升自己的专业水平					
61	我能够培养学生批判性思维能力					
62	我能够有效地进行课堂管理					
63	我时常带着问题学习，期待得到解答					
64	我能够灵活使用各种教学评价策略					
65	当学生在学习上感到困惑时，我能够提供另一种解释或举出其他例子					
66	我能够在课堂上根据不同情况选择适当的教学策略					

问卷到此结束，谢谢您的参与，祝您生活愉快！

附录五 公费师范生学业与职业状况调查问卷
（教育硕士毕业后阶段）

尊敬的老师：

您好！您现在要作答的这份问卷是对我国公费师范教育实施成效及改进建议所做的调研。该调查旨在客观反映我国公费师范教育的现状，为全面改进提升我国公费师范教育水平提供科学依据。本问卷将匿名进行，所采集的数据仅用于研究，希望您不要有任何顾虑，基于您本人的实际情况客观作答。衷心感谢您对公费师范教育研究工作的支持！

一、背景信息（请在符合情况的方框里打"√"）

1. 性　别：男□　女□
2. 年　龄：_____
3. 民　族：_____
4. 毕业学校：□北京师范大学　□华中师范大学　□陕西师范大学
5. 生源地：省会城市□　地级市□　县级市□　县城□　乡镇□　农村或牧区□
6. 现任教省份：_____
7. 任教地：省会城市□　地级市□　县级市□　县城□　乡镇□　农村或牧区□
8. 现任教年级：小学□　初一□　初二□　初三□　高一□　高二□　高三□
9. 现任教学科：语文□　数学□　英语□　其他□（以下*问题设置为英语专业作答）

* 是否取得英语专业四级证书　是□　否□

* 通过英语专业四级考试的年份：_____

* 英语专业四级考试分数：_____

* 是否取得英语专业八级证书 是□ 否□

* 通过英语专业八级考试的年份：_____

* 英语专业八级考试分数：_____

10. 任教班级数：一个班□ 两个班□ 三个班□ 四个班或以上□

11. 班级规模：40 人以下□ 41-50 人□ 51-60 人□ 61 人以上□

12. 每周课时量：10 课时以下□ 10-15 课时□ 15-20 课时□ 20 课时以上□

二、五级量表（在 1、2、3、4、5 相应的数字栏中打勾"√"）

序号	题项	1 完全不符	2 基本不符	3 不好说	4 基本符合	5 完全符合
序号	题项	1 完全不符	2 基本不符	3 不好说	4 基本符合	5 完全符合
1	我在报考公费师范生时对教师职业非常了解					
2	学习时常会带给我一种个人的满足感					
3	当学习成效不佳时，我会投入更多精力					
4	我会积极向一线教师学习他们的教学经验					
5	对于基础差的学生，我会尝试其他方法帮助他们学习					
6	不断尝试新的教学方法有利于教师提高教学能力					
7	中小学教师参与教学研究对于其专业发展帮助不是很大					
8	我能够根据教学实践，改进自己的教学方法					
9	当课堂出现混乱时，我能有效地控制					
10	我经常帮助同事（尤其是新同事）加深理解教学目标					
11	我报考公费师范生是源于对教师职业的喜爱					
12	学习中遇到困难时，我从不放弃					
13	我已经掌握了基本的教学研究方法					
14	我认为教学方法对课堂教学效果影响很大					
15	教师尝试新的教学方法能够调动学生的学习兴趣					
16	掌握听评课的方法和技巧对于教师专业发展很重要					
17	我能够和其他同事合作解决教学中出现的问题					
18	我能够激发对学习不感兴趣的学生的积极性					
19	我经常帮助同事改进教学方法					
20	我认为教师的社会地位很高					

序号	题项	1 完全不符	2 基本不符	3 不好说	4 基本符合	5 完全符合
21	我觉得所有的课程内容，只要投入进去了都会变得非常有趣					
22	当我遇到高难度的学习任务时，我会尽力完成					
23	教学内容对于教师选择教学方法非常重要					
24	课堂分组讨论有助于提升学生学习的自主性					
25	我能够引导学生们进行自我评价					
26	我认为教师应当时常反思课堂教学中的不足					
27	我能够在教学研究工作中发挥重要作用					
28	我能使学生相信他们一定能在学习上取得好成绩					
29	我经常鼓励同事在课堂中尝试新学习到的教学方法					
30	从事中小学教师职业是我的兴趣所在					
31	没有人督促我也会主动学习					
32	教师自身的专业素养对于其教学方法的选择有很重要的影响					
33	我认为教学研究对提升教师教学能力作用很大					
34	我能够开展与教学有关的科研任务					
35	我能够帮助学生重视学习					
36	我已为自己制定了近期的职业发展目标					
37	我经常为提高同事的教学能力提出建设性意见					
38	我认为从事教师职业比从事其他职业更加能够实现自己的价值					
39	学术研究能够激发我的学习兴趣					
40	学生的基础对于教师选择教学方法非常重要					
41	我能够引导学生在学习过程中发现问题					
42	我能够根据教学需要设计合理的问题供学生课堂讨论					
43	我在努力实现自己的职业发展目标					
44	我经常为同事参与校内外学习活动提供帮助					
45	作为一名公费师范生，我认为自己非常受人重视					
46	教师应该根据学生学习的难点调整自己的教学设计					
47	我能够组织学生小组合作学习					
48	我能使学生遵守课堂纪律					
49	我清楚我自己现阶段的职业发展情况					

序号	题项	1 完全不符	2 基本不符	3 不好说	4 基本符合	5 完全符合
50	我经常与同事交流教学方法					
51	别人谈论公费师范生话题时，我感觉和自己密切相关					
52	我努力学习是因为我觉得所学内容十分有趣					
53	了解学生的学习难点对于教师的专业发展非常重要					
54	我能够用提问的方式启发和引导学生					
55	当学生不遵守课堂规则或吵闹时，我能够让他安静下来					
56	我的职业发展目标经常因工作太忙而难以实现					
57	我常常因为自己的公费师范生身份而感到骄傲					
58	即使再忙，教师也应该不断提升自己的专业水平					
59	我能够培养学生批判性思维能力					
60	我能够有效地进行课堂管理					
61	我时常带着问题学习，期待得到解答					
62	我能够灵活使用各种教学评价策略					
63	当学生在学习上感到困惑时，我能够提供另一种解释或举出其他例子					
64	我能够在课堂上根据不同情况选择适当的教学策略					